사회복지행정론

신복기 · 박경일 · 이명현 · 윤기혁 · 권진아

KNOWLEDGE COMMUNITY 공동체

인공지능과 로봇기술의 비약적 발전으로 우리는 4차 산업혁명 시대를 맞이하고 있으며, 이로 인해 기술변화의 주기가 매우 짧아지고 사회변화의 속도도 엄청나게 빨라지고 있다. 4차 산업혁명이라는 변화의 흐름에 사회복지 영역도 피해갈 수 없으므로 이에 대응하기 위해 빅데이터와 인공지능을 활용한 사회복지시스템을 개발하고 구축해 나갈 필요가 있다. 즉, 다양한 분야에서 축척된 '빅데이터(big data)'와 인공지능을 활용하여 사회복지 정책 및 프로그램을 개발하고 다양한 경우의 수를 조합한 사례관리 설계로 서비스 질을 높이는 등의 사회복지시스템에 있어 효율적이고 효과적인 변화를 가져올 것이다.

이러한 사회복지 영역의 변화에 앞으로 사회복지는 이용자의 개인정보가 누출되지 않도록 정보관리가 중요해질 것이며, 급속한 변화에 적응하기 위해 사회복지행정의 유연성이 강조되어 현행 사회복지조직의 개편 및 복지행정의 재설계가 요청된다.

더불어 현재 우리 사회는 4차 산업혁명과 더불어 지방분권이라는 또 다른 패러다임의 등장으로 지역사회복지 중심의 복지행정이 전개되며 지역사회의 복지 역량 강화를 위한 노력이 강조되고 있다. 이에 동 단위 민관 네트워크 구축, '동 복지허브화' 등의 추진 등 복지전달체계에 있어 개편이 일어나고 있으며, 국가와 지방자치단체 간의 사회복지재정을 포함한 역할분담에 대한 논의가 진행되고 있다.

이와 같이 4차 산업혁명과 지방분권화로 인한 환경의 변화는 체계화, 과학화, 효율화, 통합화, 효과성 및 책임성, 전문성의 확보를 근간으로 하는 사회복지행정의 발전을 강력히 요청하고 있는 것이다. 그러므로 앞으로의 사회복지행정은 새로운 관리지식과 기법을 도입·개발하여 한국 사회복지환경이 요구하는 효율성, 효과성 및 책임성을 확보해야만 하는 중대한 도전에 직면해 있을 뿐 아니라 해결해야 할 많은 과제들을 안고 있다. 그리하여 본 서의 집필자들은 이전의 초판에서 사회복지행정을 사회복지조직, 사회복지관리 및 사회복지 프로그램이라는 세 가지 체계로 접근해야 한다는 기본적인 시각에서 출발하여 본 서를 4부로 구성하는 것으로 통일하였다. 그렇지만 2019년 개정 초판에서는 각 장의 학습목표를

NCS 방식의 가치, 지식, 기술의 세 가지 차원에서 생각하고 이해하며 습득해야 할 각 장의 키워드를 새롭게 정리하였다. 또한 한국 사회복지행정의 발달과 전달체계 등에서 최신의 동향을 반영하였고 사회복지행정의 조직과 관리에서는 최근 이론을 보완함과 동시에 현장에서 이러한 이론들이 실제로 어떻게 적용되는가를 학습자들이 좀 더 이해하기 쉽게 현장의 실무를 박스 처리하거나 QR코드를 통하여 보충하고자 노력하였다. 특히 본 서에서는 학습자들에게 현장감을 부여하고 자기주도적 학습을 위해 새로운 방식의 QR코드를 이용한 실무 사이트를 직접 접속해 보는 경험을 부여하도록 하였다. 아울러 새로운 장으로서 4차 산업혁명과 관련하여 사회복지행정의 전망을 마지막 장으로 재구성해 보았다.

본 서의 출간이 사회복지를 공부하는 학생, 사회복지전담공무원 및 사회복지사 1급 국가시험 준비생은 물론 사회복지정책 입안자, 사회복지행정가와 실천가들에게 일독의 가치가 있기를 바라며, 또한 한국 사회복지행정의 발전에 조금이나마 도움이 되기를 바라는 마음 간절하다.

본 서는 2002년 양서원에서 초판 발행되어 그동안 3년마다 개정 증보된 내용을 기반으로 새롭게 2명의 교수와 선임연구원이 참여하여 새로움과 현장감을 더하려고 노력하였다. 특히 본 서는 이전 개정증보판의 부족한 부분을 상당 부분 보완하였으나 필자들의 능력 부족으로 아직도 많은 부분에 걸쳐 부족함과 한계가 있다고 사료된다. 선배, 동료 학자는 물론 독자들의 많은 비판과 질책이 있기 바라며 앞으로 수정·보완할 기회가 있을 것으로 믿는다.

끝으로 사회복지 각 분야별 서적을 집중적으로 출판하여 한국 사회복지 발전에 큰 기여를 하고 있으면서도 사회복지행정의 발전을 위하여 본 서의 출간을 기꺼이 맡아주신 공동체의 김동훈 사장님과 직원 여러분에게도 깊은 감사를 드린다.

2019. 3.

저자 일동

CONTENTS

CONTENTS

PART 01

Social Welfare Administration

사회복지행정의 이론적 기초

CHAPTER 01 사회복지행정의 개념

학습목표

[가치] • 사회복지행정의 필요성을 이해함으로써 합법성, 효율성, 효과성, 민주성의 가치를 함양한다.

[지식] • 사회복지행정의 개념을 협의와 광의로 구분하여 이해한다.

[기술] • 미션, 비전, 목표를 파악하는 능력, 일반행정과 비교되는 사회복지행정의 특징을 탐구하는 기술을 습득한다.

사회복지는 현대사회에 접어들면서 조직적인 활동으로 인식되고 발전하고 있다. 그 이유는 다양한 사회복지서비스 욕구를 충족시키기 위해서는 개개인의 노력도 중요하지만 그보다 조직을 통한 집합적인 노력이 필요하기 때문이다. 현대사회가 조직사회로 인식되는 과정에서 행정의 중요성이 강조되었던 것처럼, 사회복지에서 조직의 중요성이 강조된다는 것은 그만큼 사회복지행정에 대한 이해가 중요하다는 것을 의미한다.

제1절 사회복지행정의 필요성

사회복지행정의 필요성은 복지행정의 개념을 보다 명확하게 이해하는 지름길이다. 그 필요성은 사회복지 거시환경의 변화와 현대 사회복지의 특성을 바탕으로 변한다. 사회복지환경 변화로 나타나는 다양한 복지욕구의 충족을 위해서는 전문적이고 조직적인 활동을 통해 목적달성에 기여할 수 있어야 한다. 현대사회의 복지서비스는 대부분 공식적인 복지기관이나 단체에 의해 수행되므로 복지활동 과정에서 행정이 존재하지 않거나 기능하지 않아 발생하는 문제를 극복하지 못하면 효과적인 사회복지서비스는 불가능하다.

1. 혼란스러운 조직상태의 극복

만일 복지기관이나 단체에서 행정이 존재하지 않는다면 어떤 일들이 발생할 수 있을까? 우리는 기관의 복지활동을 수행할 때 아래의 예와 같이 늘 혼란과 무질서를 경험할 것이다.

① 사회복지사와 클라이언트는 자기 마음대로 나타나거나 사라져 버릴 것이다.
② 사회복지사는 불규칙적으로 자신의 업무를 결정하고 다른 전문가나 직원들의 활동과 어떠한 유기적 관계도 없이 일을 해나갈 것이다.
③ 사회복지사는 자신의 활동으로 나타난 업무 결과에 대해 책임지려 하지 않을 것이다.
④ 그 누구도 지역사회 내의 기관의 역할에 대해 알지 못할 것이며 미래 비전에 대해서도 관심을 갖지 않을 것이다.
⑤ 사회복지기관의 종사자들은 서로 정보를 나누려 하지도 않을 것이다.
⑥ 사회복지기관 종사자들에 대한 분명한 역할기대도 없고 모든 결정은 일방적으로 이루어질 것이다.
⑦ 지식과 기술을 향상시키도록 지원하는 어떤 방법도 진행되지 않을 것이다.

⑧ 사회복지기관 종사자들 사이에 아무런 과업의 위임도 이루어지지 않을 것이다.

사회복지행정이란 위와 같은 상태가 발생하지 않도록 관리하는 장치이다. 유능한 사회복지기관은 효과적이어야 하며 그를 위해서는 이념에 맞게 목표를 설정하고 능숙하게 관리할 수 있어야 한다. 따라서 다양한 사회복지활동을 조정하면서 이용자에게 질 높은 서비스를 제공하고 지속적으로 복지기관의 유지와 발전을 지향하기 위해 필요한 것이 사회복지행정이라 할 수 있다. 오늘날 개별화되고 분화된 다양한 사회복지활동의 목표를 전체적으로 달성하기 위해서도 사회복지행정의 기여가 요청되고 있다. 또한 책임성을 향상시키고 시행착오를 줄임으로써 기관 운영의 효과성을 높이는 데에도 사회복지행정의 역할이 필요할 것이다.

2. 공식조직에 의한 활동

현대 사회복지는 공식적인 기관에 의한 활동이다. 이것은 오늘날 사회복지활동이 조직을 통해 지속적이고 체계적으로 이루어진다는 뜻이다. 따라서 사회복지사가 수행하는 다양한 실천활동은 조직을 통해서 이루어지게 된다. 사회복지사 대부분이 사회복지기관이나 시설에서 일하고 있는 현실에서 기관이 어떠한 기능을 수행하는지를 이해하는 것은 매우 중요하다. 사회복지기관의 결정과 그 결과는 사회복지사와 이용자 사이에 일어날 사항에 대해 많은 영향을 미치게 된다. 특히 기관의 조직구조나 재정, 인재양성과 같은 요소는 질 높은 서비스를 제공하는 데 직간접적인 영향을 미치므로 행정의 기술과 과정을 이해하는 것이 필수적이다.

이런 관점에서 생각하면 사회복지는 조직전문직(organizational profession)이므로 복지기관이나 시설이 클라이언트나 이용자의 욕구에 적절히 반응할 때 좋은 서비스가 가능하다. 이때 적절히 반응한다는 의미는 복지조직이 서비스의 종류나 시기, 양 등을 결정할 때 결정적인 역할을 한다는 뜻이다. 그렇지만 조직은 서비스 전달의 중요 도구일 뿐만 아니라 사회복지사의 지식과 기술을 향상하고 직무만족을 지원하는 역할도 한다. 물론 지나치게 관료적이고 행정 위주의 복지조직은 비효율과 소진의 원인이 되기도 한다. 따라서 사회복지사는 조직 특성과 한계를 이해하고 좋은 서비스를 제공하기 위하여 개인적 기술뿐만 아니라 행정의 지식에 정통해야 한다.

사회복지기관의 결정과 그 결과

사회복지조직(기관)은 누가, 어떤 서비스를, 누구에게, 어떻게, 얼마 동안, 어느 정도의 비용을 들여서 제공할 것인지를 결정한다. 따라서 조직의 결정은 사회복지사와 클라이언트 사이에 일어날 사항에 대해 많은 영향을 미치게 된다.

3. 미션 · 비전 · 목표 관리

사회복지기관은 그들이 추구하는 방향을 향해 계속 변화하는 조직이다. 이 과정에서 스스로 자원과 정보, 시간 등을 활용하여 원하는 것을 얻으려 할 것이다. 적절한 자원투입으로 최대한의 성과를 얻고 서비스 이용자의 선택도 보장하기 위해서는 복지기관의 활동에서 '누구를 대상으로 무엇을 할 것인지'를 명확히 설정하는 것이 중요하다. 이것은 곧 조직이 무엇을 추구해야 하는지를 설정하는 것을 의미하므로 행정활동을 통해 기관의 미션과 비전, 목표를 관리하는 것을 뜻한다.

미션(mission)은 목적과 원칙, 기본 이념으로 나타나며 사회복지사와 함께 나누는 철학이다. 비전(vision)은 사회복지기관의 미래 구상이며 미션을 실현하기 위한 장기전략이라 할 수 있다. 목표(goal)는 비전을 더욱 구체화시킨 것으로 언제까지 해야 할 시기와 무엇을 어느 정도 이루어야 할 것인가에 대한 세부적인 목표를 포함한다. 이를 실현하기 위한 구체적인 사업계획이나 일정표 등이 포함된다. 계속적으로 이용자를 만족시키며 그들의 성장에 기여할 수 있는 복지기관은 미션과 비전, 목표 등이 종사자들 사이에 공유되지만 그렇지 못한 기관은 조직 운영에만 급급하여 관행적인 사업과 인원수 채우기 등을 통한 단기적인 목표 달성에만 관심이 있다. 따라서 전체적인 미션과 비전, 목표 간의 관리가 불가능하므로 상황은 점점 나빠져 책임성도 없어지고 서비스 질은 형편없이 하락할 것이다. 조직역량을 극대화하기 위해서는 이상을 관리하기 위한 사회복지행정 활용이 필수적이라 할 수 있다.

제2절 사회복지행정의 정의

사회복지행정의 정의는 사회복지와 행정의 결합이므로 사회복지의 개념 범위에 따라 정의가 달라질 것이다. 예를 들면, 좁은 의미의 개념으로서 사회사업행정과 넓은 의미의 개념으로서 사회복지행정을 구분할 수 있다. 사회사업행정(social work administration)은 사회복지조직 관리자의 활동과 관련되므로 목표달성, 프로그램 기획, 자원동원과 유지, 성과 평가와 같은 과업활동에 사회사업적 지식과 기술, 가치 등을 적용한다. 사회복지시설이나 기관에서 복지서비스를 계획하고 시행하는 과정을 통하여 변화를 이루어 나가는 과정이라고도 할 수 있다. 넓은 의미의 사회복지행정은 사회복지조직의 전반적인 활동을 말하는 것으로 조직 구성원 모두가 목표달성에 대한 책임을 공유하고 복지기관의 효과적인 활동을 위해서는 행정과정이 중요하다는 것을 강조한다. 또한 국가의 복지정책을 복지서비스로 구체적으로 시행하는 데 필요한 복지 분야의 총체적인 활동이라 할 수 있다.

사회복지행정에 대한 학자별 정의를 살펴보면 <표 1-1>과 같이 정책을 실천으로 전환하는 과정이라 이해하는 경우부터 사회복지실천의 전문적 개입활동으로 보는 관점까지 매우 다양하게 구분할 수 있다. 또한 관리기술이나 관리과정에 초점을 맞추어 구분하는 관점도 포함되어 있다.

무엇보다도 사회복지행정은 사회복지실천의 구체적 방법이라 할 수 있다. 사회복지실천은 기본적으로 기관이나 시설에서 이루어지므로 조직이 정상적으로 운영되도록 노력하는 사회복지행정 활동은 인간을 직접 지원하는 실천에 대비하여 거시적 사회복지실천이 될 수 있다. 따라서 사회복지행정가는 복지조직이라는 프레임 속에서 사회복지에 관한 전문적 지식과 기술들을 활용한다는 점에서 보다 더 조직친화적이다.

클라이언트에 대한 원조기술보다 조직관리에 초점을 두므로 사회복지행정은 목표달성을 위해 조직을 효과적으로 관리하기 위한 일련의 기술이라 할 수 있다. 관리기술이란 예를 들면, 리더십과 동기부여 기술, 프로그램 개발 기술 등이 될 수도 있고, 과업으로 구분하면 전통적으로 행정영역에서 강조되고 있는 8개의 관리기능 − POSDCoRBE − 을 들 수 있다. 구체적으로는 Planning(기획), Organizing(조직), Staffing(인사), Directing(지시, 감독), Coordinating(조정), Reporting(보고), Budgeting(예산), Evaluating(평가)이다.[1)]

〈표 1-1〉 사회복지(사회사업)행정에 대한 학자별 정의

학 자	정 의	비 고
Kidneigh (1950)	사회사업행정은 사회정책을 사회적 서비스로 전환시키는 과정이며 …(1) 즉, 정책을 구체적인 사회적 서비스로 전환시키고, (2) 그 경험을 정책의 수정을 건의하는 데 활용하는 쌍방의 과정(two-way process)	정책관계 중시 전환과정
Spencer (1961)	목표 달성을 향해 내적 관계와 사업활동을 의식적으로 지향하고 또한 기관과 기관이 속한 지역사회 간의 상호작용 과정에 의식적으로 개입하는 것	목표 달성 상호작용 개입활동
Dunham (1962)	사회복지기관의 직접적 서비스 제공을 위해 필요하거나 부수적인 활동을 지지하거나 촉진시키는 과정	간접적 혹은 지지적 과정
Warham (1967)	조직의 목적과 목표를 위해서 이루어지는 조직의 모든 활동과정	목적지향적 과정

1) Evaluating(평가) 혹은 Information Management(정보관리) 등이 추가되기도 한다.

Stein (1970)	체계화된 조정과 협력노력을 통해 조직의 목표를 규정하고 이를 달성하는 과정	사회사업행정 조정과 협력
Trecker (1971)	지역사회가 필요로 하는 서비스와 사업을 제공하려는 의도로 이용 가능한 모든 자원을 주민들이 사용할 수 있도록 그들의 에너지를 방출하고 관련시키면서 주민들과 같이 일하는 과정	사회사업행정 협력(공동활동) 과정
Titmuss (1974)	단순히 사회복지기관이나 시설의 행정과는 달리 사회적 서비스의 관리운영이며, 사회복지서비스를 대상자에게 전달되도록 인적 조직과 기구 및 서비스의 선택문제를 검토하는 것	서비스의 관리
Skidmore (1983)	사회복지기관의 사회적 정책을 사회적 서비스로 전달되도록 전환시키기 위해 사회적 과정을 활용하는 기관 요원들의 활동	사회사업행정 전환활동
Patti (1983)	조직의 목적과 목표 달성을 위해 관리담당자들이 활용하는 일련의 상호 의존적인 과업과 기능 및 관련 활동들로 구성된 하나의 체계적인 개입활동	사회복지실천의 한 방법
Ambrosino et al.(2001)	문제해결 과정에서 기관(조직) 자원의 효과적인 활용을 극대화시키려는 사회사업의 한 방법	자원활용 사회사업 방법
Coulshed, Mullender, Jones and Thompson (2006)	사회복지행정은 세 가지 요소, 즉 장기적 기획의 방향, 일상적 업무로서 체제를 유지하는 관리 그리고 슈퍼비전을 결합하는 것	장기적 기획 및 일상적 유지관리 그리고 슈퍼비전의 결합
신복기 · 박경일 · 이명현 (2016)	사회복지시설이나 기관에서 복지서비스를 계획하고 시행하는 과정을 통하여 변화를 이루어 나가는 과정, 사회복지조직의 전반적인 활동으로서 국가의 복지정책을 서비스로 구체화하는 데 필요한 복지분야의 총체적인 활동	시설이나 기관의 복지서비스 계획과 시행활동, 사회복지조직의 전반적인 활동

출처 : 신복기 · 박경일 · 이명현(2016). 사회복지행정론. 공동체, p. 19; 장인협 · 이정호(1993). 사회복지행정. 서울대학교출판부, pp. 16-17; Ambrosino, Rosalie, et al.(2007). *Social Work and Social Welfare*. Brooks/Cole, p. 36; Patti, Rino J.(1983). *A Social Work Administration*. Prentice Hall, p. 25; Skidmore, Rex A.(1983). *Social Work Administration*. Allyn and Bacon, p. 3; Veronica Coulshed, Audrey Mullender, David N. Jones & Neil Thompson(2006). *Management in Social Work*(3rd ed.). Palgrave Macmillan; Warham, Joyce(1967). An *Introduction to Administration for Social Workers*. Routedge & Kegan Paul, p. 41

제3절 사회복지행정의 특징

사회복지행정이 일반행정과 다른 점은 휴먼서비스라는 점이며 인간에게 직접 제공하는 모든 서비스를 포괄한다. 서비스 대상이 사람이며 도덕적 가치를 지닌 사람 그 자체를 대상으로 한다. 클라이언트에게 직접적으로 서비스를 전달하고 서비스 이용과정에 당사자의 선택과 자기결정 등 직접 참가하는 과정이 강조되는 점에서 일반행정과 다르다.

최근 세계화 동향 속에서 비즈니스 중심의 복지경영 마인드가 입지를 확대하였지만, 여전히 사회복지행정에서는 복지서비스 이용자 중심의 개별적인 욕구충족에 기여하는 휴먼서비스 이론과 실천이 중요하다. 복지서비스의 구체적인 제공과정에서 거의 대부분 서비스는 집단으로 제공한다. 소규모 방문요양시설이나 대규모 거주시설, 사회복지관 등 모두 팀을 통해 서비스를 제공한다. 또한 지역사회의 보건・의료・복지・요양 관련 기관의 사회복지사도 팀으로 서비스를 제공한다. 거의 대부분의 복지서비스 기관은 조직으로서 서비스 제공 시스템을 확립하고 기관역량 활성화와 함께 리스크 관리가 가능한 행정활동이 요구된다.

따라서 사회복지조직이 수행해야 할 기능과 임무는 어느 한 사람의 사회복지행정가에 의해서가 아니라 기관 전체 차원에서 협력적으로 집행되어야 한다. 이와 같은 관점에서 사회복지행정의 특징을 다음과 같이 요약할 수 있다.

① 다양한 장면에서 도덕적 딜레마와 선택에 직면하는 경우가 많다. 부모의 친권 박탈, 가족과의 동거 여부, 요양시설 선택 등 의사결정 과정 속에서 지속적으로 윤리와 가치를 시험받는다.

② 프로그램 운영에 필요한 자원 확보를 위해 다양한 집단에 의존하며 기금 제공자뿐만 아니라 서비스 이용자도 확보해야 한다. 따라서 공익도 추구하면서 기부자들의 사적 이익도 충족해야 하므로 이질성을 조화롭게 중재할 수 있어야 한다.

③ 차별받거나 외면당하는 집단이 관심과 지원을 받을 수 있도록 옹호한다. 사회적 약자를 대변하고 보호하지 못하면 자원과 협동은 물론 이해와 존경도 얻지 못한다.

④ 클라이언트나 이용자가 보다 많은 서비스를 받을 수 있도록 자원을 집중하고 다른 기관들과 협력을 증진시킨다. 복지서비스는 네트워크에 의해 산출되므로 통합적인 협동을 발전시키고 유지해야 한다. 최근 서비스 협력은 사례관리와 기관성공의 핵심요인으로 중요하게 다루어지고 있다.

⑤ 목표에 대한 신념을 정교하게 만든다. 사회복지사가 효과적인 역할을 수행하고 질 높은 서비스를 제공하기 위해서는 도덕적으로 가치 있는 일을 하고 있다는 신념과 의지가 중요하다.

⑥ 기관의 기준에 따라 업무수행을 측정한다. 물론 비영리조직은 업무수행 측정기준이 매우 불확실하고 복합적이지만 자금 제공 기관은 성과의 확대를 원한다. 따라서 이용자 선택을 높이고 자원의 효율적 수행을 통해 성과를 높이는 서비스 기술의 발전을 요구한다.

⑦ 기관의 역량강화 과정을 발전시키고 인적자원의 신체적·심리적 건강을 높게 하는 환경을 유지한다. 서비스 업무는 이용자와의 상호작용이 필요하므로 관리과정이 효과적이지 않으면 감정적 문제가 발생하거나 소진이 일어난다. 따라서 만족과 동기를 증진하고 서비스 가능성을 감소시키지 않는 환경을 만들어야 한다.

⑧ 서비스 선택과 전달에 이용자 또는 클라이언트가 능동적으로 참가하는데 초점을 둔다. 그들은 변화와 창조의 핵심이므로 힘과 가능성을 인지하는 문화적 규범이 필요하며 서비스 과정에서 배제되는 일이 일어나서는 아니 된다.

사회복지행정은 인본주의를 지향하므로 가치중립적이기보다는 가치지향적인 행정기술을 활용한다. 예를 들어, 행정요건이 맞지 않아 민원인을 무작정 돌려보내기보다는 요구를 들어주고 수용하려는 경우가 많다. 또한 복지행정의 목표는 클라이언트와 조직의 변화에 있으므로 의도적으로 조직을 만들어 연계와 협력의 역할을 수행하고자 한다. 따라서 변화하는 클라이언트 욕구와 지역사회 특성에 맞추어 조직목표를 끊임없이 수정할 수밖에 없다. 특히 비영리를 추구하는 사회복지행정의 특성에 따라 전문사회복지사에 대한 의존도가 높고 영리조직과 다른 관리방법을 강조할 수밖에 없다.

사회복지행정 조직은 개인적인 속성을 규정하고 형성하며, 이의 변화를 추구함으로써 개인의 복지를 보호하거나 유지·증진하려 한다. 또한 행동이나 속성, 사회적 지위를 규정하거나 변경시키는 것을 주된 기능으로 한다. 사회복지조직에 초점을 둔 일반행정과 다른 사회복지행정의 특성을 다음과 같이 정리할 수 있다(Hasenfeld, 1983 : 1-6).

① 변화해야 할 속성을 안고 있는 클라이언트와 직접 접촉하면서 활동하고 있다.

② 서비스를 제공받는 클라이언트의 복지를 보호하고 증진하도록 사회에서 위임받았고 그 때문에 정당화된다. 즉, 공공의 이익을 위해서 사회적·물질적·비물질적 후원을 받는다.

③ 목표가 애매하고 모호하다. 복지기관은 인간을 대상으로 하므로 인간의 개별적인 목표에 대하여 구체적으로 합의를 얻기 어려운 점이 많다.

④ 투입되는 원료가 도덕적 가치를 지닌 인간이라는 사실 때문에 조직활동에 영향을 받는다. 따라서 거의 모든 활동이 도덕적으로 정당화되어야 하므로 기술과 활동 수행에 제약이 많다.

⑤ 외부의 많은 공공 또는 민간 기관과 업무관계를 맺고 재정원천도 외부에 의존하고 있다. 따라서 서비스 대상자나 프로그램 방향 등 정책 결정이나 기술 적용에 있어 가치와 이해관계 갈등이 발생하면 많은 혼란을 겪을 수 있다.

⑥ 전반적인 사회과학적 지식의 불확실성과 원조관계에 대한 지식의 불확실성 때문에 서비스 결과의 성공률이 뚜렷하게 높지 못하다. 즉, 소기의 성과를 얻기에는 불완전한 지식과 기술을 사용하고 있다.

⑦ 핵심적 활동은 종사자와 서비스 대상자인 클라이언트와의 관계로 이루어진다. 따라서 현장에서 활동하는 전문 사회복지사들의 활동이 중요시된다.

⑧ 서비스의 효과를 확실하고 타당하게 측정할 수 있는 단일한 표준척도를 만들기 어렵다. 따라서 결과에 대한 논란이 많고 변화와 혁신에 대한 저항이 다른 조직보다 더 강할 수 있다.

생각해 볼 문제

- 사회복지행정의 필요성에 대해 논의해 봅시다.
- 광의와 협의의 사회복지행정 개념을 비교해 봅시다.
- 사회복지행정과 일반행정의 공통점을 논의해 봅시다.
- 사회복지행정과 일반행정의 차이점을 생각해 봅시다.

CHAPTER 02

사회복지행정의 이념과 책임성

학습목표

[가치] • 사회복지행정이 지향하는 이념과 책임성의 가치를 체득화한다.
[지식] • 경영이념과 사회복지행정의 가치를 비교하고 상호 필요성을 이해한다.
• 사회복지행정과 일반행정의 접근법의 차이와 공통점을 이해한다.
[기술] • 사회복지행정가에게 필요한 지식과 기술, 태도의 상호관계를 파악한다.

사회복지행정 이념이란 행정업무를 처리할 때의 기준으로서 바람직한 행정이 어떤 것이며, 어떻게 해야 할 것인지에 대한 지침이다. 따라서 사회복지행정의 이념은 행정이 지향하는 가치를 의미한다. 무엇보다도 사회복지행정의 이념은 행정이 준수해야 할 규범을 제시해 주고, 행정활동에 대한 평가기준을 제공하는 역할을 한다. 이러한 이념을 바탕으로 사회복지행정의 가치와 기술 등 구체적 접근방법이 행정가의 책임하에 실천현장에 적용된다.

제1절 사회복지행정의 주요 이념

1. 사회복지행정의 이념

행정활동에서 이념이 강조되는 이유는 행정가들이 추구하는 최고 가치를 제시하고 그들의 임무와 당면한 문제를 올바른 방향으로 완수할 수 있는 원칙을 제시하기 때문이다. 또한 행정활동의 결과를 분석・평가하고 발전을 모색할 수 있는 기준도 제시할 수 있다.

행정이념과 관련된 범주에는 정의, 공익, 복지, 형평, 자유, 평등 등의 개념뿐만 아니라 능률성, 효과성, 합법성, 합리성, 민주성 등도 포함될 수 있다. 이와 같이 다양한 행정이념은 모두 필요하고 중요하지만 당시의 시대적 요청과 정신에 따라 우선적으로 강조되는 이념이 부각될 수 있다. 사회복지행정 이념의 설정도 현 상황에서 어떤 이념이 우선적으로 요청되고 있는지를 파악하는 것이 중요하며 사회복지실천에 반영해야 할 지배적인 가치가 무엇인지를 파악하는 지름길이 될 수 있을 것이다. 행정의 보편적 이념은 합법성, 효율성, 효과성, 민주성 등을 들 수 있다. 사회복지행정은 복지철학과 윤리를 바탕으로 이러한 행정이념을 공유하고 있다고 할 수 있다.

1) 합법성

합법성이란 행정작용이 법에 근거하여 이루어지는 것을 의미한다. 물론 사회복지행정은 전문화된 조직활동이므로 복지사의 재량권이 더 중요하지만 합법성은 사회규범을 바탕으로 사회복지 관련 법들의 의도 내지 취지를 적극적으로 실현하는 것이므로 합법성은 중요한 의미를 가진다.

사회복지기관에서 클라이언트에게 제공되는 서비스는 사회보장기본법, 사회보험법, 공공부조법, 사회서비스법 등 사회복지 관련 법에 근거하여 제공되는데, 가령 사회보장기본법, 사회보장기본법 시행령, 장관령－시행규칙, 자치단체장-규칙 등에 근거한다.

일반적으로 행정과 법은 두 차원에서 서로 관계를 맺고 있다. 첫 번째는 행정은 법의 허용범위 내에서 법을 준수하면서 수행되어야 한다는 규범적 차원이다. 두 번째는 행정과 법이 구체적 현실 속에서 맺고 있는 사실적 관계의 차원이다. 즉 법이 행정활동을 제한할 뿐만 아니라 행정활동을 정당화하는 기능을 수행하기도 한다. 그렇지만 행정도 법을 구체적으로 집행하는 기능을 하며 법의 내용을 형성하는 적극적 기능을 수행한다. 따라서 행정에서의 합법성은 행정의 예측성과 안정성을 도모하는 결과를 초래하여 국민의 권리를 보장하는 데 도움이 된다. 하지만 지나친 합법성의 강조는 사회복지행정의 형식화를 초래하여 복지서비스의 사각지대를 낳을 수도 있다.

2) 효율성

효율성이란 조직이 공공서비스를 산출하는 데 필요한 비용과 제공된 공공서비스의 비율이다. 효율성은 주어진 비용과 인원 범위 내에서 성과를 최대로 올리려고 노력하는 행정활동을 평가하기 위해서 필수적인 가치이다. 그렇지만 효율성을 실제 수량으로 측정하고 비교 및 평가하는 일은 쉬운 일이 아니다. 예를 들어, 복지사업이나 프로그램에 의해 만들어지는 사람의 변화 정도를 최종적인 성과로 평가하고 측정하기는 쉽지 않다. 즉, 유사한 복지활동들에 대한 투입과 산출의 비율을 측정하고 효율의 높낮이를 밝혀야 하는데 그것이 복지조직과 서비스의 특성상 쉽지 않다.

물론 효율성을 위해서는 가능한 한 적은 자원과 시간을 투입하여 가능한 많은 서비스를 산출해야 한다(투입/ 산출비의 최소화). 또한 업무의 표준화를 통하여 활동과 서비스 과정에서 낭비와 중복을 제거해야 한다(업무의 전문화). 그리고 전문지식과 기술을 활용하여 보다 정확하고 엄밀하게 업무를 수행해야 한다(업무의 전문직업화). 그렇지만 특히 사회복지행정에서는 비용최소화에 초점을 둔 기계론적 효율성만 강조하기보다는 인간의 만족을 최우선으로 고려하면서 투입과 산출의 비율을 획일적이고 단기적인 것이 아니라 상대적이며 장기적인 것으로 이해할 필요가 있다. 사회복지조직에서 효율성의 적용사례는 사회복지공동모금회의 배분사업결과보고서에 투입(총지원액, 총사업 기간 등)/ 산출(사업 참여 대상 및 인원, 산출목표 등)을 작성하도록 하는 것이다.

3) 효과성

효과성이란 복지기관의 활동이 지역사회의 욕구나 소망에 부응하는 정도를 말한다. 예를 들면, 복지기관의 서비스가 이용자의 수요와 욕구를 어느 정도 충족하느냐와 관계된다. 그런데 복지조직의 목표는 가변적이며 계층에 따라 다원적이기 때문에 효과성 평가는 대단히 어려운 작업이다. 목표수준도 달라질 수 있으며 동일한 목표라 하더라도 자원이나 여건의 변화가 생길 수 있으므로 상대비교 하기에는 무리가 있다. 극단적으로 생각하면 서비스가 아무리 향상되어도 이제 그만하면 충분하다고 받아들이기 어려우며 늘 비용과 인원을 투입하여 끊임없이 향상시켜야 한다는 결론에 이르게 된다. 따라서 효과성은 복지욕구 충족을 위해 더욱 노력하도록 요구하는 장점이 있지만 한정된 예산과 인력 범위 내에서는 평가에 도움이 되지 않는다는 주장도 가능하다. 특히 사회복지조직의 효과성은 클라이언트에게 미치는 영향을 고려한 목표가 명확해야만 달성 여부를 파악할 수 있으므로 목표설정이 무엇보다 중요하다고 하겠다. 사회복지조직에서 효과성의 적용사례는 사회복지공동모금회의 사업계획 내용 중 목표달성 정도를 작성하도록 하는 것이다.

4) 민주성

사회복지행정의 민주성이란 클라이언트 입장에서 그들의 뜻에 따라 서비스를 전달하는 것을 말한다. 민주성 개념은 절차적 민주성과 실질적 민주성으로 나누어 생각해야 한다. 즉, 클라이언트의 권익을 보호하기 위한 절차적 내용뿐만 아니라 참여와 정보공개, 공평하고 민주적인 처우와 같은 실질적 내용이 포함되어야 한다.

사회복지서비스에서 개인의 인권 존중과 민주적 절차에 의한 서비스 전달은 클라이언트의 자립과 참여를 촉구하는 복지의 기본 가치에 따라 다른 어떤 분야보다 강조되어야 한다. 특히 다양한 인간들의 생명과 생활을 보호하고 변화시키는 서비스 전달과 관리를 주된 임무로 하는 사회복지조직에서 민주성은 서비스 질과 내용, 절차에 더 큰 영향을 미치는 기본 이념이라 할 수 있다. 사회복지조직에서 클라이언트 중심의 관리기법인 서비스 질 관리를 중시하고 이를 통해 고객만족을 이루고자 하는 것이 사회복지행정의 민주성의 이념에 기반하고 있다.

2. 사회복지조직과 경영이념

사회복지기관은 본질적으로 영리조직과 동일한 이념을 가질 수 없지만, 오늘날 복지환경에서는 경영이념을 공유함으로써 보다 효과적으로 서비스 질을 향상시켜 클라이언트의 복지를 개선시킬 수 있다는 점을 부정하기도 어렵다. 경영이념은 「기관이 무엇을 위해 존재하고 어떤 방향으로 갈 것인가?」, 「기관이 어떤 목적으로 어떤 자세를 지향하며 어떤 방법으로 경영해 나갈 것인가?」를 보여주는 것이다. 따라서 경영이념이 명확하게 조직 구성원들에게 확산되기 시작하면 행동에 방향성이 부여된다. 보다 많은 직원들이 이념을 공유하면서 어떤 사고방식을 기초로 업무를 해야 할지가 명확해지고 안정적이고 질 높은 서비스를 제공할 수 있게 될 것이다. 이를 위해서 조직목표나 계획 달성 상황을 평가하는 구조가 강조되고 일상적인 업무개혁이 강조된다. 특히 복지기관 운영에서 목표 계획(plan), 실시(do), 평가(check), 개선(action) 과정을 적극적으로 활용하고 전략적 과제를 도출하여 지속적으로 업무를 수정한다. 이런 관점을 전체적인 기관행정에 철저히 침투시켜 서비스 질 향상으로 연결한다. 또한 경영이념을 바탕으로 미래 비전을 형성하고 리더십을 발휘하면서 조직 외부환경에 능동적으로 대응하려 한다.

〈표 2-1〉 사회복지법인의 경영이념 사례

사례 1 : 사회복지법인 범어 금정노인요양원의 경영방침

열린 마음으로 미래를 내다보고 고객과 직원에게 행복과 감동을 주는 명품요양원이 되겠습니다.

1. 고객감동을 주는 품질경영
2. 서로 배려하고 안아주는 신뢰경영
3. 자신의 역할을 다하는 책임경영
4. 지역사회에 기여하는 사회적 책임경영

사례 2 : 일본 사회복지법인 성예원 경영방침

1. 생명과 존엄을 위하여
   우리들은 한 사람의 생명과 개인의 존엄을 지키는 것을 가장 우선하겠습니다.
2. 이용자를 위하여
   우리들은 서비스를 원하는 모든 사람들에게 성실하고 헌신적으로 봉사하고 자립을 지원하겠습니다.
3. 지역사회와 함께
   우리들은 보건, 의료, 복지, 케어서비스를 통하여 사회에 공헌하고 지역사람들과의 강한 유대를 키우겠습니다.
4. 미래를 만들며
   우리들은 창립 이후에 선구적·개척적 장신을 이어받아 항상 새로운 과제에 도전하겠습니다.
5. 최고를 위하여
   우리들은 전문가로서의 윤리와 자부심을 바탕으로 겸하한 자세로 최선을 다하겠습니다.

사례 3 : 일본 사회복지법인 산이쿠카이(贊育會) 이념·가치·미션·비전

1. 이념
   사람은 언제나 강하면서 약한 존재로, 함께 기뻐해 주는 사람이 있으면 사소한 것에도 행복을 느끼며, 함께 울어주는 사람이 있으면 내일을 향해 또 나아갈 수 있다. 그런 행복을 한 사람이라도 더 많은 분에게. 그것이 사회복지법인 찬육회의 이상입니다.
2. 가치
   모든 사업을 기독교의 이웃사랑 정신을 바탕으로 합니다.
3. 사명
   의료·복지사업을 추진하며, 시대에 맞게 필요한 과제에 적극적으로 대응합니다.
4. 비전
   복지사회의 충실한 발전을 지향합니다.

출처 : 사회복지법인 범어 금정노인요양원 홈페이지(www.bestcare.or.kr); 일본전국사회복지사양성강좌편집위원회(2010). 복지서비스의 조직과 경영. 중앙법규출판사; 일본 동경 사회복지법인 산이쿠카이 안내팸플릿(2018).

3. 사회복지행정의 접근방법

1) 일반행정의 접근방법

일반행정학을 응용하여 활용할 수 있는 사회복지행정의 접근방법을 몇 가지 제시하면 다음과 같다.

첫 번째는 제도적 접근방법이다. 사회보장기본법이나 사회복지사업법 등 법규를 중심으로 사회복지조직들의 조직구조와 기능, 인사행정, 예산절차 등을 연구하는 것이다. 사회복지행정의 궁극적 목적을 국민의 복지 증대에서 찾고 이러한 목적을 달성하는 데 필요한 제도적·조직적 상황과 조건을 찾아내고 이의 구체적 결과를 제시하고자 한다.

예를 들면, 구체적인 서비스를 전달하거나 서비스 공급자와 수요자 사이를 연계하기 위한 조직적 장치로서 사회복지전달체계를 구축하거나 개선하기 위해서는 제도적 접근방법이 필요하다.

두 번째는 역사적 접근방법이다. 과거의 역사적인 과정과 시점에서 일어난 사건의 의미를 파악하고 이를 통하여 과거와 현재를 연결하고 미래에 대한 합리적인 예측과 지침을 얻기 위해 시도하는 방법이다. 무엇보다 이러한 역사적 접근방법은 다양한 사회복지제도와 사회복지조직의 성격과 특성을 역사적 맥락 속에서 이해할 수 있도록 해주는 역할을 한다. 현실의 사회복지행정을 구체적으로 파악하고 분석하기에는 한계가 있을 수 있지만 사회복지행정의 역사를 이해하는 데 유용한 방법이다.

세 번째는 관리기능적 접근방법이다. 행정에서 관리와 관련된 문제에 초점을 두고 이를 연구하고 실제에 적용하는 방법이다. 사회복지행정의 중요한 초점을 사회복지조직의 효과적 관리, 즉 조직의 기획, 인사관리 등 관리과정에서의 적절한 원칙을 수립하는 데에 중심을 두는 접근방법이다. 이 방법은 Taylor의 과학적 관리론과 그 이후 행정의 합리성과 과학성을 확보하는 데 큰 영향을 미치게 한 관리과학의 여러 방법을 들 수 있다.

네 번째는 인간주의적 접근방법이다. 여기에서 강조하는 개념은 참여와 민주적 관리다. 특히 이는 최근에 조직학습론으로 발전하기도 하였다(박연호, 1994 : 127). 이 접근방법의 대표적 학자는 Follett으로, 조직에서의 규범적이고 심리적인 접근방법을 강조하면서 가치판단에 근거한 전통적인 인간주의 사회심리에 바탕을 두었다. 특히 개인과 조직의 통합, 관리자와 조직 구성원의 공동협력, 권력의 공유, 동의에 대한 권위, 민주적 의사결정 등이 강조되고 있다(Graham, 1995).

2) 사회복지행정의 접근방법

사회복지행정에 보다 초점을 두고 있는 접근법을 살펴보면, 우선 장인협 등(1993 : 22-23)이 제시하는 관료적 접근방법과 민주적 접근방법을 들 수 있다. 관료적 접근방법은 피라미드 구조의 명령계통이 특징이다. 또한 미리 규칙과 절차를 체계화하여 전문화에 기초한 분업을 통해 행정활동을 수행하며 기술적 능력을 강조하고 인간관계에서의 비인격성을 부각시킨다. 반면에 민주적 접근방법은 사회복지사의 참여와 동참을 바탕으로 목표, 계획, 절차 등이 설정되고 조직 구성원의 다양한 능력과 경험을 강조하며, 집단정신과 팀워크 정신을 바탕으로 한 협력적 행정활동을 강조한다. 실제 행정활동에서는 두 접근방법의 요소가 동시에 융합되어 활용될 것이다.

Rapp와 Poertner(1992)는 사회복지행정에서 클라이언트 중심 접근방법(client-centered approach)을 강조하고 있다. 이 방법은 사회복지행정의 존재이유가 클라이언트의 복지이고, 관리자의 임무는 클라이언트의 복지 증진이라는 사실에서 출발한다. 구체적으로는 ① 클라이언트에 대한 존경, ② 조직의 임무와 목적, 클라이언트의 성과에 의한 과업규정, ③ 행동지향적(action-oriented) 관리로, 자금, 시간, 인력이 충분하지 못하다는 이유로 활동하지 않는 것이 아니라 불리한 여건 속에서도 성과 만들기, ④ 학습의 원리로 업무활동에 필요한 효과적인 방법들을 학습하고 프로그램 참여자와 가족, 직원들의 관찰과 평가 등 환류를 통한 필요한 정보의 확보가 강조된다.

다까노(高野範城, 2005) 등은 기업체 경영에서 조직의 성실성 실현을 위해 중요성을 더해가고 있는 컴플라이언스(compliance) 경영을 사회복지현장에 도입할 것을 강조하였다. 컴플라이언스는 '법령과 규제 등을 준수하는 행동'을 의미하며, 법령준수에 대한 엄격한 내부통제 시스템 구축을 지향한다. 혹자는 윤리경영에 포함되는 개념으로 규정하기도 하지만, 자율적인 차원에서 추진하는 윤리경영과 달리 컴플라이언스는 내외부적인 엄격한 규제체제 구축이 필수적이므로 기본 관점이 다르다. 사회복지 패러다임이 이용자·선택 및 계약 중심으로 변화되면서 서비스 이용에서 학대나 권리침해에 대한 예방과 개입, 자기결정과 선택 등을 보장하는 유용한 도구(rule)로 활용될 수 있다. 그 과정은 ① 컴플라이언스 기준과 절차의 설정, ② 총괄책임자 임명, ③ 적절한 권한 위임, ④ 커뮤니케이션, ⑤ 모니터링·감사시스템, ⑥ 징벌제도, ⑦ 적절한 대응과 재발방지와 같은 기준 설정을 통해 수행된다.

〈표 2-2〉 **사회복지행정의 접근방법**

관료적 접근방법	민주적 접근방법	클라이언트 중심 접근방법 (client-centered approach)	컴플라이언스 접근방법 (compliance rule)
• 피라미드 구조의 명령계통 • 사전에 설정된 절차와 규칙의 체계 • 전문화에 기초한 노동의 분업 • 기술적 능력에 기초한 승진과 선정 • 인간관계의 비인격성	• 직원의 참여와 동참 • 참여에 의한 목표, 계획, 절차 결정 • 직원, 이사회, 위원회들의 협력 • 다양한 경험과 능력에 기초한 승진 • 집단 혹은 팀정신에 기초한 우호적이고 협력적인 관계	• 클라이언트의 복지 최우선 • 클라이언트에 대한 존경 • 클라이언트의 성과에 의한 조직규정 • 행동지향적 관리학습 원리	• 조직의 성실성 실현 • 법령과 규제준수 경영 • 서비스 이용자의 자기결정과 선택, 학대와 권리침해 예방 • 서비스 이용 지원 • 기준절차 설정－총괄책임자 임명－권한위임－커뮤니케이션－모니터링과 감사－징벌제도－적절한 대응과 재발방지 기준

이상에서 언급한 접근법들 모두는 사회복지행정을 이해하고 연구하는 과정에서 필요하다. 그러므로 특정 접근법을 선택해야 하거나 특정 접근법만이 사회복지행정을 이해하는 최선의 방법이라고는 할 수 없다. 그러나 항상 클라이언트를 중심에 두고 그들의 권리를 충실히 대변하고 보호할 수 있는 접근법을 정착시키는 노력이 필요하다.

제2절 사회복지행정가의 지식과 기술

1. 사회복지행정가에게 필요한 지식

1) 사회복지행정가의 의미

오늘날 대부분의 사회복지행정가들은 사회복지실무자로서 오랜 경험을 가지고 점차 승진하여 행정가의 지위를 가지게 된다. 즉, 일선 사회복지사로서 일정 기간 근무한 후 그 능력을 인정받으면 하위관리자, 중간관리자, 그리고 최고관리자로 승진되어 기관의 운영과 지역사회 문제해결에 대한 책임을 지게 된다. 물론 사회복지대학원에서 행정을 전공하여 행정적 지식과 기술에 관한 특별한 훈련을 받아 행정가가 되는 경우도 있다. 두 가지 모두 일정한 부분에서 장단점을 가지고 있다.

전자의 경우 그들이 인정받은 능력이 직접적 서비스에 관한 지식과 기술이기 때문에 이것은 행정가의 역할 수행에는 별로 관련이 없는 것이라는 점이 문제(김영종, 1998 : 49)이며, 후자는 상대적으로 직접적 실천에 대한 지식과 기술 그리고 경험이 부족한 것이 문제이다. 이러한 문제점을 극복하기 위해서는 승진・발탁되는 경우 행정관리 지식과 기술에 대한 재교육이 반드시 요구되며, 행정을 전공하는 경우 직접적 실천에 대해 일정한 경험을 갖추는 과정이 필요하다.

특히 현대 사회복지는 효과적인 사회복지서비스 전달을 위해서 행정의 중요성을 계속 강조하고 있다. 따라서 사회복지행정가들은 인간행동 및 사회문제의 이해를 바탕으로 좋은 사회복지정책 입안에 참여함은 물론 그러한 정책을 효과적이고도 효율적으로 실천할 수 있는 행정과정에 대한 기본적 지식, 기술, 태도를 갖추고 전문직의 입장에 기초를 둔 행정활동을 수행해야 한다. 사회복지행정가들의 이러한 전문가적 태도는 효과적인 사회복지서비스의 전달과 효율성 증진에 큰 기여를 할 것이다.

그러나 사회복지행정의 지식과 기술은 개선의 여지가 많다. 즉, 실천적이기보다는 이론에 치우치고, 충분한 경험적 검증을 완성하지 못한 경우도 많기 때문이다. 미숙한 개별 행정가의 행정활동이 전반적인 행정과정에 잘못된 영향을 미칠 수 있으므로 역량 있는 행정가는 복지행정의 성공 여부가 관건이라 할 수 있다. 유능한 복지행정가는 문제가 발생한 후 사후에 대처하는 것이 아니라 발생할 문제들을 사전에 예견하여 이해하고 적절히 통제한다. 또한 성공적인 업무성과를 위한 분위기와 환경을 제공할 뿐만 아니라 일관성 있는 태도와 기준을 가지고 직무성과를 측정할 수 있다. 아울러 직무의 효율성 향상을 위한 훈련이나 개선방향을 제시하고 강화와 처벌과 같은 행동법칙을 적절하게 활용하는 사람이다(Christian & Hannah, 1983 : 9-13).

2) 사회복지행정가의 기본 요소

사회복지행정가는 사회복지에 관한 전문적 지식과 기술을 가짐과 동시에 전문적 태도를 유지하는 것 이외에도 다양한 역할과 관리활동을 수행한다. 행정가가 이렇게 다양한 역할과 관리활동을 수행하는 데 필요한 기본적인 요소들은 다음과 같이 정리할 수 있다(Skidmore, 1995 : 39-45).

(1) 수용(Accepting)과 관심(Caring)

사회복지행정가는 직원과 클라이언트를 현실적으로 수용할 뿐만 아니라 자신의 직무와 관련되는 지역사회의 관련 전문직 직원과 관리자도 있는 그대로 수용해야 한다. 즉, 행정가는 직원을 각자의 장점과 단점을 가진 개인으로 그리고 자신의 성장과 발전을 위해 노력하는 독특한 개인으로 존중하면서 수용해야 한다.

(2) 창의성(Creating)과 민주성(Democratizing)

사회복지행정가는 기관의 서비스 질을 증진시키고 자신과 직원 및 직원들 사이의 관계를 향상시킬 수 있는 개혁적인 정책, 방법, 절차들을 개발하여 시행할 수 있어야 한다. 또한 행정가는 기관의 성장, 발전은 모든 직원들의 참여를 통해 가능하다는 신념을 가지고 집단과정을 존중하고 협동하는 민주적 과정이 기관의 의사결정은 물론 성장과 발전을 위해서도 최선의 방법이라는 신념을 가져야 한다.

(3) 신뢰(Trusting)와 인정(Approving)

사회복지행정가의 활동은 직원들을 절대적으로 신뢰하는 데서 출발해야 한다. 직원들이 제시하는 자료는 직무와 관련이 없더라도 존중되어야 한다. 또한 사회복지행정가는 모든 사람들이 인정과 보상을 원하고 있다는 점을 적극적으로 고려해야 한다. 칭찬과 보상에 인색하기보다 적절한 보상과 인정이 직원들의 사기를 향상시켜 기관의 목적 달성에 큰 도움이 된다는 사실을 알고 이를 적극 활용할 수 있어야 한다.

(4) 기획(Planning)과 조직화(Organizing)

효과적으로 기획이 이루어지면 바람직한 결과를 낳을 수 있지만, 하지 않거나 부실하게 이루어질 경우는 부적절한 서비스가 제공되거나 기관의 기능이 약화될 것이다. 사회복지행정가의 활동 중에서 기획은 가장 기초적이고 핵심적인 요소이다. 복지행정가는 복지서비스의 전달을 위해 조직을 어떻게 만들 것인가, 그리고 만들어진 조직을 어떻게 기능하게 할 것이냐와 같은 효과적인 조직구조 형성 활동을 할 수 있어야 한다.

(5) 우선순위 설정(Prioritizing)과 권한의 위임(Delegating)

사회복지행정가는 각 목표와 활동들의 중요성을 비교·대조·평가하여 우선순위를 설정하는 활동을 해야 한다. 즉, 기관의 목표 달성에 필요한 다양한 대안들을 개발하고 가능성과 가치를 평가하여 우선순위를 설정해야 한다. 또한 책임과 권한은 서로 공유되어야 한다는 인식으로 과업과 권한을 적절히 위임하는 것도 필요하다. 만약 위임하지 않고 특정 과업을 특정 직원만이 수행하기 위해서는 업무조정과 함께 사전에 동의가 이루어져야 한다.

(6) 의사결정(Decision making)과 의사전달(Communicating)

사회복지행정가는 지역사회에 유익한 결정을 하고 그것을 효과적으로 집행하기 위해 의사결정의 모든 과정과 단계를 깊이 이해하고 있어야 한다. 행정가도 실수할 수 있지만 필요할 때마다 위험을 감수하면서 직원을 기꺼이 의사결정 과정에 참여시켜야 하며, 언어적 감정의 표현뿐만 아니라 얼굴의 표정, 자세 등 비언어적 감정의 표현에도 세심한 주의를 기울여야 한다.

(7) 동기부여(Motivating)와 촉진(Facilitating)

사회복지행정가는 직원들이 그들의 능력을 최대한 발휘하여 기관의 기능수행에 기여할 수 있도록 동기를 부여하는 활동을 해야 한다. 행정가의 동기부여 활동이 활발할수록 조직의 사기가 높고 서비스 전달의 효과는 높아질 것이다. 또한 언제나 개방적인 자세를 가지고 기관 운영에 필요한 업무를 기꺼이 하고 싶어 하도록 자극하고 개별 직원들의 계획과 욕구에 민감하게 대응하면서 직원들의 성장과 발전을 지원해야 한다.

3) 사회복지행정가의 지식

사회복지행정가가 행정에 관한 적절한 지식을 가져야 하는 것은 사회복지기관의 효과적 운영을 위해서 그리고 이용자에게 양질의 서비스를 제공하기 위해서 필수적인 것이다. 이러한 지식들은 물론 교육을 통해 일차적으로 학습할 수 있지만 실천현장에서의 경험과 슈퍼비전 과정에서 학습된 지식이 보다 실용적이고 중요하다. 사회복지행정가가 갖추어야 할 지식 중에서 중요한 부분을 간단히 정리하여 설명하면 다음과 같다(Skidmore, 1983 : 31-33, 문인숙·김미혜 공역, 1993 : 53-56).

(1) 기관의 목표, 정책, 서비스, 그리고 자원에 대한 지식

사회복지행정가는 자신이 활동하고 있는 기관의 특별한 목적과 목표를 분명히 이해해야 한다. 그리고 그것을 달성하는 데 요구되는 지식을 가져야 하며 그러한 지식을 통해 기관의 목표 달성에 최선의 노력을 다해야 한다. 또한 기관의 정책 및 자원의 중요성을 인식하고 필요할 때에 그것들을 변화시키는 과정들에 대한 적절한 지식을 가지고 있어야 한다. 현재 제공되고 있는 서비스는 물론 장래에 제공될 서비스를 예측할 수 있는 지식과 능력도 가져야 한다(표 2-1 사회복지법인의 경영이념 사례 참조).

(2) 인간행동의 역동성에 관한 지식

인간행동의 역동성에 관한 지식은 행정가 자신, 직원, 클라이언트를 심층적으로 이해할 수 있게 하는 기반을 형성한다. 인간이란 복잡한 존재이며 인간의 행동은 생물학적, 심리적, 사회적, 문화적, 그리고 인종적 요인들이 복합된 상황으로부터 나온다는 사실, 즉 행동의 역동성을 이해하는 데 필요한 기본적인 지식을 가진다는 것은 매우 중요하다.

(3) 지역사회 자원에 관한 지식

지역사회기관들의 목적과 서비스를 분명히 이해하는 지식뿐만 아니라 다른 기관에 의뢰하는 방법들에 대한 지식까지 포함된다. 사회복지행정가는 지역사회의 주요 기관 지도자 및 기관장들과 일정한 관계를 가지고 있다. 이러한 관계를 원만하게 유지하고 활용할 수 있도록 지역사회 전체의 인적·물적·조직적 자원에 대한 포괄적인 지식을 가져야 한다.

(4) 사회복지방법론에 관한 지식

사회복지행정가는 실무전문가는 아니지만 행정의 원칙, 과정, 기술 등을 조직관리에 적절히 적용하기 위해서는 사회복지실천기술, 지역사회조직, 커뮤니티 케어, 지역사회 조사, 사례관리 등 실천방법론에 대한 기본적 지식을 가지고 있어야만 한다. 이러한 지식은 사회복지조직의 공통적인 문제해결 과정에 대한 지식을 통해 조직의 효과성과 효율성을 향상시킬 수 있는 것이다.

(5) 관리의 원칙 · 과정 · 기술에 관한 지식

사회복지행정가도 전통적 관리에서 강조된 관리과정, 즉 기획, 조직, 인사관리, 지휘, 통제 등에 대하여 기본적인 지식을 가지고 있어야 한다. 또한 관리의 원칙과 기술을 기관의 효과적이고도 효율적인 운영에 활용할 수 있는 지식을 가지고 있어야 한다. 특히 사회복지행정가는 관리에 필요한 자원 획득 기술과 기법을 통합하여 기관의 운영에 결합하는 지식이 필요하다(그림 2-1 사회복지행정가의 기술 · 기능 · 목표와의 상호관계 참조).

(6) 사회복지 관련 전문단체 및 협회들에 관한 지식

사회복지 전문직과 관련되는 각종 단체나 협회, 즉 사회복지사협회, 사회복지협의회, 사회복지학회, 사회복지교육협의회 등 전문직의 발전에 공헌하고 있는 조직들에 대한 지식의 획득뿐만 아니라 그 회원으로 충실히 참여해야 한다. 나아가 정신의학, 심리학, 간호학, 법학, 의학 등 다른 전문직 단체와 조직에 대해서도 다양한 지식을 가져야 하며 전문직의 지도자들과 일정한 업무관계를 형성하고 있어야 한다.

(7) 조직이론에 대한 지식

사회복지행정가는 서로 다른 조직의 유형을 알고 그것을 이해하여 조직구조를 형성하고 관리할 수 있는 지식이 필요하다. 즉, 사회복지행정가는 조직의 구조와 기능방식을 파악하고 그 장단점을 분석하여 현재의 조직모형이 지역사회 상황 및 복지 증진에 구조적으로 그리고 기능적으로 적합한지를 판단하여 조직을 적절히 변화시킬 수 있는 지식을 가져야 한다(제4장 참조).

(8) 평가과정과 기법에 관한 지식

사회복지행정가는 기관에서 수행한 서비스에 대해 평가적인 조사연구를 도입할 수 있고 직원들의 긍정적·부정적 기여를 평가할 수 있을 만한 지식을 가져야 한다. 사회복지행정가는 사회복지서비스를 통해서 인간의 삶을 변화시킬 수 있음을 증명하도록 요청받고 있기 때문에 평가에 대한 지식의 중요성이 매우 강조되고 있다. 그러므로 사회복지시설 평가의 목적, 평가기준, 절차, 특성, 장단점 등에 대한 지식을 갖추어 평가과정에 능동적으로 대처함은 물론 새로운 관리 및 평가기법에 대한 지식도 습득하여 필요한 시기와 장소에서 그 기법을 유용하게 이용할 수 있어야 한다(제14장 참조).

2. 사회복지행정가의 기술과 상호관계

사회복지행정가는 사회복지사로서 가져야 할 기술 이외에 행정가로서의 기술을 함께 가지고 있어야 한다. Miringoff(1980)는 사회복지조직의 효과성은 조직이 사용하는 기술의 상태와 실천가가 그 기술을 소유하는 정도에 의해 좌우된다고 하면서 행정가는 이 두 요소들을 깊이 이해함으로써 사회복지조직의 기능이라는 맥락 속에서 서비스의 질과 효과성을 어떻게 향상시킬 것인가에 대한 방법을 이해하는 것이 중요하다고 한다(Miringoff, 1980, 성규탁 역, 1985 : 40-41 재인용). 따라서 사회복지행정가는 조직의 기능을 극대화할 수 있는 다양한 행정·관리상의 기술을 소유할 것이 요청되므로 NASW에서는 성공적인 사회복지행정가가 되기 위해 갖추어야 할 이러한 기술들의 특성을 제시하고 있다(Skimore, 1995 : 34).

이러한 행정가의 기술 특성들은 사회복지사의 지식, 전문직의 태도와 기술에서 요구되는 하나의 지침으로 볼 수 있다. 이 지침은 사회복지행정가도 인간인 이상 행정가로서 완벽하지는 못하기 때문에 전문가로서 필요한 기술의 준거 틀을 제시해 주는 것이다.

사회복지행정가는 행정적 과정에서 활용할 수 있는 행정기술을 많이 소유하고 있을수록 그리고 잘 적용할 수 있을수록 사회복지기관을 더 효율적으로 운영하여 이용자에게 효과적인 서비스를 제공할 수 있을 것이다.

사회복지행정가가 갖추어야 할 기술 특성(NASW)

① 현실에 근거하여 계획하고 그 실행 가능성을 사정하는 기술
② 각종 대안을 개발하고 각 대안의 결정이 가져올 영향을 예견하고 평가하는 기술
③ 평가결과에 따라 우선순위를 정하고 최적 대안을 결정하는 기술
④ 개인적 균형을 유지하면서 다양한 역할과 과업을 처리하는 기술
⑤ 관료제와 조직이론의 기능에 입각하여 기관목표를 달성하는 기술
⑥ 능률성 향상을 위해 조직 내 개인과 집단의 특수한 능력을 활용하는 기술
⑦ 적절한 권한의 위임과 의사소통 기술

행정업무에 착수하기 전에 행정가들은 많은 기회와 도전에 직면하게 된다. 사회복지행정가들도 행정적 과제에 착수하기 전에 그러한 업무를 만족스럽게 수행할 수 있는 자질(personality)과 열정을 가지고 있는지에 대한 검증을 받아야만 한다. 왜냐하면 행정가는 그들이 운영하는 기관의 업무에 대해 총체적인 책임을 지기 때문이다. 또한 행정가의 업무는 많은 스트레스와 압력을 받는다. 따라서 사회복지행정가는 여러 가지 갈등적 관점들을 조정해야만 하며 자신에게 주어지는 많은 압력들 속에서도 평정을 유지해야 한다.

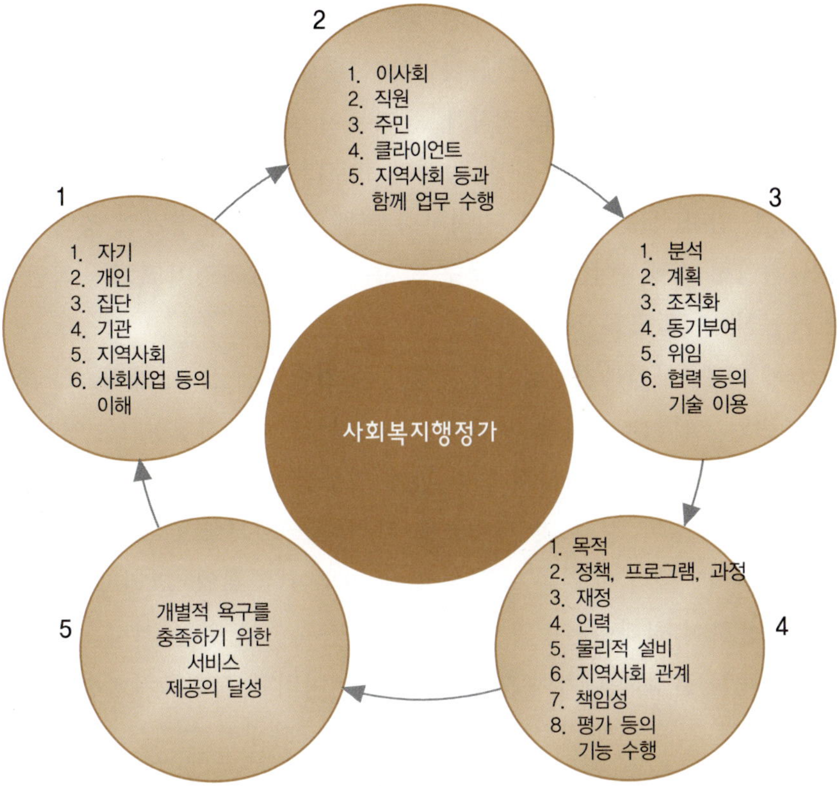

| 그림 2-1 | 사회복지행정가의 기술 · 기능 · 목표와의 상호관계

출처 : H. B. Trecker(1977). *Social Work Administration*. New York : Association Press, p. 56.

행정가는 동시에 다양한 관계들을 유지하면서 복잡한 결정들을 해야만 한다. 사회복지행정가는 자신의 시간을 어떻게 사용할 것인지, 우선순위를 어떻게 할 것인지, 어떤 선택을 할 것인지, 무엇을 먼저 할 것인지 등을 결정해야만 한다. 이런 측면에서 사회복지행정가는 행정업무에 들어가기 이전에 그리고 행정업무를 수행하는 기간 동안 내내 자기인식, 자각 그리고 자기 통찰력을 향상시켜야 한다. 이러한 바탕 위에서 사회복지행정가는 자기 자신은 물론 다른 개인들과 집단, 자신이 속한 기관, 지역사회 그리고 사회사업에 관해 충분한 이해가 필요하다.

행정업무는 행정가 혼자 수행하는 것이 아니라 이사회, 직원, 주민, 클라이언트 그리고 지역사회 등과 함께 협력하여 수행하는 것임을 명심해야 한다. 그리고 행정가는 분석, 기획, 조직화, 동기부여, 위임 그리고 협력 등의 기술을 적절히 사용하면서 목표 설정, 정책과 프로그램 및 각종 절차들의 개발·실행, 재정, 인사, 물리적 시설, 지역사회 관계, 책임성과 평가의 영역 등에서 기능을 원만히 수행하여 개인의 욕구 충족을 위해 효과적이고 효율적인 서비스를 제공할 수 있도록 해야 한다.

Trecker(1977)는 사회복지행정가가 사용하는 기술로서 분석, 계획, 조직화, 동기부여, 위임, 협력을 제시한 바 있다. 즉, 그는 사회복지행정가는 이사회, 직원, 주민, 클라이언트, 지역사회 등과 함께 업무를 수행해 나가면서 조직을 둘러싼 내외부 환경과 정책 및 서비스를 분석하고 계획하며 지역사회와 조직 내외부의 인적·물적 자원을 조직하고, 동기부여나 위임, 그리고 협력 등의 기술을 사용하여 클라이언트의 개별 욕구를 충족하기 위한 서비스를 제공함으로써 목표를 달성해 나가야 한다고 하였다. 이러한 사회복지행정가의 기술과 기능, 이해, 목표와의 상호관계를 그림으로 나타내면 앞의 ▌그림 2-1▐과 같다.

3. 사회복지행정가의 태도

사회복지행정가는 행정에 관한 실제적 지식과 더불어 자신과 직원 그리고 지역사회와 필요한 관계를 형성하는 데 있어 전문가적 태도를 유지하는 것이 필요하다. 일반적으로 태도는 행동의 바탕이 되므로 전문가적 태도 또한 전문적 행동의 기본이다. 사회복지행정가의 전문가적 태도는 행정과정에 관련되는 인간의 감정이나 느낌과 혼합되기 때문에 특히 중요하다. 사회복지행정가에게 요구되는 중요한 태도들은 다음과 같이 요약하여 정리할 수 있다(Skidmore, 1995 : 37-39).

1) 개별 직원을 존중하는 태도

기관에서 가장 중요한 것은 직원이며 직원들의 활동이 기관을 발전시킬 수도 있고 퇴보시킬 수도 있음을 인식하고 개인이 가진 장단점을 바탕으로 직원 각자가 기관을 위하여 최선을 다할 수 있도록 최대한 존중하고 지원하려는 태도가 요청된다.

2) 인간의 불완전성을 용인하려는 태도

사회복지행정가는 행정가 자신을 포함한 모든 직원이 업무 수행 과정에서 실수를 할 수 있으며, 실수를 한 경우에도 모욕적인 질책을 하여 상처를 주기보다는 이해하고 격려하는 태도를 견지해야 한다. 사회복지사도 인간이기 때문에 최선을 다해도 실천에 필요한 지식이나 기술이 최적 수준까지 도달하지 못한다는 것을 인정하는 성숙된 태도를 보여야 한다.

3) 최적의 업무환경과 분위기를 제공하려는 태도

사회복지행정가는 직원들이 업무에 최선을 다할 수 있도록 물리적 환경을 개선하는 데 노력할 뿐만 아니라 업무의 생산성을 제고할 수 있도록 정서적이고 사회적인 분위기를 제공하려는 태도를 보여야 한다. 이러한 태도는 직원들의 자유로운 표현과 활동을 보장하고 조장하며, 직원 개인의 성장과 발전을 허용하고 격려하는 데서 나온다.

4) 개인의 가치와 기관의 가치를 조화시키려는 태도

사회복지행정가는 자신, 기관, 직원, 그리고 서비스 이용자들의 가치에 대해 확실한 신념을 가지고 존중하는 태도를 가져야 한다. 즉, 그들의 가치를 존중해야 하며 특정한 가치를 다른 사람에게 강요하지 않아야 한다. 특히 기관의 업무와 관련하여 직원들에게 기관이 지향하는 가치를 강요할 것이 아니라 기관의 본질적인 가치에 대해 이해하고 동의하도록 하는 것이 중요하다.

5) 변화에 대한 긍정적인 태도

사회복지환경은 고정적이지 않으며 변화하고 있다. 이러한 변화들은 곧 사회복지조직에 대해 변화의 압력들로 작용하게 된다. 따라서 사회복지행정가는 이러한 변화들에 적절히 대처하기 위해 새로운 의견과 사실을 폭넓게 수용하는 태도를 보여야 한다. 변화에 대한 행정가 자신의 선입관과 편견을 정당화하려고 해서는 안 되며 변화하는 현실에 긍정적으로 대처하는 것이 더 중요하다는 점을 간과하지 않아야 한다.

6) 기관의 성장과 발전을 가장 중요시하는 태도

사회복지행정가는 자신과 어느 직원보다도 기관의 성장과 발전이 더 중요하다는 태도를 보일 필요가 있다. 즉, 어떤 직원 또는 행정가라도 기관의 성장, 발전을 위해서 교체될 필요가 있다면 주저하지 않고 그러한 방향으로 결단해야 한다. 업무수행능력이 부족한 사람에게 최대한의 능력개발 기회와 도움을 주었음에도 불구하고 전혀 공헌하지 못하거나 장애가 되는 경우에는 해고할 수밖에 없음을 보여줄 필요가 있다.

제3절 사회복지행정가의 책임성

1. 책임성의 대상과 영역

책임성이란 활동과정에 정당성을 갖추고 활동결과에 책임을 지는 것이다. 사회복지행정가도 사회복지 윤리강령을 준수하고 전문직의 지식체계를 충실히 적용하여 클라이언트와 지역사회의 욕구를 충족시키기 위해 서비스를 제공해야 한다. 책임성의 가장 중요한 내용은 사회복지서비스의 효과성과 효율성이다. 즉, 사회복지조직이 사회복지서비스를 제공함으로써 얻은 효과가 무엇인가 하는 점과 경제적으로 어느 정도의 비용을 들여 효과를 보았느냐 하는 점이다.

사회복지행정가의 책임성 대상은 클라이언트와 사회, 사회복지전문직으로 구분할 수 있다. 클라이언트는 사회복지조직이 일차적으로 클라이언트의 복지 증진을 위해 존재하므로 우선적인 책임대상이라 할 수 있다. 클라이언트가 소수의 사회경제적 약자에서 시민 전체나 지역사회 주민으로 확대되어 가면서 서비스 내용도 삶의 질을 높이기 위한 예방적 차원이 강조되므로 대상자의 질적 변화에 따라 행정가의 책임내용도 변화되고 있다. 사회복지조직은 사회의 전반적인 복지를 촉진시켜야 하므로 사회복지행정가는 조직적 활동을 통해 사회의 복지 향상에 기여할 책임이 있다. 사회복지행정가는 사회복지전문직의 효과성을 올리고 위신을 높이는 책임도 지고 있다.

사회복지행정가는 책임성의 영역에 따라 책임성의 내용이 달라질 것이다. 먼저 적용영역에 따라 서비스 대상범위가 적절했는지 책임을 따져 보아야 할 것이다. 서비스 전달영역에 따라 자격 있는 전문가에 의해 서비스가 전달되었는지 판단할 수 있을 것이다. 책임성의 영향에 따라 서비스가 지역사회에 긍정적 파급효과를 가져왔는지 볼 수 있을 것이다. 효율성 영역에서는 투입대비 성과가 있었는지 살펴볼 수 있을 것이다. 마지막으로 재정영역에 의해 재정 집행이 투명하게 이루어졌는지 책임성을 판단할 수 있을 것이다.

책임성 있는 사회복지행정가라면, 예를 들어 지역사회의 다양한 이해관계자를 정확히 파악하고 있을 것이다. 또한 클라이언트 집단을 배제하지 않도록 늘 주의하고 있을 것이다. 항상 조직 내 서비스 제공자의 업무수행도 적절히 파악하고 있을 것이며 자원활용도에 관한 정보를 공개하고 재정 집행의 투명성을 높이려 노력할 것이다. 아울러 전문적이고 체계적인 평가제도를 운용하면서 혁신을 두려워하지 않을 것이다.

2. 책임성에 영향을 미치는 요인

사회복지행정가의 책임성에 영향을 미치는 요인을 내적 요인과 외적 요인으로 구분할 수 있다.

첫째, 내적 요인은 서비스의 다양성, 기술의 복잡성, 목표의 불확실성이다. 클라이언트의 욕구가 다양해지면서 사회복지서비스도 점차 다양해지고 있다. 따라서 하나의 서비스를 제공할 때보다 다양한 서비스를 제공할 때 더 많은 책임성이 요구될 것이다. 또한 사회복지행정가는 사회복지조직이 활용하는 실천기술이 점점 복잡해지고 다양해지면서 더욱 복잡하고 다양한 조직환경에서 효과성과 효율성을 입증해야 한다. 사회복지조직은 사람을 대상으로 하는데 사람의 욕구는 끊임없이 변하고 있다. 따라서 행정가는 목표를 계속 수정하고 보완해야 한다. 목표가 불확실한 만큼 더 많고 다양한 책임을 안게 된다.

둘째, 외적 요인은 공급주체의 다원화, 민영화, 법률의 정비다. 사회복지서비스 공급주체는 복지조직 외 종교단체, NGO, 기업과 같은 영리조직까지 다원화되고 있다. 따라서 사회복지행정가는 복지조직이 핵심공급 주체임을 이전보다 더 확실하고 강하게 증명해야 할 필요성이 늘어나게 되었다. 또한 시장영역과 시민사회 역할이 증가하면서 민영화 경향이 강해졌고 생산성과 효율성 향상에 대한 요구는 더 많은 책임성을 강조하게 되었다. 법적으로도 사회복지시설에 대한 정기적인 시설평가를 의무화하고 있으므로 사회복지행정가의 책임성 발휘에 큰 영향을 미치고 있다.

생각해 볼 문제

- 사회복지행정을 실천할 수 있는 방법을 생각해 봅시다.
- 사회복지행정가에게 요구되는 원칙이 무엇인지 생각해 봅시다.
- 사회복지행정의 접근방법을 제시하고 이들 접근방법 중 가장 유용하다고 생각되는 접근방법을 제시해 봅시다.
- 사회복지행정가에게 필요한 기본 요소에 대해 살펴봅시다.
- 사회복지행정가에 요구되는 지식에 대해 생각해 봅시다.
- 사회복지행정가에게 요구되는 행정가 및 사회복지사로서의 기술에 대해 생각해 봅시다.
- 사회복지행정가에게 요구되는 태도에 대해 생각해 봅시다.
- 사회복지행정가에 요구되는 책임성과 한계에 대해 생각해 봅시다.

CHAPTER 03
한국 사회복지행정의 발달

학습목표

[가치] • 사회복지행정의 이념이 역사적 발달과정에 어떻게 반영되고 있는가를 이해한다.
[지식] • 한국 사회복지행정의 발달시기별 특성을 파악한다.
• 2000년대 이후 한국 사회복지행정의 발달을 이해한다.
[기술] • 사회복지조직 구조와 전달체계의 변천과정에 나타난 특징을 파악한다.

문서자료, 즉 기록을 남기고 보존하는 것은 아무리 강조해도 지나치지 않다. 왜냐하면 새로운 정책을 수립하거나 추진하기 위해서는 관련된 기록자료들이 필요할 뿐만 아니라 집행된 정책의 정당한 역사적 평가와 그 발달과정을 정리하기 위해서도 문서 및 기록자료가 필수적이기 때문이다. 그러나 불행히도 한국의 사회복지정책과 행정의 발달과정을 평가하고 정리하는 데 필요한 문서자료들은 매우 부족한 실정이다. 그 이유는 첫째, 공공 사회복지행정의 경우 공공복지 주체들의 문서자료 축적과 보관에 대한 인식 부족과 조금만 내용이 미묘한 것이면 가급적 증거를 남기지 않아 책임을 회피하려는 태도 때문으로 보이며, 둘째, 민간 사회복지행정의 경우는 민간복지 주체들의 문서자료 축적과 보관에 대한 인식 부족은 동일하지만 과거에는 수행주체가 외원기관들이었기 때문에 이들 기관이 철수하면서 많은 문서자료들이 폐기 또는 소실되었기 때문으로 생각된다.

따라서 한국 사회복지행정의 발달을 과거의 문서자료에 근거하여 체계적으로 논의하기는 대단히 어렵다. 그럼에도 불구하고 최성재와 남기민(2000 :

53-63)은 한국 사회복지행정의 발달을 사회복지행정의 미인식 단계(1950년대 및 이전), 명목상 인정 단계(1960~1970년대), 그리고 실질적 중요성 인식 단계(1980~1990년대)로 구분하여 제시하고 있다. 이러한 단계 구분은 명확한 근거가 부족하기 때문에 이 장에서는 대한민국 정부 수립 이전과 이후로 나누고, 정부 수립 이후는 정치체제의 변화에 따라 나타난 각 공화국별로 사회복지행정의 발달을 정리하고자 한다. 왜냐하면 첫째, 사회복지행정의 발전은 각종 사회복지 관련 법령의 제정·시행과 불가분의 관계가 있으며, 둘째, 한국의 사회복지법령은 연대별 또는 중요 사건별로 뚜렷이 구별되는 특성을 가지기보다는 집권자의 정치적 동기가 매우 강하였고, 셋째, 사회적인 복지요구를 수렴하여 대처하기보다는 정치체제의 정당성 확보를 위해 국민들에게 비전을 제시하는 수준에서 각 법령이 제정·시행되었고 그에 입각한 행정이 대두되었기 때문이다. 다만, 제6공화국은 그 기간이 길고 또한 외환위기 과정에서 나타난 공공부조의 문제점을 획기적으로 개선한 국민기초생활보장제도의 시행과 함께 새로운 21세기를 맞이하였다는 의미로 2000년대 이후는 분리하여 논의하고자 한다.

제1절 정부 수립 이전의 사회복지행정

정부 수립 이전인 일제 식민지 시기와 미군점령기의 사회복지행정에 관한 사항은 사회복지행정이라기보다는 응급구호행정이었다. 그러나 이러한 응급구호행정이 이후 행정의 발전에 많은 영향을 끼쳤고 그것이 비록 완전한 사회복지행정의 이념과 기술을 가지고 행하여지지는 않았지만 근대 한국 사회복지행정 발달의 출발점이 되었을 뿐만 아니라 나름대로의 중요성을 갖고 있기 때문에 여기서는 정부 수립 이전의 사회복지행정을 간략히 살펴보기로 한다.

1. 일제 식민지 시대의 사회복지행정

1910년 한일 강제합방에 따라 종래의 구호사업들은 거의 자취를 감추었고, 1921년 조선총독부 내무국에 사회과가 신설되어 우리나라 사회복지사업의 지도·통제를 전담하게 되었다. 이것이 한국 공적 사회복지행정을 담당하는 최초의 기구로 볼 수 있으나 광복되기까지 공적 조직의 사회복지활동은 시혜적인 활동에 국한되어 공적인 사회복지조직이라 보기는 어렵다(최성재·남기민, 2000 : 53). 그 후 1944년 3월 전문 33조로 된 조선구호령이 공포·실시되었다. 조선구호령에는 국민의 빈곤, 불구, 폐질 등에 대처하는 구호의 종류로 생활부조, 의료부조, 조산부조, 생업부조의 네 가지를 규정하였고 특정한 피보호자에게는 매장부조도 규정하고 있었다. 구호의 방법은 거택구호와 수용구호로 구분하였으나 거택구호를 원칙으로 하였다(동영 제10~16조).

이와 같이 조선구호령에는 조선총독부, 즉 국가가 국민의 빈곤, 불구, 폐질 등에 대한 생활구호의 책임을 지는 것으로 나타나 있어 이를 실현하기 위한 공공구호행정이 전개될 수 있었던 것으로 보인다. 그러나 이 역시 조선총독부가 국민들을 회유하여 식민통치 영속화를 위한 정치적 맥락에서 시행한 법령상의 명문규정에 지나지 않았기 때문에 그 실현을 위한 구호행정도 형식적이며 명목적인 불과하였다. 하지만 조선구호령에 근거한 구호행정은 생활보호법이 제정되어 생활보호행정이 실현되기까지 우리나라의 공공구호행정의 근거가 되었다는 데 그 의의를 찾을 수 있다.

2. 미군점령기의 사회복지행정

8·15광복은 우리 국민에게 새로운 국가건설과 국민적 합의를 위한 기회를 제공하였다. 그러나 미군의 진주에 의해 독자적인 정부를 수립하지 못하고 약 3년간의 미군정이 실시되었다. 미군정은 1945년 10월 27일 군정법령 제18호로 보건후생국을 설립하였으며, 보건후생국은 1946년 3월 2일 보건후생부로

승격하게 된다. 보건후생국은 1946년 1월 12일 빈민구호를 위한 후생국보 3호를 발표하여 1944년 일제가 제정·공포한 조선구호령과 함께 시행하였다. 또한 1946년 9월 18일의 후생국보 제3A호에는 재해민과 피난민 구호계획이 발표되었고, 그들에게 식량, 의류, 연료, 긴급의료, 매장, 치료 등의 편의를 제공하고자 했다. 동보 3C호는 빈민 및 실업자 구호계획을 제시하고 있었다.

보건후생국이 후생국보 3호와 조선구호령을 함께 시행하기는 했지만 후생국보 3호의 내용은 계획적인 구호행정의 필요성과 그 기준을 제시한 것으로 평가될 수 있으나 역시 근대적 사회복지행정과는 거리가 있었다. 즉, 미군점령기의 구호정책은 요구호자에 대한 구호의 필요성에 대응한 것이 아니라 그들에 의해 야기되는 정치·사회적 불안에 대응하기 위하여 전개되었고 구호의 범위와 수준이 열악하고 구호행정이 배제적·일방적인 성격을 가지고 있었다(최항순, 1993 : 121).

특히 미군정은 1946년 9월 18일 법령 제112호로 아동노동법규를 공포·시행함에 이어 1947년 5월 16일에는 과도정부 법령 제4호로 전문 12조의 미성년자노동보호법을 공포·시행하였다. 이것은 당시 선진국들이 채용하고 있었던 인도적·계몽적 원리에 따라 아동 및 미성년자의 노동을 보호하게 함으로써 아동복지행정의 기초를 이루었다고 볼 수도 있으나 역시 아동에 대한 구호행정 수준을 벗어나지 못하였다.

또한 미군점령기에는 사회사업실천현장이 없었기 때문에 사회복지교육에 대한 필요성과 욕구도 전혀 없었다. 그럼에도 불구하고 1947년 이화여자대학교에 기독교사회사업학과가 설치되어 전문사회사업교육이 처음으로 시작되었다. 이것은 한국 사회사업교육이 실천현장의 요구보다는 기독교의 교육이념 수용과정에서 미국의 사회사업교육이 먼저 도입된 것으로 생각된다.

이 시기에 있어서 구호행정은 장기적인 관점에서 적극적이고 계획적으로 이루어지지 못하였으며, 주로 과도기적인 사회혼란에 대처하기 위하여 기아의 방지, 최저생계 유지, 의료보호 등에 중점을 둔 응급적이고 임시방편적인 대책에 불과하였다. 따라서 근대적 사회복지행정의 개념에 입각한 행정으로 볼 수는 없다.

제2절 정부 수립~제6공화국의 사회복지행정

1. 제1 · 2공화국의 사회복지행정

제1 · 2공화국의 사회복지행정은 먼저 당시 정부의 사회복지행정직제 개편 내용을 통해 살펴볼 수 있다. 제1공화국은 정부 수립과 함께 미군점령기에 있었던 보건후생부와 노동부를 병합하여 사회부로 개칭하고 보건, 위생, 노동, 부녀행정을 관장하게 하였다. 그 후 1949년 3월 사회부 관장하에 있던 보건행정을 분리하여 보건부를 신설하였다가 1955년 2월 다시 보건부와 사회부를 통합하여 우리나라의 사회, 복지, 보건, 부녀행정을 총괄하는 중심 부서로 보건사회부를 창설하였다.

제헌헌법 제19조에 근거하여 이러한 공적 복지행정 담당조직을 신설하였으나 그 사회복지활동은 월남피난민과 전쟁고아 및 피해자의 긴급구호에 급급한 상황이었기 때문에 현대적 사회복지 개념에 입각한 행정은 이루어지지 못하였다. 그러나 사회부는 당시 매우 열악하였던 육아시설의 설비를 충실히 하고 그 운영의 강화 및 적정을 기하기 위하여 1950년 2월 27일 '후생시설설치기준령'을 제정하였고(신섭중 외, 1999 : 71), 1952년 10월 4일에는 격증한 전쟁고아 수용보호시설을 비롯하여, 전란으로 인해 혼란에 빠진 기존 각종 구호시설들의 운영과 지도 · 감독의 준칙으로 삼기 위해 전문 7장 33조로 된 '후생시설 운영요령'이란 훈령을 제정하였다(구자헌, 1984 : 203).

이와 같은 훈령을 제정 · 공포한 것을 보면, 사회부는 긴급구호활동에 급급한 가운데서도 구호시설의 설치와 운영 그리고 그 지도 · 감독에 대한 필요성을 절감하고 있었던 것으로 보인다. 물론 이러한 훈령이 근대적 사회복지의 개념에 입각하여 제정된 것으로 이해하기는 어려우나 각종 시설의 설치 및 운영과 지도 · 감독의 준거를 정부 차원에서 마련하였다는 것은 공공 사회복지행정의 역사에 하나의 주춧돌을 놓은 것으로 생각된다.

또한 6·25전쟁 이후 급증한 전쟁피해자들을 위한 외국의 원조기관들이 들어오면서 현대적인 민간 사회복지기관들이 설립되어 사회복지행정 실천의 장이 마련되었다. 그러나 이러한 외원기관들의 활동은 전쟁피해자인 고아, 미망인, 무의탁 노인, 빈민들에 대한 긴급구호 위주였기 때문에 조직적인 원조활동과 전문적 사회복지활동을 수행할 수 없는 상태였다(최성재·남기민, 2000 : 53). 따라서 민간 사회복지행정도 단순한 시설·기관 운영 외에 체계적으로 집행되지는 못하였다.

그러나 제1공화국 시기의 실천현장에서는 전문적인 사회복지교육의 요구가 나타나지 않았음에도 불구하고 1953년 현재 강남대학교의 전신인 중앙신학교에 사회사업학과가 설치되었고, 1956년에는 사회복지인력 단기양성소인 '국립중앙사회사업종사자훈련소(후에 국립중앙사회복지연수원으로 개칭됨)'가 창설되었다. 1958년에 이화여자대학교 기독교사회사업학과 및 서울대학교 대학원에 사회사업학과가 설치되었으며, 다음 해인 1959년에 서울대학교 학부에 사회사업학과가 설치되었다.

이 당시 사회사업학과 교과과정에 필수 또는 선택으로라도 사회사업(복지)행정이 있었는지는 알 수가 없다. 다만, 1954년 Kidneigh 박사가 서울대학교에 사회사업학과 설치를 건의하면서 제안한 교과과정에는 사회사업행정이 포함되어 있었고(최성재·남기민, 2000 : 54) 서울대학교는 개설 이래 사회사업행정을 교과목으로 개설해 오고 있다고 한다.

이와 같은 사실로 미루어 보면 제1·2공화국 시기의 사회복지행정은 초기에 두 훈령 제정한 것과 그 당시 풍부했던 외원의 신속하고도 공정한 배분에 총력을 기울인 것 외에는 별다른 발전이 없었다. 특히 사회사업교육이 처음 시작되었음에도 불구하고 사회복지행정은 단순히 일부 대학의 교과과정에 포함되어 있었다는 것 이외에 그 중요성이나 필요성에 대한 언급은 없었다.

2. 제3 · 4공화국의 사회복지행정

5 · 16 군사 쿠데타에 의해 탄생한 제3공화국 정부는 시급한 민생고의 해결을 위해 경제개발을 최우선 목표로 설정하고 절대빈곤의 탈피에 주력하였다. 그러므로 그 당시의 생활무능력자들에 대한 생계보호를 체계적으로 시행하기 위해 생활보호법(1961. 12. 30. 법률 제913호)을 제정하였다. 생활보호법에 따라 정부의 사회복지행정은 저소득층에 대한 공공부조를 위주로 하는 생활보호행정 중심이었다. 그러나 정부재정의 부족으로 긴급한 사회복지 문제나 욕구는 주로 민간 외원단체의 원조로 해결하였다. 또한 생활보호법은 일제의 조선구호령 내용을 크게 벗어나지 못하였기 때문에 그 행정에 있어서도 질적인 개선은 별로 없었다.

주무부서인 보건사회부의 역할도 전반적으로 생활보호 위주의 정책 수행이었고, 123개의 외원기관도 거의 전부 저소득층에 대한 원조를 위주로 하였다. 이러한 상황에서 공공 사회복지행정조직의 역할은 단순한 정책적 계획과 비전문적 활동 위주였으며, 사회복지서비스의 효과성과 효율성을 생각할 수 있는 정도가 전혀 되지 못하였다고 할 수 있다(최성재 · 남기민, 2000 : 55). 그리고 공공부조행정과 관련된 군사원호보상법 및 재해구호법의 제정이 있었으나 이것 역시 군사정부의 특성이 반영되어 사회질서 유지에 일차적 목적이 있었기 때문에 사회복지행정으로 보기는 어렵다.

특히 이 시기에 가장 심각한 국가적 과제였던 전쟁고아 문제 해결의 일환으로 고아입양특례법과 아동복리법, 「시설에 수용 중인 고아의 후견직무에 관한 법률」 등을 제정하고 아동복리지도원, 아동위원제도를 도입하여(아동복리법 제5조 제1 · 2항) 아동복지 및 그 행정에 관한 관심을 보였다. 이러한 관심이 입양알선기관의 법적 근거를 마련하게 하고 행정적 절차 없이 만연하였던 외국 입양을 법과 행정절차로 통제하게 했다는 점에서 미흡하지만 아동복지행정의 효시로 간주할 수도 있겠으나 사회사업행정이라는 용어가 사용되지는 않았다. 그리고 이 시기의 민간 외원기관 중의 일부도 미국식 사회사업의 방법론을 적용하려는 시도를 하였으나 그것이 사회복지행정의 발전과 연결되지 못하였다.

그러나 대학에서는 사회사업학과의 설치가 계속되어 총 10개 대학에서 사회사업교육이 이루어졌으며, 사회사업행정이 교과과정에 포함되어 있었다는 사실에서 적어도 사회복지학계 또는 교육계에서는 사회복지행정의 필요성을 인식하였던 것으로 보인다.

1970년은 한국 사회복지의 역사에서 매우 중요한 의의를 갖는 해이다. 그것은 최초로 사회복지사업에 대한 기본적인 사항을 규정한 사회복지사업법이 제정되었기 때문이다. 동법은 사회복지사업의 정의와 범위를 명확히 함과 아울러 민간 사회복지사업의 주체로 사회복지법인제도를 도입하고 법인이 시설을 설치하게 하여 민간 사회복지사업의 체계를 확립하였다. 또한 국가와 지방자치단체가 법인에 대해 보조할 수 있도록 함과 동시에 사회복지법인과 시설에 대해 지도·감독을 할 수 있는 권한을 부여하였다. 결과적으로 동법의 제정은 민간 사회복지행정과 그것의 지도·감독을 포함한 공공 사회복지행정의 발전 토대가 되었다고 볼 수 있다.

1970년에 부산대학교를 비롯한 3개 대학에 새로 사회사업학과(사회복지학과)가 설립되어 총 13개 대학에서 사회사업교육이 실시되고 있었다. 이 시기의 모든 대학은 사회사업행정을 교과과정에 포함시키고 있었지만 전공 필수과목 또는 선택과목으로 되어 있었다. 그러나 사회복지학자들도 사회사업(복지)행정을 전공 분야로 하거나 행정에 관한 논문을 발표한 적이 거의 없고 행정을 전공 분야로 하는 학생들도 거의 없었다.

1970년대 후반부터는 그간의 경제발전정책으로 국민소득과 국가의 재정능력이 향상되어 독자적인 복지문제 해결이 가능하다는 외국의 평가로 외원단체들이 원조를 감소, 중단시키거나 아예 철수하기 시작하였다. 그럼에도 불구하고 사회복지사업법에 따른 자주적인 사회복지법인 및 시설의 설립은 아주 저조하였다. 따라서 외원기관의 수가 크게 줄어들었지만 여전히 복지시설의 주류는 외원기관들이었다.

이상에서와 같이 군사정부 시대와 제3공화국에서는 공적부조제도의 수립과 사회복지법인제도의 도입으로 사회복지행정 발전의 기초를 마련하였다고 볼 수 있다. 그러나 이러한 긍정적인 평가와 더불어 부정적인 평가가 동시에 존재한다. 부정적인 입장에서는 사회복지행정의 중요한 가치인 효율성과 합리성이 결여되어 있으며 행정가의 역할과 시설의 보호수준이 이전의 구호활동과 거의 차이가 없으므로 사회복지행정의 기초를 마련하였다고 볼 수는 없다고 한다.

3. 제5공화국의 사회복지행정

제5공화국은 제4공화국 이래 계속된 선경제개발 후분배주의 정책에 따른 소득분배상의 불균형 문제, 소득격차, 상대적 빈곤, 지역 간의 격차, 지속적인 산업화, 도시화에 따른 각종 새로운 사회문제, 가치관의 분열, 광주민주화운동에 따른 후유증, 그리고 학생 및 재야세력의 반정부 민주화투쟁, 정부의 불신 등 많은 부담을 내포한 채 출범하였다(김만두, 1991 : 112).

그리하여 제5공화국은 출범과 함께 복지사회의 구현을 국가목표로 설정하였기 때문에 건국 이래 사회복지에 대한 논의가 가장 고조되었던 시기였다. 즉, 복지사회의 건설은 민주주의의 토착화, 정의사회의 구현, 교육혁신 및 문화창달과 더불어 제5공화국의 국정지표가 되었던 것이다. 제5공화국은 유신체제의 잔재를 청산하고 사회정의와 기회균등에 입각하여 전 국민의 행복이 보장되는 복지이념을 천명하면서, 그때까지의 경제일변도의 개발계획에서 벗어나 제5차 경제사회발전계획에서는 경제와 사회의 균형적인 발전을 기본 목표로 삼았다.

제5공화국은 헌법에서 “국가는 사회보장 · 사회복지의 증진에 노력할 의무를 진다”고 하여 제3 · 4공화국에 비해 사회복지에 대한 국가의 책임을 더욱 명백히 하였다. 여기서 사회보장은 소득보장, 의료부조를 말하고 사회복지는 아동복지, 모자복지, 장애인복지, 노인복지 등을 포괄하는 대인사회서비스를 말한 것이라 이해할 수 있다(김만두, 1991 : 115).

이에 입각하여 정부는 사회보장정책과 함께 당시 심각한 국민욕구로 표출되었던 아동, 노인, 장애인 등에 대한 사회복지서비스 정책의 중요성을 인식하고 이에 대한 국가와 지방자치단체의 책임을 강화하는 조치를 시행하여 사회복지행정의 범위를 보다 확장시켰다. 또한 생활보호급여에 교육보호와 자활보호를 첨가하여 공공부조행정의 범위를 확대하고 종래의 생계중심의 보호목적에서 자활목적 중시의 행정을 병행하도록 하였다.

이와 같이 제5공화국의 사회복지행정은 이전과 비교해서 진일보한 측면을 보이고 있으나 다양한 사회복지 욕구를 가진 국민들의 인간다운 생활보장 목적을 달성하는 데는 한계가 있었으며, 당시 심화되었던 국민생활의 불안정과 계층 간의 갈등해소 및 융화에는 큰 공헌을 하지 못했다. 다만, 그 당시까지 사회복지행정에서 주목받지 못하였던 사회복지서비스 행정에 대한 관심을 환기시켜 사회복지행정의 범위를 확대시켰다는 데 그 특징이 있다 하겠다.

4. 제6공화국의 사회복지행정

제6공화국은 제5공화국의 청산이라는 과제를 안고 6·29 민주화 선언, 88 올림픽의 개최, 남북통일을 위한 창구의 마련, 노사관계의 개선, 김영삼 정부에 의한 신한국의 창조, 금융실명제의 실시, 김영삼 정부에서 김대중 정부에 걸친 IMF의 경제위기, 기업의 구조조정과 대량실업, 남북정상회담 등 커다란 일련의 정치·경제·사회적 변화를 경험하였다. 이러한 변화 속에서 아동의 유기, 학대를 포함한 가족해체 문제, 청소년들의 폭력, 약물사용, 자살문제, 심각한 실업자 문제와 노숙자 문제, 가속화되는 인구 고령화 문제 등 매우 심각한 사회문제를 표출시키고 있었다.

이러한 상황에서 제6공화국 이전인 1987년부터 연차적으로 사회복지전문요원을 저소득층 밀집지역의 일부 읍·면·동에 배치하기 시작하여 제6공화국 초기에 전국에 걸쳐 본격적으로 배치한 것이 공공 사회복지행정의 획기적

발전의 전환점이 된 것이 사실이다. 물론 초기에는 법적 근거 없이 시행되었으나 1991년 사회복지사업법 개정에서 사회복지전담공무원과 복지사무전담기구를 설치할 수 있는 근거가 마련되었고, 다음 해의 지방공무원 임용령 개정에서 사회복지 관련 공무원의 전문화를 위해 사회복지직렬을 5급까지 설치하면서 점차 전문직에 의한 공공복지행정 수행의 기초를 마련하였다.

그러나 이 당시 심각한 사회복지 욕구와 문제에 대처하기 위한 다양한 사회복지 정책 및 프로그램의 개발과 공공복지행정의 확대가 요청되었으나 신보수주의라는 세계적 흐름의 영향으로 오히려 사회복지에의 민간의 참여 또는 민간 이양이 강조되었다. 따라서 정부의 지원을 받던 사회복지법인들이 사회복지관을 중심으로 많은 민간 사회복지기관을 설립하거나 위탁받아 운영함으로써 민간 사회복지행정의 중요성이 강조되었다.

이에 따라 1990년에는 공공사회복지를 담당할 뿐만 아니라 민간 사회복지를 감독하는 보건복지부의 사회국과 가정복지국을 통합하여 사회복지정책실로 개편하였다. 이러한 개편은 2000년대의 선진복지행정의 수요와 증대하는 사회복지 욕구에 효율적으로 대처하기 위한 사회복지정책 기능과 증가된 민간복지사업의 감독기능을 강화하기 위한 것이었다. 또한 사회복지정책실에 실장을 보좌하는 심의관제를 도입하고 사회복지의 주요 분야별로 과를 두었다(박석돈, 2001 : 93). 개편의 특징은 협의의 사회복지에 관련되는 공공행정을 따로 분리시켜 독자적인 부서를 창설함과 동시에 그 유기적 관련성을 제고시켜 종합적인 복지행정을 수행할 수 있는 계기를 마련하였다는 것이다.

특히 1990년대 초반의 중요한 정치질서 변화로서 지방자치제의 전면 실시는 공공과 민간 부분에 있어 사회복지전달체계가 보다 체계적으로 정비되어야 함을 강조하였다(김영종, 1998 : 55). 따라서 각 지방자치단체들은 보건복지부 사회복지정책실의 업무를 지역 차원에서 수행할 독자적인 부서의 설치를 조례로 제정할 수 있게 되어 지역실정에 적합한 전달체계를 구성할 수 있게 되었다. 또한 지방자치제의 실시는 중앙과 지방의 사회복지에 대한 역할 분담에 대한 논의를 가속화시켰다. 즉, 지방자치제가 사회복지에 긍정적인 영향을 미치기 위해서는 지방정부가 지역 특성에 맞는 정책을 시행할 수 있도록 재량권을 가지는 것이 중요하며, 중앙과 지방이 역할을 적절히 분담하되 지방의 재정자립도가 취약한 점을 고려하여 전반적인 책임은 중앙정부에서 지고 지방자치단체의 자치능력을 키워 나가는 방향으로 리더십을 발휘해 가야 한다는 것이다. 그리하여 1995년 7월부터 전국 5개 지역을 대상으로 2000년 7월까지 보건복지사무소 시범사업을 실시하였다.

1997년 8월의 사회복지사업법 전면개정과 함께 IMF 구제금융체제하에 들어가면서 사회복지환경은 급변하였고 이에 따라 사회복지행정의 중요성은 크게 확산되었다. 즉, 시설 설치의 신고제와 설치주체의 다양화, 평가제의 도입 등은 민간의 사회복지서비스 참여 확대를 조장함과 아울러 시설의 설치·운영에 있어서 개방성과 투명성의 확보를 위한 제도적 장치를 강화할 것을 요구하였다. 민간의 사회복지 참여 확대는 결국 민간 사회복지기관의 양적 확대를 가져왔고 확대된 민간기관들의 사업운영에 대한 감독, 평가 등이 공공복지행정의 초점이 되었다. 1998년에 사회복지공동모금회가 설립되어 민간 사회복지 조직의 재정과 운영 자율성 확대를 위한 지원이 강화되었다. 또한 1999년 한국사회복지행정학회가 창립되어 사회복지 운영의 전문성 제고와 서비즈 질 향상을 위한 조사·연구의 학문적 지원체계가 확립되었다.

제3절 제6공화국 이후의 사회복지행정

1. 2000~2010년 사회복지행정

2000년대는 우리나라가 드디어 복지국가의 기본 틀을 갖추게 된 시기이며, 복지국가의 확대는 전문적인 사회복지행정이 하나의 전문분야로서 일대 도약하는 계기가 되지만 또한 중요한 도전을 맞고 있는 때이기도 하다(이봉주 외, 2012). 따라서 2000년에는 사회복지시설 평가제도의 도입, 시설운영의 개방성과 투명성을 확보를 위한 시설운영위원회의 설치 등 사회복지행정의 책임성에 대한 요구가 더욱 강화되었다. 이러한 요구에 부응하기 위해 사회복지조직들은 책임성 이행을 위한 기술과 절차를 갖추어야 했으며, 과거와 같이 빈곤한 수혜계층에 대한 서비스를 제공하는 것만으로 책임성을 논의할 수는 없게 되었다. 사회복지조직이 제공하는 서비스가 그 이용자들에게 바람직한 변화를 가져왔다는 효과성과 그 비용의 효율성이 확보될 때 정당성과 책임성이 확보되는 것이기 때문이다.

이와 같이 사회복지시설 평가제도의 시행은 사회복지기관의 조직 및 시설관리, 인사 및 재정 관리, 프로그램 관리, 지역사회와의 관계 등 사회복지행정이 다루어야 할 영역을 구체화시켰으며, 실천현장을 관리하는 객관적인 자료 축적의 토대가 되었다. 아울러 사회복지대학교육협의회가 2년마다 발간하는 사회복지학 교과목지침서상의 사회복지행정 교과목 부분에서는 대학에서 가르쳐야 할 사회복지행정의 공통영역을 제시(박경일, 2005)하여 시대적인 요청을 지속적으로 반영하고 있다.

한편 2000년대 초반에는 IMF 체제의 영향으로 산업화 이후에 경험하지 못한 경제위기와 대량실업, 빈곤의 문제에 직면하여 사회안전망 확충을 비롯한 각종 사회복지 대책이 절실히 요구되었다. 이에 따라 1999년에 도입되어 2000년에 시행된 국민기초생활제도는 우리나라 사회복지행정의 역사에 획기적인 전환점이 되었다. 왜냐하면 과거 시혜대상으로서의 보호대상자들이 수급권자로 되어 권리성이 강화되었고, 수급자 범위의 확대로 인해 그 수가 급증하고 있을 뿐만 아니라 신청자들의 소득과 재산을 정확히 파악하고 자활지원계획과 연계한 적절한 서비스를 제공하기 위해서는 체계적인 사회복지행정의 발전이 없이는 불가능하기 때문이다. 이에 사회복지행정을 전공하는 학자들이 1999년 3월 한국사회복지행정학회를 창립하고 정기 학술지 '한국사회복지행정학'을 발간하게 되었다. 즉, 1999년 3월 27일에 개최된 창립총회 및 창립기념학술대회에서는 그 기획주제를 "21세기 한국 사회복지행정의 과제"로 정하고 장래의 발전을 위한 과제를 도출하고 토론하는 장을 마련하였다. 이후 매년 2회의 학술대회와 학술지를 발간하여 학자들과 실천분야의 행정가들의 연구발표와 토론의 장을 제공하고 있다.

또한 사회복지 분야를 담당하는 인력의 전문성을 보다 강화하기 위하여 2002년 사회복지사 자격제도를 개선하고, 2003년부터는 국가시험(제1회)에 합격한 자에 한하여 1급 자격증을 교부하도록 하였다. 그리고 보건복지부장관은 이러한 국가시험에 관련한 업무를 사회복지법인 한국사회복지사협회에 위탁함으로써 전문직 단체에 의한 자율적인 시험관리와 자격증 교부업무가 이루어질 수 있도록 하였다. 이러한 업무의 위탁은 의사나 약사 등 타 전문직의 자율적이고 독자적인 행정 및 자격관리와 동등한 전문직으로서 행정 및 자격 관리를 인정한 것으로 평가된다. 2008년도부터는 산업인력공단으로 시험업무가 이관되었고 한국사회복지사협회는 사회복지사의 재교육과 보수교육에 치중하게 되었다.

2000년대 주요 사회복지행정의 내용은 다음과 같다.

1) 지역사회복지협의체

보건복지부는 지역사회의 공공·민간분야의 복지 네트워크를 강화하기 위해 2001년 10월부터 2002년 11월까지 지역사회복지협의체 시범사업을 통해 시·군·구 내 공공·민간의 복지공급자·수요자 간의 연계·협력기구인 지역사회복지협의체를 시범적으로 구성·운영하였다. 지역사회복지협의체는 공공과 민간, 그리고 주민과 학계 전문가가 참여하는 협의구조로서 지역사회 복지를 현실화하는 토대라고 할 수 있으며, 2003년에는 사회복지사업법에 지역사회복지계획의 수립·시행규정을 신설하였다. 즉, 시장·군수·구청장은 지역주민 등 이해관계인의 의견을 들은 후 지역사회복지협의체의 심의를 거쳐 당해 시·군·구의 지역사회복지계획을 수립하고 이를 시·도지사에게 제출하여야 하며, 이 계획이 지역보건의료계획과 연계되도록 규정하여 상호 연계성을 강조하였다.

2) 사회복지사무소 시범사업

공공복지 전달체계의 문제점에 대한 지적으로 2003년 출범한 참여정부는 사회복지사무소 설치 등 사회복지전달체계 개편을 제안하였다. 그리하여 보건복지부는 사회복지사무소 시범사업(2004. 1.~2006. 6)을 추진하였다.

그러나 시범사업의 평가가 부정적이지 않았음에도 불구하고 보건복지부는 사회복지사무소 시범사업을 중지하였다.

3) 주민생활사무국 설치

2006년 7월부터 행정자치부의 지방행정조직 개편에 따라 주민생활지원서비스[1])로 전달체계를 도입하고 기초자치단체에 주민생활지원국을 설치하였다. 또한 보건복지부는 2006년부터 공공부문의 복지정책 평가의 일환으로 지방자치단체의 복지정책 수준평가를 처음으로 실시하였다.

그 후 보건복지부는 사회복지조직의 서비스 질 제고와 그 효과의 향상 및 복지보건행정 환경에의 탄력적 대응과 자율과 성과중심의 조직으로 전환하기 위해 내부조직을 "본부-팀"제로 개편하였으며, 공공서비스에 대한 국민만족도 조사를 시행하고 있다. 아울러 교육훈련과 성과평가를 통한 서비스 질 관리를 추구하고 보건복지인력개발원에서 복지담당 직원 교육훈련을 실시하고 있다(박경일, 2007).

특히 2007년 사회복지사업법 개정에서 사회복지업무를 효율적으로 처리하기 위해 사회복지업무 전자화 규정을 신설하여 사회복지행정 정보체계 구축의 기반을 형성하였고, 아울러 지방자치단체의 복지사업 평가결과를 반영한 인센티브(특별지원금) 제공의 법적 근거도 마련하였다. 또한 사회복지서비스에 대한 수요나 공급이 급속히 증가하고 있음에도 불구하고 서비스 질에 대한 평가가 제대로 이루어지지 못하고 있어 이에 대한 개선과 사회복지서비스에

1) 주민생활지원서비스란 취약계층에게 제공되는 복지·보건서비스 이외에 주민생활의 질 향상을 위해 제공되는 고용·주거·평생교육·생활체육·문화·관광서비스를 포괄하는 개념으로 주민은 평균 256개 서비스를 제공(중앙부처 216개, 시·도 자체 서비스 평균 26개, 시·군·구 자체 서비스 평균 14개)받고 있다.

대한 국가적 표준 설정 및 지방자치단체의 사회복지서비스 평가와 이를 수행하기 위한 사회서비스관리센터[2] 설립의 근거를 마련하였다. 이 센터는 사회복지서비스에 대한 최소한의 국가적 표준을 설정함과 아울러 체계적인 서비스 수준 평가를 통해 국민들에게 양질의 서비스를 제공함은 물론 복지예산의 합리적 · 효율적 사용에 기여함이 목적이었다.

4) 보건복지가족부로 명칭 변경

2008년에는 여성가족부에서 관장하던 가족 및 보육행정이 보건복지부로 이관되어 보건복지가족부가 되면서 그 행정업무 범위가 확대되었다. 보건복지가족부는 업무보고에서 '일자리, 기회, 배려'를 중심으로 하는 능동적 복지를 실현하기 위해 평생복지안전망 확충, 경제성장과 함께하는 보건 · 복지, 미래에 대비하는 가족정책 그리고 국민의 건강과 안전보장 등을 목표로 제시하였으며, 이에 따라 평생복지안전망 구축을 중심으로 하는 사회복지전달체계의 개편을 제시하였지만 기존의 문제를 해결하지 못하는 단지 명칭만 바꾼 것이라는 비판에 직면하였다. 또한 2008년에는 노인장기요양보험제도, 기초노령연금제도, 다문화가족지원제도 등의 시행으로 노인복지행정의 범위가 보다 확대됨과 동시에 다문화가족지원행정이 요청되었다.

2009년 보건복지가족부는 선제적 위기대응으로 국민의 삶을 지키는 복지정책 실현을 위해 수요자 중심의 복지전달시스템 구축을 제시하였다.[3] 그 내용은 시 · 군 · 구에 희망복지지원단 설치, 기초보장관리단 시범사업, 사회복지통합관리망 구축, 성과중심의 예산방식 도입, 바우처 방식의 서비스 제공방법의 확대 등이며, 그 재원확보를 위해 잠자고 있는 가용재원, 즉 식품진흥기금, 자활기금, 복권기금, 휴면예금 등을 최대한 활용하기로 하였다. 특히 기초보장관리단은 기초생보활제도의 적정한 급여 관리 강화 및 수급자의 권리구제를 위하여 2009년부터 시범사업에 착수하여 그 평가결과에 따라 6대 권역별

2) 2009년에 한국사회서비스관리원으로 승격되었다.

3) 2009년 보건복지가족부 연구업무 보고 참조.

로 설치를 확대할 계획을 세웠다. 특히 수요자 중심 복지전달시스템과 사회복지업무전자화를 위한 사회복지통합관리망 구축을 담당할 한국보건복지정보개발원을 설립한 것은 사회복지행정 발전의 전환점이 되었다고 볼 수 있다. 왜냐하면 소득, 재산조사의 간편화 및 자동화로 신속한 서비스 제공이 가능하고, 각종 사업별로 분산된 복지급여 정보가 개인별 통합 데이터베이스로 전환될 수 있으며, 공공 및 민간 복지서비스 연계체계가 구축되어 효율적으로 자원을 활용할 수 있을 뿐만 아니라 사례관리가 활성화될 수 있기 때문이다.

2. 2010년~현재까지의 사회복지행정

2011년 장애인연금제도와 장애인활동지원제도가 도입되어 장애인복지 행정업무가 확대되었고 보호관찰 등에 관한 법률이 사회복지사업법 속에 포함됨으로써 보호관찰행정이 사회복지행정에 편입되었다. 이에 따라 증가하는 사회복지직 공무원의 업무부담을 덜어주기 위해 2014년까지 단계적으로 지방자치단체의 사회복지직 공무원을 7,000명 증원하기로 하였다.

2012년에는 사회보장기본법이 전부 개정[4]되었고 사회복지사업법이 일부 개정되었다. 개정 사회복지사업법의 핵심은 국가와 지방자치단체는 사회복지서비스를 이용하는 사람에 대하여 인권침해를 예방하고 차별을 금지하며 인권을 옹호할 책임을 지도록 함과 아울러 사회복지사업자, 서비스 제공자 등도 사회복지를 필요로 하는 사람에 대하여 인권을 존중하고 보장하며, 서비스 최저기준을 설정하도록 하는 등 인권보장을 위한 사회복지행정을 강화하는 데 있다. 또한 노숙인복지 및 자립지원제도, 사회서비스바우처제도, 장애아동 복지지원제도의 도입과 입양행정의 전환으로 그에 따른 행정이 제도화되었다.

2013년 전부 개정된 사회보장기본법의 시행은 한국 사회보장제도를 확대·재정립하였다고 볼 수 있다. 왜냐하면 종래 정부 여러 부처에서 사회보장정

4) 개정 사회보장기본법은 2013년 1월 27일 시행이므로 2013년 논의에서 언급한다.

책을 관장함에 따라 일관성 있고 효과적인 정책 수립 및 집행에 한계가 있다는 지적이 많았기 때문이다. 따라서 장래 사회보장제도는 모든 국민이 평생 동안 겪는 새로운 그리고 다양한 사회적 위험에 대하여 사회정책과 경제정책을 통합적으로 고려하여 국민의 보편적·생애주기적인 특성에 맞게 소득과 사회서비스를 함께 보장하는 방향을 지향하고 있다. 그 주요 내용은 사회적 위험의 확대와 아울러 기존 사회복지서비스와 관련 제도를 사회서비스로 포괄하여 확대하고, 맞춤형 사회보장제도인 평생사회안전망의 구축, 사회서비스 보장, 소득보장 시책을 마련하며, 사회보장급여 관리체계 구축·운영과 사회서비스 품질기준 마련, 평가 및 개선을 위한 전담기구 설치, 사회보장 관련 통계와 정보를 통합·연계하여 처리·기록 및 관리하는 시스템 구축·운영 등으로 맞춤형 서비스의 확대 및 그 질의 보장, 각종 급여와 서비스 관리체계의 구축과 전자화를 위한 행정을 강조하고 있다. 또한 사회복지사업법 개정에 따라 공익이사제도와 시설서비스 최저기준제도가 시행되었기 때문에 공익성, 민주성, 적정성 및 투명성을 확보하기 위한 사회복지법인의 운영·관리가 요청된다.

2010년 이후 주요 사회복지행정의 내용은 다음과 같다.

1) 사회복지통합관리망

사회복지통합관리망은 2010년 '행복e음'이라는 별칭으로 개통되었다. 그러나 실제 활용하는 과정에서는 접속이 잘 되지 않는 등 많은 문제점이 노출되었다.[5] 따라서 사회복지통합관리망의 정착 및 고도화를 지속적으로 추진하고 이를 활용하여 대상자별 서비스 연계 및 사례관리의 활성화를 도모하고자 사회복지통합서비스 전문요원을 시·군·구당 4명씩 배치하여 홀로 사는 노인 등에게 정기적 상담·안부전화(희망 콜)서비스를 제공할 계획이 수립되었다.

2011년에는 정부 각 부처에서 추진 중인 유사·중복 사업의 통합·조정 등을 위해 전 부처 복지사업 통합관리체계 구축에 시동을 걸었다. 즉, 사회복지통합관리망을 중심으로 타 부처·지방자치단체·민간복지 자원까지 단계적

5) 전담공무원들은 사회복지통합관리망을 '사통망'이라 하면서 많은 문제점이 있음을 암시하여 '고통망'이라 할 정도였다.

으로 연계를 확대하기로 하고, 2012년까지 정부 모든 부처의 복지급여, 서비스의 자격·이력정보의 통합관리를 추진하며, 지방자치단체가 제공하는 개별 복지서비스들도 신규로 통합 관리한 다음 주요 민간나눔기관까지 연계범위를 확대하기로 하였다. 이런 계획의 효율적인 추진을 위해 한국사회서비스관리원을 한국보건복지개발원에 통합시켰다.

2) 동 복지허브화

2015년부터 복지사각지대 해소와 지역사회복지 역량을 강화할 목적으로 동 단위 민관 네트워크 구축과 사례관리 등 지역사회복지 중심의 복지행정이 전개되었다. 특히 같은 해 7월에 출범한 사회보장정보원과 함께 정보시스템 확충을 통한 복지사각지대 대상자 발굴이 한층 강화됨으로써 더욱 세밀한 사회복지정보망이 구축되었다. 이후 2016년부터 동주민센터를 행정복지센터로 명칭을 변경하고 동 단위 전달체계의 복지기능을 강화하는 '동 복지허브화'도 추진하고 있다. 뿐만 아니라 읍·면·동 지역사회복지협의체를 중심으로 민관협력을 강화한 지역사회복지 체계를 구축하고 2018년부터 전국의 모든 동 단위에 맞춤형 복지팀을 신설하는 등 복지행정전달체계 개선을 위한 노력을 확대하였다.

2017년 5월 출범한 문재인 정부는 포용적 복지국가를 목표로 경제·사회의 변화에 따른 새로운 사회안전망 구축을 통한 복지 패러다임의 전환을 추진하고 있다. 주요한 변화는 첫째, 사람 중심의 보건복지정책을 위한 지역사회 중심 서비스 지원이다. 시설 밖의 지역사회에서 어울려 생활이 가능하도록 주거지원, 일상생활 활동 지원, 가사 지원, 건강의료, 소득, 일자리 지원 등의 서비스 연계·통합을 강화한다. 둘째, 커뮤니티케어서비스의 도입이다. 장애인 탈시설 및 지역사회 정착, 정신질환자 사회복귀 지원과 공공후견인 도입 등 사회통합, 아동의 지역사회·가정보호 중심의 자립 지원, 노인의료·요양·치매 등을 통합한 재가급여서비스 제공 등 지역사회와 함께하는 보건복지서비스를 확대한다. 셋째, 국민이 체감하는 지역사회 복지체계 구축이다. 통합 사례관리·방문건강관리 강화와 전담공무원 확충, 정신건강복지센터 등 서비스 지원인력을 확충한다. 빅데이터를 활용한 복지사각지대 발굴시스템, 찾아가는 보건복지서비스의 전국 읍·면·동 확대를 추진한다.

〈표 3-1〉 **한국 사회복지행정의 역사**

일제시대	1921	• 조선총독부 내무국 내 사회과 개설
	1944. 3.	• 조선구호령(국민의 빈곤, 불구, 폐질에 대해 생활구호) 공포·실시
미군정시대	1945. 10.	• 보건후생국 설립
	1946. 1.	• 후생국보 발표하여 조선구호령과 함께 실시
	1946. 3.	• 보건후생국이 보건후생부로 승격
	1946. 9.	• 후생국보 3A호(재해민, 피난민 구호계획 발표)
		• 후생국보 3C호(빈민, 실업자 구호계획)→근대적 사회복지행정과는 거리가 있음
	1946. 9.	• 아동노동법규 공포·시행
	1946	• 보건후생국과 노동부를 통합하여 사회부로 신설
	1947. 5.	• 미성년자 노동보호법 공포·시행
	1947	• 이화여자대학교에 기독교사회사업학과 설치
1·2공화국	1949	• 사회부 내 보건행정 분리하여 보건부 신설
	1950. 5.	• 후생시설 설치기준령 제정(구호시설 운영과 지도·감독 준칙)
	1952	• 후생시설 운영요령(전쟁고아 수용보호시설 비롯해 전란으로 인해 혼란에 빠진 기존 구호시설 운영 지도·감독)
	1953	• 중앙신학교(현 강남대학교) 사회사업학과 개설
	1955	• 외국 원조기관이 들어오면서 사회복지행정 실천의 장 마련
	1956	• 보건부와 사회부를 보건사회부로 통합
	1958	• 사회복지 전문인력 단기 양성소인 국립중앙사회사업종사자 훈련소 창설
	1959	• 이화여자대학교(기존 기독교사회사업학과 개칭), 서울대학교 대학원에 사회사업학과 개설
		• 서울대학교 학부에 사회사업학과 개설
3·4공화국	1961	• 생활보호법 제정(일제의 조선구호령 내용을 벗어나지 않아 질적 개선이 별로 없음)
	1960년대 초반	• 보건사회부의 역할이 생활보호 위주이고 외원기관도 저소득층 원조 위주→사회복지행정조직 역할 매우 단순, 비전문적 활동
		• 전쟁고아 문제해결 위해 고아입양특례법, 아동복리법, 고아 후견직무에 관한 법률 제정→한국 사회복지행정 발전과 연결되지 못함
	1970	• 사회복지사업법 제정(사회복지사업에 대한 기본적 사항 규정, 민간 사회복지행정과 그것을 지도·감독을 포함한 공공 사회복지행정의 발전 토대)
		• 총 13개 대학에서 사회사업학과(사회복지학과) 설립, 그러나 행정을 전공분야로 하는 학생들도 거의 없음

5공화국	1980년대	• 사회복지서비스 행정의 대두 • 사회복지서비스에 대한 중요성 인식 및 국가와 지방자치단체 책임의 강화 • 사회복지행정의 범위 확장 • 생계보호 목적에서 자활보호 목적 중시의 행정을 병행
6공화국 이후	1987	• 사회복지전문요원 배치
	1990	• 사회국과 가정복지국 통합하여 사회복지정책실로 개편
	1991	• 사회복지전담공무원 및 복지사무전담기구 설치 근거 신설
	1992	• 지방공무원 임용령 개정에서 사회복지직렬 설치(5급까지)
	1997	• 시설설치의 신고제로 설치주체의 다양화, 사회복지시설평가제 도입
	1999	• 한국사회복지행정학회 창립과 한국사회복지행정학의 창간
	2001	• 지역사회복지협의체 시범사업 실시
	2003	• 사회복지사 1급 국가시험 실시 및 지역사회복지협의체 설치근거 마련
	2004	• 사회복지사무소 시범사업
	2005	• 긴급복지지원법 제정으로 긴급복지지원 행정의 대두
	2006	• 주민생활지원국 설치, 지방자치단체의 복지정책 수준평가
	2007	• 사회서비스관리센터 설립(2009년 한국사회서비스관리원으로 변경)
	2008	• 노인장기요양보험제도, 기초노령연금제도 시행에 따른 노인복지행정의 확대 • 다문화가족지원 행정의 대두 및 평생복지안전망 전달체계 추진
	2009	• 희망복지지원단 설치와 전달체계 개편 및 기초보장관리단 설치 • 한국보건복지정보개발원 설립과 사회복지통합관리망 기반 구축 2차 사업 추진
	2010	• 사회복지통합관리망(행복e음) 개통 • 서비스 연계 및 사례관리 활성화를 위한 사회복지통합서비스 전문요원 배치
	2011	• 한국사회서비스관리원을 한국보건복지정보개발원에 통합 • 보호관찰행정이 사회복지행정에 편입
	2012	• 사회보장기본법 전부 개정 및 사회복지사업법 일부 개정
	2013	• 개정 사회보장기본법 시행으로 신사회적 위험관리 행정 및 평생사회안전망 실현 행정의 요청, 사회서비스 확대로 사회서비스 품질관리 평가기구 도입
	2014	• 주거급여법 제정과 국민기초생활보장법 개정으로 기준중위소득 중심의 맞춤형 급여체계 도입
	2015	• 사회보장정보원 출범
	2016	• 동주민센터를 행정복지센터로 명칭 변경, 읍·면·동 지역사회복지협의체 발족, 동 복지허브화 추진
	2017	• 사람 중심의 보건복지정책을 위한 지역사회 중심 서비스 지원, 커뮤니티케어서비스 도입, 국민이 체감하는 지역사회 복지체계 구축

생각해 볼 문제

- 정부 수립 이전 사회복지행정이 태동하게 된 배경과 특징
- 외원기관의 활동과 사회복지행정의 기틀이 마련된 시기
- 사회복지행정이 발달하게 된 시기의 특징
- 사회복지행정이 확립된 시기의 특징

CHAPTER 04

사회복지행정의 조직이론

학습목표

[가치] • 사회복지행정의 개별 조직이론들이 강조하는 가치들을 탐구해 본다.

[지식] • 사회복지관료제와 과학적 관리론 등 전통적 조직이론의 특징과 내용을 이해한다.

• MBO · 애드호크라시 · 상황이론 · TQM 등 현대적 조직이론의 특징과 내용을 이해한다.

[기술] • 사회복지행정의 개별 조직이론에서 강조하고 있는 기술들을 파악한다.

모든 관리자는 명백히 이론이라고 내세우지는 않더라도 일정한 이론적 시각을 가지고 있다. 그러나 단순히 상식적인 수준의 이론이 아니라 복잡한 조직상황을 이해하고 행동하기 위해서는 좀 더 정밀하고 체계적인 이론이 필요하다. 우리나라 사회복지행정 학자들이 소개하고 있는 사회복지행정의 기초이론들은 다음 <표 4-1>에서와 같이 분류할 수 있다. 성규탁(1993)은 대분류로 여덟 가지 이론을 제시하고 있고, 최성재와 남기민(1993)은 고전 모형, 인간관계 모형, 구조주의 모형, 체계 모형의 대분류와 7개의 소분류로 제시하고 있으며, 장인협과 이정호(1992)는 다섯 가지로 분류하고 있다. 현재 다수의 사회복지행정론 교재에서 등장하는 조직이론들은 위의 분류를 크게 벗어나지 않는다.

이 외에도 최근에는 조직과 환경과의 관계에서 환경의 조직선택이라는 환경결정론적인 시각으로 환경적 요인들이 그에 가장 적합한 조직 특성들을 선택한다고 보는 조직군 생태이론(population ecology theory/ natural-selection theory)[1)]이 있다. 그리고 조직이 환경적 결정에 수동적이기만 한 것이 아니라 환경적 영향에 적극적으로 대처하고 환경을 조직에 유리하도록 관리하는 실체라고 규정하는 자원의존이론[2)]도 있다. 또한 (신)제도이론(institutional theory)[3)]은 사회복지조직을 위시한 휴먼서비스 조직들이 기술적인 특성들보다는 제도적인 환경 속에 존재하는 규범이나 규칙들에 의해서 조직의 성격이 결정된다고 주장한다.

〈표 4-1〉 사회복지행정의 기초이론

성규탁(1985)	최성재 · 남기민(2000)		장인협 · 이정호 (1999)
	모 형	이 론	
관료제이론		과학적 관리학파	관료제이론
과학적 관리론	고전 모형	공공행정학파	과학적 관리론
인간관계론적 시각		관료제 모형	인간관계론
의사결정이론		Mayo의 인간관계이론	의사결정이론
우연성이론	인간관계 모형	McGregor의 XY 이론	
자연체계적 관점		이면우의 W 이론	
네오마르크스학파적 관점	구조주의 모형	Simon의 의사결정론	
정치경제적 시각	체계 모형	체계이론	

이 장에서는 Lewis 등(2001)의 분류를 참고로 사회복지행정의 이론을 전통적 이론과 현대적 이론으로 크게 구분하여 살펴보고자 한다.

---

1) 조직군 생태이론은 Darwin의 진화론, 특히 적자생존이라는 개념에 영향을 받은 것으로서 조직과 환경 간의 관계에 있어 개별조직에 관심을 두지 않고 조직의 무리(조직군) 또는 어떠한 범주에 대해서 관심을 둔다. 조직군을 둘러싸고 있는 환경적 욕구에 부합하는 조직만이 선택되어 생존하게 되는 원리가 조직과 환경 간의 관계에서 적용됨을 주장한다. 이 이론의 특징은 분석단위가 개별조직이 아닌 조직군이며, 장기적 조직변동과 정치 · 경제적 조건에 관심을 두고 있다.

2) 자원의존이론의 기본 전제는 조직은 자원을 획득하는 데 있어 환경에 의존한다, 조직은 환경에 대해 스스로 선택할 수 있는 대안을 갖고, 전략적으로 조직 내 의사결정을 통해 선택한다, 조직은 능동적으로 환경에 영향을 미치려 한다 이다. 이 이론의 특징은 사회관계가 권력관계로 구성되어 있음을 가정하며, 조직은 기본적으로 그 조직에 가장 중요한 자원을 제공하는 외적인 환경요소에 의존하는 동시에 통제하에 있는 것이 일반적 현실임을 설명하고 있다. 조직은 환경에의 의존성과 불확실성을 제거하고 환경에 대한 통제력을 높이기 위해 자원의존 회피전략 등의 다양한 전략을 취하는 존재라고 규정한다.

3) 조직에서 제도적 규칙이 받아들여지는 과정과 방법(제도적 동형화 과정)으로서 ① 정부나 법률의 규정에 의해서 '강제'로 받아들여지는 규칙이 있다. 즉, 법률적 규정에 따라 특정 클라이언트를 의무적으로 서비스 대상자로 선정해야 하는 이유는 여기서 비롯된다. ② 성공적인 조직의 관행과 절차를 '모방'하여 규칙을 정하는 방법이다. 즉, 우수 복지기관의 조직체계와 프로그램을 도입하여 시행하는 경우가 여기에 해당한다. ③ 전문직의 '규범'으로 자연스럽게 그 절차를 수용하는 것이다. 즉, 과학적으로 효과성이 입증된 실천모델을 적용하는 이유는 사회복지실천에서 경험적 실천의 중요성이 강조되는 전문직의 요구가 있기 때문이다.

제1절 전통적 이론

1. 과학적 관리론

과학적 관리운동은 20세기 Taylor(1856~1915)가 주창한 것으로 현대 경영관리의 기초가 되었다. 또 동시대 인물인 프랑스의 Fayol에 의해 관리과정론이 밝혀져 관리운동으로서 관리원칙이 제시되고 진정한 의미로서 경영관리가 탄생하게 되었다. 특징적인 것은 기업의 폐쇄체계(closed system)로서의 능률 지향적인 문제를 기업의 내부에서 해결하기 위한 것이었다.

Taylor는 조직의 능률과 생산성 향상을 위한 작업에 대한 과학적 분석과 연구가 미흡하다고 판단하여, 작업방법의 과학적 원리를 적용하게 되었다. 그는 기능적 관리를 주장했다. 작업을 적은 수의 단위로 세분화시키고 과학적 분석과 객관적 기준에 따라 수행할 수 있는 범위를 정해줌으로써 작업자의 역할과 책임을 수량적으로 할당했다. 그 원리는 네 가지 영역으로 구분할 수 있다. 첫째, 직관적인 방법을 지양하고 과학적 방법을 활용하여 작업의 기본 요소를 발견한다. 둘째, 노동자들에게는 작업방법의 선택을 맡기는 대신 기획관리 기능을 통하여 확인하고 결정한다. 셋째, 진정한 과학의 발전과 노동자의 과학적 선발과 교육훈련을 실시하며 개인적인 노력을 격려하는 대신 협동적인 노력을 발전시킨다. 넷째, 관리자와 노동자의 업무를 구분하여 관리자는 기획을, 노동자는 과업을 수행하도록 한다(박진우 역, 1994 : 40-41).

작업자는 표준화된 작업 매뉴얼을 따르기만 되었고 생산량이 많으면 더 많은 성과급을 받을 수 있었다. 따라서 조직의 능률을 높이기 위해 시간과 동작을 연구하고 작업과정의 물리적 환경조건을 개선하고 직무배치에 과학적 방법을 동원하였다. 과학적 관리의 핵심적 기법을 요약하면 다음과 같다.

과학적 관리의 핵심적 기법

① 시간 및 동작 연구(time and motion study)

연구하고자 하는 과업에 특히 숙련된 사람을 10~15명 정도 찾아내서 이들에게 작업을 시킨 다음 각각의 기본적인 동작을 행하는 데 요하는 시간을 스톱워치로 측정한다. 이때 잘못된 운동, 느린 운동 및 쓸모없는 운동을 모두 제거하여 가장 빠르고 가장 좋은 작업방법을 골라내어 이를 기준으로 표준시간과 표준동작을 정한다.

② 작업도구의 표준화(standardization of tools)

종래의 주먹구구식으로 만들어진 다양한 공구를 하나하나 상세히 조사하고 그 각 공구를 사용해서 낼 수 있는 스피드에 대해 시간연구를 행하여 그중에서 좋은 점만을 발췌해서 하나의 표준공구를 만들어 낸다. 이 표준공구를 사용하면 보다 빠르고 편안하게 일을 할 수 있게 된다.

③ 과업관리(task management)와 이율(異率) 성과급제

과업이란 한 사람당 1일 표준 작업량을 말한다. 여기서 표준이란 시간과 동작 연구를 통해서 각 근로자에 대해 매일의 과업을 정밀하게 계산해서 부여하는 것이다. 그리하여 표준을 넘는 근로자에게는 높은 임률(賃率 : 단위당 임금)을, 표준에 미치지 못한 근로자에게는 낮은 임률을 적용한다. 이와 같이 일정한 과업과 성과급제 임금을 조합시킨 것을 과업관리(task management)라고 한다. Taylor는 이 차별적 성과급 제도가 근로자들에게 직접적이고 신속한 동기부여를 한다고 생각하였다.

④ 지도표(指導票 instruction card)와 기능적 직장(職長)제도(functional foreman system)

앞의 '표준' 대로 생산시키기 위해 '지도표'를 작성한다. 이것은 현대의 '수순표(手順表)'에 해당하는데, 여기에서 공정별 작업내용, 사용 기계나 공구, 표준시간 등을 정하는 것이다. 게다가 이와 같은 공장 노동자 교육 수단에는 '기능적 직장제'가 있다. 이 기능적 직장들은 그들의 지식과 그 사람 특유의 숙련으로 인해 선발된 자이므로 작업원에게 지휘를 할 수 있을 뿐만 아니라 필요에 따라 시범을 보여줌으로써 가장 우수하고 가장 빠른 방법을 제시할 수가 있는 것이다.

사회복지조직에서 과학적 관리의 이러한 원리의 적용은 특히 업무분담과 과업분석의 영역에 속한다(Austin, 1981 : 90-98). 예를 들면, 업무부담이 많은 사회복지기관에서 직원 능력, 과업기대, 보상체계를 검토해 보는 것은 효과가 있을 수 있다. 그러나 사회복지조직에서 금전적 보수의 중요성이 일반적으로 과소평가되고 있는 점도 부인할 수 없다. 따라서 과학적 관리이론에서 제기되고 있는 시간연구, 동작연구, 표준화, 목표설정, 동기요소로서의 금전적 보상, 직원의 과학적 선발, 휴식시간의 조절 등과 같은 과학적 의사결정의 원칙들은 본질적으로 정당할 뿐 아니라 널리 수용되고 있다. 과학적 관리기법을 현행 사회복지조직에 적용하면 다음 <표 4-2>와 같다.

〈표 4-2〉 과학적 관리론의 사회복지조직의 적용

구 분	내용 예시	과학적 관리법	사회복지조직
시간 · 동작 연구	• 직원 1인이 볼트, 너트 조립에 1분 소요	적용	적용
과업관리	• 하루 8시간 근무시간 기준으로 480개 생산	적용	적용 가능하나 서비스 질, 효과 면에서 문제점 있음
직장제도	• 효율적 업무수행 위한 교육	적용	적용
이율 임금제	• 목표를 달성하면 정한 임금 지급, 미달 시 임금 삭감	적용	과소평가되는 경향이 있으나 검토 가능함

출처 : 우종모 · 김재호 · 조당호(2004), pp. 100-101.

그러나 과학적 관리는 조직의 능률과 생산성을 강조한 나머지 인간적인 면의 접근을 소홀히 하였으며 작업환경의 잠정적 요소를 무시함으로써 인간을 기계 시하여 하나의 생산수단의 부품으로 전락하게 만드는 오류를 범하였다. 즉, ① 노동자를 기계적 · 합리적 존재로 파악하여 단순하고 물질적 이익만을 추구하는 경제적 인간으로 생각한 점, ② 인간적인 요소를 과소평가하여 노동자의 개성이나 잠재력 등을 파악하지 않고 인간의 감정적 · 정서적 · 사회심리적 면에 대한 연구를 소홀히 한 점, ③ 인간의 사기와 갈등 등의 내면적인 요소에 대한 파악을 하지 못한 점, ④ 조직에 영향을 주는 외적 요인이나 외부환경의 중요성을 무시하여, 인간을 단순 노동력으로만 파악한 점, ⑤ 노동자 간의 협동체계, 즉 노동조합 등과 같은 조직체 결성 등을 고려하지 않았으며, 과학적 원리와 방법에 의하여 작업을 한다는 신념에 따라 구성원 서로 간의 교류문제를 소홀히 한 점 등은 대표적 한계로 지적되고 있다. 이러한 한계는 새로운 이론 연구의 필요성을 낳았고, 그 결과가 하버드대학교의 Mayo 교수와 연구진이 호손(Hawthorne)공장의 실험을 통해 인간관계론을 탄생시켰다.

2. 관료제이론

제2차 세계대전 후에야 비로소 조직이론가들에 의해 주목받기 시작한 Weber의 관료제이론은 오늘날에도 여전히 조직이론에서 중요성을 가지고 있으며 현대 조직에서 가장 일반적인 조직유형도 바로 관료제이다. 관료제는 옛 프랑스어의 '뷰레(bure)', 곧 사무실 · 책상 · 책상보를 뜻하는 단어와 통치를 뜻하는 '크라시아(cracia)'를 합하여 만든 단어이다. 이 말은 18세기 프랑스의 한 상공부장관이 처음 사용하였는데 그 의미는 움직이는 정부기구 전체를 가리키는 말이었다(김중규, 2003 : 545).

관료제이론은 합법적인 규칙과 효율을 강조한다. 조직 구성원이 각자 할당받은 업무를 수행하면서 규칙만 잘 지킨다면 생산성이 높아질 것이므로 조직의 권한이 매우 중요하다. Weber는 조직이 바탕으로 삼는 권한(authority)의 유형을 세 가지로 나누었다. 첫째, 전통적 권한으로 족장이나 군주에 대한 존경과 순종이 세습적으로 승계되는 것처럼 전통적인 관례에 따르는 것이다. 둘째 위계적 권한 혹은 카리스마적 권한은 시대적 영웅호걸에서 나타나는 것처럼 초인적 힘이 있다고 인정된 특정 인물의 권위를 받아들이는 것이다. 셋째, 합법적 권한은 인간적인 지배가 아니라 법과 규정에 의한 지배만이 용납된다. Weber가 말하는 현대 관료제의 이념형은 세 번째의 '합법적 권한'에 기초를 두고 있다.

여기서 관료제란 많은 분량의 업무를 법령에 따라 비정의적으로 처리하기 위하여 구성된 대규모의 분업체제를 의미한다. Weber는 관료제가 합법적 · 합리적인 지배가 제도화되어 안정성 · 규율의 엄격성 · 신뢰성 등을 확보할 수 있어서 다른 어떤 조직형태보다 우위에 있고 최고의 능률을 올릴 수 있다고 주장하였다.

관료제의 특징을 요약하면 다음과 같다.

관료제의 특징

① **명확한 권한** : 법규 또는 행정명령과 같은 규칙에 의하여 규정된 명확한 관청적 권한의 원칙이 존재한다. 관료제의 모든 지위에 대한 직무범위나 직무수행을 위하여 명령권은 규칙에 의하여 부여된다.
② **규칙** : 조직의 기능은 규칙에 의해 제한된다. 조직은 동조성과 조정을 확보하기 위해 공식적인 규칙체계를 요구한다. 규칙에 의한 규제는 조직에 가장 중요한 계속성과 안정성을 제공한다.
③ **계층제** : 직무기관은 계층제 원리에 따라 조직된다. 기관의 상하 간 혹은 조직 내부의 직위 간에는 명확한 명령복종 관계가 확립되어 있어서 하급기관이나 하급지위는 상급기관이나 상급지위의 통제와 감독을 받는다.
④ **문서주의** : 대규모 조직에서는 책임의 한계를 명확히 하기 위해서 모든 직무는 서류에 근거하여 수행되고 또 그 서류는 원본 또는 초안대로 보존되어야 함을 원칙으로 한다.
⑤ **비정의성(非情誼性)** : 이상적인 관료는 증오나 열정이 없이 형식주의적인 비정의성의 정신에 따라 행동한다. 즉, 완전히 합리적인 결정을 내리기 위해서는 하위직들과 고객과의 감정적 연계를 피해야 한다.
⑥ **기술적 자격** : 이상적인 관료제는 기술적 자격에 의해 충원이 이루어진다. 기술적 자격에 의한 충원은 관료를 자의적인 해고로부터 보호하고, 연공서열이나 업적에 따라 승진시킬 수 있다.
⑦ **전문지식** : 모든 전문적 직무활동은 일반적으로 그 직무에 맞는 특별한 전문지식을 필요로 한다.
⑧ **공사의 분리** : 직무활동을 사생활의 영역으로부터 완전히 분리시킴으로써 몰주관적·비인간적 성격을 갖게 하여 정의성, 비합리성이 지배하는 가족관계, 사적 관계는 배제한다.

하지만 Weber는 조직의 표면적이고 형식적인 면만을 중심으로 하는 합리적 구조에 치중한 나머지 비공식적인 면과 인간관계적인 요소를 간과하였기 때문에 그에 따른 관료제의 역기능을 등한시하였다. 관료제의 순기능과 역기능을 비교해 보면 다음 <표 4-3>과 같다.

〈표 4-3〉 관료제의 순기능과 역기능을 비교

관료제의 순기능	관료제의 역기능
• 계층제의 승진제도는 인간 본성인 상승욕구 충족 수단 • 정실주의 배제 • 수직적 권한 계층을 통한 책임 수행 용이 • 갈등의 제도적 조정 • 고도의 합리주의와 실적·능력에 의한 충원 제도 • 종신 재직권을 허용함으로써 고용의 안정성 제공	• 관료의 특권계층화 • Merton의 동조과잉 현상과 목표전치 • Selznick의 조직 내 파벌의식·할거주의 현상 초래 • 서면주의·형식주의, 신속한 결정의 지연 • Bennis와 Blau의 지적으로서 변화에 대한 저항과 경직성(비융통성) • 지나친 공사분리로 인한 인간의 몰주관성·비인격성 강요 • Laski의 지적으로서 선례주의, 무사안일주의와 상급자의 권위에 의존 • 크리밍(creaming) 현상의 발생

이와 같이 관료제는 순기능도 가지지만 그 자체의 특성을 유지하다 보면 기대하지 않았던 부작용이 나타나고 합리성을 높이기는커녕, 오히려 해를 끼치는 역기능을 가져온다는 비판을 받고 있다. 특히 사회복지조직에 종사하는 실천가들은 규칙과 규제에 지나친 의존, 서비스 전달과정에서 직원과 클라이언트의 비인간화, 클라이언트에게 효과적인 서비스를 전달하는 데 필요한 융통성의 결여, 그리고 직원들의 자질을 평가하는 데 비인격적이고 무감각한 성과측정 방법에 의존하게 된다는 비판이 있다(Hasenfeld, 1983 : 16).

이러한 관료제의 병폐[동조과잉, 서면주의(red tape), 무사안일주의, 할거주의(sec-tionalism), 전문화로 인한 무능]에 대해 최근 조직론자들에 의한 관료제의 수정이 이루어지고 있다. 즉, 1970년대 이후 조직연구자들은 Weber의 관료제론을 수용하면서도 보완적인 대안을 제시하는 사람들과 관료제 조직에 의한 조직구조 형성을 부인하는 사람들로 구분할 수 있는데, 탈관료제론, 반관료제론이라고 한다. 이들 견해를 요약 종합하면 다음 <표 4-4>와 같다(민 진, 1996 : 144-146).

〈표 4-4〉 탈관료제론의 대안

W. G. Bennis	유기적 적응구조(adaptive-organic structure)
O. White	변증법적 조직(dialectical organization)
H. Tayer	비계선적 조직
R. T. Golembiewsky	목표지향관료제

① **분화 대신 통합·조정** : Weber의 이론은 분업화나 전문화를 도모하는 데 비하여 이들은 전체를 중심으로 통합과 조정을 요구한다. 따라서 기획관리조직이나 위원회조직 등이 강조되고 있다.

② **복합조직구조** : 새로운 조직형태는 사업구조와 기능구조를 결합시킨 일종의 혼합구조의 조직이 요구되고 있다. 매트릭스 조직을 들 수 있다.

③ **일시적·임시적** : 조직관료제처럼 고정된 조직이 아니라 일이나 사건, 사업이 있을 때마다 조직을 만드는 데 전담반(T/F)이나 프로젝트 팀이 그것이다.

④ **고객중심 관료제** : 관료제가 종전에는 조직의 최고관리층만을 고려하여 그들의 의견을 따랐으나 이제는 고객을 동료와 같이 다루어지고 고객이 중심이 되어야 한다는 것이다.

⑤ **관료제와 관료의 융화** : 관료제의 목표달성 극대화와 관료의 자기실현이나 성장욕구가 관료제 내에서 융화되고 조화를 이루어야 한다는 것이다.

수정된 관료제에서는, 합리적인 규정이 외부로부터 주어지는 것이 아니라 조직 구성원들의 전문화를 통하여 내재화되고 위로부터의 통제가 아니라 자기통제를 강조한다. 바꾸어 말하면, 관료제에서 강조되는 높은 지위가 전문지식으로 바뀌고 있는 것이다. 결국 대부분의 조직이 관료제적 속성을 가진다고 할 때, 전문적인 지식을 갖춘 인력들이 조직 내에서 어떠한 위치를 차지하고 역할을 수행할 수 있는가에 따라 합리적·효율적으로 조직을 유지할 수 있는지가 결정될 것이다.

3. 인간관계이론

인간관계이론은 인간을 비인간적 합리성과 기계적인 도구로서 관리하려고 하는 고전적인 과학적 관리방법에 대한 반동으로 출현한 것이다. 인간을 감정, 정서 및 사회성을 지닌 존재로 간주하고 그들의 관리에 있어서 인간주의를 실현할 것을 강조하는 것이 특징이다. 이러한 인간에 대한 조직이론가들의 관심은 어떻게 보면 우연한 발견이라고 할 수 있는 호손(Hawthorne)실험에서 비롯되었다. 이 실험에서 밝혀진 결론은 다음과 같다.

호손실험에서의 결론

① 직원의 근무의욕은 생리적·경제적 요인에 의해서만 자극을 받는 것이 아니고 사회적·심리적 요인도 크게 작용한다.
② 비경제적 보상도 생산성을 향상시키는 데 크게 작용한다.
③ 대인관계와 비공식적인 자생조직을 통한 소외감의 배제가 중요하다.
④ 개인의 사회심리적 욕구 충족을 통한 만족감을 갖게 하는 것이 생산성 향상에 중요한 영향을 미친다.
⑤ 경쟁에 의한 생산보다는 협동에 의한 생산이 더 중요하다는 것 등이다.

사회복지사와 관리자들이 가장 선호하는 인간관계이론은 조직의 인간적인 측면을 중요하게 부각시켰다는 점에서 조직이론의 발전에 가장 큰 공헌을 하였으며, 사회복지사와 관리자들의 전폭적인 지지와 선호를 받고 있다.

인간관계이론이 미친 영향을 보면 다음과 같다. ① 조직관의 변화 : 과거에는 조직을 단순히 목표달성에 직접적으로 관계된 기계적이고 도식적인 공식조직으로만 파악하였으나 인간관계이론의 영향으로 공식조직 속의 비공식조직·집단 상호 간의 관계로 이루어지는 사회체계로 인식하게 되었다. ② 인간관의 변화 : 동기부여의 측면에서 과거의 X 이론적 인간, 미성숙된 인간관으로부터 Y 이론적 인간, 성숙된 인간관으로 변하였다. ③ 인간의 가치에 대한 새로운 평가 : 과거에는 개인을 경제적 존재로만 가정하였으나 인간관계이론에서는 사회심리적 욕구나 자아실현 욕구를 가진 종합적인 인격체로 파악하고 있다. ④ 인간관리의 적극화·민주화 : 특히 인사행정에 있어서 인사상담제도·고충처리제도·제안제도의 적용이라든가 조직관리에 있어서 비공식조직과 소집단 및 의사전달·리더십 등의 중요성을 강조함으로써 적극적·민주적인 행정관리를 확립시켰으며 경쟁에 의한 생산보다는 협동과 인화·단결에 의한 생산성 향상을 강조하였다(조계표, 2002 : 81-92).

그러나 인간관계이론에서 인간은 비합리적이고, 정서적인 측면만을 강조하는 편협적인 인간관을 견지하고 있다는 점에서 고전 모형에서의 인간관에 가해진 비판을 피할 수 없다. 더욱이 인간관계이론에서도 조직에 미치는 환경의 중요성을 간과하고 있으며, 조직에서 훨씬 더 중요할 수 있는 다른 요인들이 있다. 예를 들어, 환경적 요구, 자원, 조직의 목표, 조직의 크기, 클라이언트의 욕구 및 속성, 서비스 기술, 직원 능력, 임금과 봉급 등이 중요한 영향을 줄 수 있다. 그러나 조직을 폐쇄적이고 변하지 않는 실체로 인식하는 인간관계이론에서는 다양한 요인들을 고려하지 않는다. 그런 점에서 과학적 관리론과 인간관계이론은 모두 폐쇄체계이론이라 할 수 있다. 두 이론의 중요한 점을 비교해 보면 다음 <표 4－5>와 같다.

〈표 4–5〉 과학적 관리론과 인간관계이론의 비교

구 분	과학적 관리론	인간관계이론
구조 측면	공식구조 중심	비공식구조 측면
인간관	경제적·합리적 인간관	사회적 인간관(참여의식 인정)
조직관	인간을 기계의 부품으로 인식	인간을 정서적 존재로 인식
능률관	기계적 능률성	사회적 능률성
동기부여 방식	경제적 유인의 제공	사회심리적 요인충족
조직관리 방식	권위적 관리	민주적 관리
생산성 향상	구성원 간의 경쟁을 통해 생산성 향상	구성원 간의 협동을 통해 생산성 향상

4. 체계이론

사회복지는 전통적으로 인간과 환경 간의 상호작용을 강조하는 환경 속의 인간이라는 관점을 유지해 왔다. 단지 개인에게만 초점을 맞추거나 혹은 사회환경의 영향만을 분리해서 접근하기보다 양자 간의 상호작용을 중시하는 이 관점은 체계적 접근에 의해 가장 잘 설명될 수 있다. 체계란 상호작용하는 부분들로 구성된 전체, 즉 "부분들 간에 관계를 맺고 있는 일련의 단위들"로 정의된다.

기존의 고전 모형들은 대체적으로 조직을 폐쇄적으로 보았으나, 사회학의 구조기능주의(structural functionalism)와 일반체계이론(general system theory)이 조직에 적용된 뒤에는 조직을 개방된 체계로 인식하기 시작하였다.

구조기능주의는 Prarsons에 의해 주장된 이론으로서, 전체로서의 사회체계(사회) 내에는 하위체계(개인, 집단)가 있고, 이러한 하위체계가 어떻게 사회의 생존과 안정에 기여하는지를 연구하며, 사회체계는 유기적인 조직체라고 인식하고 있는 점이 특징이다. 또한 일반체계는 독일의 생물학자 Bertalanffy의 시스템이론(system theory) — 하나의 개체와 개체를 구성하는 부분, 그리고 개체와 부분의 상호 연관성을 고찰한 이론 — 과 Katz & Kanh(1979)의 개방체계이론(open system theory) 등으로 발전하였다.

개방체계란 다른 체계와 에너지, 정보, 자원 등을 상호 교류하는 체계다. 즉, 체계 내 사람들이 환경 또는 다른 체계들과 지속적인 상호작용을 하는 경우를 말한다. 반면 폐쇄체계란 다른 외부체계들과 상호교류가 없거나 혹은 교류할 수 없는 체계를 말한다. 따라서 이러한 개방적인 체계모형은 조직을 유기체(biological organism)로 보고 있는 점에서 조직을 하나의 기계로 인식한 과학적 관리법이나 조직을 하나의 가족으로 보는 인간관계론과 같은 폐쇄체계이론과 다르다.

특히 Tompson(1961)은 조직을 유기체로 보는 관점에서 ① 조직 내의 하부조직 간의 상호 의존성, ② 조직의 독자적 욕구 존재, ③ 조직환경의 중요성을 언급하고 있다(김형식 외, 2001 : 51). 첫 번째의 조직 내 하부조직 간의 상호 의존성이란 하부조직의 구성단위(개인) 간의 의존성을 의미한다. 이는 복지조직에서 조직과 사회복지사 간 또는 사회복지사 간의 연대가 조직과 사회복지사 모두에게 이롭다는 것을 의미한다. 두 번째의 조직의 독자적인 욕구 존재란 조직이 유기체와 마찬가지로 생존해야 하고, 환경에 적응해야 하며 성장해야 할 욕구를 가진다. 이러한 욕구는 내적 욕구와 외적 욕구로 구분할 수 있다. 조직의 기능을 수행하고 지역사회의 기제에 부응하기 위한 자원(시설, 기금, 이용자)과 같은 외적 욕구와 조직을 구성하는 요소와 단위들의 통합, 조직 구성원들의 충성과 헌신, 자원을 동원하고 개발할 수 있는 기술적・정치적 능력과 같은 내적 욕구가 있다. 사회복지행정의 경우, 외적 욕구는 목표변화, 리더십과 슈퍼비전, 새로운 프로그램 개발과 평가를 예로 들 수 있으며, 내적 욕구는 프로포절 작성, 홍보, 기금모금, 자원봉사자 확보, 지속적인 후원자 관리 등을 들 수 있다. 세 번째 조직환경의 중요성에 대해서 조직은 그들이 속한 환경 속에서 다양한 형태의 자원을 확보하고, 표면적 또는 내면적 절차에 따라 자원을 여러 형태의 서비스로 전환한다. 체계이론에서 환경은 조직과 지속적인 교환관계를 형성하며 영향을 주고받는다.

Neugeboren(1985)의 체계 모형에서 의하면 조직은 다섯 가지 하위체계(생산 하위체계, 유지 하위체계, 경계 하위체계, 적응 하위체계, 관리 하위체계)로 구성되어 있고, 조직이 최적으로 기능하기 위해서는 조직의 목표에 따라 모든 하위체계가 제 기능을 발휘해야 한다(최성재・남기민, 1995 : 67-72)고 하였다.

첫 번째는 생산 하위체계로서, 사회복지조직에서 이 체계는 클라이언트에게 서비스를 제공하는 것이다. 이 체계는 모든 사회복지조직의 기본적인 역할과도 일맥상통하는 것이다.

두 번째는 유지 하위체계다. 이것은 조직의 계속성을 확보하고, 조직을 안정상태로 유지하는 것이다. 이를 위해서는 조직활동을 공식화시키는 것, 보상체계를 확립하는 것, 새로운 구성원을 선발하고 교육, 훈련시키는 것들이 필요하다.

세 번째는 경계 하위체계다. 사회복지조직의 외부환경에 대한 의존도를 고려한다면, 경계 하위체계는 사회복지조직의 생존과 발전을 위해 필요한 체계가 된다. 특히 외부환경의 변화에 대한 적절한 반응과 대응은 조직의 목표 달성과 조직의 유지를 위해 필요하다.

네 번째는 적응 하위체계다. 이 하위체계의 핵심은 변화하는 환경의 욕구에 반응하여 조직을 변화시킬 필요성을 인식하고 실제 조직 변화를 위한 최적의 대안을 찾기 위해 연구하고 평가해 나가는 것이다. 이러한 측면에서 본다면 사회복지조직에 대한 내·외부 평가는 조직의 적응능력을 강화시키는 역할을 수행한다고 볼 수 있다.

마지막으로 관리 하위체계다. 이 하위체계는 지금까지 제시한 네 가지 하위체계를 조정하고 통합하는 체계이다. 따라서 조직 구성원 간 혹은 부서 간 갈등 해결과 조정, 적절한 업무환경의 제공, 외부환경의 영향에 대한 조직의 대응책을 모색하기 위해 노력하는 것 등은 이 하위체계에서 중요하다.

제2절 현대적 이론

1. 목표관리(MBO : Management By Objectives)

Drucker에 의해 1953년에 최초로 제창되고 McGregor가 1957년에 소개한 목표관리(MBO)란 목표 설정에 의한 관리를 의미한다. 본래 MBO는 사기업 부문에서의 회사경영 관리를 위하여 적용된 경영관리 기술이었는데, 이것이 공공기관에 공식적으로 도입된 것은 1973년 Nixon 대통령이 연방정부의 21개 주요 기관에 MBO를 실시하라고 지시함에 따라 공공부문에 채택되면서이다.

이러한 목표관리란 "참여의 과정을 통해 조직단위와 구성원들에게 측정 가능하고 1년 미만 정도의 비교적 단기적인 목표(objectives)를 명확하고 체계 있게 설정하고 그에 따라 생산활동을 수행하도록 하며 활동의 결과를 평가, 환류시키는 관리체계"이다. 이러한 목표관리의 의의는 ① 공식적 목표를 실체화하는 과정이며, ② 명확한 목표 설정과 책임한계의 규정, ③ 참여와 상하협조, ④ 환류의 개선을 통한 관리계획의 개선, ⑤ 조직참여자의 동기유발, ⑥ 업적평가의 개선을 도모하고, ⑦ 궁극적으로 조직의 효율성을 증진시키려는 것이다.

MBO(Management By Objective)는 목표관리에 관계되는 기획이다. 기관종사자들은 목표설정에 참여하여 평가방법을 공동으로 설계하며 합의에 의해 설정된 개인 단위 업무목표는 과업 완료 후 달성 정도에 따라 평가받는다. ▌그림 4-1▐에서 보는 바와 같이 MBO는 목표를 설정하는 과정(plan)-목표를 실행하는 과정(do)-성과를 평가하는 과정(check)으로 구분할 수 있다.

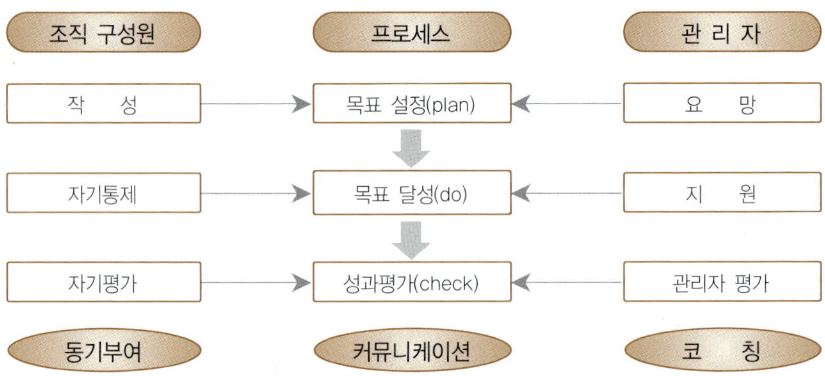

▌그림 4-1▐ 목표관리의 과정

출처 : 平井さよ子(2003), p. 23 재구성.

MBO의 장점으로는 ① 업무·자원 배분의 합리화를 꾀할 수 있다. 즉, 목표관리의 과정을 통하여 관리자는 업무계획을 세워야 하기 때문에 시간 및 자원 활용을 효율적으로 할 수 있고 또한 업무배분의 합리화를 기할 수 있다. ② Y 이론에 기초한 참여에 의한 관리(조직의 민주화)와 동기유발, 즉 참여는 상사와 부하 간에 이행의 증진과 의사소통의 질적 심화를 촉진시켜 조직의 내적 민주화를 발생시킨다. 아울러 목적과 목표 설정에 업무자들의 참여를 장려함으로써, Y 이론 전략에 의한 참여자의 동기를 유발시키고 기관에 대한 개인별 기여를 확인할 수 있게 한다. ③ 계층 간 목표의 일관성 유지, 즉 목표관리는 조직 내에서 추구하는 목표들이 상호 계층을 갖도록 유도하고 목표들의 연관성과 일관성이 유지되게 한다. 이러한 목표 간의 관리를 통하여 조직은 전체적 목표를 효율적으로 달성할 수 있는 것이다. ④ 실적에 기초한 업적평가의 실현, 즉 목표관리는 실적에 기초한 업적평가의 실현이 가능하도록 객관적인 업무기준을 제시하기 때문에 개인적 특성에 착안한 전통적 평가방법의 결함을 개선할 수 있다. ⑤ 조직 내 변화 추구, 목표관리에서는 목표 설정과 실제 목표달성의 정도를 비교하여 조직 내의 여러 가지 문제를 쉽게 인지할 수 있으므로 조직 내부의 변화를 촉구하는 데에 효과적이다.

MBO의 단점으로는 ① 폐쇄체계를 가정하고 있으므로 환경요인을 무시한다. 즉, MBO는 조직 내·외적 상황이 안정적이고 따라서 예측 가능성이 높은 조직에서 성공할 수 있다. 그러나 조직의 환경이 불확실하고 긴급한 업무의 비중이 높은 조직 또는 부서 간의 경쟁과 목표의 중복이 심한 조직에서는 그 적용이 어렵다. ② 목표설정 및 목표측정이 어렵다. 즉, 관리상황이 유동적이거나 변화가 많은 조직에서 실현 가능한 적절한 목표를 설정한다는 것은 쉽지 않다. 또한 목표 달성의 정도가 중요하므로 오히려 높은 수준의 목표 설정을 피하게 만들 수 있다. ③ 단기목표만을 강조하는 경향이다. 단기목표가 장기목표에 기여하게 되어 있다면 문제가 없으나 그러한 연관성이 없는데도 장기목표는 고려하지 않고 단기목표만을 추구한다면 조직의 발전을 저해하는 요소로 목표관리가 작용할 수 있다(정경호, 2005 : 532-533).

MBO를 실시하기 위한 과정과 절차에 대한 공식화된 정형적 절차는 없으나 Mali(1972 : 12-14)는 5단계로 나누고 있다. ① 목표 발견 단계이다. 조직의 생존·성장·개선을 위하여 조직 스스로가 바라는 상태 및 결과를 신중하고 체계적으로 확인한다. ② 목표 설정 단계이다. 조직이 실제로 성취하고자 하는 미래의 상태를 확립한다. ③ 목표 확인 단계이다. 설정된 목표는 다시 상사와 부하가 상호 확인 과정을 통해 시한 내에 목표가 달성될 수 있는지 실패의 위험성을 검토해야 하며 목표의 수준을 조정하여야 한다. ④ 목표 실행 단계이다. 설정된 목표는 실행계획·실행전략을 구체적으로 수립하고 실제 행동으로 옮겨지면서 업무가 수행된다. ⑤ 평가 단계이다. 목표가 계획대로 진행되었는지를 측정·평가·환류하는 단계이다(김병식 외, 2003 : 145-147). Lewis 등(1991 : 63)은 사회복지기관의 MBO 과정을 다음과 같은 7단계로 보여주고 있다.

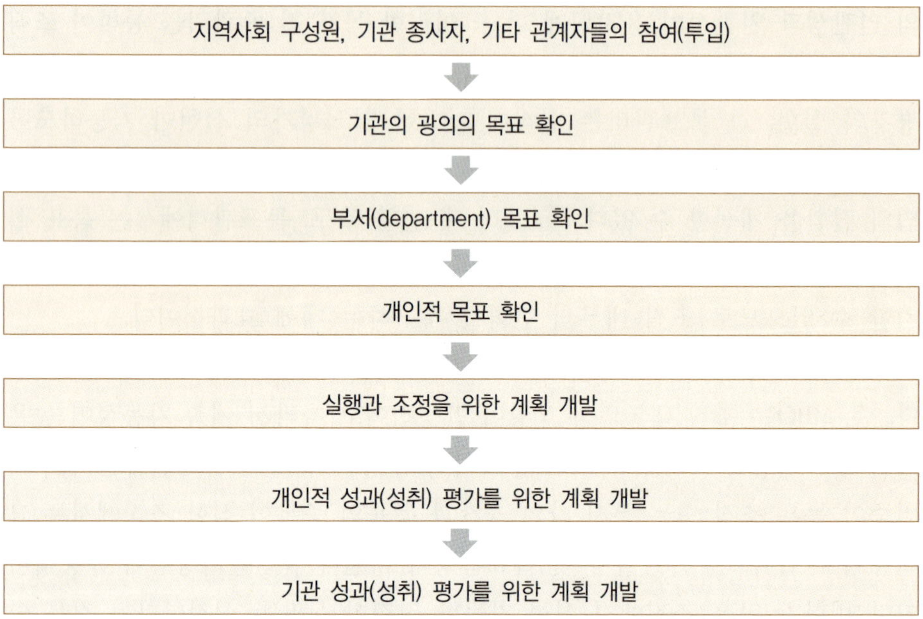

| 그림 4-2 | 사회복지기관에서의 MBO 과정의 예

출처 : Judith A. Lewis, Michael D. Lewis, & Federico Souflee, Jr.(1991), p. 63.

MBO 이론은 사회복지사들이 목적과 목표를 성취하기 위해 함께 일하는 공동작업을 구조화하고 실행하는 팀 개념을 가져다주었으며, 사회복지기관의 업무나 목적 달성을 위한 정확한 업무수행 평가를 통하여 그들의 업무에 대해 더욱 높은 책임감을 가지도록 하였다. 또한 목적과 목표 설정에 업무자들의 참여를 장려함으로써 자발적인 동기를 높이고 조직에 대한 개인별 성과를 확인할 수 있게 하였다.

한편 사회복지조직에서 MBO 적용의 한계로서는 다음 네 가지를 들 수 있다. ① 목표와 성과의 측정이 어렵다. ② 단기적 목표와 계량적 측정이 쉬운 업무에만 주력하는 경향을 가져온다. ③ 목표관리를 도입하는 데 시간이 많이 걸리고 운영절차가 복잡하다. ④ 관리상황이 유동적이기 때문에 목표했던 성과를 얻기 어렵다.

2. 애드호크라시(Adhocracy) 이론

애드호크라시는 Toffler의 저서 『미래쇼크(이규행 역, 1989)』에서 미래의 조직체를 설명하기 위하여 만든 조어이다. 이는 '당면한 문제에 한하여', '그때만의', '임시변통의', '특별한' 등의 의미를 지닌 단어인 adhoc와 '지배'를 의미하는 cracy의 합성어이다. 웹스터 사전에 의하면, ① 그때그때의 일이나 상황에 유연하게 대응하는 주의로서 1968년경부터 미국에서 사용된 조어이며, ② 변동이 많은 현대 산업사회에서 명확한 선택안을 갖고 문제를 해결하려는 주의이고, ③ 종래의 관료제를 대신하여 특별위원회를 구성하고 소위원회마다 사회나 전문 분야에 창조적으로 일을 해나가는 새로운 사회기구형이라고 한다.

그리하여 애드호크라시는 일반적으로 '특별임시위원회', '비관료적 고객기구', '변증법적 조직'으로 변역할 수 있는 개념으로 제2차 세계대전 중, 군의 특수임무를 수행했던 기동타격대(task force)에서 그 기원을 찾을 수 있다. Bennis는 이를 '문제해법을 위한 다양한 전문적 지식이나 기술을 가진 이질적 집단으로서 조직의 변화가 심하고 적응력이 강한 임시적인 체계'라 정의하고 있다.

애드호크라시 이론은 항공, 전자, 용역산업, 연구기관, 광고대행사 등 성장산업에 적합하고 급변하는 환경변화에 적절히 대처할 수 있으며, 관료제에 활력을 불어넣는 도구로 활용되는 경우가 많다. 이와 같이 문제해결 및 혁신에 있어서 가장 적합한 조직이론이라고 할 수 있지만, 모든 조직에 효율적으로 적용되지는 않는다. 그러나 Mintzberg는 ① 비일상적인 기술을 사용하는 조직에서, ② 조직의 환경이 동태적이며 복잡할수록, ③ 새로운 조직일수록, ④ 제품 간의 개발경쟁이 치열할수록 더욱 효율적이라고 하였다.

애드호크라시 조직은 문제해결을 위해 다양한 기술을 갖는 비교적 이질적인 전문가 집단으로 구성된 탄력적이고 적응적이며 일시적인 시스템으로서 매트릭스 구조, 태스크포스, 위원회구조, 대학형태구조(collegial organization)로 나타난다.

애드호크라시 조직 이론의 특징은 다음과 같다.

① 전통적 조직구조에 비하여 수평적 분화가 높으며 상대적으로 복잡성과 공식화가 낮다.

② 고도의 유기적 조직으로서 신축성 및 융통성이 높다. 관료제 조직을 아파트에 비유한다면 애드호크라시 조직은 텐트에 비유할 수 있다.

③ 기능별 집단과 목적별 집단이 공존한다. 즉, 조직 구성원들은 조직운영상 각자의 기능별 부서(총무부, 판매부, 생산부 등)에 속해 있으면서 혁신업무를 위해 목적별 집단(예를 들어, 프로젝트팀)에 소속되어 있다.

④ 고도로 훈련된 전문가들에게 의존하고 있기 때문에 분권적 의사결정 구조를 가지며 영향력의 근거는 지위나 권한보다는 전문지식(전문성)에 있는 것이 특색이다.

애드호크라시 조직 이론의 문제점은 다음과 같다.

① 명백한 상하관계가 없고 권한과 책임이 엄격히 구분되어 있지 않아 조직 구성원의 역할이 모호하다.

② 서로 다른 전문적 기술을 가진 전문가들이 모여서 프로젝트 팀을 구성하므로 구성원 간의 갈등이 일상적으로 발생할 수 있다.

③ 관료제와 비교해 볼 때 비효율적인 조직구조를 이루므로 관료제만큼의 정확성과 편의성을 유지하기 힘든 경우가 많다.

〈표 4-6〉 관료제와 애드호크라시의 비교

속 성		관료제	애드호크라시
조직구조의 기본 변수	복잡성	높음	낮음
	공식성	높음	낮음
	집권성	높음	낮음
조직환경		정태적, 안정적	동태적, 불확실
조직기술		일상적	비일상적
조직인		경제적 인간	복잡인
조직규모		큼	작음
조직생명		반영구적	일시적, 잠정적

출처 : 민 진(2004). 조직관리론. 대영문화사, p. 151.

그런데 급변하는 환경에 노출되어 있는 사회복지조직은 이 조직을 유용하게 활용해 볼 수 있다. 예를 들어, 사회복지기관이 미리 매트릭스 조직구조로 부서를 편성해 놓았다가 외부 프로그램 개발이나 평가를 할 경우나 갑작스러운 프로포절이나 프로젝트 제안에 대비하여 인적자원을 효율적 활용하는 데에 편리하게 이용할 수 있을 것이다.

그러나 이런 구조는 보편적으로 사용되고 있지 않으며, 몇몇 소수의 기업체나 연구소 등에서만 활용되고 관료제의 보조적 역할로서 활용하고 있을 뿐이다. 따라서 조직의 기본 골격은 관료제 구조를 유지하면서 혁신이나 융통성이 필요한 업무에 대해서만 활용하는 것이다. 특히 현대 사회복지조직에서는 관료제와 애드호크라시가 공존해야 하며, 이 두 조직이 효과적인 상호작용을 할 때 복지서비스의 효과성도 높아질 것이다.

3. 상황(Contingency)이론

이상에서 논의된 많은 이론가들로부터 제시된 이론들은 사회복지조직에 유용할 수 있을 것이다. 몇몇 연구자들은 조직의 기술(과업), 환경, 그리고 규모가 구조를 결정하는 데 영향을 미친다고 지적하였다. 즉, 조직상황이 다르면 다른 조직구조를 요구할 것이다. 그러므로 주어진 상황에서 가장 효율적이고 생산적인 조직구조를 결정하는 요인은 당면한 구체적인 상황에 의존해 있다(Lewis, et al., 2001 : 94).

앞서 설명한 바와 같이 관료제이론은 조직목적 적응적인 폐쇄적·기계적 모형을 구축하는 데 적합한 이론인 데 비하여, 애드호크라시 이론은 조직환경 적응적인 개방적·유기적 모형을 구축하는 데 적합한 이론이라 할 수 있다. 이에 대하여 컨틴전시 이론은 조직여건(상황) 적응적인 상황적 모형을 구축하기 위하여 요청되는 이론이다. 따라서 컨틴전시 이론은 상황이 기계적 모형에 유리할 경우에는 이에 입각한 조직설계를, 상황이 유기적 모형에 유리할 경우에는 이에 입각한 조직설계를, 또 이 양자를 적절히 조합시킨 혼합모형이 상황에 적합할 경우에는 이에 입각한 조직설계를 함으로써 조직의 합상황적 구조를 전개하도록 뒷받침해 주는 이론이라고 할 수 있다.

조직이론의 3대 기초 모형 간의 상호관계를 그림으로 나타내면 다음과 같다(최종태, 1985 : 346-354).

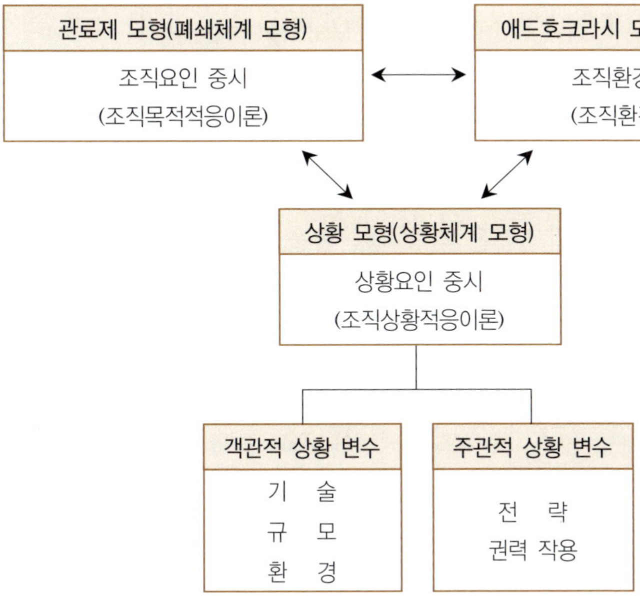

그림 4-3 3대 기초 이론(모형)의 상호관계

전통적으로 상황이론 연구는 조직의 환경과 규모, 기술이 조직구조 형성에 결정적인 영향을 미친다는 것을 밝혀주었고, 최근의 연구는 경제, 기술적 상황 이외에 사회, 인간적 상황까지도 고려하며, 또한 조직 외부요인 이외에 조직 내부요인도 중요하게 다룸으로써 조직을 '환경－조직－과업－인간'의 유기적 관계 속에서 파악한다. 그러나 이러한 상황이론은 상황변수의 설정이나 측정방법의 타당성에 대해서 논란이 있다. 즉, 상황이론이 ① 부분적인 상황요인만 중요하게 다루고 전반적인 사회적·정치적·문화적 변수는 배제하거나, ② 조직구조 형성의 주체인 의사결정, 가치관, 의도, 목적을 소홀히 하고 있으며, ③ 주로 기존 조직을 대상으로 하여 실증적 연구만 하고 있다는 비판이 제기되고 있는 실정이다(최종태, 1985 : 360-371).

4. TQM(Total Quality Management)

TQM은 1980년대 초반 기업조직에서 처음으로 나타났다. 국제경쟁에서 일본 기업에게 추월당하던 미국 기업들이 일본 기업조직이 보이는 경쟁력을 연구하는 과정에서, 일본 기업조직은 최종 생산물을 중심으로 조직을 운영하기보다는 산출물의 결함을 제거하여 품질을 향상하는 관리에 집중한다는 점을 발견한다. 이는 미국 기업조직에서는 찾아보기 어려운 관리기법이며, 이러한 일본식 품질경영의 중요성이 인식되어 미국 기업에도 반영되기 시작하였다(박경일, 2000, 2006; 최재성, 1997 : 262; Gunther & Hawkins, 1996; Martin, 1993).

TQM은 조직운영, 제품, 서비스의 지속적인 개선을 통해 고품질과 경쟁력을 확보하기 위한 전 종업원의 체계적 노력을 말한다. TQM은 단순히 제품기능의 결함을 발견하고 그것을 제거하는 것 이상으로, 1990년대 이후 품질향상을 달성하기 위해 기업의 혁신적인 경영기법으로 활용되고 있다.

Martin(1993 : 24)은 효과적인 품질관리를 구축하고 있는 기업체에서는 적어도 다음의 여섯 가지 기본 요소를 발견할 수 있다고 한다(박경일 · 장중탁 · 이명현, 2002 : 41).

첫째, 품질은 조직의 1차적인 목적이다.

둘째, 고객은 품질이 무엇인지 결정하는 사람이다.

셋째, 고객의 만족은 조직을 좌우한다.

넷째, 조직과정에서 나타나는 변이(variation)의 원인 및 내용을 이해하고 감소시켜야 한다.

다섯째, 조직 내에서 변화(change)는 지속적으로 이루어져야 하고 팀과 팀워크에 의해 수행되어야 한다.

여섯째, 조직 내에 품질문화를 조성하고, 직원들을 임파워먼트하며, 장기전망을 수립하기 위한 최고 관리층의 절대적 관심(commmittment)이 있어야 한다.

Gunther와 Hawkins(1999 : 8)은 Martin이 제시한 TQM의 여섯 가지 기본 요소 이외에 품질향상을 위한 조직문화를 개발해 나가는 데 도움을 줄 수 있는 품질교육과 훈련, 그리고 통계적 품질통제(statistical quality control)를 제시하였다.

TQM의 여섯 가지 기본 요소(Martin)

① (서비스의) 질(quality)
② 고객(customers)
③ 고객만족(customers satisfaction)
④ 변이(variation)
⑤ 변화(change)
⑥ 최고관리층의 절대적 관심(top management commitment)

비영리기관 특히 사회복지조직에서 TQM이 절실히 필요하다고 주장하는 근본적인 이유는 사회복지조직의 생존이 바로 기관에서 제공하는 서비스의 질에 달려있기 때문이며, 서비스 질의 향상에 있어서 물적 요소보다는 인적 요소(클라이언트의 만족이나 전문적 서비스를 제공할 수 있는 사회복지사)가 더욱 중요하기 때문이다. 그러므로 사회복지계는 최근의 복지환경의 변화에 대처하고 우리나라 사회복지기관의 실정에 적합한 기관관리 모형으로서 TQM을 적극적으로 개발하고 활용할 필요가 있다(박경일, 2000 : 126; 2006).

Minotti(1999)는 사회복지기관이 TQM을 실행하는 일차적 동기로서 ① 조직의 생존, ② 사회복지사의 현장 실천의 중요성, ③ 기관의 문제를 스스로 확인하고 해결하는 사회복지사, ④ 의사결정 팀의 육성, ⑤ 민주적인 사회복지업무환경에 고객과 클라이언트의 적극적 개입을 권장할 수 있음을 들고 있다.

5. 학습조직(Learning Organization)과 벤치마킹(Benchmarking)

개별 구성원들에 의해서라기보다는 전체 조직에 의해서 이루어지는 학습조직은 여러 가지 방법으로 정의되었다. 창시자인 Senge(1990)는 학습조직이란 "조직원들이 진실로 원하는 성과를 달성하도록 끊임없이 역량을 확대하고, 새롭고 포용력 있는 사고능력을 함양하며, 자유롭게 열정을 발휘하고, 학습방법을 서로 공유하면서 끊임없이 배우는 조직"이라고 정의하였다. 즉, 조직학습행위의 일상화, 습관화로 인해, 언제라도 새 환경에 적합한 자기 변신을 할 수 있는 조직을 '학습조직'이라고 한다. Lewis와 그 동료들(2001 : 94)은 학습조직의 개념은 팀이나 대화를 사용하는 휴먼서비스의 원칙과 양립하는 것처럼 보이며 또한 인간봉사조직의 성장을 위한 기회를 제시해 준다고 하였다.

학습조직의 도입방안은 ① 고객을 통해 지속적으로 학습하고, ② 우수 경쟁기관의 업무기술 또는 업무과정을 벤치마킹으로 학습하고, ③ 조직원들 상하좌우 간에 서로 학습하는 일이 일상화되어 있는 조직으로 만들어 가는 것이다.

학습조직의 실행방안은 바로 행동학습이다. 즉, ① 조직의 중요한 문제에 초점을 두고, ② 학습자원들을 서로 제공하여, ③ 개발단계 전반에 걸쳐 올바른 질문을 자유롭게 제기하고 외부인력 자원에 적극적으로 지원을 요청한다. 모든 조직원은 선입견을 버리고(사고 모형) 열린 생각을 할 수 있도록 스스로 노력하며(자아완성) 회사의 시스템을 완벽하게 이해하면서(시스템 사고), 누구나가 동의할 수 있는 비전을 만들기 위해(비전 공유) 함께 노력한다(팀 학습)(Senge, 1990).

벤치마킹(Benchmarking)

벤치마킹이란 지속적인 경쟁우위를 확보하기 위해 최고의 기업과 비교하여 창조적 모방을 통해 그 차이를 뛰어넘는 혁신기법이라고 정의할 수 있다. 이러한 벤치마킹은 그 자체로 따로 하는 것이 아니고 비즈니스 리스트럭처링(BR)을 하거나 비즈니스 프로세스 리엔지니어링(BPR)을 할 때 사용하는 기법에 불과하다. 즉, 기업의 사업구조를 리스트럭처링하기 위해서는 선도 경쟁기업이 과연 어떤 사업구조를 가지고 있으며 앞으로 이를 어떻게 개혁하는가를 벤치마킹해 보아야 기존 사업구조를 개혁하기 위한 많은 전략적 시사점을 얻을 수 있다.

이제 사회복지기관들도 여타 기관에서 제공하고 있는 동일한 서비스들을 동시다발적으로 똑같이 제공하는 것을 지양하고 다른 사회복지기관들의 우수한 프로그램들을 창조적 모방을 통해 자신의 기관 특성과 지역사회 실정에 맞는 특화된 전문적 프로그램들을 재창조해야 될 것이다.

사회복지조직은 학습조직에 익숙하다. 사회복지사는 전문직으로서 질 높은 서비스를 제공하기 위해 끊임없는 학습을 수행하고 있다. 사회복지사들이 함께 배우며 지식을 공유함으로 해서 자기 자신의 성장은 물론 조직 전체의 발전이 있을 것이다. 사회복지사들이 정기적으로 일정 기간 사회복지 명저 읽기나 새로운 이론과 기술 관련 연구회나 집담회 개최 등 새로운 서비스 기법이나 치료기술을 공유할 수 있는 기회를 만들 수 있을 것이다. 개인의 자발적인 학습조직 참여동기를 자극하기 위해서 조직 차원에서의 환경조성 등 지원을 아끼지 말아야 한다.

6. 성과관리

최근에 새롭게 제기된 공공부문의 성과에 대한 관심은 직접적으로는 신공공관리론(new public management)에 그 기반을 두고 있다. 1970년대를 정점으로 복지국가에 기인한 과도한 정부규모의 비대화 및 재정적자 등 소위 정부위기론의 확산은 신공공관리론의 대두를 초래하였다. 그리고 이러한 신공공관리론에 기초한 행정개혁의 핵심적 내용의 하나가 성과의 추구라고 할 수 있다. 즉, 정부의 다양한 활동을 성과측정을 통해 평가하고, 이를 토대로 제한된 물적·인적 자원의 효율성을 극대화하고자 하는 노력들이다.

전통적 시각에 의하면, 성과관리는 조직 구성원들로 하여금 상위목표에 관심을 갖게 하고, 과업수행을 촉진하고 잠재력을 발현하게 하는 수단으로서 시스템 지향적인 전략적 계획과정보다는 주로 인력관리에 초점을 두어 왔다. 이에 대비하여 성과관리는 조직의 전략과 운영목표들에 관한 책임을 조직 구성원에게 배분하고 이러한 책임을 객관적으로 측정하는 수단으로 규정되고 있다. 이를 통해 미래의 목표와 조직과 조직 구성원들의 요구에 관련된 의사결정에 적절한 정보를 제공하는 기능을 하는 것이다(금창호 외, 2002).

이러한 성과를 체계적으로 관리할 수 있는 툴(tool)이 필요하게 됨에 따라 BSC(Balanced Score Card)라는 성과관리 기법이 도입되었다. BSC는 Robert Kaplan과 David Norton에 의해 1990년대 초반 개발되었으며, 이미 많은 기업에서 재무, 인사, 종업원의 경쟁력 등 기업경영 전반의 성과평가는 물론 기업전략을 달성할 수 있도록 조직을 관리하기 위한 방법론으로 활용되고 있다. 요약하면 BSC는 재무, 고객, 내부 프로세스, 학습과 성장 등 4대 주요 관점을 통해 혁신적으로 성과를 관리하려는 기법이다.

성과주의 확산에 따른 영향을 분석한 조사 결과들을 종합해 보면 성과주의의 확산이 우리 기업이나 조직에 긍정적인 영향과 부정적인 영향을 모두 끼쳤다고 할 수 있다. 우선 긍정적인 면은 조직원에게 가치 창출을 위한 강한 동기 부여, 성과에 따른 차등 보상을 통해 우수 인재의 확보와 유지에 도움이 되었다는 점 등이 제기된다. 반면 부정적인 면은 성과평가 시스템에 대한 평가의 객관성 및 공정성 부족에서 기인한 불신 증대, 지나친 단기 성과 중시 경영, 부서 간 이기주의와 조직 간 협력 미흡 등으로 요약된다.

최근 사회복지 분야에서도 사회복지기관 및 시설의 증가로 인한 복지비 지출 증가, 서비스의 양적 증가에 따른 책임성 확보 문제, 개입의 효과성 검증 압력, 한정된 자원에 대한 효율성 제고 압력, 시설평가에 따른 사회복지자원의 효율적 배분과 활용으로 인하여 관심이 높아지고 있다. 특히 2000년 이후 비영리 민간기관에서 복지서비스의 지방화와 관련하여 2005년부터 정부 예산의 상당 부분이 지방으로 이전된 후부터 성과주의 요구는 더욱 높아졌다. 지방자치단체가 사회서비스 분야에 대한 예산편성 재량권을 갖게 되면서 성과주의는 더욱 강조되었다.

예를 들어, 2008년부터 보건복지부(2008. 3. 25)는 사회복지 평가를 통한 성과관리체계를 구축하기 위하여 시설평가를 위해 '서비스 품질 관리단'을 구성하고 국가서비스 품질기준을 마련하여 복지시설인증제를 도입하였다. 또한 사업평가로서 사회복지사업의 성격 · 집행실적 · 성과 등을 평가하여 유사 · 중복 사업의 조정 · 통합 및 집행방식을 개선하고자 하였다. 아울러 지방자치단체의 주민복지에 대한 관심 · 복지수준 등을 평가하여 지방의 복지역량 강화와 복지 격차를 완화하고자 하였다.

7. 윤리경영(Ethics Management)

윤리경영이란 경영에서 윤리를 실천하는 것, 반드시 지켜야 할 최소한의 도덕적 기준(국가청렴위원회, 2007; Grassy & Mallin, 2011)을 바탕으로 한 경영을 의미한다. 비영리 사회복지조직의 윤리경영은 사회복지기관의 사회적 책임, 지속 가능 경영과 같은 광의의 개념까지 포함하는 것이다. 사회복지기관이 지속 가능한 기관으로 성장하는 것을 목표로 하며, 클라이언트를 비롯한 사회복지기관을 둘러싼 다양한 이해관계자와 좋은 관계를 형성하고 유지하면서 장기적으로 사회적 책임을 다하는 기관이 되기 위해, 경제 · 사회 · 환경적 책임을 전략적으로 활용하여 경쟁우위를 창출하는 것이다(한국사회복지사협회, 2010).

이러한 윤리경영은 조직의 투명성을 확보하는 기반이 되며, 조직 내부적으로 합리적이고 생산적인 조직문화 형성에 크게 기여한다. 가치지향적 조직인 사회복지기관은 윤리적 운영이 기본 사명이므로 윤리경영에 민감해야 한다. 유감스럽게도 정부 보조금이나 후원금 등을 횡령하거나 유용한 시설이 대거 적발되거나 이용자 학대문제는 지속적으로 제기되었다. 이 같은 조직과 조직 구성원의 일탈행위[4]는 다른 사회복지조직뿐만 아니라 사회 전체에도 부정적인 영향을 준다.

Lloyd(2005)는 비영리기관의 윤리경영의 필요성을 여섯 가지로 제시하고 있다. ① 비영리기관이 수적으로 급속하게 증가하면서 지역사회에서 중요한 역할을 담당하게 됨으로써 책임성에 대한 요구의 증가, ② 국제적인 영역 확장으로 인한 합법성에 대한 의문, ③ 비영리기관의 급속한 성장에 의한 정부의 규제능력의 한계, ④ 비영리기관의 관리와 책임성 증대, ⑤ 지역사회에 대한 신뢰 확보, ⑥ 후원자와 후원금의 지속적인 유치다.

사회복지조직에 윤리경영의 도입에 따른 기대효과를 정리하면 다음과 같다.

첫째, 윤리경영은 조직이 직면하는 다양한 리스크, 특히 법률적·제도적 리스크의 감소와 사람의 실수나 시스템의 오작동 등에 의해 일어나는 운영 리스크를 감소시킨다.

둘째, 윤리경영은 조직의 내외적 신뢰성 및 인지도 향상에 효과적이다. 조직 외적으로는 이미지 향상, 이용자 만족 증가 등의 효과를 유발하고, 내부적으로는 직원 자부심 향상, 업무능률 향상, 서비스 질 향상 등의 효과를 기대할 수 있다.

셋째, 윤리경영은 조직의 가치를 증대시킨다. 따라서 윤리경영은 전문가의 의존도가 높은 사회복지조직에서 질 높은 서비스 제공과 함께 관련 당사자의 권리와 책임을 명확하게 하고 조정기능을 수행하는 준거 틀을 제공해 준다.

윤리경영이 효과적으로 구현되기 위해서는 무엇보다도 실제적인 의사결정과 행동에 영향을 미칠 수 있는 조직과 제도의 확립이 필요하다. 즉, 윤리경

---

4) 윤리경영과 유사한 개념으로서 컴플라이언스 매니저먼트(준법경영)가 있다. 컴플라이언스(compliance)는 comply(법령 등을 엄수한다)의 명사형으로 법령준수 의무라는 한정된 의미로 기업활동에서 법령 등 규칙을 준수한다는 의미로 사용되어 왔다. 그러나 조직은 단순히 법령 규범만을 준수하는 것만으로는 이해관계자의 요구나 기대에 충분히 대응할 수 없으며 법령을 초월하여 사회의 규칙을 준수함으로써 신뢰를 얻을 수 있다. 따라서 컴플라이언스는 법률 규범의 준수뿐만 아니라 조직 내 규범이나 업계의 자주적 규칙, 사회적 상식과 같은 규범 준수까지 요구하는 개념이다.
사회복지기관에서 컴플라이언스 경영이 주목받는 배경에는 기관활동이 사회적으로 미치는 영향력이 커지고 있으므로 기관의 윤리관이나 행동규범 공유가 매우 중요해지고 있기 때문이다. 인권침해 사고 등이 발생했을 때 복지기관의 대응형태는 기관의 신뢰와 존속에 커다란 영향을 미치는 중요한 리스크가 된다. 따라서 앞으로 어떻게 복지기관이 컴플라이언스를 확립할 것인가가 중요한 과제가 될 것이다(이명현·강대선, 2010). 예를 들어, 컴플라이언스 프로그램을 사회복지기관 관리에 응용한다면, 먼저 기본 전제가 되는 규범으로서 권리옹호가 우선되어야 할 것이다. 그리고 이를 실현하기 위해 윤리경영과 윤리강령을 비롯한 내부감사와 고충처리, 사회복지법상 규제사항, 복지 옴부즈맨, 위험관리 등 윤리적·규제적 관리 프로그램을 운용하는 방향이 될 것이다.

영의 실현을 위해서는 조직활동의 모든 요소에 사회적 윤리가 골고루 반영될 수 있도록 계획을 세우고 활동을 구체화하며 정확하게 평가하는 것이 중요하다. 윤리경영의 성공적 정착을 위해서는 기관 자체의 윤리강령 제정, 윤리위원회의 구성과 운영, 윤리감사의 실시, 엄격한 회계원칙, 사외이사제도의 운영, 교육훈련 프로그램의 시행, 옴부즈맨 제도의 시행, 청렴서약제의 시행, 내부자 거래의 규제(국가청렴위원회, 2007) 등이 필요하다. 비영리 사회복지조직에서의 윤리경영 추진현황을 살펴보면, 한국사회복지사협회는 사회복지 분야의 윤리적 실천을 체계화하고 구체화하기 위한 활동으로 2007년부터 3개년간 3차에 걸쳐 총 44개 기관을 대상으로 '사회복지 윤리경영 선도 기관 육성사업'을 시행하였다(한국사회복지사협회, 2010).

생각해 볼 문제

- 사회복지행정에서 활용 가능한 조직이론은 무엇인지 생각해 봅시다.
- 경영이론을 사회복지기관에 어떻게 활용할 수 있을지 생각해 봅시다.
- 조직이론과 관리이론이 강조하는 공통점은 무엇인지 생각해 봅시다.
- 조직이론과 관리이론을 사회복지기관에서 활용할 때 문제점과 한계는 무엇인지 생각해 봅시다.
- TQM을 우리나라 사회복지기관에 어떻게 활용할 수 있는지를 생각해 봅시다.
- 성과관리의 장단점과 BSC의 네 가지 관점은 무엇인가?
- 사회복지조직에서 윤리경영을 어떻게 시행해 나갈 것인지 토의해 봅시다.

Social Welfare Administration

PART 02

사회복지조직

CHAPTER 05 사회복지조직의 구조와 유형

학습목표

[가치] • 구성원 간 협력, 조직의 탄력적 활용으로 인한 유연성과 다양성을 이해한다.
[지식] • 조직구조, 조직화 원리, 조직의 기능과 유형에 대해 학습한다.
[기술] • 사회복지조직 구조와 유형에 따라 어떠한 기술을 사용할 것인지를 탐구한다.

제1절 조직구조의 개념

1. 개 념

조직은 복수의 직원이 모여서 목적달성을 위해 협동하는 구조이므로 조직기능을 다할 수 있도록 팀워크가 중요하다. 관리자는 조직이념과 방침을 주지시키고 분명한 커뮤니케이션과 역할분담, 적절한 인재 배치, 작업 사이의 상호연계가 가능한 체제를 만들어야 한다. 특히 클라이언트 욕구에 맞는 서비스 개선이 신속히 이루어지도록 현장의 사회복지사에게 적절하게 권한이 위임될 필요가 있다.

조직구조란 구성요소들 사이에 상호작용이 이루어지는 객관적인 유형으로서 조직을 구성하는 틀을 의미한다. 일반적으로 공식적 조직은 업무분화와 위계질서, 통제범위 같은 조직의 요소를 고려하여 틀을 구성하게 된다.

현대적 조직은 권한이 분산된 형태를 유지하므로 행정가와 직원 사이에 책임을 분담하고 협동적으로 일을 하며 창의성과 동기를 유발하려고 한다. 권한 분산의 정도가 높을수록 조직 효과성은 높아질 것이다. 조직구조에 대한 개념을 명확히 함으로써 조직의 내부적 운영과정을 보다 깊이 이해하게 될 것이다.

2. 구성요소

조직구조를 구성하는 요소란 조직구조의 국면 또는 구조적 특성에 영향을 미치는 요인과 지표를 말한다. 여기에는 조직의 규모, 조직의 기술, 조직의 공식화, 집권화와 분권화가 포함된다.

1) 규 모

조직의 규모를 나타내는 기준은 예를 들어, 프로그램 이용자 수, 종사자 수, 건물 면적, 연간 예산, 보조금 규모 등을 들 수 있다. 조직규모가 커지면 대체로 전문화가 지속되다가 일정한 수준에 도달하면 전문화의 진행 정도가 떨어진다. 규모가 커질수록 공식화가 진행되고 분권화가 촉진된다. 최근 사회복지기관은 내부적으로는 팀 중심의 업무수행으로 조직화가 이루어지고 있다.

2) 기 술

조직기술이란 일하는 방법과 작업과정에 사용되는 지식을 말한다. 다시 말하면, 조직이 목표달성을 위하여 투입물을 산출물로 변환시키는 데 이용하는 지식이나 도구, 기법 등을 의미한다. 예를 들어, 자원봉사센터는 봉사자를 모집하여 그들의 활동을 필요로 하는 기관의 선호에 맞게 조정·배치하는 중개기법(mediating technology)이 주된 기술이 될 것이다.

3) 공식화의 정도

조직 내의 직무 표준화의 정도를 뜻하며 종사자들이 언제, 무엇을, 어떻게 해야 할지를 규정한다. 따라서 공식화의 정도가 지나치게 높으면 사회복지사들이 전문적으로 판단할 수 있는 재량권은 매우 낮아지게 된다. 비숙련직일수록 공식화의 정도가 높고 고도로 전문화된 직종일수록 공식화의 정도는 낮다. 조직기술과 관련하여 일상적이고 단순화된 기술을 사용하는 조직은 공식화 경향이 높다. 지나친 공식화는 목표와 수단의 전도현상을 초래하며 갈등과 소외현상을 심화시킬 수 있다. 따라서 사회복지사와 같은 전문직종의 경우 공식화 정도가 너무 높으면 전문적인 서비스 적용이 어려워지고 소진이 초래될 수 있다.

4) 집권화와 분권화의 수준

집권화와 분권화는 조직 내의 권력배분과 위임수준에 따라 달라진다. 행정활동의 통일성을 확보하거나 최고관리층이 일사불란한 결정이나 규칙 적용을 선호하거나 업무 자체가 반복적이며 획일적인 조직의 경우 집권화가 촉진될 것이다. 또한 소규모 조직이나 강력한 리더십이 필요한 위급상황, 종사자의 능력이나 자질이 부족한 상황일 경우에도 집권화가 바람직하다. 하지만 이러한 집권화는 권위주의와 형식주의를 강화함으로써 창의성과 자발성이 저해될 수 있으며 환경변화에 대한 적응도 어렵다는 단점이 있다. 반면 분권화는 조직의 사기를 높이거나 인적자원의 역량을 향상시키고 참여를 선호하는 경우 유리하다. 이러한 분권화는 신속한 의사결정이 가능하고 업무를 감소시키며 책임감과 협조감을 증진시킬 수 있으며 환경에 대한 빠른 반응성과 유연성을 가진다는 장점이 있다. 하지만 업무가 중복되고 행정역량이 분산되는 경향이 있으며 결정자들 간에 충돌이 발생하면 조정이 어려울 수 있고 의사결정 과정에 대한 통제력이 약하다는 단점이 있다.

제2절 사회복지조직의 목표와 변화

1. 조직목표의 기능

사회복지조직의 목표는 복지기관이 공식적으로 존재하는 이유이며 미래 일정 시점에서 사회복지기관이 이루고자 하는 바람직한 상태를 말한다. 이러한 조직의 목표는 몇 가지 기능을 가지는데, 첫째, 조직목표는 기관의 바람직한 미래 모습을 만들어 내기 위한 운영지침을 제공한다. 즉, 적절한 행동기준을 제시해 주므로 다양한 대안 중 효과적인 선택을 할 수 있게 한다. 둘째, 조직목표는 기관이 지역사회에 적합하다고 인정받는 신념을 낳게 하여 계속 존립할 수 있게 하는 정당성을 제공한다. 셋째, 조직목표는 결과를 평가할 때 기준이 된다. 즉, 기관의 성공과 기여도를 평가하는 기준을 제공한다. 마지막으로 조직의 구조와 업무과정을 설계하는 준거 틀이 된다. 왜냐하면 목표에 따라 필요한 자원이나 기술, 인력 등을 계획적으로 확보해야 하므로 조직활동의 전반적인 국면에 영향을 준다.

2. 조직목표의 변화

조직의 목표와 종사자들의 목표가 항상 일치하지는 않는다. 그러므로 개인의 목표와 조직목표 사이에는 어떤 공존관계가 설정되어야 하며, 목표 사이의 조정과 절충을 통해 조화를 추구한다. 그 과정에서 몇 가지 모형이 활용될 수 있다. 첫째, 조직이 개인의 목표 달성에 도움이 되는 유인을 제공하고 개인은 그 대가로 시간과 정력을 바치는 교환모형을 들 수 있다. 둘째, 조직의 목표 달성에 도움이 되는 행위는 가치 있는 행동이며 그렇지 못한 행동은 무가치한 것으로 생각하도록 유도하는 교화모형이 있다. 셋째, 조직목표를 정할 때 개인적 목표를 고려하여 결정하는 수용모형이다. 이 과정에서 개인은 적극적으로 의사결정에 참여해야 한다.

조직을 둘러싼 환경에 따라 목표는 동태적으로 변화될 수 있으므로 조직목표는 대치되거나 다원화되기도 한다. 또한 축소되기도 하며 비중이 변하기도 한다. 첫째, 대치 및 전환은 본래 목표가 상실되고 수단이 목표를 대신하여 바뀌는 경우이다. 둘째, 계승은 목표가 실현되었을 경우에 새로운 목표를 설정하는 것이다. 셋째, 다원화는 새로운 목표가 추가되어 확장되는 경우이다. 목표 달성이 어려워지면 축소되기도 하고 동일한 목표들 사이에 중요도의 우선순위가 변동되어 비중이 변할 가능성이 항상 열려 있다. 목표한 바가 달성되면 피드백을 얻고 새로운 목표를 수립해야 한다.

제3절 사회복지기관의 조직화 원리

조직화 원리란 기관을 가장 잘 구조화하고 효율적으로 관리하기 위한 방법이다. 구체적으로는 계층제, 명령통일, 통솔범위, 분업과 전문화, 조정, 책임, 부서화의 원리가 필요하다.

① **계층제(hierarchy)의 원리**는 종사자들 사이의 권한과 책임을 나누고 명령과 복종의 관계를 분명히 하는 것이다. 일반적으로 계층제가 높을수록 정책결정이나 장기계획과 같은 업무를 수행하고 낮을수록 집행하고 실시

하는 업무를 수행한다. 계층제는 의사전달의 통로를 만들고 원활히 할 수 있는 장점이 있다. 또한 권한과 책임을 분명히 할 수 있으며 분쟁 조정과 해결 수단이 될 수 있다. 그렇지만 과도한 수직적인 계층은 의사소통을 차단시키고 인간관계를 등한시하여 구성원의 사기저하를 발생시킬 수 있다. 또한 계층의 수가 많아지면 환경변화에 신속히 대응하기 어렵고 창의성을 저해할 수 있다.

② **명령통일**(unity of command)**의 원리**는 조직에는 오직 1인의 직속상관(팀장, 과장 등)이 있어야 한다는 의미이다. 그러면 의사전달의 혼란을 방지하고 책임소재를 분명히 할 수 있다. 그렇지만 업무의 효율성이 저하되고 전문성 발휘가 어려워질 수도 있다.

③ **통솔범위**(span of control)**의 원리**는 통솔할 수 있는 조직원의 수가 한정된다는 뜻이다. 이때 범위는 리더의 통솔능력의 한계에 의해 결정되며 업무의 성질과 근무시간, 기관의 역사와 규모, 장소여건과 같은 지리적 거리, 직원의 능력, 구성원의 사회심리적 요인 등에 의해 영향을 받는다.

④ **분업과 전문화**(division of work or specialization)**의 원리**는 전문분야별로 한 가지 주된 업무를 분담하는 것이다. 분업과 전문화가 진행될수록 사회복지사는 더 효율적으로 일할 수 있을 것이다. 그렇지만 정도가 지나치면 업무에 대한 흥미를 잃게 되고 조정이 어려워져 오히려 더 많은 시간과 비용이 필요하다.

⑤ **조정**(coordination)**의 원리**는 종사자들의 행동 통일을 유도하는 것이다. 조정은 권한과 책임한계를 명확히 하고 위원회나 기획팀과 같은 조정기구를 활용하여 이루어진다. 또한 리더십을 활용하여 개별 직원의 동기를 자극하고 아이디어 개발을 촉진하고 귀속의식을 고무시키는 방법으로도 가능하다.

⑥ **권한에 준하는 책임의 원리**는 조직에서 상급자에게는 권한이 부여되지만 그러한 권한에는 반드시 책임이 수반되어야 한다는 뜻이다. 권한만 있고 책임이 없을 경우 목표는 표류하고 반대로 권한 없는 책임만 강조할 경우에는 통솔 자체가 불가능하게 된다.

⑦ **부서화**(departmentation)**의 원리**는 독립적으로 운영이 가능한 몇 개의 대단위로 기관구조를 재조직하는 것을 의미한다.

부서화를 위한 방법은 다음과 같이 정리할 수 있다.

첫째, 같은 역할을 하는 사람들을 한 명의 슈퍼바이저 아래에 소속시키는 수 기준 부서화이다. 둘째, 업무시간을 2교대 또는 3교대로 하여 업무를 부서화하는 시간기준 부서화이다. 사회복지 거주시설이나 요양시설과 같이 24시간 서비스를 제공하는 시설에서 유용하게 활용할 수 있지만, 야간이나 주말 근무를 원하는 유능한 종사자를 구할 수 없는 경우가 많다. 또한 업무가 매끄럽게 연결되지 아니하며 질 낮은 단순한 일이라고 인식될 수 있다. 셋째, 재무와 기획, 모금, 프로그램 개발, 인재 양성과 같이 중요한 기능에 따라 업무를 묶어서 조직하는 기능기준 부서화이다. 종사자의 능력이나 선호에 따라 직무상 적성에 맞는 분야에 사람을 배치하는 방법이다. 자칫 부서 간 경쟁심이 지나치면 기관 전체의 업무협조가 어려워질 수 있다. 넷째, 지역을 중심으로 자율적으로 운영하도록 조직하는 지리적 영역 중심의 부서화이다. 예를 들어, 클라이언트의 거주지역을 중심으로 기관의 부서를 편성하는 것이다. 다섯째, 개별사회사업, 집단사회사업, 지역사회조직사업과 같이 복지서비스의 방법에 따른 부서화이다. 전문화를 추구하는 데에 유리하지만 클라이언트가 복합적인 문제를 안고 있는 경우 통합적 서비스가 어려운 단점이 있다. 여섯째, 클라이언트 집단별로 부서를 나누는 고객기준 부서화이다. 아동, 장애인, 노인 등과 같이 클라이언트 종류와 문제에 따라 부서를 나누는 방법이다. 만일 복합적인 문제를 안고 있는 클라이언트라면 특정 집단에만 통하는 지식과 기술을 가진 사회복지사가 대응하기에는 곤란하다. 일곱째, 클라이언트가 서비스에 접근하는 경로가 유료 또는 무료 여부에 따라 나누는 서비스 접근통로 부서화이다. 최근 복지서비스는 유·무료가 혼합된 형태로 제공되기도 하지만, 보다 많은 사람이 효과적으로 이용할 수 있도록 서비스 통로를 다양하게 개발해야 하는 것은 분명하다.

제4절 조직구조

1. 조직구조의 형태

1) 기능별 구조

분업의 조합방식을 중심으로 구분한다. 조직에서 이루어지는 활동의 기능 내용에 따라 과업을 나누는 구조이다. 예를 들면, 기업은 생산, 판매, 구매, 재무, 총무, 연구개발 활동들이 필요하므로 그 내용에 따라 구조를 설계한다. 조직의 사업이 복수가 아니면 이것이 기본적인 조직구조가 될 수 있다. 사회복지조직의 경우도 기획, 홍보, 모금, 프로그램 개발 등으로 구분하여 조직구조를 설계하고 있다. 또한 사회복지사업법 시행규칙에서는 사례관리, 서비스제공, 지역조직화의 3대 기능으로 사회복지관 사업을 구분(보건복지부, 2018)하고 있어 사회복지기관들 중에서는 사례관리팀, 서비스제공팀, 지역조직화팀으로 조직을 구성하기도 한다.

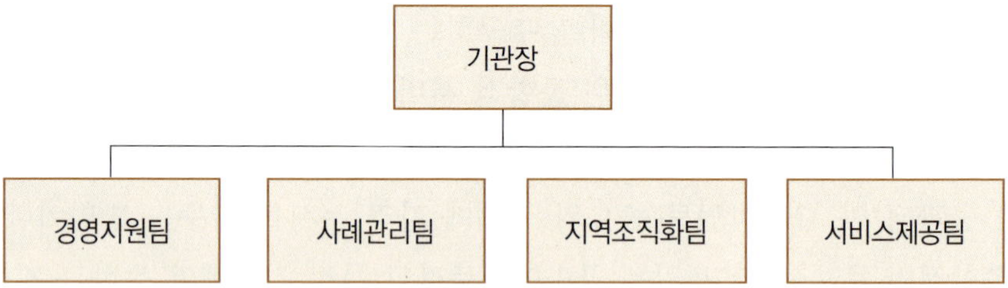

그림 5-1 기능별 구조

가장 성과가 높은 팀(High Performance Team)의 7가지 특성

① **목표(goals)** : 높은 실적을 올리는 팀들의 구성원들은 동일한 목표의식을 가진다.
② **임파워먼트(empowerment)** : 목표를 실현할 수 있는 팀의 능력에 대한 신뢰를 갖는다.
③ **인간관계와 의사소통(human relations & communication)** : 의견과 생각, 그리고 감정을 진술, 경청, 조심스러운 피드백, 신뢰와 수용, 화합의 분위기
④ **융통성(flexibility)** : 구성원들은 팀의 발전을 위해 책임과 리더십을 분담한다.
⑤ **적정한 생산성(productivity)** : 높은 수준과 질의 실적을 거두겠다는 공약
⑥ **인정과 평가(recognition & evaluation)** : 개개인의 실적과 획기적인 팀의 실적을 인정
⑦ **사기(morale)** : 구성원들은 팀워크에 대하여 열의, 자부심, 낙관적, 항상 팀 정신이 충만

2) 사업부제 구조

기능별 조직으로 출발해도 조직이 커지면 사업이 다각화된다. 그러면 동일한 생산부 속에서 상이한 제품을 생산하며, 동일한 판매부 속에서도 다른 제품을 판매해야 하는 경우가 생긴다. 서로 다른 제품은 상이한 재료나 기술과 설비가 필요하다. 또한 상이한 고객과 영업활동을 해야 한다. 이러한 새로운 사업이 조직의 성장에 따라 늘어나면 기능별 구조는 점차 복잡해진다. 이런 문제를 해결하기 위해 사업마다 각자의 기능별 부서를 가진 단위를 만들어 가는 것이 사업부제 구조이다. 예를 들어, 3개로 사업부가 늘어난 기관의 경우 각 사업마다 별도로 생산, 판매, 구매와 같은 기능별 하위부서가 세팅되어야 한다. 사업부제는 사업마다 조직되는 경우도 있지만 지역마다 구성되는 경우도 있다. 예를 들어, 중앙본부, 경북지역사업부, 영남지역사업부 등으로 나누어 기능별 부서를 세팅할 수 있다.

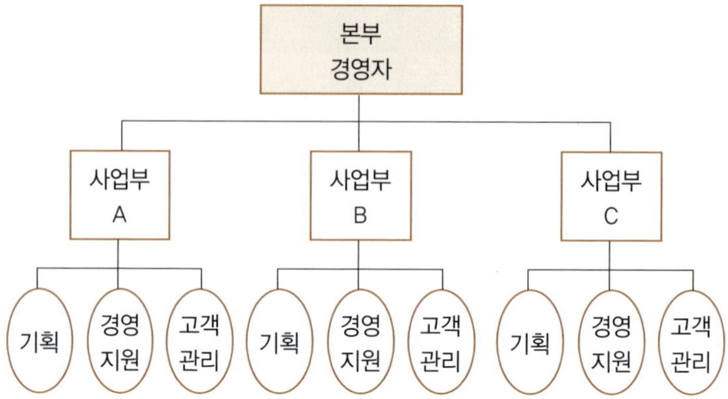

그림 5-2 사업부제 구조

3) 공식 · 비공식 구조

공식적 조직구조는 법령 등에 의해 공식적으로 업무와 역할을 할당하고 권한과 책임을 부여하는 구조이다. 반면 비공식 구조는 인간적 접촉이나 친근관계로 형성된다. 공식 구조는 문서와 능률을 강조하는 인위적 형태이지만 비공식 구조는 자연적이며 개인적 특성이나 욕구에 의해 자연적으로 만들어지고 소멸되는 특징이 있다. 또한 직원들에게 심리적 안정감을 제공하고 공식조직의 경직성을 완화하는 장점이 있지만 조직 전체의 통합을 해칠 수도 있으므로 적절한 관리가 필요하다.

4) 집권형 · 분권형 구조

집권형은 권한이 상위계층이나 기관에 있으며 분권형은 하위계층이나 기관에 위임되어 있다. 대부분 행정조직은 장관, 처장, 청장 등이 최종 의사결정권을 가지므로 집권형이라 할 수 있지만 분권형은 그것이 여러 사람이나 하위부처에 나누어져 있다고 볼 수 있다.

5) 라인-스태프 구조

라인(line)은 수직구조, 스태프(staff)는 수평구조를 의미한다. 수직적 조직은 상하 간의 명령복종 관계가 중심적 구조이다. 예를 들어, 관장－부장－팀장－선임사회복지사로 연결되는 구조를 말한다. 라인은 수직적 구조이므로 명령통일과 통솔범위가 명확하고 분업이 이루어진다. 반면 스태프 구조는 라인이 효율적으로 기능할 수 있도록 지원하고 촉진하는 역할을 하므로 자문, 권고, 협의, 조정, 연구 등의 기능을 주로 수행한다. 기획팀이나 총무팀, 재무회계팀, 홍보팀 등이 이런 역할을 담당한다.

라인구조는 신속한 일 처리가 가능하고 강력한 통치력를 확보할 수 있으므로 조직을 안정적으로 관리할 수 있다. 반면 스태프 구조는 전문지식을 활용할 수 있으므로 관리범위가 넓어지고 합리적이고 객관적인 의사결정이 가능하다. 그렇지만 라인은 독단적인 결정으로 인하여 유능한 인재가 떠나버려 조직기능이 약화될 수 있다. 스태프 구조 역시 기관 내의 인사관리가 복잡해지고 권한과 책임을 둘러싼 갈등이 격화되어 의사결정의 혼란이 초래될 위험이 있다.

6) 위원회 구조

위원회 구조는 특별한 과업을 해결하기 위하여 일상적으로 일하는 기구와는 별도로 구성하는 전문가나 관계자들로 이루어진다. 위원회 구조는 실질적인 의사결정이나 집행보다는 제안을 평가하고 전문가의 의견을 듣고 집단토의를 마련하는 데 효과적이다. 또한 정책수립에 참여를 유도하고 의사소통도 원활히 할 수 있다. 반면 문제처리에 시간이 걸기고 비용이 많이 들며 이해관계가 걸려 있는 위원들의 독단에 의해 의사결정이 왜곡될 수 있다.

7) 동태적 구조

동태적 구조는 전통적인 계층조직과 다르게 환경 변화에 빠르게 적응할 수 있는 복합적 구조이다. 최근 사회복지기관은 부, 과, 계 중심의 조직구조를 하나의 팀으로 전환하여 팀장 중심으로 업무를 재편하여 상호 보완적인 기술을 적용하는 구조를 운용한다. 팀의 형태는 플랫(flat)형(본부－○○팀－○○조 또는 그룹), 프로젝트형(본부－신규 프로그램 개발팀), 대부・대과형(본부－사업부－○○팀－○○과 또는 본부－사업부－○○부－○○팀) 등으로 구분할 수 있다.

이와 관련하여 프로젝트 구조는 특정한 과업수행을 위해 관련 부서에서 인력을 파견하고 프로젝트가 완료되면 자신의 부서로 복귀시킨다. 프로젝트를 위해 모인 인력들이 움직이므로 부서 간의 경계를 구분하지 않고 다양한 전문성을 가진 구성원으로 팀을 만드는 것이 중요하다. 종사자들은 수평적인 관계에서 활동하며 상급자는 조정자일 뿐이므로 상명하복보다는 전문가로서 역할 수행이 중요하다. 예를 들어, 소득양극화 문제를 해결하기 위한 특별위원회를 설치하여 정부관료와 교수, 시민활동가 등 외부전문가 등이 공동으로 대책을 만들어 낸 후 자기 업무로 복귀하는 경우를 들 수 있다. 그렇지만 프로젝트 조직은 임시조직이므로 제안한 정책이 집행되지 않거나 변질될 가능성이 있다.

특별한 프로젝트를 위해 팀을 구성하지만 제조업 공장에서처럼 생산일선에서 업무단위를 병렬로 나열하는 기능조직의 특성을 결합하여 매트릭스 구조를 운용할 수도 있다. 이 구조는 전문성과 민주성을 기초로 조직되므로 직원은 각자 기능을 담당하는 기존 부서에서 일하면서 동시에 특정 프로젝트 팀을 위한 업무도 수행하는 형태이다. 즉, 하나의 기관 내에서 처음 자기기능에 해당하는 일과 특별한 팀 업무를 동시에 수행한다. 종사자의 능력과 재능을 최대한 이용할 수 있으며 이용자의 특별한 욕구나 급속한 환경변화에 재빠르게 대처할 수 있는 장점이 있다. 반면 자원이 중복되며 시간배분과 성과측정이 어렵고 역할갈등에 의한 과중한 스트레스를 경험할 수 있다.

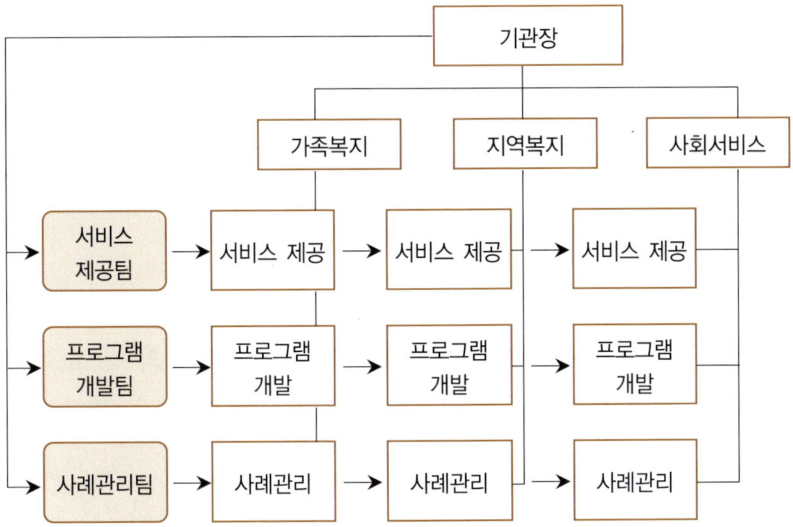

| 그림 5-3 | 매트릭스 조직

〈표 5-1〉 매트릭스와 프로젝트 조직의 비교

구 분 / 조직형태	장 점	단 점
매트릭스 조직	① 전문화의 원리(효율)와 시장적응의 동시 달성 ② 유동적인 인재의 이동활동이 용이 ③ 전문지식, 기술의 축적, 개발이 용이 ④ 지식, 기술의 전사적 이전, 활용이 용이	① 명령계통 간의 권력다툼이 발생하기 쉬움 ② 조정을 위한 의사결정이 지연되기 쉬움 ③ 책임, 권한이 애매함 ④ 스트레스가 발생하기 쉬움
프로젝트 조직	① 목적, 고객 지향의 증대 ② 분권화와 기동성의 촉진 ③ 책임, 평가의 명확성 ④ 후계자의 육성이 용이	① 자원중복 ② 분파주의 확대(인사의 경직화 등) ③ 단기적 성과 지향 증가 ④ 스트레스가 발생하기 쉬움

8) 네트워크 조직

네트워크란 사람들을 연결시키고 사회학적 지위나 집단이나 조직을 연결시키는 관계의 묶음을 말한다. 네트워크 조직은 이러한 네트워크 개념과 조직 간 관계론에 뿌리를 두고 있는 디지털 시대에 적합한 새로운 조직유형으로서 최근 주목받고 있다.

네트워크 조직에서 네트워크의 개념은 단순히 정보의 교환이 이루어지는 개념과는 구분되며, 강점이 있는 분야에 특화된 여러 부분의 각 요소들이 서로 하나의 유기체처럼 활동하고 반응하면서 최고의 경쟁력을 유지하는 관계를 말한다(강금만, 2000).

네트워크 조직은 융통성과 적응성을 요구하는 과업들과 환경을 다루기 위해 적용되고 있다. 모든 문제들을 다루기 위한 고정된 관계집합인 관료제와 달리 네크워크 조직은 개별적인 단일 프로젝트 또는 개별 문제를 다루기 위하여 통합적인 내외적 연계의 집합으로 구성된다. 이러한 네크워크 조직은 새로운 과업들, 개별 문제들 그리고 변화하는 환경에 적응하기 위하여 반복적으로 재설계될 수 있으며(배응환, 2003 : 72; Baker, 1992; Powell, 1990) 서로 필요한 자원을 공유함으로써 사회적 비용을 효율적으로 절감, 기관의 재정 안정성 확보에도 도움이 된다.

사회복지조직은 갈수록 복잡하고 다양해지는 클라이언트의 욕구를 충족시켜 주는 데 있어 기존 사회복지조직의 내부자원만으로 한계가 있다. 따라서 외부자원을 얼마나 효과적으로 효율적으로 활용하느냐가 사회복지 목적 달성의 중요한 요소가 된다. 또한 사회복지의 패러다임이 과거의 공급자 중심에서 이용자 중심으로 변화되고 있는데 이용자 중심의 관점에서도 이용자들이 가진 다양하고 복잡한 욕구의 해결을 위해 사회복지기관에서는 다양한 지역사회의 자원을 조직화할 필요성이 있으므로 네트워크 조직은 사회복지조직에 유용하게 적용될 수 있다.

네트워크 조직 사례

■ 미국 자동차 업계의 인터넷 정보망 ANX

ANX(Automotive Network Exchange)는 1995년 미국의 3대 자동차 회사와 35개 자동차 부품 공급업체들의 연합체인 AIAG(Automotive Industry Action Group)가 공동으로 참여하여 자동차 생산 프로세스를 효율적으로 운영하기 위해 구성한 네트워크 조직이다. 자동차회사, 부품회사, 딜러까지 모두 참여하여 제품의 설계부터 제조, 판매에 이르기까지 모든 정보를 실시간으로 공유함으로써 비용 절감뿐 아니라 부품 공급의 효율성을 향상시키고 있다.

■ 카카오

카카오는 팀 간 협의체 클러스터 도입을 통해 팀 간 자율과 조율을 중시하는 가상 네트워크를 구축하여 협업속도는 높이고, 모바일에 맞는 조직을 구성하였다.

출처 : 강금만(2000). LG 주간경제 1권 26호(디지털 시대의 기업조직 : 네트워크 조직). LG 경제연구원; 양병철(2003). LG 주간경제 5권 7호(네트워크 조직 이렇게 구축하라). LG 경제연구원.

사회복지 조직구조 혁신 사례

• 월계종합사회복지관 사례

월계종합사회복지관은 2005년경부터 사회복지사의 업무 스트레스와 낮은 처우, 소진으로 인한 이직과 전문성 단절의 문제, 1~13년차 신입직원의 이직으로 인한 계속적인 신입직원 양성에 투입되는 에너지 소모, 기관 내 교육기회와 비용의 불균형 등 사회복지현장의 전반적인 문제라고 생각할 수 있는 한계를 경험하면서, 2007년 전 직원이 참여하고 전문 컨설컨트의 도움을 받아 기관의 미션을 설정하고, 이후 팀장들을 중심으로 TFT를 구성하여 비전과 핵심가치를 수립하였다. 이에 따라 월계복지관은 아래와 같이 조직구조를 변화시켰다.

기능적 조직	팀 제		직무유형	비공식구조
	기능팀	기능횡단팀		
사례관리 기능 서비스제공 기능 지역조직화 기능 운영·사업지원 기능	사례관리팀 복지서비스제공팀 지역사회조직팀 총무팀	홍보TFT 직원교육TFT 운영관리TFT	기획/ 경영관리 사회복지, 간호 서무·회계, 안전관리 환경미화, 조리 영양사, 예체능강사 특수교사, 독서지도사	직원동아리 멘토멘티 직원 소모임 직원 상조회 여행계 모임

이를 통해 월계종합사회복지관은 지금까지 1년 단위의 단기계획, 2~3년 단위의 중·장기계획 등을 수립해 가고 사회환경의 변화에 따라 비전을 수정해 가며 직원과 기관이 함께 성장해 가고 있다.

출처 : 전안나(2016). 조직혁신 프로젝트. 2016년 한국사회복지행정학회 춘계학술대회.

제5절 사회복지조직의 유형

사회복지조직 유형은 사회복지조직에 공통적인 패턴을 기준으로 분류할 수 있다. 여기에서는 권력의 형태와 수혜자의 유형, 업무의 통제성, 조직의 기술과 수혜자의 상태를 기준으로 분류할 수 있다.

1. 권력형태

Etzioni의 권력형태와 권력에 대한 관여유형에 따라 구분할 수 있다. 즉, 강제적·보상적·규범적 권력 세 가지로 구분하고 그에 대한 관여(혹자는 복종이라고도 함) 형태를 소외적·타산적·도덕적 관여 세 가지로 구분하여 양자를 조합하여 모두 9개의 조직유형을 제시하였다.

강제적 권력은 위협이나 신체적 탄압, 보상적 권력은 금전과 같은 물질적 보상, 규범적 권력은 지위나 상징, 존엄이나 위신과 같은 상징성을 의미한다. 이에 대한 관여의 유형으로서 소외적 관여는 권력자를 강하게 부정하므로 강제적 권력을 필요로 한다. 타산적 관여는 보상에 관심이 많고 권력에는 무관심하다. 도덕적 관여는 권력자에 대한 강한 인정을 보이므로 규범적으로 복종하는 유형이다.

이와 같이 권력과 관여의 조합으로 나타나는 유형 중 세 가지가 가장 흔하게 나타난다. 첫째, 강제적 권력과 소외적 관여(유형 1), 둘째, 보상적 권력과 타산적 관여(유형 5), 셋째, 규범적 권력과 도덕적 관여(유형 9) 유형이다. 이 중 사회복지조직을 대변하는 기본적인 형태는 유형 9의 규범적 조직이라 할 수 있다.

〈표 5-2〉 관여의 종류

권력의 종류 \ 관여의 종류	소외적	타산적	도덕적
강제적	1	2	3
보상적	4	5	6
규범적	7	8	9

출처 : Smith, 장인협 역(1984), p. 52.

2. 수혜자의 유형

Blau와 Scott이 분류한 조직유형에 근거한 구분으로 일차적으로 수혜받는 사람을 중심으로 구분으로 한다. 첫째, 상호수혜조직은 회원에게 일차적으로 혜택을 주는 기관으로 협동조합이나 노동조합이 대표적이다. 둘째, 사업조직은 오너에게 일차적으로 혜택을 주는 주식회사 등이 해당된다. 셋째, 서비스조직은 고객에게 일차적인 혜택을 주므로 사회복지기관은 여기에 포함된다. 넷째, 공공조직은 시민에 대한 공적 서비스 제공을 목적으로 하는 행정기관이 포함된다.

3. 업무의 통제성

Gilbert Smith의 사회사업조직 유형을 기준으로 분류한다. 첫째, 관료조직은 공식적인 위계, 전문분업, 문서주의, 전문자격에 기초한 신분보장 등을 특성으로 하는 유형이다. 둘째, 일선조직은 고객과 직접 접촉하면서 복지서비스를 전달하는 유형이다. 일선 업무단위는 상호 독립된 지위를 갖추고 있다. 셋째, 전면적 통제조직은 엄격한 규칙과 계획된 업무, 특수한 문화를 기반으로 전반적인 통제를 가하는 유형이다. 정신병원이나 기숙사, 교도소 등이 대표적이다. 넷째, 투과성 조직은 외부의 사회망이 내부에 영향을 미치는 유형으로 자원봉사조직이 대표적이다. 왜냐하면 활동 참여와 탈퇴가 강제적이지 않고 자유로운 의사에 맡겨져 있기 때문이다.

4. 기술과 수혜자의 상태

Hasenfeld의 복지조직 분류에 근거하여 조직이 활용하는 기술과 수혜자의 상태를 조합하여 여섯 가지 유형으로 구분한다.

조직의 기술은 첫째, 개인의 속성을 변화시키기보다 사회적 기준에 의한 지위를 부여받아 클라이언트를 변화시키려는 '인간유별기술'이다. 예를 들어, 요양등급이나 장애등급 등을 식별하는 분류 및 배치 기술을 들 수 있다. 둘째, 개인 상태의 악화와 퇴보를 예방하고 현재 상태를 유지하며 완화시키려는 '인간유지기술'이다. 예를 들어, 노인요양시설에서 치매노인에 대한 케어 기술 활용이 이에 해당될 것이다. 셋째, 클라이언트의 개인적 속성에 직접 변화를 주려는 '인간변화기술'이다. 교육이나 치료기술을 활용하여 개인 속성을 변화시키는 프로그램 기술이 해당될 것이다.

수혜자의 상태는 클라이언트를 정상/ 비정상으로 구분하고 비정상적으로 기능하는 클라이언트는 통제하거나 문제를 완화거나 치유해야 할 상태로, 정상적인 경우에는 사회기능을 정상적으로 수행하는 상태로 분류한다.

이와 같이 기술과 수혜자 상태를 조합하여 여섯 개의 조직유형을 만들 수 있다. 첫째, 정상 기능을 가진 클라이언트에게 인간유별기술을 활용하는 조직(유형 1)이다. 예를 들어, 클라이언트는 기능적으로 정상이며 이들 상태를 식별하여 관리하는 기관이다. 둘째, 비정상 기능을 가진 클라이언트에게 인간유별기술을 활용하는 조직(유형 2)이다. 일정한 기준에 따라 비정상적 클라이언트를 식별하고 그들을 관리하는 기관이다. 셋째, 정상 기능을 가진 클라이언트에게 인간유지기술을 활용하는 조직(유형 3)이다. 국민연금공단이나 사회보험공단 등이 여기에 해당될 것이다. 넷째, 비정상 기능을 가진 클라이언트에게 인간유지기술을 활용하는 조직(유형 4)이다. 비정상적인 클라이언트의 생활조건 유지를 목적으로 하는 조직을 들 수 있다. 국민기초생활보장급여를 제공하는 기관이 여기에 속할 것이다. 다섯째, 정상 기능을 가진 클라이언트에게 인간변화기술을 활용하는 조직(유형 5)이다. 교육이나 훈련 등을 통하여 능력이나 생활조건을 향상시키려는 기관이 포함된다. 여섯째, 비정상 기능을 가진 클라이언트에 대한 인간변화기술을 활용하는 조직(유형 6)이다. 즉, 비정상적인 클라이언트의 능력이나 생활조건을 개선하려는 기관이다.

〈표 5-3〉 수혜자의 상태와 조직기술에 따른 유형

수혜자의 상태	사용기술 유형		
	인간유별(식별)기술	인간유지기술	인간변화기술
정상 기능	유형 1 (대학 : 신입생 선발) (신용카드회사)	유형 3 (사회보장청) (휴양시설)	유형 5 (국・공립학교) (YMCA 등)
비정상 기능	유형 2 (소년법원) (진료소)	유형 4 (공적부조사무소) (요양시설)	유형 6 (공공병원) (산재환자 전문병원 등)

출처 : Hasenfeld, 성규탁 역(1985), p. 8.

생각해 볼 문제

- 사회복지조직의 원리에 대해 생각해 봅시다.
- 사회복지조직의 목표와 사회복지사에 대해 생각해 봅시다.
- 사회복지조직과 목표의 변화에 대해 생각해 봅시다.
- 사회복지조직화 원리 가운데 부문화・부서화의 원리를 생각해 봅시다.
- 수혜자의 상태와 조직기술에 따른 조직유형에 대해 생각해 봅시다.
- 권력의 형태 및 관여에 따른 조직유형에 대해 생각해 봅시다.

CHAPTER 06

사회복지조직의 환경과 문화

학습목표

[가치] • 사회복지조직의 책임성과 정당성 확보를 위해서 환경과의 관계와 조직문화를 이해한다.

[지식] • 사회복지조직의 환경에는 어떠한 것이 있으며 조직문화의 구성요소와 유형을 이해한다.

[기술] • 외부환경에 민감함 영향을 받는 사회복지조직과 환경 및 문화와의 관계에서 어떠한 전략적 대응과 기술을 활용할 것인지 고려해 본다.

제1절 사회복지조직의 환경

조직도 인간과 마찬가지로 새롭게 만들어지고 상호 간에 경쟁하면서 발전과 소멸을 반복한다. 조직을 둘러싼 외부적 요소로서 생성과 발전에 영향을 미치는 것을 조직환경이라 한다. 초기 이론에서는 환경 영향을 최소화시켜 외부와 영향을 주고받지 않는 폐쇄체계로 조직을 보았으나 20세기 중반 이후 체계 관점이 자리를 잡으면서 환경과 상호의존적 관계를 맺는 개방체계로 간주하였다. 오늘날 조직환경은 조직이론에서 핵심적 문제로 다루어진다. 이제 조직이 아니지만 중요한 영향을 주는 것들은 모두 환경이라 개념화할 수 있다. 조직에 대한 환경의 영향이 직접적 혹은 간접적인가에 따라 일반환경과 과업환경으로 구분한다.

일반환경이란 특정 사회의 인구사회학적 변동이나 정치적·법적 조건, 문화적·경제적 조건, 기술수준 등과 같은 거시적 사회환경을 의미한다. 어떤 조직이 직접적으로 인식하는 환경은 대부분 과업환경과 직접적으로 관련되지만, 일반환경은 바로 이러한 과업환경 요소에 영향을 미친다.

대부분 사회복지기관들은 이러한 환경요소들의 절대적인 영향력 아래에 있다. 특히 복지기관은 불확실한 서비스 기술을 가지고 있고 조직운영에 필수적인 자원과 지지를 외부환경으로부터 받아야 하므로 환경적 요소들의 중요성은 아무리 강조해도 지나치지 않다.

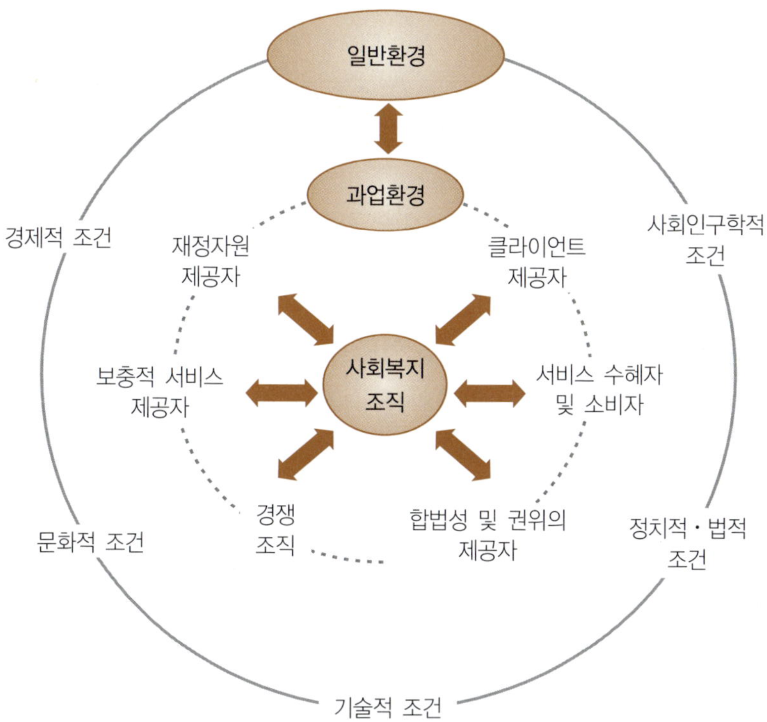

그림 6-1 사회복지조직의 환경

1. 사회복지조직의 환경

1) 일반환경

(1) 경제적 조건

경제적 조건은 조직에 영향을 미치는 국가나 지역사회의 경제상태이며, 사회복지조직에 대한 자원공급의 절대량과 서비스 수요에 영향을 미친다. 예를 들어, 경기침체 기간에는 사회복지조직들이 사회적 부조화나 개인적 부조화와 관련이 있는 문제와 그에 관련되는 클라이언트를 많이 다루게 될 것이다. 또한 경기 호황이나 불황은 공공부조 비용에 영향을 미치고 대규모 실업사태는 보육서비스나 직업알선서비스 등의 수요를 확대시킬 수도 있다.

(2) 사회인구학적 조건

연령, 성별 분포, 가족 구성, 인종, 거주지역, 사회적 계급 등과 같은 사회인구학적 조건은 사회문제와 욕구발생에 매우 밀접한 관계를 가진다. 예를 들어, 모자세대와 소년소녀가장세대, 노인단독세대, 농어촌 거주자 등은 소득수준이 낮고, 대도시에는 청년실업자와 노숙자 비율이 높다는 것과 같이 장기적인 사회복지서비스 수요변동과 예측에 영향을 미친다.

(3) 문화적 조건

특정 시기에 우세한 사회문화적 신조와 사회복지조직의 형태와 방향에는 밀접한 관련이 있다. 사회복지조직의 특징과 목적은 인간문제의 원인과 욕구, 욕구해소에 있어 지켜야 할 가치관, 욕구해소 수단에 대한 지배적 이념들을 반영하며, 문화적 조건은 사회의 가치와 규범에 대한 것이므로 당연히 사회복지조직의 목표와 방향에 영향을 미치게 된다. 예를 들면, 개인의 자조를 절대시하는 문화 속에서는 노동시간 단축을 통한 고용창출 프로그램이나 노동을 수반하지 않는 급부제공 프로그램 등은 비난받을 것이다.

(4) 정치적 · 법적 조건

지역사회의 정치적 · 법적 상황은 사회복지조직에 다음과 같은 영향력을 미친다. 첫째, 가용자원이 공적으로 관할되고 정치적 과정에 의해 자원에 대한 접근이 통제된다. 둘째, 수많은 법적 규제는 사회복지조직이 서비스를 제공하는 데 있어 준수해야 할 많은 조건들을 만들어 내어 클라이언트를 통제한다. 즉, 자원분배를 통제하며, 서비스 기술이나 계획, 대상자 선정, 전문인력 확보 등에 중대한 영향을 미치는 환경이라 할 수 있다. 예를 들어, 국민기초생활보장법에서의 자활조성이나 부양의무자 등의 급여자격, 사회복지법인의 법정 종사자 규정, 사회복지관이나 시설의 평가규정, 사회복지사 자격규정 등을 들 수 있다.

(5) 기술적 조건

사회복지조직이 적용하는 서비스 기술은 인간문제와 욕구에 대응하기 위하여 개발된 전반적인 기술 발전을 반영한다. 즉, 사회의 기술적 진보나 변화가 사회복지조직의 서비스 기술에 미치는 영향을 말한다. 컴퓨터 기술의 발달은 사회복지조직에서의 정보관리 체계의 중요성을 불러일으켰고, 신경안정제의 개발은 정신질환자의 탈시설화를 유발하였다. 행동수정기술의 발달은 자폐아동에 대한 보호수용 대신 치료와 회복을 가능하게 하는 개입기술을 제공하였다.

2) 과업환경

(1) 재정자원의 제공자

재정자원의 제공자에는 조직이 재정자원을 얻는 중앙 및 지방정부, 기업체, 공동모금, 개인 후원, 유료 클라이언트 등이 포함된다. 예를 들면, 지역사회복지관의 재정자원 제공자는 중앙 및 지방정부, 후원자, 유료이용자, 법인 등이다.

(2) 합법성과 권위의 제공자

조직이나 집단이 소유하고 있는 권위의 일부를 다른 조직에 이양하거나 그 조직의 위신이나 지위를 보고 사회적 지지를 해주는 자를 말한다. 여기에는 정부, 전문직협회, 의회, 운영법인, 시민단체 등을 들 수 있다. 합법성과 권위를 제공하는 자의 중요한 기능 중의 하나는 조직을 감독하고 평가하는 것이다.

(3) 클라이언트 제공자

클라이언트를 조직에 의뢰하는 집단과 조직뿐만 아니라 조직으로부터 직접 서비스를 받고자 하는 개인과 가족이다. 즉, 개인, 가족, 의뢰기관, 정부기관 등이다. 이와 같이 사회복지조직은 클라이언트 자신에서부터 다른 조직에 이르기까지 다양한 제공자를 갖고 있다.

(4) 보충적 서비스 제공자

여기에는 조직이 성공적으로 서비스를 제공하는 데 필요한 활동을 해주는 기타 사회복지조직이 해당된다. 알코올치료센터는 병원의 활동과 연계되고 요양원, 노인복지시설 등은 사회복지전담 공무원의 의뢰서비스가 필요하다. 사회복지조직은 보충적 서비스 제공자와 공식적・비공식적으로 협력관계를 유지해야만 한다.

(5) 조직이 산출한 것을 소비・인수하는 자

사회복지조직이 만들어 낸 서비스를 받아들이고 소비・이용하는 자라 할 수 있다. 가장 중요한 소비자는 클라이언트 등을 자체 목적을 위해 활용할 수 있는 다른 조직들이며 그것이 불가능한 조직이라면 자체 존재를 정당화시킬 수 없다. 여기에는 클라이언트 자신, 가족, 지역사회, 국가 등이 포함된다.

(6) 경쟁조직들

조직의 자원과 클라이언트에 대해 경쟁관계에 있는 다른 조직들을 말한다. 즉, 클라이언트를 조직에 의뢰하는 집단과 조직뿐만 아니라 조직으로부터 직접 서비스를 받고자 하는 개인과 가족을 포함한다.

2. 환경에 대한 조직의 수동적 대응

조직을 둘러싼 환경 변화에 대한 예측이 불확실하다면 기관은 환경에 제대로 대응할 수 없으므로 환경에 적응하기 위한 조직행동을 연구해야 한다. 예를 들어, 복지기관에 대한 정부의 보조금 지원규정이 변하면 그에 맞게 업무내용과 직원 배치도 수정해야 한다. 따라서 기관이 불확실한 환경 속에서 효율적으로 활동하려면 환경변화에 적절히 대응할 수 있는 구조를 갖추어야 한다. 불확실성을 줄이기 위해서는 환경에 대한 정보를 수집하고 분석하여 변화를 예측해야 한다. 그리고 환경 특성에 따라 적절히 행동할 수 있도록 조직구조를 설계해야 할 것이다. 또한 변화가 예상되는 분야의 사회복지사를 보강하여 기획력을 높이거나 계층 수를 줄이고 학습조직을 형성하여 신속히 대응할 수 있는 전문화된 조직을 설계하는 노력도 필요하다.

그런데 전문적 기술수준도 높지 않고 비효율적인 조직임에도 오랫동안 지속되는 기관은 왜 그럴까? 그 이유는 사회적 정당성을 인정받기 때문이며 결국 제도에 맞게 기관이 행동하기 때문이다. 예를 들어, 지역사회 복지기관은 내부적 기능뿐만 아니라 문화와 가치 같은 외적 환경으로부터 기대되는 규범에 민감하게 적응해야 생존력이 높아질 수 있다. 따라서 기관은 바람직하다고 인정되는 가치를 추구하고 제도화된 사회규칙에 적응하면서 운영되어야 한다.

3. 환경에 대한 조직의 전략적 대응

동일한 환경 속에 있는 기관일지라도 경영전략에 따라 수동적으로 적응하기보다는 유리하게 환경을 변화시키는 전략적 대응이 가능하다. 따라서 환경에 의존하지 않고 자율적으로 대응할 수 있는 힘을 발휘할 수 있는 전략, 다시 말하면 권력적으로 우위에 서는 전략 수립이 중요하다. <표 6-1>과 같이 권력관계는 조직이 환경에 의존하는 정도와 환경이 조직의 산출물에 의존하는 정도에 좌우된다. 만일 기관과 환경이 서로 필요로 하는 것을 소유하고 있으면 상호의존적 권력관계가 만들어질 것이다. 따라서 환경에 의존을 최소화하면서 환경이 기관의 산출물에 최대로 의존하게 만드는 전략을 추진할 경우 우월한 지위를 얻을 가능성은 높아질 것이다. 예를 들어, 지역사회에서 사회복지기관이 가치 있는 정보와 자원을 많이 가지고 있고 정당성을 인정받고 있을수록 외부환경에 대하여 더 많은 권력을 행사할 수 있다. 또한 외부 다른 기관에 대한 영향력이 높을수록 권력이 증가했다고 볼 수 있다. 이렇게 되면 해당 기관은 환경에 대하여 수동적이기보다는 전략적으로 대응할 가능성이 점차 높아진다. 여기에서 몇 가지 구체적인 대응전략을 살펴보면 다음과 같다.

〈표 6-1〉 조직환경에 대한 의존 강화조건과 권력의 기초요소

의존 강화조건	권력의 기초요소
• 외부환경으로부터의 강제력 • 서비스 사용에서의 외부의 재량권 행사 • 외부로부터의 다량의 서비스가 필요한 경우 • 목표를 외부에 인가받아야 하는 경우 • 대안 마련 시 외부의 부정확한 정보	• 상대방을 강제할 수 있는 물리력 • 복종의 대가로 지불할 수 있는 경제적 가치가 있는 자원 • 양자 간의 상호작용에 관한 정보 • 사회적 정당성 • 매력의 원천으로서의 준거적 요인*

* 상대방의 특성에 대하여 매력을 느끼는 경우에 심리적으로 동일체감을 가지려 한다. 이는 곧 상대방의 의사를 수용하게 만든다. 이러한 요인을 준거적 권력의 원천이라고 한다.
출처 : Hasenfeld(1972), p. 259 재구성.

첫째, 권위주의 전략이다. 조직이 자금과 권위를 독점하고 우세한 위치를 차지할 수 있다면 그 조직은 다른 조직들과의 관계에서 유리한 위치를 차지할 수 있다. 이 전략은 조직이 특정한 행동을 하도록 권력을 사용하고 이들 행동을 권장하거나 보상하지 않는다. 이 전략을 위해서는 다른 조직의 활동을 감시·감독하고 제재할 수 있는 능력이 필요한데 복지 프로그램을 위해 자금과 권위에서 우위에 있는 정부기관들은 지방자치단체와의 관계에서 이 전략을 자주 사용한다. 예를 들면, 복지부의 자활후견사업은 지방정부 행정기관을 통해 자금을 집행하고 지방 당국의 사업 프로그램 세부사항을 규정하는 권한이 있다. 이 전략은 자율성을 유지하면서 다른 조직이 교환조건에 응하도록 만들므로 매우 효과적이지만 이런 전략을 사용할 수 있는 조직은 이미 권력적으로 우세한 위치를 차지하므로 이것을 사용하지 않아도 우세한 권력관계를 유지할 수 있다. 이 전략은 민주적이며 지방분권적인 정치체제가 아니면 실제로 사용하는 경우는 드물다. 또한 우세한 위치의 소수 조직에만 한정되고 감시·감독비용이 많이 들며 명령에 복종하더라도 형식적인 것으로 그칠 수 있다.

둘째, 경쟁전략이다. 이 전략은 다른 조직들과 경쟁하면서 세력을 증가시켜 서비스 질과 절차 등을 매력적으로 만드는 것이다. 이것은 조직이 필요로 하는 자원이 외부환경에 분산되어 있고 세력균형을 이룰 수 있을 만큼 충분한 내적 자원이 있을 때 가능하다. 예를 들면, 부부문제나 가족치료 문제, 아동비행 등에 대처하는 복지조직은 질 높은 서비스와 클라이언트 관리, 친절한 서비스 등으로 다른 복지조직보다 경쟁우위를 확보할 수 있다. 그러나 이러한 전략은 자칫 잘못하면 성공률이 높은 클라이언트만 받아들이고 사회계층이 낮은 클라이언트를 거부하게 되는 문제를 발생시킬 수 있다. 또한 경쟁으로 인하여 서비스의 중복과 자원낭비를 조장할 수도 있다. 그렇지만 클라이언트의 선택을 넓혀주고 질 높은 서비스를 받게 하는 장점도 있다.

셋째, 협력전략이다. 이 전략은 과업환경 내의 다른 조직에게 필요한 서비스를 제공하여 그 보답으로 상대 조직에 대한 권력을 증가시키는 데 계약·연합·흡수로 구분할 수 있다.

① 계약은 두 조직 사이에 서비스의 교환을 위해 협상된 공식·비공식적 합의를 의미한다. 예를 들면, 거동불능노인을 위한 간병서비스의 경우 정부는 해당 사업에 대한 사업비를 제공하고, 적절한 자격조건을 갖는 민간기관에서 정부와의 계약을 통해 전문 간병인력을 제공할 수 있다. 계약은 조직의 선택범위와 자율성을 침해하여 목적에 맞지 않는 서비스를 제공하고 서비스 효과성 평가를 어렵게 하고 부적절한 계약으로 서비스가 부실해지는 문제도 생길 수 있다.

② 연합은 자원의 혜택과 서비스 제공에서 비슷한 입장의 기관들이 상호 제휴하는 전략이다. 여러 조직들이 합동으로 사업을 하기 위하여 자원을 합하는 것이므로 조직의 세력이 비교적 약해야 하고 상호 이익을 추구하고 비용보다 이득이 커야 한다. 예를 들어, 민간 복지조직들이 정부의 특정 프로젝트 지원사업에 대응하기 위하여 연합할 수 있다. 그러나 연합은 비용 증가와 회원 조직들 간의 불화, 이익에 대한 의견불일치 등의 문제가 발생할 수 있다.

③ 흡수는 과업환경 내 주요 구성조직들의 대표자들을 지도층이나 정책 수립 기구에 흡수하여 조직의 안정성을 높이고 위협을 피하는 것이다. 따라서 외부환경의 주요 대표자들(관련 공무원, 시·도 의원 등)을 조직 속에 편입시켜 합법성과 지지를 얻어내고자 한다. 이 전략은 조직의 자원이 환경에 편중되어 있고 자체적인 전략과 자원이 없을 때, 조직이 직면하는 위협을 기존 자원으로는 상쇄시킬 수 없을 때 효과적이다. 예를 들어, 의사결정이나 프로그램 평가, 운영위원회 등에 클라이언트 대표나 지역주민 대표 등을 참가시키는 것이다. 그러나 의사결정에 외부대표를 참여시킬 경우 조직의 목적과 활동의 자율성이 침해될 수 있다.

이런 구분과는 별개로 최근에는 복지서비스가 사례관리와 같이 전문직의 공동적 대응을 통해 수행되므로 호혜주의 관점에서 협력전략을 구분할 수도 있다. 구체적 전략은 직접적 협력과 확산적 협력이다. 직접적 협력은 서로 다른 조직이 각자의 이익에 도움이 되므로 협력하는 형태이다. 예를 들어, 사회복지학과와 복지시설이 산학협력 프로그램을 운영하는 경우이다. 복지시설은 기술과 인력을 공급받을 수 있고 대학은 연구 및 실습에 필요한 설비와 취업 지원을 받을 수 있다. 두 번째의 확산적 협력은 특성이 비슷한 기관끼리 사회적 정당성을 높이기 위하여 협력하는 것이다. 각종 연합회나 협회 등과 같은 조직들을 활용하여 목적달성을 위한 전략적 행동을 조직하는 것이다. 예를 들어, 사회복지사협회를 통하여 복지정책 과정에 압력단체나 매개자로서의 역할을 할 수 있다.

넷째, 방해전략이다. 경쟁적 위치에 있는 복지조직의 활동을 방해하거나 세력을 약화시킨다. 즉, 의도적으로 타 조직의 자원생산능력을 위협하는 행동을 하는 것으로 상대의 양보를 얻어내 권력관계와 종속관계를 바꾸려는 것이다. 이러한 전략은 조직 간에 이루어지기도 하지만 힘이 없는 클라이언트나 잠재적 클라이언트들이 사회복지조직에 대하여 중요한 구조적 변화를 일으키기 위하여 사용하기도 한다. 방해전략을 활용할 수 있는 조건은 조직의 과업환경이 정당한 요구를 묵살하거나 방해활동이 실패하더라도 손해볼 것이 없는 경우와 상대 조직과의 갈등해소를 위한 상호작용이 불가능한 경우, 그리고 이념적 갈등이 존재하는 경우이다. 이 전략은 조직환경으로부터 양보를 얻어내는 데 효과적일 수 있지만 장기적으로는 일시적으로 얻은 이득을 상쇄해 버릴 수도 있다. 즉, 단기적인 양보를 얻어낼 이득을 얻을 수는 있지만 보다 보편적인 불평등 해소를 위한 전략에 무관심해질 수도 있다.

제2절 사회복지기관의 조직문화

Hofstede는 문화는 학습되는 것이지 유전되는 것은 아니며 또한 문화는 개인의 사회환경에서 나오는 것이지 유전인자에서 나오는 것이 아니라고 하였다(차재호 · 나은영 공역, 1995).

어느 한 나라의 문화 이미지는 생활 주변의 잔잔한 것들이다. 어찌 보면 사회복지조직의 문화도 사회복지기관을 둘러싸고 있는 지역사회의 환경과 기관 내의 사회복지사들의 일상생활 속에서 자연스럽게 배어 나올 것이다. 유럽 알프스에는 한국식 온돌이 효과적인 난방으로 각광받고 확대일로에 있으며 김치는 이미 세계적으로 각광받고 있다. 불고기, 된장, 빈대떡도 확장세를 가속화하고 있다. 글로벌 시대의 경제안정과 문화 이미지는 정비례한다는 충고도 겸허하게 받아들여야만 한다.

1. 조직문화의 개념과 중요성

1) 조직문화의 개념

개인에게는 개성이 있고, 사회에는 문화가 있듯이 조직에도 독특한 조직문화가 있다. 조직문화(organizational culture)의 개념을 파악하기 위해서는 먼저 문화의 개념을 정의해야 할 필요가 있다. Krech 등은 "인간의 문화란 인간행위의 뚜렷한 양식의 형태와 기초가 되는 규제적인 신념, 가치, 규범과 전통, 전제로 구성되어 있다"고 했다. 결국 문화란 가치, 규범, 신념 등과 행동패턴 및 물질적 대상과의 복합에 의해 형성되는 것이다.

이러한 관점에서 볼 때 조직문화란 조직 구성원들에게서 뚜렷하게 나타나는 가치나 규범, 신념체계이며 조직 구성원의 가치관과 사고방식, 그리고 행동패턴을 결정하는 기본 요소이다. 따라서 사회복지조직이 어떠한 조직문화를 만들어 가고 계승해 나가야 하는가는 사회복지서비스의 질을 좌우할 뿐만 아니라 나아가서는 그 사회 전체의 복지수준을 가늠할 수 있는 중요한 잣대가 될 수 있기 때문에 매우 중요하다.

조직문화의 개념은 조직체를 사회적 관심과 비공식조직체 관점에서 보기 시작한 호손공장 실험(Hawthorne experiment) 이후부터 적용되어 왔다. 그러나 조직문화에 대한 구체적이고 학문적인 연구는 근래에 와서 시작되었다. Hofstede에 의하면, 조직문화(organizational culture)라는 말은 처음 1960년대에 '분위기(climate)'의 동의어로 아주 가볍게 영어문헌에 쓰이기 시작했었는데, 1970년대에 만들어진 기업문화(corporate culture)라는 용어가 1982년 Deal과 Kennedy가 지은 『기업문화』라는 책이 미국에서 나오면서 널리 유행하게 되었고, 이 말이 같은 해 Peters와 Waterman이 지은 『우월성의 추구(In search of Excellence)』[1]가 출

1) 1982년에 Peters와 Waterman은 consulting 회사인 McKinsey 회사에 고용되어 최고(excellent company)의 회사란 무엇인가에 관심을 가지고 연구하였다. 그들은 62개의 항목을 선정하여 조사하였는데, 그중 ① 직원들 사이의 가족공동체 의식, ② 작은 것에 대한 선호, ③ 복잡성보다는 단순함, ④ 개인에 대한 관심이 중요한 요소임을 밝혀내었다. 또한 ⑤ 그들은 자료의 수집과 분석에 기초한 합리적 측면도 중요하다는 것을 지적하면서, 동시에 자료의 분석은 외부환경의 변화에 따라 유동적이어야 하고, 모든 사항(인간적 요소)을 고려해야 한다고 주장하였다(Ginsberg & Keys, 1995). 즉, 그들은 Mayo와 McGregor가 지적한 인간적 측면이 중요하다는 것을 지적

판됨으로써 일상적으로 사용되었다고 한다. 그리하여 그는 조직문화에 대한 표준적인 정의는 없지만, 조직문화에 대해 글을 쓰는 사람들은 대체로 조직문화가 다음과 같다는 데 동의할 것이라고 하였다(Hofstede, 차재호·나은영 역, 2014 : 384-385).

① 전체적인 존재(전체가 그 부분들의 합 이상이라는 말이다)
② 역사적으로 결정된 것(조직의 역사를 반영한다)
③ 인류학자가 연구하는 대상과 관련(의식이나 상징들이 등장한다)
④ 사회적 구성물(조직을 구성하는 사람들이 만들고 보존한다)
⑤ 부드러운 것[Peters와 Waterman은 '부드러운 것은 딱딱하다(soft is hard)'라고 독자를 안심시키지만]
⑥ 변화시키기 어려움(얼마나 어려운지에 대해서 식자 간에 의견이 갈리기는 하지만)

따라서 조직문화 개념은 아직 정확히 정리되지 않은 상태에서 많은 견해들이 제시되어 있고, 실제 조직문화 개발에 있어서도 체계적인 접근과 방법이 아직 구체화되지 않은 상태에 있다(Schein, 1983 : 14).

조직문화에 대한 몇몇 학자들의 개념 정의를 살펴보면 다음과 같다.

Pettigrew(1983 : 482)는 "문화란 일정 시간에 일정 집단을 위하여 작용하는 공식적으로 그리고 집합적으로 받아들여진 의미의 체계, 즉 상징, 언어, 이념, 신념, 의식, 전통 등 조직체 개념의 총체적 원천"이라고 하였으며, Schein(1983)은 "조직문화란 조직체 또는 집단이 내외 환경과의 적응 및 통합과정에 적용하는 기본 전제로서 조직 구성원의 가치관과 사고방식 그리고 행동을 지배하는 기본 요소"라고 하였다.

하였던 것이다.
Peters와 Waterman(1982)이 제시한 우수한 조직의 지배적 가치는 다음의 여덟 가지이다. 첫째, 행동우선주의로서 실천적 행동을 강조하며, 구체적인 방법으로 분할법(chunking)이 있다. 즉, 조직문제 발생 시 그 문제를 다룰 수 있는 조각(chunks)으로 나누고, 프로젝트팀이나, 임시특별팀(task forces), 품질관리팀 등 소규모 집단에 의해 해결하도록 하는 방법이다. 둘째, 고객과의 밀접한 관계 유지이다. 셋째, 자율성과 기업가 정신으로 우수한 조직은 계층제의 일선까지 자율성을 부여하여 구성원들 사이에 기업가 정신을 고양시킨다. 넷째, 사람을 통한 생산성으로 직원/근로자를 존중하고, 그들을 동업자(partners)로 여긴다. 다섯째, 가치지향성으로 이윤지향적이 아니다. 여섯째, 전문화된 사업의 고수로서 합병이나 내부의 다변화가 아니라 자기들이 잘 아는 분야를 고수한다. 일곱째, 단순한 구조의 유지로서 단순구조는 상위 및 중간 관리층의 소수 인원만을 필요로 한다. 여덟째, 유연성과 엄격성의 동시적 추구이다.

위에서 살펴본 바와 같이 조직문화에 대한 개념 정의는 다양하지만 조직문화는 기본적으로 조직 구성원들이 집단적으로 공유하고 있는 것이며 구성원의 행동과 조직 전체 행동의 기본 전제로서 작용하는 조직체 고유의, 그리고 지배적인 가치관, 신념, 규범, 관습, 행동양식 모두를 포함하는 거시적이고 복합적인 개념이라고 볼 수 있다. 한편 조직문화는 구성원들의 행동패턴에 영향을 미친다. 공유된 신념과 언어로 인해 의사소통이 쉽고 경제적일 수 있으며 공유된 가치는 더 높은 협동을 가능하게 한다. 그러나 공유된 신념이나 가치관이 조직의 구성원 및 다른 이해관계자들의 욕구와 일치하지 않을 때는 문화가 오히려 부채가 될 수 있다.

2) 조직문화의 중요성과 기능

이와 같이 문화는 공유된 중심가치와 신념으로 받아들여지고 있는데, 조직문화는 왜 중요한가? 그것은 조직문화가 조직 속에서 다양한 기능을 수행하기 때문이다. 그것은 문화가 가지고 있는 상징적 역할에 힘입고 있고 그 상징성은 조직 구성원들을 변화시키는 변형능력(transformative potential)을 가져다주기 때문이다.

조직문화가 조직의 어떠한 측면에 영향을 미치는지를 구체적으로 살펴보면 다음과 같다(백기복, 1996 : 580-582; Moorhead & Griffin, 1992 : 633-634).

첫째, 조직문화는 조직 내의 여러 과정에 영향을 미친다. 조직 내에서 과업을 수행하는 과정에는 일반적으로 관행이라는 것이 발생하게 되는데, 조직문화가 이러한 관행에 결정적인 영향을 미치고, 관행에 의해 조직 내의 의사결정이 이루어지기도 한다. 또한 조직문화는 조직 내의 의사전달에도 영향을 미치고 동일 조직 내에서도 집단별로 상이한 문화를 가질 수 있다.

둘째, 조직이 통합을 시도하는 경우에도 조직문화의 중요성이 부각된다. 상이한 문화적 특징을 지닌 두 조직이 통합을 하는 경우 진정한 내부적 통합이 이루어지지 못하기도 한다. 또한 조직이 새로운 고객층을 대상으로 하거나 새로운 사업에 진출하는 경우에도 문화적 요소를 고려해야 한다.

셋째, 조직문화는 조직의 정책 및 전략 과정에 영향을 미친다. 정책이나 전략의 방향을 결정할 때에 조직문화는 이념의 형태로 그 과정에 영향을 미친다. 또한 조직문화는 정책담당자들의 관점을 제한하거나 저항세력을 형성시킴으로써 정책 및 전략을 추진하는 과정에 영향을 미친다.

넷째, 결국 조직문화는 조직의 성과와 관련이 있다. 그러나 단순히 조직이 문화를 가지고 있다는 것이 곧 높은 성과를 올린다는 것은 아니다. 어느 조직문화가 다른 문화보다 항상 우월하다고는 할 수 없다. 예를 들어, 조직이 처한 환경, 수행하는 주요 과업, 사용하는 주요 기술 등에 의해 적합한 조직문화가 결정되기도 한다. 환경이 동태적으로 변화하고, 과업의 구조화가 낮으며, 기술이 복잡한 조직에서는 '적응성 중심의 조직문화'가 적합한 반면, 환경이 안정되고, 과업이 표준화되어 있으며, 단순한 기술이 사용되는 조직에서는 '일관성 중심의 조직문화'가 적합하다(Denison, 1990).

적응성 중심의 조직문화는 외부환경을 인식하면 그에 따라 적절히 반응을 하고, 조직 내부를 통합시키며 조직이 환경에 적응할 수 있도록 행위와 과정을 재구성한다. 일관성 중심의 조직문화를 가진 조직에서는 구성원들의 몰입 수준이 높고, 중심적인 가치가 존재하며, 확고한 조직관리 방침이 있다. 또한 고도의 복잡성, 공식화, 집권화 등의 구조적 특성을 가지고 있다. 결국 어느 시점에서 특정 조직이 갖고 있는 문화적 특성이 그 조직이 처한 상황에 적합한가를 판단하여 적합성을 높이는 방향으로 조직문화를 변화시키는 것이 가장 중요하다고 하겠다.

Smircich(1983)는 조직문화는 다음과 같은 기능과 역할을 수행한다고 한다.

① 조직문화는 조직 구성원들에게 정체의식(sense of identity)을 전달해 준다.
② 조직문화는 자기보다 큰 어떤 것에 대한 몰입을 촉진시켜 준다.
③ 조직문화는 사회적 체계의 안정성을 증진시켜 준다.
④ 조직문화는 행위를 안내하고 형성시키는 감지도구로 작용한다.

이상에서 살펴본 바와 같이 조직문화는 구성원들의 행위기준을 제시함으로써 그들의 행동을 결합시키는 접착제 역할을 하며 또 구성원들의 행위나 태도에 강력한 영향을 미치는 기능을 한다.

2. 조직문화의 구성요소

Robbins에 의하면, 조직문화는 그림자도 없이 갑자기 나타난 것이 아니므로 구성요소로서 조직의 역사(history), 환경(environment), 구성원의 선발(selection), 사회화(socialization)를 들고 있으며, Deal과 Kennedy(1982)는 조직문화의 모형으로 조직환경, 가치, 영웅, 의례와 의식, 문화적 네트워크 등을 들고 있다.

1) Pascale과 Peters의 7S 모형

Pascale과 Athos(1981 : 78-84) 그리고 Peters와 Waterman(1982 : 8-13)은 일본 조직과 미국 우수조직의 조직문화 연구에서 제시되었는데, 조직문화를 구성하는 일곱 가지의 주요 요소들이 모두 S자로 시작되기 때문에 7S 모형으로 명명되었다.

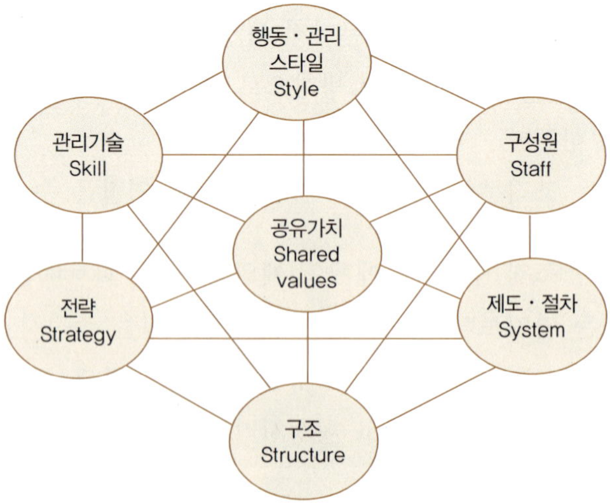

그림 6-2 조직문화의 구성요소 : 7S

즉, 조직문화의 구성요소로서 공유된 가치, 구조, 전략, 제도·절차, 구성원, 관리기술, 그리고 행동·관리 스타일 등 이른바 7S를 들고 이것이 서로 연관되어 있으며 공유된 가치가 가장 중심적 위치를 차지한다고 주장했다. 이러한 일곱 가지 구성요소는 상호 연결성 및 의존성이 높을수록 독특하고 뚜렷한 조직문화를 발현시키는데, 바람직한 조직문화의 개발은 이들 일곱 가지 요소를 상황적합적으로 개발함으로써 달성될 수 있다고 한다.

2) Deal과 Kennedy의 조직문화 모형

Deal과 Kennedy(1982)는 조직문화의 구성요소로서 조직체 환경, 기본 가치, 중심인물, 의례와 의식, 문화적 네트워크를 들었다.

(1) 조직체 환경

조직문화에 가장 많은 영향을 미치는 외적 요소가 조직체 환경인데, 기업체 조직의 경우 시장에서 직면하는 상황은 제품, 경쟁회사, 고객, 기술, 정부의 영향력 등에 따라 조직체는 이에 적합한 조직문화를 형성해 나간다. 그리하여 어느 기업체에서는 제품의 판매능력에 조직의 성패가 달려 있는 경우도 있으며, 어느 조직체에서는 기술개발이 중요하고, 또 어느 조직체에서는 능률과 원가통제가 중요해진다.

(2) 기본 가치

기본 가치는 조직의 기본적인 사고방식이나 신념으로서 조직문화의 핵심을 이루고 있다. 이는 구성원 행동의 기본 전제와 전체 조직체 행동에 직접적인 영향을 주는 것으로서 Pascale과 Peters 등이 말하는 공유가치에 해당되는 것이다.

(3) 중심인물

조직체의 기본 가치를 확립하는 데에는 오랜 기간을 통하여 이에 중심적 역할을 해온 인물들이 있다. 이들은 주로 그 기업체의 창업자나 전문경영자들인데, 그들은 자신의 행동을 통하여 조직 구성원들에게 눈에 보이는 형태로 구성원들의 본보기가 되는 역할을 한다.

(4) 의례와 의식

조직 내의 일상생활에서 체계적으로 또는 행사로서 행해지는 관례이다. 즉, 업무를 수행하는 데 있어서 모든 구성원들이 규칙적으로 지켜나가는 관습 또는 행동을 말한다. 조회와 회의진행 절차, 보고방식, 상하 간의 관계, 과업처리 방식 등은 구체적으로 눈으로 볼 수 있는 표준행동들이다. 따라서 이와 같은 의례와 의식은 조직체의 가치를 행동에 옮기고 이를 강화하는 요소가 된다.

(5) 문화적 네트워크

비공식적이지만 조직 내에서 중요한 의사소통 수단으로서, 조직의 가치와 중심인물, 신화의 전달매체로서의 역할을 수행한다. 문화적 네트워크는 중심인물의 친근자나 그들을 추종하는 조직 구성원들로 구성되며, 이러한 네트워크를 효과적으로 잘 이용할 때 조직문화의 형성에 유리하게 작용할 것이다 (Deal & Kennedy, 1982 : 13-15, 박연호 · 오세덕, 1996 : 142-143 재인용).

3. 조직문화의 유형

조직문화는 여러 문화의 구성요소들이 다차원적으로 결합 · 형성된 하나의 패러다임(paradigm)으로 볼 수 있다. 조직문화는 조직이 목적달성을 추구하면서 성장, 발전해 가는 과정에서 오랜 기간에 걸쳐 형성된다. 그 과정에서 조직 내외의 환경과 경영이념 그리고 중심인물의 목표지향성 등에 따라 조직문화가 다양하게 유형화된다. 조직문화의 유형화에 있어 보편화된 견해는 없지만 몇몇 연구자들의 연구조사에서 나타난 결과를 살펴보면 다음과 같다.

1) Harrison의 조직문화 유형

Harrison(1987 : 5-20)은 많은 기업체의 조사를 통하여 조직 구성원의 실질적인 작업 관련 가치관을 연구한 결과 조직의 문화 특성이 그 조직의 이념적 지향에 달려 있다고 보고 네 가지의 서로 상이한 이념형으로 구분하였다. 이 네 가지의 유형은 조직의 이해관계와 구성원 이해관계의 일치성 여부 및 조직의 외부환경에의 적응능력에 있어 서로 차이가 난다는 것이다. 그리하여 그는 네 가지의 조직문화 유형을 발견하고 그 특성에 따라 역할문화, 성취문화, 권력문화 그리고 지원문화로 명명하였다.

(1) 역할문화(Role Culture)

역할이란 조직 내 각 직위에 있는 사람들이 수행하도록 기대되는 과업행동이다. 역할문화는 이 기대에 대한 조화를 강조하며, 주요 가치관은 합리성을 중요시한다. 역할지향적 조직의 구성원은 상대적으로 단순하고 책임이 분명하고 경계가 명확하며 측정 가능한 직무를 수행함으로써 가장 능률적이고 효율적으로 일을 수행한다고 가정하고 있다. 전체 조직기구는 피라미드 형태를 유지하며 조직은 행동을 지배하는 규칙·절차·원칙에 의하여 운영된다.

(2) 성취문화(Achievement Culture)

성취문화에서는 규칙에 적합화하기보다는 직무 자체에 관심을 가지고 직무수행에 초점을 둔다. 이 조직의 구성원은 그들 자신의 문제를 해결하게 위하여 상호작용을 중시하며 내재적 만족(intrinsic satisfaction)에 보다 더 동기부여된다. 소규모의 공장 또는 컨설팅회사, 연구소 등에서 성취지향 문화를 갖는 경향이다.

(3) 권력문화(Power Culture)

권력문화에서 조직은 전통적인 가족 공동소유의 기업형태로서 가부장적 지위의 리더에 의하여 구성원이 지배·감독된다. 리더의 권한에 복종하고 추종하는 관습에 따라 조직의 활동은 상대적으로 제한되어 있으나 안정된 사회적 질서가 존재한다. 리더십은 권한, 정당성, 가부장적 덕목에 바탕을 두고 있으며, 종업원은 순종하고 자발적으로 일하려는 태도가 지배적이다.

(4) 지원문화(Support Culture)

지원문화에서 조직은 구성원에게 상호협조, 귀속의식, 연관성 등 대인관계의 원활화를 통하여 만족도를 높인다. 구성원이 조직에 개인적 이해관계를 맺도록 하여 진실한 구성원으로서의 소속감과 조직몰입(organization commitment)을 갖도록 한다.

2) Handy의 조직문화 유형

Handy(1978 : 25-41)는 조직문화란 정확하게 정의할 수 있는 것이 아니라 다만 인식할 수 있는 것이기 때문에 그 어떤 형태이든 그 자체가 좋고 나쁜 것이 아니라 그 환경에 합당한가 아닌가가 중요한 문제라고 주장하면서, Harrison의 조직문화 유형을 더욱 구체화하였다.

그의 문화유형 구분은 ① 클럽문화(club culture-zeus), ② 역할문화(role culture-appollo), ③ 과업문화(task culture-athena), ④ 실존문화(existential culture-dionysos) 등인데, 이는 Harrison(1987 : 5-20)의 조직문화 유형 분류와 비슷하다고 할 수 있다.

<표 6-2>는 Harrison과 Handy의 문화유형 구분을 비교 요약한 것이다.

〈표 6-2〉 Harrison과 Handy의 조직문화 유형 비교

Harrison의 조직문화 유형	권력문화	역할문화	성취문화	지원문화
Handy의 조직문화 유형	클럽문화	역할문화	과업문화	실존문화
조직문화 유형의 특성	친화와 신뢰를 바탕으로 감정이입을 통한 의사소통 개인 차이 인정, 비합리적, 자비로운 권력, 신속성	질서와 규칙, 개인 특성 무시 합리적, 논리적, 안정성, 예측성, 표준화, 구조화	문제해결 지향 권한 분산, 전문성 창의성, 다양성	조직에 우선하는 인간의 중요성, 합의에 의한 의사결정, 보스의 존재 불인정

각 조직문화 유형의 예시적 산업 및 기업형태	소기업 투자은행 중개업 정치집단 초창기 기업	관료조직 보험회사 상업은행	컨설팅 회사 기술집약산업	전문직(의사, 변호사) 대학연구개발 부서

3) 경쟁가치모형과 조직문화 유형

조직문화 연구에서 예측과 일반화에 유효한 대표적인 양적 연구방법은 경쟁가치모형(CVM : Competing Values Model)을 적용한 조직문화 접근이다(송영선 · 이희수, 2009). 경쟁가치모형은 조직관리에 본질적으로 내재하는 가치들 간의 모순과 긴장관계에 주목하고, 서로 양립하기 어려운 것으로 인식되었던 다양한 가치들을 균형된 시각에서 역동적으로 조화시킬 수 있는 통합된 모형을 제시한다. 이 모형이 강조하는 바는 경쟁적인 가치 또는 경쟁적인 문화유형들 간 균형을 추구하는 것이 조직효과성 측면에서 중요하다는 것이다. 즉, 경쟁가치모형에 따르면, 효과적인 조직은 변화와 안정, 신축성과 통제성, 혁신성과 효율성 등의 가치를 균형적으로 발전시켜 나가는 조직이다(이상철 · 권영주, 2008 : 149). 본 서에서는 경쟁가치모형을 적용한 Kimberly와 Quinn(1984), Quinn과 McGrath(1985), Cameron과 Quinn(1999)의 조직문화 유형에 대해서 알아보고자 한다.

첫째, Kimberly와 Quinn(1984 : 295-313)은 조직문화 유형 연구에서 경쟁가치모형을 최초로 적용하여 조직문화를 분류하였다. 조직문화의 경쟁가치모형은 두 가지 상반된 차원으로 구성된다. 첫째, 조직구조에 대한 선호를 반영하는 '신축지향(flexibility)'과 '통제지향(control)'의 차원이다. 신축지향의 가치는 분권화와 다양성을 강조하는 반면, 통제지향의 가치는 집권화와 통합을 강조한다. 둘째, '내부지향(internal)'과 '외부지향(external)'의 차원이다. 내부지향은 조직의 유지를 위한 조정과 통합을 강조하고, 외부지향은 조직환경에 대한 적응, 경쟁, 상호관계를 강조한다(이상철 · 권영주, 2008 : 150; Parker & Bradley, 2000). 이 두 가지 차원의 결합에 의해 조직문화를 관료문화(hierarchy culture), 개발문화(development culture),

합리적 문화(rational culture), 집단문화(group culture) 등 네 가지의 유형으로 분류하였다.

〈표 6-3〉 Kimberly와 Quinn의 조직문화 유형

구 분	관료문화	개발문화	합리적 문화	집단문화
동기부여 리 더 십	규칙 안전 보수적 신중	관념 성장 위험감수	기획 능력 지시적 목표중심	친화 애착 관심 후원적
의사결정	문서 책임	적응성 외적 합법성	효율 결정성	참여 후원
능 률 중심가치	안정성 통제	성장 자원획득	생산성 효율	인적자원 개발
조직유형	관료주의 피라미드	애드호크라시(adhocracy) 유기적 매트릭스 조직	시장 A 이론조직	가족 Z 이론조직

관료문화(hierarchical culture, 위계문화)는 인간의 안정성에 대한 욕구에 기초하는 문화를 말한다. 따라서 사람들은 규칙이 공식적으로 부여되고 규제가 강화될 때 적당하게 행동하거나 조직의 요구에 따른다고 생각한다. 따라서 이러한 조직문화에서는 감독과 통제가 중시되고 구성원들은 주로 안전과 질서를 바란다. 또한 리더는 보수적이며 신중하여야 하며 주로 기술에 관한 지식을 제공하고 조직의 기본 구조가 유지되기를 바란다. 이러한 조직문화는 주로 관료적인 조직에서 많이 나타난다.

개발문화(developmental, 발전문화)는 인간의 변화가능성에 대한 욕구에 기초하는 문화를 말한다. 따라서 사람들은 성장과 자극 그리고 다양성과 같은 그들이 수행하는 과업의 중요성과 이상적 요구 때문에 조직목표를 달성하기 위하여 노력한다고 생각한다. 또한 리더는 항상 여러 가지 위험을 감수할 수 있는 능력을 지녀야 하며, 필요한 자원을 획득하는 데 많은 시간을 할애하여야 한다. 이러한 개발문화는 유기적인 조직에서 많이 나타난다.

합리적 문화(rational culture)는 인간의 성과 달성에 대한 욕구에 기초하는 문화를 말한다. 따라서 개인의 목표가 분명하고 성과에 따라서 보상이 주어질 것으로 예상한다면 사람들은 조직의 요구에 따를 것으로 생각한다. 또한 이러한 문화에서는 MBO(Management By Objective) 과정에서와 같이 합리적인 계획과 목표가 중시되고 의사결정의 효율성이 강조되므로 리더는 지시적이며 목표지향적이어야 하며 조직 구성원들로 하여금 생산성을 높일 수 있도록 격려하여야 한다. 이러한 조직문화의 유형은 주로 미국의 사회문화적 특성을 반영하는 A 이론조직에서 많이 나타난다.

집단문화(group culture)는 인간의 친화에 대한 욕구에 기초한다. 따라서 개인들은 애착심과 친화 그리고 멤버십의 중요성에 의하여 조직에 공헌하리라고 생각한다. 이러한 조직문화에서의 의사결정은 구성원들의 참여에 의하여 집단적으로 이루어지며, 리더는 관심적이고 후원적이어야 하며 구성원들 간의 상호작용을 용이하게 해주어야 한다. 이러한 집단문화는 일본의 사회문화적 특성을 반영하고 있는 Z 이론조직에서 많이 나타난다. A형 조직과 Z형 조직의 이론적 차이를 살펴보면 <표 6-4>와 같다.

〈표 6-4〉 A형 조직과 Z형 조직

A형 조직(미국식)	Z형 조직(수정 미국식)
단기적인 고용	장기적인 고용
개인적 의사결정	집단적 의사결정
개인적 책임	개인적 책임
단기적 평가와 승진	장기적 평가와 승진
통제기구의 명확화	공식적인 통제기구를 가지면서도 비공식적인 통제의 응용
경력관리의 전문화	어느 정도의 경력관리의 전문화
종업원을 하나의 종업원으로만 보고 부분적 관심	가족을 포함한 전반적 관심

출처 : W. Ouchi(1981). Theory Z. Mass : Addison-Wesley, p. 58.

둘째, Quinn과 McGrath(1985)도 '유연성(flexibility)' 대 '통제(control)' 차원, '내부지향성(internal)' 대 '외부지향성(external)'의 결합에 의해 조직문화를 합의문화, 개발문화, 위계문화, 합리문화로 【그림 6-3】과 같이 네 가지로 분류하였다. 조직문화 유형별 특성은 다음과 같다(최소연, 2015 : 34-37).

합의문화(consensus/ group culture) 또는 집단문화는 '인간관계 지향적 문화'라고 할 수 있다. 이 문화에서는 구성원들 간의 신뢰를 바탕으로 친밀감, 인간적 유대감, 집단의 결속력과 사기진작, 문제 발생 시 상호 협력하고 배려하며, 참여적 의사결정이 비교적 강하게 나타나지만, 환경변화에 대한 적응행동에는 비교적 소극적인 경향을 나타낸다(Quinn, 1988).

개발문화(development culture)는 개방시스템적(open system) 의사결정이 이루어지는 조직문화 유형으로 조직의 외부환경 변화에 따라 조직의 유연성 확보를 강조하고, 조직이 직면하고 있는 환경변화에 대한 적응을 강조한다(Zammuto & Krakower, 1991). 구성원들의 새로운 아이디어의 개발 및 개방적인 의사소통, 모험과 도전, 신속하고 융통성 있는 업무처리를 통하여, 구성원들의 동기를 유발하고 능력을 최대한 발휘하게 하여 외부환경에 적극적으로 대응하는 특징이 강하게 나타난다(Quinn, 1988; Quinn & McGrath, 1985).

위계문화(hierarchy culture)는 내부과정(internal process)을 지향하며, 명확하고 공식적인 지시와 규칙, 집권화된 관리와 통제, 직권과 서열의식과 조직의 안정성을 강조하는 관료제의 특성이 비교적 강하게 나타난다(Quinn, 1988; Quinn & McGrath, 1985). 조직 내부의 능률, 통일성, 조정, 평가를 강조하며 동기부여 요인으로 안전, 질서, 규칙 등이 활용된다. 리더는 보수적이고, 공식적인 통제수단에 의한 조정과 조직화로 부하들을 관리한다.

합리문화(rational culture)는 합리적 목적(rational goal)을 지향하는 문화로서 체계적이고 효율적인 조직관리를 추구하면서 환경변화에 적극적으로 대처하는 특성이 있다. 따라서 목표설정과 계획수립, 능률적인 과업 달성, 성과에 대한 보상의 가치를 강조하는 특징을 가진다(Zammuto & Krakower, 1991). 합리문화는 목표달성, 성과, 생산성 등을 강조한다. 이 문화의 목적은 목표달성에 있으며, 동기부여 요인들로써는 경쟁과 목표의 성공적인 달성이다.

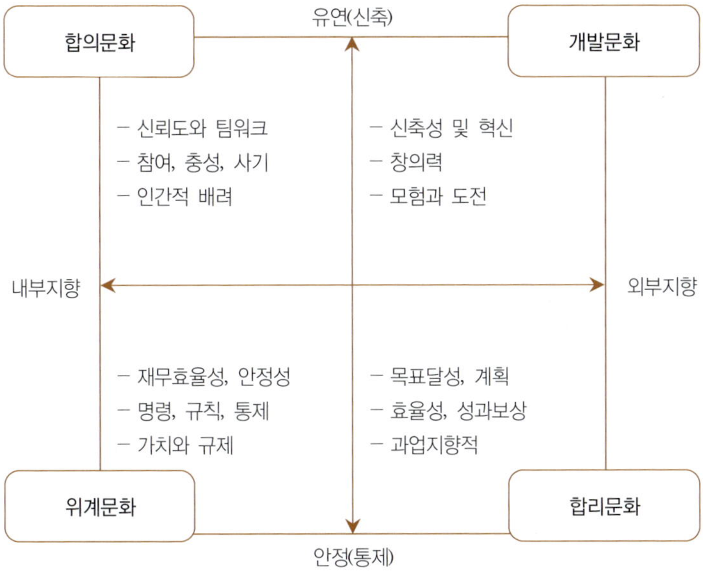

| 그림 6-3 | 경쟁가치모형의 조직문화 유형

출처 : 최소연(2015), p. 35; Quinn & McGrath(1985).

셋째, Cameron과 Quinn(1999)은 경쟁가치모형을 적용하여 조직문화 유형을 계층문화, 시장문화, 집단문화, 특별위원회 문화로 분류하였다. 우리나라 조직원들의 정서에 익숙한 용어라는 점과, 문화의 속성 자체가 정태적이지 않고 동태적이며 역동적으로 지향하기 있기 때문에 계층문화를 위계지향문화, 시장문화를 과업지향문화, 집단문화를 관계지향문화, 특별위원회 문화를 변화지향문화로 재명명하여 아래와 같이 설명하였다(송영선 · 이희수, 2009 : 118-120).

관계지향문화는 인간관계모형(human relation model)이라고도 하며, 조직의 유연성과 내부지향성을 강조한다. 이 유형은 사람에 대한 관심과 함께 내부적 유지 · 통합과, 조직원들의 조직몰입과 충성심, 참여와 우리 의식에 초점을 두고 있다. 이 유형의 구성원들은 직장 상사나 선배를 친근한 직장 선배로서 마치 스승이나 부모와 같이 느낀다. 그리고 이 유형은 개별 조직원들의 장기적인 발전과 사기, 응집력, 팀워크나 협동 등의 가치를 중요시한다. 또한 조직원의 단합과 관련된 규범 및 가치관에 기반을 두고 인적자원개발을 중시하고, 조직원의 의사결정 참여에 가치를 둔다.

변화지향문화는 개방체계모형(open system model)이라고도 하며, 조직의 유연성과 외부지향성을 강조하며, 조직의 외부환경 적응에 초점을 두고 있다. 이 유형에 속하는 조직들은 위험을 감수하더라도 모험을 중시하고 모험 등을 중요한 가치로 여긴다. 이 유형은 조직원들의 창의성과 개성, 기업가 정신과 위험추구, 융통성, 독창성, 야망 그리고 미래 예측에 가치를 두고 있다. 이 유형은 조직원들의 업무효과성을 높이기 위해서는 다소 불확실하더라도 새로운 업무방법을 적용한다. 이러한 업무방법에 대해 직원들의 수용 정도가 높아 환경변화에 유연하게 반응한다.

위계지향문화는 내부과정모형(internal process model)이라고도 하며, 조직의 통제와 내부지향성을 강조한다. 이 유형은 안정성과 통제에 대한 필요성과 함께 조직 내부적 유지와 통합에 초점을 둔다. 이 유형의 핵심가치는 질서에 대한 강조와 규칙에 의한 규제이다. 원만한 조직운영을 위한 통제와 예측가능성, 그리고 조직 내부 효율성 증진이 가장 중요하다. 이 유형은 새로운 방법의 모색보다는 규정을 철저히 따르면서 실수 없이 수행하는 것이 강조된다.

과업지향문화는 합리적 목적모형(rational goal model)이라고도 하며, 조직의 통제와 외부지향성을 강조한다. 이 유형은 안정성과 통제에 대한 필요성과 함께 조직 내부적 관심사보다는 외부환경 변화에 초점을 둔다. 이 유형은 경쟁력과 생산성이 핵심가치이며 성과 극대화와 결과지향을 추구하며, 외부적인 환경에 주시하면서 시장점유율을 높이고, 조직 내의 명확한 목표설정과 조직원들 간의 경쟁이 주된 자극제가 된다. 이 유형은 인간관계나 주어진 여건보다는 성공 여부에 대한 결과를 중요하게 여긴다. 네 가지 조직문화 유형의 특징을 정리하면 <표 6−5>와 같다.

〈표 6-5〉 네 가지 조직문화 유형의 특징

구 분		관계지향문화	변화지향문화	위계지향문화	과업지향문화
조직 특성	특징	인간관계, 관심, 유연성, 내부통합	유연성, 변화	조직 내부의 능률, 통일성, 조정, 평가	생산성, 성과, 목적 달성
	핵심가치관	집단보존, 성실, 신뢰유지	외부환경에의 적응, 창조성	내부 조직논리, 규칙, 안정성	목표 수행
	안전욕구	소속감	이념	규칙	계약
	동기부여 요인	애사심, 집단 응집성, 자격	성장, 격려, 창조성, 다양성	안정, 질서, 규율, 규칙	경쟁, 결정된 목표 달성
	리더십	참여적, 온정적, 지원적	이상지향적, 위험감수	보수적	목표지향적, 도구적, 기능적
	조직형태	씨족	임시	계층	시장
조직 가치	사람 대 조직	사람	조직	사람	조직
	유연 대 통제	유연	유연	통제	통제
	수단	응집력, 사기	적응력, 신속성	관리, 의사결정	계획, 목표달성
	목적	인적자원개발	성장, 자원획득	안정성, 통제	생산, 능률성

출처 : 송영선 · 이희수(2009). 조직문화 유형과 학습조직 수준 및 조직효과성 관계, p. 120.

4. 조직문화의 개발과 관리

조직문화는 조직 구성원들이 공유하고 있는 기본 전제와 가치관에 대한 거시적인 개념으로서 조직 구성원 개인의 행동은 물론 조직체 전체 행동에 중요한 영향을 미친다. 뿐만 아니라 조직문화는 조직 성원과 밀접한 관계를 갖고 있다는 것이 인식되어 근래에 와서 바람직한 조직문화의 개발이 매우 중요시되고 있다. 조직문화를 성공적으로 개발한 기업들이 가지고 있는 몇 가지 공통적인 요소를 살펴보면 다음과 같다(박재린, 1998 : 291-292).

첫째, 우수기업들은 조직 구성원들이 성과지향적인 문화가치를 가지고 있다.

둘째, 우수기업들의 창업주와 경영자 및 최고경영층 등 기업체 내 중심인물들의 역할이 기업문화의 성공적인 개발에 중요한 요인이었다.

셋째, 우수기업의 조직 구성원들은 모두가 기업체의 문화망을 형성하면서 제각기 기업문화 개발의 역할을 하고 있다.

넷째, 변화담당자들이 개입역할에도 기업문화 개발의 성패에 중요한 역할을 하고 있다.

이와 같이 조직문화는 조직 구성원의 행동과 조직분위기에 중요한 요소로 작용하면서 조직체 성과에 많은 영향을 주고 있다. 따라서 우리나라의 사회복지조직도 우리나라의 전통적 문화와 사회복지조직의 상황적 요건을 감안하여 한국적 사회복지 조직문화를 개발함으로써 장기적으로는 복지문화를 구축해 나가야 할 것이다.

한편 바람직한 조직문화는 기관의 특성과 여러 가지 상황에 따라 차이가 있다. 그러므로 변화에 앞서 우선 실증적인 방법을 통하여 현재의 조직문화 요소를 밝히고 이 가운데 앞으로의 목표와 전략에 필요한 요소는 보존시키며 더 이상 필요하지 않는 요소는 변화시켜 나아가야 한다. 어떤 변화관리 방법을 선택할 것인가는 사회복지조직(기관) 관리자의 의사결정 영역이겠으나 Meares(1986 : 48)는 이상적인 조직은 구성원의 기대를 창조하여 충족시키고, 바람직한 가치와 신념이 커뮤니케이션되고 상호 의존성과 신뢰성이 상호 존중을 촉진하며, 리더십을 강화하여 유리한 지휘와 전략을 지원하며 구성원 개인들이 의견을 자유롭게 교환할 수 있도록 하는 조직으로 보고 이러한 환경이 조정되어야 한다고 강조하고 있다.

이와 같이 조직문화는 조직의 공유도를 높이고 환경변화에 신속하게 적응하여 조직목표 달성을 가능하게 하며 조직의 협동체계를 확립하게 된다. 그리고 구성원 간의 신뢰도를 높이면서 귀속의식을 향상시켜 조직을 활성화시켜 준다. 따라서 사회복지기관도 클라이언트의 행복과 감동을 자아낼 수 있는 건전하고 강한 조직문화를 정착시키고 사회복지사들의 조직몰입과 책임성을 증진시키고 나아가 지역사회의 인적·물적 자원과 상호 의존적이며 네트워킹을 형성해 나갈 수 있는 사회복지조직 문화를 정착시키기 위해서는 조직문화에 대한 관리활동이 필요하다고 생각된다.

어느 조직이든 바람직한 조직문화는 유일 불변의 것이 아니며 조직이 처한 상황에 따라 어울리는 문화이어야 한다. 그 때문에 조직을 둘러싸고 있는 환경이나 선택하고자 하는 전략이 조직문화와 적합한지를 고려할 필요가 있다. 조직문화를 개발하기 위해서는 **|그림 6-4|**와 같은 세 가지 차원을 고려해 볼 수 있다.

|그림 6-4| 조직문화 개발을 위한 세 가지 차원

출처 : Globis Corp 편저, 황명수・서문석 공역(1999). MBA경영전략 125가지. 시사영어사, p. 191.

5. 사회복지 조직문화에 대한 함의

사회복지조직의 문화를 어떻게 만들어 갈 것인가가 향후 우리나라의 복지문화를 형성하는 중요 관건이 될 것이다. 예를 들어, 사회복지조직이 수요자 중심(고객지향)의 문화로 나아갈 것인가? 아니면 공급자 중심의 문화로 나아갈 것인가? 또는 사회복지조직이 서비스를 중시하는 조직문화를 구축할 것인가? 클라이언트의 관리나 통제를 중시하는 조직문화를 구축할 것인가? 아니면 서비스를 단순히 제공하는 급여행정을 취할 것인가? 서비스의 제공을 뛰어넘어 서비스의 질과 책임성을 중시할 것인가?

당연히 오늘날의 사회는 수요자 중심(고객지향)의 문화를, 서비스의 질을 중시하는 조직문화를 구축해 나가도록 하는 것이 바람직하다. 중요한 것은 이러한 사회복지조직의 문화를 어떻게 만들어 갈 것인가 하는 방법상의 문제일 것이다. 전술한 조직문화 개발을 위한 세 가지 차원에서 본 바와 같이 첫째, 사회복지조직 내에서 구성원들이 새로운 사회복지의 이론과 기술을 학습할 수 있는 환경과 여건을 조성하고 촉진시킨다. 둘째, 의사결정을 신속히 하고, 셋째, 정보의 공유와 함께 팀워크를 촉진하며, 넷째, 통제의 부담을 경감시키고 권능부여에 의한 민주적인 조직분위기를 조성한다. 다섯째, 구성원에 대한 평가기준을 명확히 하고 공정한 보상체계를 수립해 나간다.

일례로서 최근 의료사회복지사를 대상으로 조직문화가 조직유효성에 미치는 영향을 살펴본 결과 사회복지사의 조직문화 인식 수준에 따라 자신의 직무만족, 조직몰입, 서비스의 질에 차이가 있는 것으로 나타났다. 즉, 의료사회복지사들이 가장 높게 인식하고 있는 조직문화의 유형은 앞장에서 살펴본 Kimberly와 Quinn(1984)의 네 가지 유형(관료문화, 개발문화, 합리문화, 집단문화) 가운데 집단문화 유형으로 나타났다. 그리고 사회복지사의 직무만족, 조직몰입, 의료사회사업서비스의 질은 조직문화를 개발문화로 인식하는 경우에 높은 것으로 나타났다. 즉, 인간중심적이며 외부변화에 적극적이고 도전적인 태도를 보이는 개발문화가 조직유효성을 설명하는 가장 영향력 있는 변수로 나타났다(강흥구, 2001 : 28-29).

생각해 볼 문제

- 사회복지조직 이론과 환경에 대해 생각해 봅시다.
- 환경과의 대등한 관계 설정을 위한 조건과 전략에 대해 생각해 봅시다.
- 사회복지조직의 일반환경과 업무환경에 대해 생각해 봅시다.
- 사회복지조직의 환경에 대한 대응과 전략을 생각해 봅시다.
- 사회복지행정에서 조직문화를 이해해야 할 이유는 무엇인지 생각해 봅시다.
- 사회복지기관의 조직문화는 무엇인지 생각해 봅시다.
- 사회복지기관의 조직문화를 형성해 나가고자 할 때 고려해야 할 요소는 무엇인지 생각해 봅시다.
- 거시적 관점에서 우리는 복지문화와 문화복지를 어떻게 구축해 나갈 것인지 생각해 봅시다.

CHAPTER 07

사회복지서비스 전달체계

학습목표

[가치] • 사회복지서비스 전달체계의 평등성, 포괄성, 책임성, 지속성, 접근성, 전문성의 원칙을 이해한다.

[지식] • 사회복지전달체계 구축 원칙 및 전략, 서비스 배분방법, 우리나라 사회복지전달체계 구조 및 실태에 대해 이해한다.

[기술] • 사회복지서비스를 효과적·효율적으로 전달하는 기술과 복지자원 연계능력을 함양한다.

사회복지행정이란 사회복지정책을 구체적인 사회복지서비스로 옮기는 과정을 의미한다. 이러한 행정과정에는 인력과 재정을 바탕으로 한 조직구조와 관리운영이라는 두 가지 측면으로 이루어진다. 사회복지행정의 궁극적인 목적이 클라이언트의 복지권을 보장하는 효과적이고 효율적인 전달체계를 마련하여 클라이언트에게 적합한 서비스를 제공해 주는 것이라고 한다면, 사회복지서비스의 전달체계가 어떻게 구축되느냐 하는 것은 매우 중요하다. 왜냐하면 클라이언트의 선정, 수혜자격 요건의 설정, 서비스 내용과 방법에 관한 사회복지정책들이 실제로 나타나게 되는 것은 바로 사회복지서비스의 전달체계를 통해서 이루어지기 때문이다.

제1절 사회복지서비스 전달체계의 중요성

사회복지행정도 다른 사회복지서비스와 같이 사회복지정책이 구체적인 사회복지서비스로 전환되어 서비스를 필요로 하는 클라이언트에게 전달되어야 정책이 의도하는 바가 달성될 수 있다. 따라서 많은 학자들은 사회복지행정에서 전달체계의 중요성을 지적하고 있다.

사회복지에 있어서 전달체계란 급여 또는 서비스를 효율적으로 수혜자에게 전달하기 위하여 어떠한 조직을 통해서 실천할 것인가의 전략을 선택하는 것이다(Gilbert & Specht, 1986 : 119). 따라서 사회복지서비스 전달체계는 사회복지서비스의 공급자인 공·사기관과 수혜자인 클라이언트를 연결시키기 위한 조직적 장치라고 말할 수 있을 것이다. 이와 같은 정의에 비추어 볼 때, 전달체계는 조직체인 모든 공·사 기관들이 정부의 정책 혹은 민간기관의 방침에 따라서 그 조직에 속해 있는 인력이 클라이언트에게 어떤 성질의 서비스를 제공하느냐를 결정짓게 되는 것이므로, 사회복지행정을 효과적으로 실현하기 위해서는 전달체계의 활동이 필수적임을 알 수 있다.

한편 사회복지전달체계를 분석할 때 그 차원은 여러 가지가 있을 수 있는데, 그 가운데 구조·기능적 차원과 운영주체적 차원으로 대별할 수 있다(서상목·최일섭·김상균, 1988 : 20-21).

① 구조·기능적 차원에서 보면 서비스 전달을 기획, 지원 및 관리하는 행정체계와 전달자가 소비자와 상호 접촉을 가지면서 서비스를 직접 전달하는 집행체계로 구분될 수 있다. 또한 기능에 따라 분류하면, 서비스의 전달업무를 원활히 하기 위한 행정기능과 클라이언트나 소비자의 욕구에 부응하여 서비스를 직접 제공하는 서비스 제공기능으로 나눌 수 있다.

② 운영주체에 따라서 정부(중앙정부와 지방정부)나 공공기관이 직접 관리, 운영하는 공적 전달체계와 민간단체나 개인이 직접 관리, 운영하는 사적 전달체계로 나눌 수 있다.

이러한 사회복지전달체계의 분석 차원에서 볼 때, 사회복지서비스 전달체계가 온전한 기능을 발휘하기 위해서는 행정체계와 집행체계의 부분(sub-system) 혹은 단위(unit)를 구성하는 공·사 복지조직들이 체계화된 구조를 갖추어야 하고, 단위조직들이 행정기능과 서비스제공 기능을 제대로 수행해야만 자원의 낭비와 서비스의 중복 및 누락은 물론 사회적 역기능을 방지할 수 있게 된다.

따라서 모든 클라이언트에게 서비스를 제공하는 모든 공·사 복지기관과 시설들이 체계화된 조직구조를 갖추고 서비스의 기획, 제공절차, 실천 등에 있어서 상호 조정 및 유기적인 관리운영 기능을 수행할 수 있는 전달체계를 구축할 때, 사회복지행정은 서비스의 효과를 극대화시킬 수 있다. 그러므로 통합적인 사회복지서비스 전달체계의 확립은 효과적이고 효율적인 사회복지행정 수행에 매우 중요한 관건이 된다고 볼 수 있다(박경일, 1997).

제2절 사회복지서비스 전달체계의 원칙

사회복지서비스 전달체계도 거시적으로 보면 사회복지전달체계의 일부분이므로 여기서는 국내·외 학자들이 제시하고 있는 사회복지전달체계의 원칙을 중심으로 살펴보고자 한다(박경일, 1997).

최성재와 남기민(1995 : 76-80)은 사회복지서비스 전달체계 구축의 주요 원칙으로서 여덟 가지를 제시한 바 있다. 즉, ① 사회복지서비스의 핵심적인 업무는 반드시 전문가가 담당해야 한다는 전문성, ② 사회복지서비스의 양과 질과 제공하는 기간이 클라이언트의 욕구 충족(또는 문제해결)과 서비스 목표(자활 및 재활) 달성에 충분해야 한다는 적절성, ③ 다양한 욕구나 문제에 대해 다양한 서비스를 필요로 하는 포괄성, ④ 지역사회 내에서 다양한 서비스를 계속적으로 받을 수 있도록 서비스들이 상호 연계되어야 한다는 지속성, ⑤ 클라이언트의 문제해결을 위한 서비스들이 서로 연관되어야 한다는 통합성, ⑥

성별, 연령, 소득, 지역, 종교, 지위에 관계없이 모든 국민에게 사회복지서비스를 제공해야 한다는 평등성, ⑦ 사회복지조직은 사회복지서비스를 전달하도록 위임받은 조직이므로 이에 대해 책임을 져야 한다는 책임성, ⑧ 사회복지서비스를 필요로 하는 사람들 누구나 쉽게 받을 수 있어야 한다는 접근용이성의 원칙 등이다.

한편 Gate(1980 : 52-54)는 사회복지서비스 전달체계의 원칙으로 ① 포괄성, ② 접근성, ③ 계속성, ④ 비단편성(통합성), ⑤ 책임성의 다섯 가지를 들고 있다. 즉, 포괄성은 충분한 양, 질, 충분한 기간에 걸친 일련의 서비스 제공이며, 접근성은 서비스를 필요로 하는 사람들에게 서비스 이용에 있어서 일반적으로 장애요인이 없어야 한다는 것이며, 계속성은 전체적인 프로그램과 조직 상호간의 접근성의 관계이며, 비단편성은 이용 가능한 서비스 내에 프로그램들 간의 갭이나 프로그램에 대한 불확실성이 있을 때 발생하므로 서비스를 통합하여야 하며, 책임성은 종종 이용자의 유일한 문제나 욕구에 대해 책임을 지거나 이용자들이 그들의 불만이나 불평을 처리할 수 있는 일련의 과정이 있을 때라고 하고 있다. 덧붙여서 그는 이들 원칙요인들 간에는 trade-off(상충관계)가 성립하는데, 예를 들어 접근성과 책임성을 증진시킨다면 단편성과 불일치성이 증대될 것이고, 역으로 조직의 중앙집중화를 통해서 비단편성과 계속성을 강조한다면 접근성과 책임성이 감소하는 위험을 겪게 될 것이라고 하였다.

또한 Gilbert와 Specht(1986)는 이상적인 전달체계의 기본 요건으로서 ① 통합성, ② 계획성, ③ 접근용이성 및 ④ 책임성을 들고 있다. 구체적인 내용을 살펴보면 다음과 같다.

첫째, 통합성은 다양하게 제공되는 서비스 체계 및 프로그램을 효과적인 서비스망에 의해 모두 제공하는 것으로서 서비스 제공의 통합성을 확보하기 위한 방법으로는 일정한 자격을 갖춘 한 명의 사회복지사로 하여금 여러 서비스를 담당하게 하거나 각 분야의 전문가들로 하여금 팀을 이루어 서비스를 제공하게 할 수도 있다. 최근에 강조되는 One-Stop Service나 Case Management는 이를 실현하는 구체적인 방법이라고 할 수 있다. 이는 전달체계의 H/W와 S/W를 모두 포함하는 개념으로서 전달체계 평가기준인 포괄성과 지속성의 원칙을 넓은 의미에서 포함하고 있다고 볼 수 있다. 통합성이 강화된 전달체계는 상호 연계망이 체계적이고 효율적으로 구축되어 있어 지속적이고 포괄적인 서비스 전달이 가능하다고 볼 수 있다.

둘째, 전문성은 사회복지서비스는 전문적인 업무로서 전문가인 사회복지사가 담당해야 한다. 사회복지서비스는 전문가가 전달체계 내에서 전문적인 능력을 발휘할 수 있는 조직환경을 만들어야 하고, 충분한 전문인력이 확보된 전달체계로 개선함으로써 전문성이 높아질 수 있다. 전달체계 개선전략으로서 전문성에 대한 평가는 넓은 의미에서 책임성과 적절성이 내재되어 있다.

셋째, 접근용이성에 대한 평가는 사회복지서비스를 제공하거나 이용함에 있어 지리적·심리적 장애와 밀접한 관계가 있을 뿐 아니라 정보화 사회에서의 정보화에 대한 소외 등에 따른 정보의 부족에 따른 기회상실 등 지식적인 측면까지도 내포하고 있다고 볼 수 있다. 이는 성별·연령·소득·지식의 정도에 상관없이 누구에게나 동등하게 사회복지서비스가 제공되어야 한다는 평등성의 원칙과도 밀접한 연관성이 있다고 볼 수 있다.

이상의 각 학자들이 제시한 사회복지서비스 전달체계의 원칙들을 요약·정리하면 <표 7-1>과 같다.

〈표 7-1〉 국내·외 학자들의 사회복지서비스 전달체계의 원칙

Gate (1980)	Gilbert & Specht (1986)	서상목·최일섭·김상균(1988)		성규탁 (1992)	최성재·남기민(1995)	박경일(1997)	
포괄성 접근용이성 계속성 비단편성 (통합성) 책임성	통합성 계획성 접근용이성 책임성	행정적인 측면	기능분담의 체계성 전문성에 따른 업무분담 책임성 접근용이성 통합조정 지역사회 참여 조사 및 연구	접근가능성 지속성 적합성 포괄성 통합성 공평성 적절성 조사연구	전문성 적절성 포괄성 지속성 통합성 평등성 책임성 접근용이성	조직구조적 측면	권리성 전문성 통합성 접근용이성 기능부담의 체계성 지역사회 참여 문화적 특수성

		서비스 제공의 측면	평등성 재활 및 자활 목표 적절성 포괄성 지속성 가족중심			관리운영적 측면	평등성 포괄성 책임성 재활 및 자활 목표 계획성 적절성 지속성 가족중심의 서비스 제공

이상에서 제시한 원칙들 이외에 사회복지행정 전달체계의 차원에서 고려해 볼 수 있는 원칙으로는 다음과 같은 두 가지를 고려해 볼 수 있다(박경일, 1997).

① 권리성의 원칙으로서 이것은 수혜대상자인 클라이언트 존엄성의 원칙과 같은 것으로서, 욕구의 다양화와 고도화에 대응한 각종 서비스가 클라이언트의 '복지권의 실현'이라는 차원에서 제공되어져야 하며, 이러한 각종 서비스는 이용자인 클라이언트의 의사로 선택할 수 있는 선택성을 갖추어야 한다.

② 문화적 특수성의 원칙으로서 청소년, 노인집단과 마찬가지로 클라이언트 집단만이 가지고 있는 문화적 욕구를 충족시켜 줄 수 있는 서비스를 제공할 수 있어야 하고, 나아가 도시, 농촌, 어촌 등 지리적 특성에 따른 클라이언트 욕구를 충족시켜 줄 수 있어야 한다.

이상의 내용들을 종합하여 사회복지서비스 전달체계의 원칙들을 행정조직의 구조적인 측면과 서비스의 관리운영 측면으로 나누어 살펴보면, 다음과 같은 원칙들이 고려될 수 있을 것이다. 조직구조적인 측면에서는 ① 권리성의 원칙, ② 전문성의 원칙, ③ 통합성의 원칙, ④ 접근용이성의 원칙, ⑤ 기능분담의 체계성 원칙, ⑥ 지역사회 참여의 원칙, ⑦ 문화적 특수성의 원칙을 들 수 있고, 관리운영적인 측면에서는 ① 평등성의 원칙, ② 포괄성의 원칙,

③ 책임성의 원칙, ④ 재활 및 자활목표의 원칙, ⑤ 계획성의 원칙, ⑥ 적절성의 원칙, ⑦ 지속성의 원칙, ⑧ 가족중심의 서비스 제공 원칙을 들 수 있다.

제3절 사회복지서비스 전달체계의 개선전략

사회복지서비스 전달체계의 궁극적인 목적은 서비스를 효과적이고 효율적으로 전달하는 것이라 할 수 있다. Gilbert, Specht, Terrell 등은 서비스 전달체계의 효율성과 효과성을 높이기 위한 주요 전략을 다음의 세 가지 질문에 대한 여섯 가지 전략으로 제시하고 있다. 첫째, 의사결정의 권위와 통제소재를 어디에 둘 것인가?, 둘째, 업무를 누가 담당할 것인가?, 셋째, 전달체계 조직의 단위 및 수를 어떻게 할 것인가?

1. 서비스 전달체계의 효율성과 효과성 고양 전략

1) 의사결정의 권위와 통제의 재구조화

의사결정의 권위와 통제의 재구조화를 위한 전략으로서는 협조체제 구축과 시민참여체제의 도입이 요구된다.

① 협조체제 구축은 전달체계의 기관을 중앙집권화 또는 연합화하여 전달체계를 통합적이고 포괄적인 것으로 발전시키는 전략이다.

② 시민참여체제의 도입은 클라이언트의 욕구에 보다 적절히 반응할 수 있으며, 접근용이성 및 서비스에 대한 책임성을 보장할 수 있다는 취지에서 선택되는 전략이다.

2) 업무분담의 재조직화

업무분담의 재조직화를 위한 전략으로서는 전문가 역할 부여와 전문가의 조직적 상황에서의 분리가 있다.

① 전문가 역할 부여는 서비스 전달이 어려운 경우 서비스 전달 전문가와 클라이언트를 중간에서 연결하여 줄 수 있는 사람을 찾아 그에게 전문가의 역할 일부를 부여하는 것이다.

② 전문가의 조직적 상황에서의 분리는 서비스 전달체계가 관료적 특성이 강하여 전문가로서 전문성 발휘나 자율성 발휘를 저해할 경우, 그러한 조직적 상황에서 벗어나 전문가로서의 전문성과 자율성을 발휘할 수 있도록 만드는 것이다.

3) 전달체계의 구조변경

전달체계의 구조변경을 위한 전략으로서는 ① 서비스에의 접근을 촉진하는 것 그 자체를 하나의 특별한 서비스로 마련하는 것(specialized access structure)과 ② 의도적으로 같은 서비스 전달체계를 중복화(purposive duplication)시키는 것이 있다.

2. 사회복지서비스 전달체계의 개선전략으로서 서비스 배분방법

사회복지서비스 전달체계를 개선하기 위한 전략으로서 두 가지의 서비스 배분방법이 있다.

1) 공급억제 전략

공급억제 전략으로서 수혜자격 요건을 강화하는 클라이언트에 대한 제한 강화와 서비스의 양과 질을 감소시키는 서비스 희석화가 있다. ① 클라이언트에 대한 제한 강화는 수혜자격 요건을 강화하여 서비스 이용률을 저하시키는 것이며, ② 서비스 희석화는 클라이언트와의 접촉시간을 단축하거나 사례의 조기 종결, 전문가의 질을 낮춤, 자원봉사자로 대체하는 등의 방법이다.

2) 수요억제 전략

수요억제 전략으로서 ① 서비스의 접근에 물리적, 시간적 및 사회적 장애를 제거하지 않거나 또는 ② 장애를 생기게 하는 것이다. 예를 들어, 서비스 이용 촉진활동을 하지 않거나 대기자 명단제 도입, 교통이 불편한 장소와 시간의 배치 등의 방법으로 수요를 억제할 수 있다.

제4절 사회복지서비스 전달체계의 실태

사회복지전달체계는 사회복지서비스를 수요자인 클라이언트에게 '누가' 직접 제공하는가 하는 공급주체의 문제로서 여기서 '누구'란 사회복지서비스 제공자인 공·사 단체와 조직체를 의미한다.

1. 공적 전달체계의 구조

우리나라의 공적 사회복지행정을 담당한 중앙부서의 변천을 보면 1948년 정부 수립과 동시에 사회부가 발족되었으며, 그 이듬해에 사회부의 기능 중 보건에 관한 사항을 분리하여 보건부가 신설되었다. 그러나 1955년 정부의 조직 통폐합 작업에 따라 보건부와 사회부가 보건사회부로 개편되어 약 40년간

운영되다가 1994년부터 2008년까지 보건사회부를 보건복지부로 개칭하였다. 그 후 2008년부터 2010년 1월까지 보건복지가족부로 개칭하였다가 2010년 3월 청소년과 가족 기능 업무를 여성부로 이관하고 보건복지정책을 중심으로 사무를 관장하기 위하여 보건복지부로 개칭하여 현재에 이르고 있다.

중앙정부 차원의 보건복지부장관 산하에 보건복지 분야에 관한 미래 정책의 개발과 일자리정책의 총괄을 담당하는 사회복지선진화담당관과 대내외 사회환경 변화 예측과 일자리 동향 및 연구조사 등의 업무를 추진하는 사회정책분석담당관이 있고 4실(기획조정실, 보건의료정책실, 사회복지정책실, 저출산고령사회정책실) 3국(건강정책국, 보건산업정책국, 장애인정책국)이 있다. 이 중 사회복지정책실에는 복지정책관(복지정책과, 민생안정과, 기초생활보장과, 기초의료보장과), 복지행정지원관(지역복지과, 급여기준과, 복지정보과, 복지급여권리과), 사회서비스정책관(사회서비스정책과, 사회서비스사업과, 사회서비스자원과, 자립지원과)이 있다. 저출산고령사회정책실에는 인구아동정책관, 노인정책관, 연금정책관, 보육정책관이 있다.

지방정부 차원에서 공적 사회복지전달체계를 담당하는 조직은 지방자치단체별로 그 지방자치단체의 특색에 맞게 명칭을 달리하여 구성되어 있다. 즉, 특별시(광역시)·도 단위에서는 여성가족정책실(관)이나 복지건강실(국), 보건복지국이나 여성가족국 등 자치단체별로 그 명칭을 달리하여 운영되고 있다. 그리고 하위조직인 시·군·구도 자치단체별로 보건사회국(시민생활국), 주민생활지원국, 복지환경국 등의 명칭으로 산하에 복지정책과, 주민생활과, 복지지원과, 사회(복지)과 여성정책과 등으로 조직되어 있다. 그리고 과 밑에 담당이나 계 등의 명칭으로 조직을 분류(예를 들어, 복지정책과에는 복지기획, 복지자원, 희망복지지원, 조사관리, 생활보장 등)하는 시·군·구청도 있고 아예 담당부서의 명칭 없이 복지정책과나 주민생활지원과나 안에 담당업무만 열거되어 있기도 한다.

또한 사회복지행정 부서의 업무를 보조하며 그 자문에 응하는 심의기관으로서 중앙정부 차원에서 국무총리실 산하에 복지정책의 컨트롤 타워로서 사회보장위원회와 다문화가족정책위원회, 국가청소년위원회 등이 있고, 보건복지부 산하에 저출산고령사회위원회, 사회복지위원회, 중앙 생활보장위원회 등이 있다. 지방정부 차원에서 시·도나 시·군·구는 보건복지부 산하의 위원회와 유사하며, 읍·면·동 산하에는 자원봉사자인 복지위원과 아동위원이 있다. 복지위원과 아동위원은 그 관할구역 안의 저소득자나 아동에 대하여 항상 그 생활상태 및 가정환경을 상세히 파악하고, 이들의 복지에 관하여 필요한 원조와 지도를 행하며, 사회복지전담공무원이나 아동복지지도원 및 행정기관과 협력해야 한다.

한편 우리나라의 여성복지 업무를 관장하는 여성가족부의 출발은 1988년 2월 25일 설치된 정무장관(제2)실부터라고 할 수 있다. 그 후 국민의 정부가 출범하면서 대통령 소속하에 여성특별위원회가 1998년 2월 28일 설치되어 여성정책에 대한 종합적인 기획·조정에 관한 사무를 관장하였다. 그 후 정부 각 부처에 분산된 여성 관련 업무를 일괄해서 관리·집행할 여성부를 2001년 1월 신설하였고, 2004년 보건복지부로부터 이관받은 영유아 보육업무까지 수행하고 통합적인 가족정책을 수행할 수 있도록 하기 위해 2005년 6월 23일 여성가족부로 개편되었다. 그러나 2008년 2월 29일 여성가족부가 수행했던 가족 및 보육정책 기능은 보건복지가족부로 이관되었고 2010년 1월 18일 정부조직법이 개정됨에 따라 여성가족부는 여성의 권익 증진, 가족정책, 건강가정사업을 위한 아동 업무 및 청소년의 육성·복지 및 보호 기능을 수행하고 있다. 또한 국무총리실 산하의 여성가족부의 자문에 응하는 심의기관으로서 중앙보육정책위원회와 지방보육정책위원회 등이 있다.

1) 보건복지사무소 시범사업(1995. 7.~2000. 7)

한편 1994년 6월 보건복지부가 구성한 사회복지정책심의위원회에서는 「2000년대를 대비하는 사회복지정책 장기발전계획」의 일환으로서, 공공복지전달체계 개선방안으로 '보건복지사무소' 설치안을 건의하였다. 이에 따라 1995년 7월부터 전국 5개 지역을 대상으로 2000년 7월까지 시범사업을 실시하여 ① 복지전달 체계의 책임성, 공정성, 일관성, 전문성 향상, ② 복지사무 집중화를 통한 업무효율의 향상과 ③ 조직통합으로 인한 방문보건서비스 제공 및 활성화를 위한 긍정적 효과의 파급이라는 성과에도 불구하고 여러 가지의 문제점 도출과 정치적 이해관계로 말미암아 시범사업으로서만 그치게 되었다.

당시 시범사업의 문제점으로서는, ① 보건복지부와 시·군·구청과 분산 수행되는 사회복지조직의 이원화로 업무효율의 경감, ② 기관 간(사회복지기관과 보건소) 업무 떠넘기기, ③ 동일 사무소의 중복시행, ④ 보건복지사무소의 별도 설치에 따른 지리적 접근성 감소, ⑤ 보건 및 복지 전달체계의 상승효과의 미흡 등이 나타났다. 이에 보건복지사무소 시범사업에 관하여 보건복지백서(2000)에서 "시범사업의 주 목표로 제시되었던 보건복지연계서비스 제공의 실시 효과가 가시화될 만큼 충분히 나타나지 않았으며, 이는 보건복지사무소 확대 실시를 결정하기 어렵게 하는 주요한 단서로 작용하였다"고 평가하여 보건복지사무소 시범사업을 마무리하였다.

2) 지역사회복지협의체(2001. 10.~현재)

한편 보건복지사무소 시범사업을 폐지하고 난 후, 보건복지부는 한국보건사회연구원의 '보건·복지 기능연계 모형연구(2000)'를 기초로 보건복지 기능연계 도모를 위한 지역사회복지협의체 구성의 필요성을 확인하였다. 그리하여 2000년 12월 지역사회복지협의체 설치근거를 명시한 사회복지사업법 개정 법률안이 국회에 상정되었다. 그리고 보건복지부는 지역사회의 공공·민간분야의 복지 네트워크를 강화하기 위해 2001년 10월부터 2002년 11월까지 지역사회복지협의체 시범사업을 통해 시·군·구 내 공공·민간의 복지 공급자·수요자 간의 연계·협력기구인 지역사회복지협의체를 시범적으로 구성·운영하였다.

지역사회복지협의체는 지역의 사회복지에 관한 전반적인 사항을 다루는 거버넌스 실천기구로서 시·군·구 지역사회 단위로 설치되며, 복지자원의 확충, 효율화, 서비스 간 연계를 도모하고 서비스 대상자의 욕구 충족 및 문제해결을 위한 지역의 역량 강화를 위해 구성·운영되고 있다. 이러한 지역사회복지협의체는 공공과 민간, 그리고 주민과 학계 전문가가 참여하는 협의

구조로서 지역사회복지를 현실화하는 토대라고 정의할 수 있다. 따라서 지역사회복지협의체는 지역사회복지의 발전기반을 강화하고 합리적인 사회복지서비스 전달체계 확립을 통한 복지서비스의 효과성과 효율성을 제고하기 위해 ① 지역사회 내 복지문제를 해결하기 위한 민주적 의사소통 구조 확립, ② 수요자 중심의 통합적 복지서비스 제공 기반 마련, ③ 지역사회 복지자원의 효율적 활용체계 조성을 그 구성의 목적으로 하고 있다(박경일 · 이상주, 2005).

한편 2012년 1월 개정된 '사회보장기본법'은 기존 사회복지서비스 외에 보건의료, 교육, 고용, 주거 등 다양한 복지서비스를 포괄하는 사회서비스 개념을 도입하여 국민의 보편적·생애주기적인 특성에 맞게 소득과 사회서비스를 함께 보장하는 맞춤형 사회보장제도의 운영을 지향하였다. 그러나 '사회보장기본법'의 기본 이념인 맞춤형 복지를 실현하기에는 기존 '사회복지사업법'이 사회복지사업 중심의 서비스 이용 절차와 운영에 한정되어 있어 중앙행정기관과 지방자치단체의 유기적인 연계를 통한 지역단위 사회보장을 제대로 이루어 내지 못하였다. 따라서 이를 극복하기 위하여 「사회보장급여의 이용 · 제공 및 수급권자 발굴에 관한 법률」(이하 '사회보장급여법'으로 약칭)을 제정하여 중앙부처와 유기적 연계를 통한 지역단위의 종합적 사회보장, 지역 간 사회보장의 균형발전을 위한 지원체계가 정비되면서 2015년 7월 1일부터 지역사회복지협의체는 지역사회보장협의체로 간주되어 시행되었다(보건복지부, 2015 : 1).

〈표 7-2〉 사회보장급여법 시행에 따른 지역사회보장협의체의 변화

구분	지역사회복지협의체 (2015. 1. 1.~6. 30)	지역사회보장협의체 (2015. 7. 1.부터 시행)
법적 근거	사회복지사업법 제7조의2	**사회보장급여의 이용 · 제공 및 수급권자 발굴에 관한 법률 제41조**
범주	보건의료 및 사회복지서비스 중심	보건의료 및 사회복지뿐만 아니라 고용 · 주거 · 교육 · 문화 · 환경 등 영역 확대
연계체계	(시 · 도) 사회복지위원회 (시 · 군 · 구) 지역사회복지협의체 (읍 · 면 · 동) 복지위원	**(시 · 도) 사회보장위원회** **(시 · 군 · 구) 지역사회보장협의체** **(읍 · 면 · 동) 읍 · 면 · 동 단위 지역사회보장협의체**, 복지위원

협의체 구성	10명 이상 30명 이하 위원으로 구성 – 보건의료 또는 사회복지 전문가, 서비스 제공기관 대표, 공익단체 추천자 등으로 구성	위원 수 확대(10명 이상 40명 이하) – **사회보장 분야 전문가, 사회보장서비스 제공기관 등의 대표자**, 비영리민간단체 추천자 등으로 구성
협의체 운영	협의체 업무의 효율적 수행을 위하여 실무협의체 구성·운영	– 실무협의체 구성·운영 – **보장기관의 인력 및 운영비 등 재정 지원**
협의체 기능	– 관할지역의 사회복지사업에 관한 중요 사항과 지역사회복지계획 심의 또는 건의 – 사회복지 및 보건의료서비스 연계 협력 강화	**심의·자문/ 연계·협력 기능** **• 심의·자문사항** – **지역사회보장계획의 수립·시행·평가** – **지역사회보장조사 및 지역사회보장지표** – **시·군·구 사회보장급여 제공** – **시·군·구의 사회보장 추진** – **읍·면·동 단위 지역사회보장협의체 구성·운영 등**
경과 조치		**2015. 7. 1.부터 지역사회복지협의체는 지역사회보장협의체로 간주**

출처 : 보건복지부(2015). 2015년도 지역사회보장협의체 운영안내, p. 4.

3) 사회복지사무소 시범사업(2004. 1.~2006. 6)

이후 계속되는 공공복지 전달체계의 문제점에 대한 지적으로 2003년 출범한 참여정부는 12대 국정과제의 하나인 '참여복지와 삶의 질 향상'의 세부과제로 '사회복지사무소 설치 등 사회복지전달체계 개편'을 제안하였다. 그리하여 보건복지부는 이에 근거하여 사회복지사무소 시범사업을 추진하였다. 사회복지사무소 시범사업은 당시 공공복지 전달체계의 문제점으로 지적되고 있는 ① 시·군·구 복지행정의 전문성 부족 문제, 즉 중앙정부 복지정책의 단순 전달 역할과 지역 특성에 맞는 정책개발의 미흡한 문제와, ② 읍·면·동 사회복지직공무원의 효율적 운영이 미흡한 문제, 즉 1~2명이 모든 복지업무를 전담함으로써 나타나는 깔때기 현상으로 인해 취약계층 발굴의 어려움, 상담과 전문서비스가 곤란한 문제 등을 해결하기 위한 목적으로 2004년 1월부터 준비하여 2004년 7월부터 2006년 6월 말까지 전국 9개 시·군·구에서 시범 운영하였다.

사회복지사무소 시범사업은 ① 복지기능별 전담팀(상담, 조사, 서비스)과 대상자별 전담팀(기초, 자활, 노인, 장애인, 보육 등)을 설치하고, ② 인력 및 업무를 집중 배치함으로써 복지업무의 집중과 전문화가 가능하도록 하였으며, ③ 지역복지의 종합기획과 자원관리의 역할을 강화하여, ④ 공공기관 간, 공공과 민간 기관 간 협력을 통해 지역복지의 총량이 제고되도록 하여, ⑤ 긍정적으로 수요자의 편의와 복지서비스의 질을 제고하는 것을 목적으로 하였다.

그러나 공공복지 전달체계의 문제점을 극복하고 복지업무의 독자적인 전달체계를 구축하고자 출발하였던 사회복지사무소가 ① 주민들의 사회복지사무소 접근성의 어려움과, ② 일선 읍・면・동의 사회복지전담공무원의 업무 과중과 시・군・구와 협조체계 미흡, 그리고 ③ 지역사회 내에서 정부・민간의 보건복지, 자원봉사, 고용 관련 서비스 제공기관 간의 연계체계 미흡, 보다 근본적으로는 ④ 독립적이고 통합된 사회복지전달체계의 구축에 대한 정부의 정책의지의 부족 등으로 사회복지사무소의 설치는 불과 2년 정도의 시범사업으로 전락되고 말았다.

4) 긴급 복지지원을 위한 지방정부 기능 재조정

2004년 12월 대구 불로동에서 발생한 4세 장애아 아사사건은 한국 복지전달체계가 매우 심각한 상황이라는 것을 보여준 극단적인 사례로 이 사건은 정부와 국민 모두에게 복지전달체계의 중요성을 일깨우는 계기가 되었을 뿐만 아니라 신속한 개선의 필요성을 인식시켰다. 참여정부는 대통령자문 빈부격차 차별시정위원회 주도로 행정자치부, 보건복지부, 기획예산처 등과 함께 긴급보호체계 개선, 위기가정 발견시스템 구축 등을 포함한 복지전달체계 개선방안과 그에 따른 행정체계 개편의 기본 방향을 제시하도록 하였다.

즉, 기능 재조정과 관련해 우선 업무혁신을 추진하여 인력활용을 극대화하자는 것이었다. 기능 재조정은 시・군・구의 경우 지역복지정책의 기획과 서비스 연계, 민간자원의 발굴 등 일선에서 행하기 어려운 업무와 집중화를 통해 효율성을 높일 수 있는 업무를 중심으로 재편하고, 읍・면・동의 경우 지역주민의 접근 편의성과 담당자의 현장성 확보라는 측면에서 필요한 업무중심으로 재편하였다. 그리고 복지업무에 있어서의 담당인력 확충방안은 사회복지 전담공무원을 2005년까지 1,800명 증원하도록 하는 것이 핵심이었다. 230개 시・군・구당 평균 8명씩 인력이 충원되도록 하였으며 복지기획능력 및 현장성 강화 측면에서 지역복지정책의 기획과 서비스 연계, 민간자원의 발굴, 긴급지원 등 읍・면・동에서 행하기 어렵거나 집중화가 필요한 업무에 배치되도록 하였다(박경일・이재정・조수경, 2011).

또한 이 사건을 계기로 2005년에는 보건복지콜센터(희망의 전화 129번)가 개통되었다. 희망의 전화 129는 국민이 도움이 필요할 때 언제든지 도움을 요청할 수 있는 체계를 만든다는 사회복지전달체계 개선대책 중 하나이다. 희망의 전화 129는 2007년 1월 1일부터 보건복지 관련 상담전화인 노인학대(1389), 아동학대(1391), 푸드뱅크(1377), 위기가정(1688-1004) 및 노인치매(1588-0678) 상담전화가 통합・운영되었다. 따라서 희망의 전화 129는 보건복지 관련한 상담 및 안내 서비스를 한곳에서 받아보실 수 있는 보건복지부의 통합형 원스톱서비스 대표 번호라고 볼 수 있다.

5) 주민생활지원서비스로 전달체계 개편(2006. 7.~현재)

주민생활지원서비스[1] 전달체계 개편은 보건복지부가 발표한 희망한국 21이라는 종합복지대책에 사회안전망 확충에 따른 복지예산의 효율적 집행과 국민의 복지체감도를 높이는 맞춤서비스 제공을 위하여 종래 복잡하고 비효율적인 공급자 위주의 복지서비스 체계를 수요자 중심의 맞춤형 통합서비스 전달체계로 개편하고자 하는 것으로, 지방행정의 틀을 복지중심으로 바꾸고, 민・관 협력의 거버넌스(governance) 체제를 갖추어 참여복지를 실현하기 위한 것이다. 그리하여 2006년 7월부터 새롭게 개편, 설치된 것이 주민생활지원국

1) 주민생활지원서비스란 취약계층에게 제공되는 복지・보건서비스 이외에 주민생활의 질 향상을 위해 제공되는 고용・주거・평생교육・생활체육・문화・관광서비스를 포괄하는 개념으로 주민은 평균 256개 서비스를 제공(중앙부처 216개, 시・도 자체 서비스 평균 26개, 시・군・구 자체 서비스 평균 14개)받고 있다.

이라는 행정자치부의 조직이다. 이러한 주민생활지원국은 기존의 자치구 내에 존재하던 사회복지과가 개편된 것으로서 시범사업으로 실시된 보건복지사무소와 사회복지사무소와 같이 독립된 사회복지조직이라고 할 수는 없다.

주민생활지원서비스 전달체계 개편의 목표는 크게 네 가지로 구분할 수 있다. 첫째, 지방자치단체의 기획력을 제고하고, 둘째, 서비스 제공과정에서 전문직의 전문성이 발현되는 기반을 조성하며, 셋째, 수요자 입장에서 수요자의 다양한 욕구에 대응하는 서비스 연계를 통하여 수요자에게 통합적으로 제공하고, 넷째, 접근성을 전제로 사례에 대한 반응력을 높여 서비스 대응성을 향상시킨다는 것이다(이현주 외, 2007). 이러한 목표달성을 위하여 시・군・구에 복지, 보건, 보육, 고용, 주거, 교육, 문화, 생활체육을 포함하는 8대 영역을 전담하는 주민생활지원국을 설치하여 통합적 서비스를 제공하도록 하고, 읍・면・동사무소를 "주민복지센터"로 명칭을 전환하면서 주민생활지원팀(6급 담당)을 신설하여 복지서비스 기능을 강화하고 8대 영역의 One-stop 서비스가 제공되는 것을 목표로 한 조직개편을 단행하였다.

주민생활지원서비스 전달체계는 8대 서비스 영역에서 시・군・구와 읍・면・동의 업무분담의 재편에 따른 조직구조 재편과 인력의 재편이라는 점에서 복지를 중심으로 한 사회복지사무소 시범사업에서의 행정체계 개편보다 그 폭이 훨씬 크다고 할 수 있다.

그러나 주민생활지원서비스 전달체계에 대한 기본적인 평가는 매우 부정적이다. 즉, 목표했던 통합적 서비스 제공이나 전문적인 서비스 제공을 달성하지 못하고 읍・면・동에 신설된 6급의 90% 이상이 일반 행정직으로 배치되면서 "무보직 6급을 위한 개편"이라는 비판이 제기되었다(강혜규, 2011). 또한 일반 행정직의 복지업무 기피문제를 해결하지 못해 모든 복지업무가 소수의 사회복지전담공무원에게 집중되는 깔때기 현상이 심화되었으며, 8대 영역 서비스 제공도 실현되지 못하였다. 그리고 사회복지행정에 부적합하게 종합행정이 이루어지는 읍・면・동 환경에서 사회복지직의 업무량 과다, 대상자 상담을 위한 시간 할애의 어려움, 현장중심행정과 방문상담이 곤란한 점, 업무분담의 세분화로 인해 발생하는 업무분절, 사례관리가 자산조사－사후관리－

서비스 연계로 분리되는 것과 읍·면·동과 시·군·구로 분리되는 문제 등이 서비스 전달의 효과성과 효율성을 저해하는 것으로 나타났다(박경숙 외, 2012).

6) 사회복지통합관리망 개통(2010년~현재)

2010년 1월 각종 사회복지 급여 및 서비스 지원대상의 자격 및 이력정보를 통합관리하고 지방자치단체의 복지업무 처리를 지원하기 위한 정보시스템으로 사회복지통합관리망(행복e음)을 새롭게 개통했다. 이는 기존 시·군·구별 새올행정시스템(주민, 지적, 재정, 세정, 복지 등 31개 시·군·구업무지원시스템) 중 복지분야를 분리하여 중앙에 통합 구축하는 것을 골자로 한다. 따라서 복지급여 통합관리시스템을 중심으로 상담 및 사례관리시스템, 사회복지시설정보시스템으로 구성된다. 관련한 주요 내용은 기존 지방자치단체별 복지사업별 DB로 집행되던 약 12여 개의 복지급여 및 서비스 이력을 개인별 가구별로 통합관리하여, 부정수급 차단과 누락 발굴, 유관기관 공적자료 연계, 지급의 투명성, 지방자치단체 복지업무절차 간소화로 사업별 유사 중복을 통합하고 사업별로 다른 소득 및 재산 조사방법을 통일하여 여러 사업에서 공통 활용, 급여체계의 자동화시스템으로 기존 소요시간을 수요자 중심의 통합적 서비스 제공을 위한 사례관리 집중에 있다. 이 과정에 공공전달체계에서는 시·군·구 통합조사팀이 통합조사관리팀으로 확대 개편되고, 서비스 연계팀의 기능을 사례관리 및 서비스연계 업무에 집중하도록 하였다. 이러한 개선을 통해 수요자의 체감도 향상, 서비스 효율성과 복지재정의 효율성 강화를 기대하고 있으며, 기대를 성과로 이루기 위해 사회복지통합시스템의 안정적 전환과 운영을 위한 데이터 관리와 지방자치단체의 지원이 지속 점검되어야 하며, 무엇보다 주체 간의 정보연계 및 공유의 확대가 요구된다.

사회복지통합관리망(행복e음) 시스템 구성도

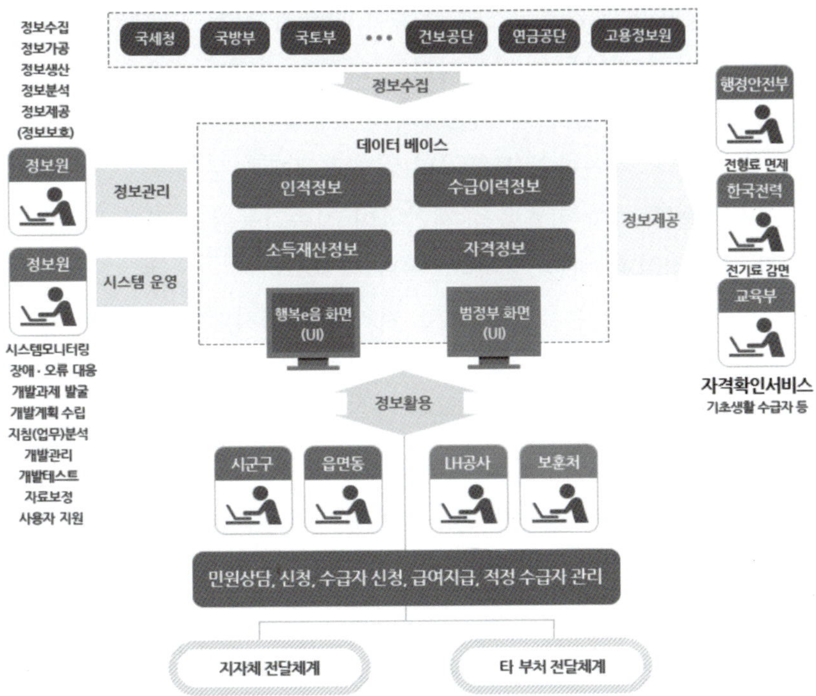

출처 : 사회보장정보원(http://www.ssis.or.kr/index.do).

7) 희망복지지원단(2012~현재)[2)]

2011년 7월 국무총리실에서는 수요자중심의 맞춤형 복지실현을 위한 복지전달체계 개선 대책안으로서 (가칭)희망나눔지원단 설치를 제안한 바 있다. 이 안을 기초로 정부는 늘어나는 사회복지 예산과 업무 때문에 과부하가 걸린 일선 사회복지담당공무원을 늘릴 계획을 세우고, 이들을 효과적으로 활용하기 위한 방안을 마련하고자 2012년 4월부터 시·군·구에 「희망복지지원단」

2) 보건복지부(2018). 2018년 희망복지지원단 업무안내, pp. 8-10 참고.

을 구성하는 전달체계를 마련하였다.[3)]

2012년 4월부터 시행된 희망복지지원단은 각종 복지사업이 부처별로, 기관별로 제공됨에 따라 복지서비스의 중복이 발생하고 서비스대상자가 필요한 서비스별로 각각의 기관들을 방문하여 신청하는 불편함이 있기 때문에 국민들 개인별로 또는 가구별로 다양한 복지욕구에 맞게 맞춤형 복지를 제공하는 데 그 목적이 있다. 지역단위 통합서비스 제공체계를 구축함으로써 복지체감도를 향상시키는 동시에 비효율을 제거하여 지속가능한 복지를 구현할 수 있는 체계를 마련하고자 하는 것이다(성은미 외, 2012).

즉, 「희망복지지원단」은 기본적으로 지역별 통합사례관리체계를 강화하기 위해 마련된 개편안이다. 정부는 사회복지담당공무원을 2014년 5월 단계적으로 총 7천 명 확충을 완료하였고, 2015년 하반기부터 통합사례관리가 읍·면·동으로 확대되었다.

보건복지부는 희망복지지원단 전문성 강화에 따라 시·군·구별로 상이한 충원인력 규모, 기존 독자적 사례관리 모델 운영 등을 고려하여 각 지방자치단체 특색에 맞게 1팀 운영 모형, 2팀 운영 모형, '과' 모형, 일반 구가 있는 시 모형, 읍·면·동 사례관리 강화 모형 등 다양한 조직형태로 운영하도록 하고 있다. 1개 팀 운영의 경우 주로 '군' 단위 지역에서 구성할 수 있는 모형이며, 지역의 특성을 고려하여 통합사례관리 강화, 자원총괄관리, 지역보호체계 운영 및 읍·면·동 복지업무 총괄·관리 등의 업무를 희망복지지원팀에서 수행하고 있다.

2개 팀 운영은 지방자치단체 상황에 맞게 자원관리를 총괄할 수 있도록 탄력적으로 업무분장하되 추가되는 사업의 경우 전담인력을 배치하여 업무가 가중되지 않도록 조치하고 있으며 팀 간 업무협조체계도 마련하고 있다. 2개 팀은 통합사례관리사업 중심으로 지역보호체계 운영 등의 업무를 수행하는 '희망복지지원팀'과 자원총괄관리 업무를 중심으로 수행하는 '복지자원관리팀'으로 나누어진다.

---

3) 이와 같은 개편안을 추진함에 따른 사례로 서울복지재단 내 복지사각지대 해소를 위한 정책 및 모형 개발과 서비스 정보 구축, 광역적 자원 관리, 찾아가는 복지서비스를 추진하고 있는 서울형 그물망복지센터(2010. 3. 설치)와 경기도에서 2010년부터 시행 중인 시군의 통합사례관리체계로 사례관리사업 지원기능을 수행하는 무한돌봄센터를 제시하고 있다.

‘과’ 단위 구성은 지방자치단체 특성 및 과의 규모 등에 따라 탄력적으로 업무를 분장하고 통합사례관리, 자활·고용, 자원봉사 등 통합사례관리 및 자원관리업무와 연계되는 팀을 한 과로 구성하여 운영하는 경우이다.

[과 업무분장 예시]

※ (추가) 사회복지관 등 업무 특성상 연관성이 높은 팀을 추가로 구성 가능

그 외에도 일반구가 있는 시 지역은 일반구 조직에서 통합사례관리 운영, 인력 확충을 통한 ‘동’ 중심의 사례관리 운영 등 지역 특성에 맞는 다양한 형태로 운영 가능하다.

「희망복지지원단」의 인력배치는 복지담당공무원과 통합사례관리사가 있는데 복지담당공무원은 최소 5년 이상 근무경력 사회복지직 7~8급 공무원을, 통합사례관리 담당으로 배치하고 있다. 통합사례관리사는 통합사례관리를 위한 시·군·구 단위의 자원 발굴 및 읍·면·동 간 자원 불균형을 조정하고 찾아가는 보건복지서비스 신규 추진, 읍·면·동의 사례관리 교육 및 읍·면·동 역량 강화를 수행하고 있다.

이처럼 「희망복지지원단」은 복합적 욕구를 가진 대상자에 대한 통합사례관리를 통해 공공과 민간의 급여, 서비스, 자원 등을 맞춤형으로 연계·제공하는 통합서비스 제공체계이다. 「희망복지지원단」에서는 복지서비스의 통합성을 강화하기 위해 통합사례회의 시 자활(직업상담사) 및 보건소 인력참여를 통해 복지, 고용, 보건서비스 간 연계체계를 강화하도록 하였다. 특히 지역 내 방문형 서비스(방문간호, 노인돌봄, 드림스타트, 장애인사례관리 등)와 개별사례관리사업의 연계방안을 마련하여 사업 간 시너지 효과를 제고하고자 하고 있다.

또한 '읍 · 면 · 동의 찾아가는 보건복지서비스' 역량 강화를 위해 사례관리 경험과 노하우를 바탕으로 컨설팅 · 교육 · 슈퍼바이저 등 읍 · 면 · 동 지원 역할도 수행하고 있다.

8) 찾아가는 보건복지서비스[4)]

정부의 노력으로 복지제도의 기본적인 사회안전망 틀은 구축되었으나, 국민의 복지체감도는 여전히 낮아 복지서비스의 효율적인 전달체계 구축이 필요하게 되었다. 특히나 읍 · 면 · 동 복지깔때기 문제 심화로 종합상담 및 정보제공, 찾아가는 서비스 등 복지수요에 대한 능동적 대응이 어렵다는 지적에 따라, '읍 · 면 · 동의 복지기능' 강화 시범사업(2014. 7.~2015. 12., 15개소)을 실시하여 읍 · 면 · 동 전달체계 개편을 추진하였다. 시범사업의 결과 사각지대 발굴이 6.2배, 방문상담 4.3배, 서비스 연계 3.4배, 국민 만족도 향상(82점 → 92.8점) 등의 복지체감도가 향상되는 성과가 나타났다. 이러한 시범사업의 성과로 전국으로 확산하기 위한 「읍 · 면 · 동 복지허브화 추진계획」이 제12차 사회보장위원회에서 의결됨에 따라 2016년부터 전국으로 사업을 확대하여 추진하였고, 2017년 8월에 국정과제로 확정됨에 따라 명칭이 '찾아가는 보건 · 복지서비스'로 변경되었다.

「찾아가는 보건복지서비스」의 추진목표는 국민의 복지체감도 제고를 위한 통합서비스 지원, 찾아가는 복지전담팀 운영 및 복지업무 역량 강화, 민관협업을 통한 지역사회 복지자원 총량 극대화이다. 이를 위해 첫째, 읍 · 면 · 동에 '찾아가는 복지전담팀'을 설치하고 있다. '찾아가는 복지전담팀'은 팀장 포함 3명 이상으로 구성하여 찾아가는 복지상담, 위기가구 통합사례관리, 방문건강관리 등을 수행하고 있다. 특히 신규 확충 보건복지전담공무원을 '찾아가는 복지전담팀'에 투입, 지방자치단체 업무조정 및 민간전문가 추가 배치 등 인력을 확보 · 활용하고 있다. 둘째, 읍 · 면 · 동 복지역량 강화 및 지역별 편차

4) 보건복지부(2018). 2018년 희망복지지원단 업무안내, pp. 3-7 참고.

개선을 위해 우수사례 전파, 담당자 맞춤교육, 전문가 컨설팅 등을 통해 복지담당 인력의 전문성을 강화하고 사회복지업무 수당, 자격증 수당 지급 등 처우를 개선해 나가고 있다. 마지막으로 복지통(이)장, 읍·면·동 주민자치회, 읍·면·동 단위 지역사회보장협의체 등 인적 안전망 적극 활용하여 복지사각지대 발굴을 확대해 나가고 있다.

이처럼 「찾아가는 보건복지서비스」는 노인·장애인 등 이동 제약 계층에 대한 찾아가는 상담서비스 제공, 위기가구에 대한 관리체계화 등을 통해 국민복지 체감도를 높이고 방문상담 공무원과 이웃주민의 촘촘한 인적안전망 구축을 통해 복지사각지대를 해소하고 공공과 민간 복지 간 연계·협력 활성화를 통해 지역사회의 복지수요에 긴밀히 대응하고 지역의 인적·물적 자원의 참여와 협력으로 지역사회 중심의 복지체계를 구축하고 있다.

❙그림 7-1❙ '찾아가는 보건복지서비스' 개념도

출처 : 행정안전부 공식 누리집.

이상에서 공공복지 전달체계의 개편내용을 전술한 전달체계의 원칙(통합성, 효과성과 효율성, 전문성, 접근성)들에 입각하여 그 성과를 비교해 보면 다음과 같다.

〈표 7-3〉 공공복지 전달체계 개편 시도들의 성과비교

구 분	보건복지사무소	사회복지사무소	주민생활지원 행정개편	시·군·구 「희망복지지원단 설치」	찾아가는 보건복지서비스
통합성	• 보건과 복지 통합 실패 • 타 복지 관련 서비스기관과 연계 부재	• 자원개발 및 서비스 연계 강화 • 통합적 사례관리 어려움 • 다양한 욕구에 대한 통합적 서비스 연계 미흡	• 통합적 서비스 제공성과는 미흡 • 8대 영역 서비스 통합은 성공하지 못함	• 위기가정 중심으로 진행	• 서비스 통합화 실현(통합사례관리 제공) • 공공과 민간 복지 간 연계·협력 활성화
효과성과 효율성	• 수급자 선정의 공정성이 증진 • 중복업무가 감소되며 효율성 증가 • 복지행정업무 처리속도 증가 • 시·군·구와 보건복지사무소 배분의 문제 발생 • 전문인력 부족	• 수급자 선정의 공정성이 증진 • 상담내실화 • 지역의 복지문제 해결에 대한 대응능력 강화 • 업무의 신속성 증대 • 팀별 기능 분화로 사례관리의 연속성 저하 • 전문인력 부족	• 팀별 의사소통 단절현상 존재 • 조사, 관리, 연계의 분리 • 비효율 초래 • 복지업무담당 일반행정직의 잦은 이동 및 사회복지업무 기피로 효과성과 효율성 저하	• 7,000명의 인력 충원으로 업무 과부담 해소 계획 • 주민생활 지원 체계의 한계 그대로 잔존	• 국민의 복지체감도 향상 • 읍·면·동 복지역량 강화 및 지역별 편차 개선 • 복지사각지대 발굴 확대 • 지방자치단체 업무조정으로 인한 인력활용도 향상
전문성	• 전문성 일부 향상, 그러나 일반행정기관 환경구조적 제약 존재 • 사회복지직렬 부재	• 전문성 향상 • 수직적 또는 수평적 지도·감독이 원활 • 상급직의 잦은 이직 • 전문적 사례관리는 여전히 부재	• 읍·면·동과 시·군·구 일반 행정기관 지도감독하에 사회복지직의 전문성 제한 • 전문적 사례관리 부재	• 희망복지지원단에서 사례관리의 전문성 강화	• 담당자 맞춤 교육, 전문가 컨설팅 통한 복지담당 인력 전문성 강화

접근성	• 접근성 낮음	• 접근성 낮음	• 물리적 접근성은 읍·면·동에서 유지 • 그러나 복지전담 공무원의 업무과다로 정보 접근성 미흡		• 찾아가는 상담서비스 통해 노인, 장애인 등 이동제약 계층에 대한 복지서비스 접근성 높임

출처 : 성은미 · 인경석 · 박경숙 · 백민희 · 민소영 · 권혜영(2012). 공공복지전달체계 개편연구－무한돌봄종합복지센터 시범사업모형개발. 경기복지재단 참고하여 재작성.

2. 사적 전달체계의 구조와 발전방향

1) 사적 전달체계의 구조

사적 사회복지조직은 영리를 목적으로 하지 않는 주민조직과 그리고 사회복지법인, 재단법인 및 사단법인, 종교단체, 법정단체 및 기타 특수법인, 등록단체나 그 법인 또는 단체가 사회복지사업을 목적으로 운영하는 시설과 기관을 말한다. 우리나라의 사적 사회복지조직은 공적 사회복지조직처럼 특별한 상의하달식의 전달체계를 구축하지 않고 있다. 단지 사적 사회복지조직은 행정당국의 지도 · 감독을 받아 서비스를 전달하는 사회복지법인(사회복지기관 및 시설)과 행정 당국의 지도 · 감독을 받지 않고 독자적으로 운영되는 민간 사회단체나 기타 법인체 등에 의해 사회복지서비스가 전달되고 있다. 그러나 이들 법인체나 각종 단체들은 지역에 따라 지부가 설치되어 있거나, 시설 상호간의 연락 조정 및 조사 건의를 위하여 협의체가 구성되어 있기도 하다.

우리가 흔히 말하는 지역사회조직사업 분야에 있어서의 협의회는 세 가지 유형이 있다. 첫 번째 유형은 전통적인 사회복지기관협의회(councils of social agencies)인데, 이는 사회복지기관들이나 사회복지를 담당하는 위원회 및 부서를 가진 여타의 단체들로 구성된다. 일반적으로 대도시에 존재하는 복지협의회의 대부분은 이러한 형태이며, 우리나라의 한국사회복지협의회의 전신(前身)인 한국사회사업연합회나 한국사회복지관협회도 이러한 유형에 속한다고 할 수 있다.

두 번째 유형으로는 지역사회복지협의회를 들 수 있다. 이는 전문 혹은 비전문 개인회원과 사회복지기관의 단체회원으로 구성되며 포괄적인 의미의 사회복지 증진에 관심을 갖고, 사회복지기관들의 프로그램을 기획·조정하고 사회복지 프로그램과 서비스를 향상시키기 위한 노력과 함께 사회행동(social action) 등에도 참여한다. 우리나라의 한국사회복지협의회와 각 시·도의 사회복지협의회가 이러한 유형에 속한다.

세 번째 유형으로는 이른바 '전문분야협회(specialized councils)'를 들 수 있다. 이 협의회는 앞에서 말한 두 협의회 유형 중의 하나의 기능적인 형태로서 소협의회 혹은 독립기구로서 존재할 수가 있다. 예를 들면, 한국사회복지사협회, 가정 및 아동복지협의회, 레크리에이션과 집단지도협의회, 보건문제, 정신위생, 재활, 청소년 비행예방, 청소년 서비스 분야 등의 기관협의회를 들 수 있다. 우리나라의 사회복지 분야에도 각종 직능단체협의회가 있는데, 이러한 유형에 속한다고 할 수 있다.

사회복지협의체의 세 가지 유형 중에서 민간사회복지 부문의 서비스 전달체계에 가장 큰 영향을 미치는 것은 두 번째 유형인 지역복지협의회라고 할 수 있다(최일섭, 1999).

한편 이러한 사적 사회복지서비스 전달체계는 복지대상자에게 직접적인 서비스를 제공하느냐의 여부, 활동을 전개하는 지리적 단위, 욕구나 문제를 가진 대상자별의 성격, 그리고 조직의 설립주체 등에 따라 다양하게 분류될 수 있지만 전형적인 사적 사회복지서비스 전달체계는 생활시설, 이용시설, 전용시설 및 이들 시설 간의 협의체로 대별할 수 있다.

2) 사적 사회복지전달체계의 발전방향

사적 사회복지전달체계의 발전방향으로 공공·민간, 민간기관 간의 협력체계 구축과 민간부문의 권한 강화가 요청된다(박경일, 2007).

(1) 공공 · 민간 협력체계 구축

공공－주민－학계－전문가 연계의 지역사회복지협의체의 육성 · 지원이 필요하다. 즉, 지역사회복지협의체는 지역의 사회복지에 관한 전반적인 사항을 다루는 복지거버넌스 실천기구이다. 그런데 지역사회복지협의체는 관 주도형으로 운영되고 있고 아직은 협의체 회원들 간의 유기적인 협조도 미흡하며 실무협의체, 실무위원의 업무 이중성으로 업무가 과중 부담된다. 아울러 유급간사의 미설치로 인해 책임감 있는 협의체 운영에 어려움이 있다. 따라서 지역사회복지협의체의 개선방안으로 가장 우선적으로 협의체의 운영과 연락 조정에 필요한 유급 민간 전담인력의 채용과 공간의 마련이다. 그리고 지역사회복지협의체를 활성화하기 위한 서비스 연계 및 조직 간 협력에 대한 인센티브의 제공이 요망된다.

(2) 민간 · 민간 협력체계 구축

민간부문의 실질적 협의회 가동을 통한 민간기관 간 연계가 필요하다. 현재 개별분야별 네트워크가 미미하여 서비스 제공 대상 및 사업의 중복, 사각지대가 발생하고 있다. 복지영역의 경우 복지부 지원을 중심적으로 받고 있는 각종 복지시설, 민간영역인 종교기관과 단체, 기업, 자원봉사단체, 각종 풀뿌리단체, 청소년단체 등 정부의 위탁을 받거나 자체적인 재원 확보를 통한 복지단체들의 연계 부족으로 중복, 사각지대 등이 발생하고 있다.

(3) 민간부문의 권한 강화

직접(대민)서비스 체감도를 높이기 위한 민간부문의 권한 강화가 필요하다. 즉, 직접서비스 체감도는 제공주체인 민간기관, 단체, 개인 자원들이 수동적 상태에 있을 경우 이루어지지 않으므로 민간 서비스 공급자원이 급격히 늘어나는 추세를 반영하여 민간의 권한을 높이는 협력체계를 구축해야 민관협력이 효과적으로 이루어질 것이다.

생각해 볼 문제

- 사회복지 전달체계의 원칙으로서는 어떠한 것이 가장 중요할지 생각해 봅시다.
- 사회복지 전달체계의 개선전략으로는 어떤 것이 있는지 생각해 봅시다.
- 우리나라 공적 사회복지전달체계의 변천을 머릿속으로 그려봅시다.
- 우리나라 공적 사회복지전달체계의 변천에 대한 성과와 한계를 토의해 봅시다.
- 우리나라 사적 전달체계의 유형과 시스템이 어떠한가를 논의해 봅시다.
- 우리나라 공적·사적 사회복지전달체계의 발전방향에 대해 토의해 봅시다.
- 사회복지서비스 전달체계의 기본 방향과 추진전략에 대해 논의해 봅시다.

PART 03

Social Welfare Administration

사회복지관리

CHAPTER 08 기획과 성과관리

학습목표

[가치] • 사회복지행정 이념인 합법성과 효율성, 효과성이 어떻게 반영되는지 이해한다.
[지식] • 기획의 필요성 및 유형, 성과관리 구성요소, BSC에 대해 이해한다.
• 기확과 MBO, 논리모델의 적용에 대해 이해한다.
[기술] • 사업계획서 작성, Gantt chart 도표, PERT 활용방법을 습득한다.
• BSC 성과관리시스템 구축 기법을 배양한다.

제1절 기 획

사회복지조직은 서비스 제공에 대한 사회적 인가뿐만 아니라 세금, 기부금으로 서비스를 제공하기 때문에 효과적이고 효율적인 서비스를 제공해야 한다. 서비스의 효과적이고 효율적인 달성을 위해서는 적절한 기획이 필요하다. 특히 사회복지행정 조직의 과업환경과 일반환경은 매우 빠르게 변화하고 불리하거나 유리한 조건으로 작용하므로 사회복지행정가는 장래를 예측하여 적절한 계획을 수립하고 신속한 의사결정을 하지 않으면 생존하고 발전할 수 없게 된다.

1. 기획의 개념

기획(planning)은 어떤 과업을 하기 전에 해야 할 일과 필요성, 시기 및 수행 방법 등을 결정하는 작업이다. 또한 새로운 일을 하기 위해 선택할 수 있는 여러 대안을 마련하고 그중 적절한 것을 가려내는 작업이기도 하다. 따라서 계속적으로 미래지향적인 어떤 선택을 해야 하므로 의사결정 과정과 연결되고 목표달성을 위한 수단적 계획의 성격을 가진다. 다시 말하면, 기획은 사업 계획의 과정이며 정책목표와 수단을 발견하기 위한 복합적 활동이다.

사업계획에 보다 초점을 두고 개념정리를 할 경우에, 기관이념에 근거하여 설정한 목적을 달성하기 위하여 중장기별 또는 연도 단위로 정하는 계획이기도 하다. 기관 사명과 전략이 설정되면 목적을 실현하기 위한 구체적인 행동계획이 필요하며 이것이 사업기획이다.

기획은 구체적인 달성 목표와 활동을 분명히 한 후에 이루어야 할 행동을 정한 것이므로 종사자의 동기를 높여야 한다. 애초 계획과 다른 상황이 될 경우를 대비하여 대안을 만들어 둘 필요도 있다. 기획의 실행은 성과를 지향하며 성과의 고저에 따라 평가된다. 따라서 목표를 명확히 설정하고 그것을 달성하는 의의가 조직 전체적으로 공유되어야 한다. 또한 확실한 목표달성을 위하여 실행 중인 활동을 평가하고 평가에 근거하여 계획·전략·전술을 수정하는 게 중요하다.

2. 기획의 필요성

사업기획은 보다 훌륭하고 뛰어난 성과를 도출해야 하며 그를 위해 뛰어난 아이디어를 활용해야 한다. 매력적이고 참신한 결과를 기대할 수 있는 계획서가 만들어져야 최고결정권자의 승인을 얻어 실현 가능성이 높아진다. 사회복지행정에서 이와 같은 가능성 있는 기획이 필요한 이유가 무엇일까?

첫 번째로 효율성을 높이기 위해서 필요하다. 사회복지기관은 인적·물적 자원을 항상 제약당하고 있다. 이런 환경에서 최소비용과 노력으로 서비스의 성과를 올리기 위해서는 훌륭한 사업기획이 필요하다. 두 번째로 효과성 증진을 위해서 필요하다. 사회복지기관이 제공하는 서비스는 클라이언트의 문제를 해결하거나 욕구를 충족하는 데 효과가 있어야 한다. 치밀하게 계획된 활동이 아니라면 그 결과가 바라는 대로 달성되지 않을 수도 있다. 세 번째로 책임성 증진을 위해서 필요하다. 사회복지기관은 공공 자금과 개인 기부금을 사용하고 있으므로 목표하는 사업을 수행함으로써 사회적 책무성을 다해야 한다. 따라서 사회적으로 책임을 다하는 활동 수행을 위해서 사업기획이 필요하다. 네 번째로 사회복지기관의 사기 증진을 위해서 필요하다. 기획과정에는 종사자들의 참가가 이루어져서 의견이 반영되어야 한다. 구성원들 모두 자신들의 참여에 의해 이루어진 사업기획에 대해서 기대와 성취감을 느낌으로써 사기는 더욱 높아질 것이다.

3. 기획의 유형

1) 위계수준에 따른 기획

조직의 위계에 따라 기획이 다르다. <표 8−1>에서와 같이 최고관리층은 목표와 정책처럼 조직 전체에 관련된 장기적 계획에 관심이 있다. 중간관리층은 사업의 할당이나 구체적인 사업계획, 하위목표 설정과 같은 보완적 목표 수립을 위한 기획에 집중한다. 감독관리층은 구체적 사업계획과 세부일정표, 단기목표 수립과 같은 운영기획에 관심이 있다. 마지막으로 실무자는 일상적 업무나 세부적인 절차와 관련된 사업계획에 집중한다.

〈표 8-1〉 위계수준과 기획유형

조직의 위계수준	기획의 유형
최고관리층	기관 전체와 관련된 조직목표와 장기계획
중간관리층	사업계획, 사업할당, 보완적 목표
감독관리층	구체적인 사업계획과 일정, 단기목표와 운영기획
관리실무자	일상적 업무 및 세부적인 업무절차

2) 장기기획과 단기기획

장기기획은 1년 이상 5년, 10년과 같이 장기간에 걸친 기획으로 외부환경의 영향을 중요시하여 주기적으로 목표를 재설정한다. 이러한 기획은 창의성과 미래 비전을 강조한다. 단기기획은 장기기획에 근거한 1년 미만의 사업기획이다. 구체적이고 행동지향적인 실행방법과 관련된 계획이다. 기관 하위직에서 상위직으로 올라갈수록 단기기획에서 장기기획 방향으로 관리책임이 높아진다. 단기기획은 장기기획과 상호 밀접한 연관성을 가지면서 통합적으로 관리되어야 한다.

3) 전략적 기획

전략적 기획(strategic planning)이란 조직의 정체성을 명확히 설정하고 무엇을, 왜 해야 하는지를 지시해 주는 기본적인 결정과 행동계획을 수립하기 위한 노력이다. 폭넓은 정보 수집, 대안 탐색, 미래지향적 의사결정을 요구하므로 커뮤니케이션과 참여, 다양한 이해관계와 가치의 조정, 순차적인 의사결정과 이의 성공적 집행을 통해 기관의 업무수행을 활성화시킨다. 전통적 기획과 달리 전략적 기획은 구체적 산출물에만 관심을 두는 것이 아니라 과정을 강조하므로 구성원의 참여를 통해 방향을 제공해 주고 기대되는 결과와 이를 달성할 수 있게 해주는 경로를 확인하게 한다. 핵심적 개념을 요약한다면, 전략적 기획은 조직의 바람직한 미래상의 비전을 개발하는 데 초점을 두고 이를 통하여 행동에 옮길 수 있는 행동단계를 수립하는 데 강조점을 둔다. 결국 조직의 바람직한 미래상을 개발하는 데 초점을 두고 이를 통하여 단계적으로 과업행동에 옮길 수 있는 계획을 수립하는 데에 관심이 있다.

4) 자원기획

자원기획은 재정기획, 시설 및 장비에 관한 기획, 소비물자에 관한 기획, 인적자원에 관한 기획으로 구분할 수 있다.

첫 번째로 재정기획은 기관이나 프로그램의 재정상태를 예측하기 위한 기획이다. 성공적인 재정기획을 위해서는 프로그램의 재정상태를 예측하는 능력이 필요한데 전산화된 회계제도의 도움을 받을 수 있다. 재정이 부족할 경우에는 서비스의 양이나 범위를 조정하여 자금수요를 줄이거나 기부금이나 지원확보를 위한 모금운동을 한다. 두 번째로 필요한 시설이나 장비구매・임대와 관련된 기획이다. 세 번째로 소비물자에 관한 기획이다. 네 번째로 인재확보와 개발, 보상, 노사관계 등에 관한 기획이다.

5) 개인기획

관리자는 기관의 프로그램과 프로젝트에 관한 종합적인 기획책임이 있지만 자신의 개인적 과업도 기획해야 한다. 즉, 업무와 관련된 기획뿐만 아니라 개인적 목표와 성취해야 할 과업과 관련된 기획도 고려해야 한다. 성공적인 개인기획을 위해서는 시간과 자원, 타인의 기대, 유사한 과업에 대한 경험, 계획의 실현 가능성 등을 점검해야 한다. 또한 가용자원과 시간적 여유, 목표를 성취할 수 있는 능력 등을 검토하여 부정적인 요소를 최소화해야 한다.

4. 기획과 논리모델

논리모델은 프로그램 의도가 활동을 통해 성과로 이어지는 논리적인 연결관계를 도식적으로 표현한 것이다. 일반적으로 클라이언트 특성, 프로그램 구성요소, 관련활동, 의도한 결과 등을 논리적으로 나열하여 제시한다. 문제해결을 위한 전략을 선택하기 위해 '만약 ~하다면, ~할 것이다'의 연결관계로 설명한다. 따라서 논리모델은 기획과정의 목표설정과 대안선택과 같은 세부적인 단계를 특정 활동 중심으로 논리적으로 연결하여 간략하게 보여주는 장점이 있다. 서비스 이용자의 변화, 문제해결, 지역사회 변화와 같은 기관의 목표달성을 강조하므로 성과중심의 기획기법으로 응용할 수 있다. 구성요소는 투입 – 활동 – 산출 – 성과 – 영향과 같은 개념 틀을 활용한다(이봉주 외, 2009; 황성철 외, 2012). 그렇지만 논리모델 기획의 출발은 투입 이전에 해결해야 할 사회문제에 대한 기술, 즉 표적집단과 서비스를 필요로 하는 상황에 대한 서술(클라이언트와 체계조건), 문제를 해결하기 위한 주요 프로그램의 단위(서비스 구성요소)까지 미리 구분해 두어야 할 것이다.

'투입'이란 프로그램에 사용되는 모든 종류의 자원이며 사회복지사와 자원봉사자, 외부강사, 프로그램 재료비와 같은 물적 자원도 포함된다. 활동은 프로그램에 투입되는 자원을 활용하여 목표달성을 위해 프로그램 교육·개입·조직화 등을 수행하는 활동이다. '산출'은 프로그램 활동으로 나타난 직접적인 결과물로서 구체적인 수치나 양으로 표시될 수 있다. '성과'는 프로그램을 통해 얻어지는 단기적인 효과를 의미하며, '영향'이란 장기적으로 나타나는 궁극적 성과로서 의도하였던 기대효과, 즉 현재 문제상황이 프로그램을 통해 변화되고 해소된 상태를 의미한다.

예를 들어, 다문화가족 이주여성들의 적응력 향상을 위한 한국문화 체험 프로그램의 경우 ❙그림 8–1❙과 같이 기획할 수 있을 것이다. 먼저 이 프로그램을 기획하는 이유가 되는 문제상황을 분석해 보면, 한국어 실력이 미숙하기 때문에 가족이나 이웃과 의사소통하는 데 어려움을 겪고 있다. 그리고 가족 내에서 서로 문화에 대한 이해 부족으로 문화적 이질감을 느끼면서 살아가고 있다. 이주여성의 의사소통 문제와 문화적 이질감은 가정 구성원의 갈등을 심화시키는 상황으로 발전하게 되는 문제를 갖고 있다. 이렇게 문제상황에 대한 진단이 이루어지면, 이 문제상황을 뒤집어서 해결되는 상황으로 기술하면 성과가 도출된다. 즉, 한국어능력을 향상시켜 의사소통 문제를 개선하고 문화에 대한 이해도를 증진해 궁극적으로 가족갈등을 해소해 가족기능을 강화시키는 것을 성과로 도출할 수 있을 것이다(박경일 외, 2016 : 320-321).

성과가 도출되면 성과를 달성하기 위한 활동을 결정하게 되는데, 성과를 도출하는 데 가장 효율적이고 효과적인 방법이 무엇인지 고민해 결정하는 것이다. 이 사례의 경우 한국어교육을 수준별로 진행하고, 선배 이주여성을 활용한 멘토링 활동을 하고, 한국문화와 다문화를 서로 이해시키는 가족교육을 진행하며, 가족갈등의 문제를 집중적으로 해결하기 위해 가족캠프라는 방법을 선택하였다. 활동이 결정되면 이 활동에 필요한 자원의 투입을 결정하고, 마지막으로 활동의 총량을 어느 정도로 할지 결정하면 된다. 예를 들어, 결혼이주여성들에게 한국어 실력을 향상시키기 위해 한국어교육을 실행할 경우 주 1회 1시간 정도 하는 것은 통상적으로 그 효과로 보기 어려울 것이다. 적어도 주 3회 이상 꾸준히 교육을 해야지만 한국어 실력이 향상되는 성과가 달성될 수 있을 것이다(박경일 외, 2016 : 321; 이민홍 · 정명오, 2012 : 312-313).

문제상황 (situations)	투입 (inputs)	활동 (activities)	산출 (outputs)	성과 (outcomes)
• 한국어 활용 미숙으로 가족, 이웃과 의사소통 부족 • 한국문화에 대한 인식부족으로 가족들과 이질감 • 문화 차이로 인한 가정 내 갈등 심화	• 건강가정사 1명 • 사회복지사 1명 • 한국어강사 3명 • 선배이주여성 20명 • 교육실(10평) 2개 • 한국어 교재 (초급, 중급) • TV(50인치) • 한국드라마 20편 • 콘도미니엄 • 버스 1대	• 한국어교육 (초급/ 중급) • 한국어교육 (고급, 드라마) • 멘토링 • 가족교육 (다문화 이해) • 가족캠프	• 주 4회 2시간 • 주 2회 2시간 • 월 2회 2시간 • 주 1회 2시간 • 연 2회 2시간	• 한국어능력 향상 • 가족 의사소통 문제 개선 • 한국문화 이해도 증진 • 가족기능 강화

┃그림 8-1┃ 다문화가족 이주여성들의 적응력 향상을 위한 한국문화 체험 프로그램

출처 : 박경일 외(2016). 사회복지 프로그램 개발과 평가. 양성원, p. 321;
이민홍 · 정병오(2013). 사회복지 프로그램 개발과 평가. 나눔의집, p. 311.

5. 기획의 과정과 평가

1) 계획의 작성

첫째, 목표와 현실의 갭을 측정한다. 계획 작성은 현실의 분석에서 시작된다. 철저하게 사실에 근거하여 협실과의 갭을 측정하고 분석한다.

둘째, 외부환경의 분석이다. 지역의 상황이나 이용자 및 가족, 자원봉사자, 지역주민, 직원, 협력관계를 맺고 있는 기관, 행정기관 등 조직과 이해관계를 맺고 있는 스테이크홀더의 목소리를 경청하고 사실을 파악한다. 분석에서 유의해야 할 점은 대상이 되는 지역이나 고객을 정확하게 파악하는 것이다.

셋째, 내부환경의 분석이다. 계획의 실현을 위하여 필요한 사람과 자본과 같은 자원이 준비되어 있는지 사실에 근거하여 검토해야 한다. 예를 들어, 지역사회에 강한 욕구가 존재해도 과소투자나 지속적으로 사업을 담당할 인사 대책이 없다면 실행 가능성이 낮아질 것이다.

넷째, 행동계획의 수립이다. 목표와 갭이 측정되고 내외부적 환경이 정확히 파악되면 갭을 채워줄 행동계획을 설정한다. 만일 행동계획을 세울 수 없는 경우, 그 이유의 대부분은 선불리 계획을 세워 현실이나 환경 분석에 소홀했기 때문이다. 계획은 예산이나 인원 등이 뒷받침되고 노력하면 실현될 수 있는 수준이어야 한다. 무리한 목표 또는 노력하지 않아도 자연히 이룰 수 있는 목표 설정은 조직활성화를 이끌지 못한다. 행동계획은 구체적인 내용이 들어 있어야 하며 담당자, 평가항목, 목표수치, 실행일정표를 작성해야 한다. 그렇지 않으면 구체적인 실행단계에서 프로그램 계획을 적용할 수가 없다.

2) 계획의 실행

첫째, P−D−C−A의 활용이다. 계획실행과 관련하여 PDCA 사이클[1]을 활용한다. 구체적인 프로그램을 계획(Plan)・실행(Do)하고 점검・평가한다(Check). '열심히 하고 있다'는 평가가 아니라, '무엇을 위하여', '어디까지 도달하였는지'를 실행계획(일정표)에 맞추어 점검한다. 일정마다 내용을 점검하고 계획대로 진행된 것과 그렇지 못한 내용에 대하여 원인을 검증한다. 원인 분석에 의해 실행계획을 개선한다(Act). 미처 측정하지 못한 요인에 의해 계획에 차질이 생기거나 목표 달성이 명백히 어려워질 경우에도 계획 수정이 필요하다.

둘째, 프로그램 관리기법의 활용이다. 실행계획을 구체적인 프로그램으로 실행하기 위해서는 과정별 수행상황과 구체적인 시간계획 등이 수립되어야 한다. 시간별 활동계획(Gantt Chart), 프로그램 평가 검토기법(PERT), 월별 활동계획카드(Shed-U Graph) 등을 활용할 수 있다.

---

1) 방침관리기획이라고도 하며 Plan, Do, Check, Act의 앞 글자를 차용하여 부르는 관리기법이다. 계획(Plan)에 근거하여 실시(Do)하고 결과를 확인(Check)하며 확인결과에 근거하여 계획을 수정(Act)하는 순서로 반복적으로 진행한다. 품질 유지와 향상를 꾀하기 위한 관리기법으로서 1950년대에 품질관리 사고를 정리한 Deming 박사가 제창하였다. 생산과정의 개선을 목적으로 제창하였으나 어떤 업무든 적절히 수행하기 위한 원칙은 동일하므로 관리의 기본 기법으로서 활용할 수 있다.

① 시간별 활동계획 : 간트 도표(Gantt Chart)

산업공학자 Henty L. Gantt는 Midvale 철강회사의 실험실에서 Taylor와 동고동락하면서 과학적 관리론에 많은 영향을 미친 것으로 평가되고 있는데, 그의 대표적 이론이 보너스 시스템의 도입과 간트 도표의 개발이다. 간트 도표는 근로자의 생산활동과 시간을 통제할 수 있는 도구로서 작업단위와 작업시간의 분석을 통해 하나의 작업이 완성된 후에 다음 단계로 넘어갈 수 있는 작업, 하나의 작업이 진행되는 중간에 시작되는 작업, 동시에 시작할 수 있는 작업으로 구분하여 시간을 통제함으로써 하나의 프로젝트가 정해진 시간에 완성될 수 있도록 하는 관리기법이다.

간트 도표의 작성에는 네 가지 절차가 필요하다. 첫째, 절차는 목표 달성에 필요한 작업을 단계별로 분류하는 것이다. 둘째, 작업단계별로 분류된 각 작업을 완성하는 데 필요한 시간을 산정한다. 셋째, 한 작업이 끝난 후 이어서 시작되는 작업, 동시에 진행되어도 무방한 작업, 진행 중에 시작할 수 있는 작업을 찾아낸다. 넷째, 작업단계와 시간을 결합시켜 도표를 만든다. 도표의 세로축(X)은 작업구분이 표시되고 가로축(Y)에는 작업시간(월, 주)이 표시된다. 이렇게 되면 간트 차트에 대한 이해가 없을 경우 분업에 의한 개별 작업의 완성에만 집중하지만 간트 표에 의한 관리를 하면 시간에 대비한 전체 작업의 진행상황을 점검할 수 있고 과업완성 시간의 단축과 여유시간 관리가 가능해진다.

〈표 8-2〉 간트 도표의 보기(방과 후 교육을 위한 자원봉사 교사파견 사업)

구 분	월별 진행계획								비 고
	5월	6월	7월	8월	9월	10월	11월	12월	
홍보와 자원봉사 회원모집	→								
방과 후 프로그램 실시기관 발굴	→	→							
아동복지에 대한 전반적인 교육 실시 및 간담회	→				→				
방과 후 교육교사단 파견			→	→	→	→	→		
평가회								→	

② **프로그램 평가 검토기법**(PERT : Program Evaluation and Review Techniques)

PERT는 1950년대 미 해군에서 폴라리스(Polaris) 미사일을 개발할 당시에 사용된 프로그램 관리기법으로 목표 달성의 기한을 정해놓고 설정된 주요 목표나 활동의 상호관계와 시간계획을 연결시켜 도표로 나타내는 것이다. PERT는 명확한 목표를 가진 프로그램을 조직화하고 진행시간표를 작성하여 예산을 관리하여 프로그램 진행상황을 추적해 가는 데 매우 유용한 관리기법이다.

PERT와 간트 도표는 둘 다 작업진행 상황을 파악하여 시간관리를 하기 위한 수단으로 개발되었다. 그러나 간트 도표는 단선적 활동만을 나타내고 복잡하게 분류된 작업단계 사이의 상관관계를 나타낼 수 없어 전반적인 계획을 잘 이해하기 힘들지만 PERT는 복선적이거나 입체적으로 연결된 각 작업단계의 연결점을 추적하여 작업완성에 기대되는 시간까지 보여주므로 복선적이고 입체적인 프로그램 관리에 효율적으로 적용할 수 있다. PERT로 프로젝트를 관리하기 위해서는 주요 경로(임계경로), 즉 Critical Path를 찾아야 하며 주경로를 찾아냄으로써 과업 완성시간을 단축할 수 있다. PERT에서 주요 경로를 찾기 위해서는 먼저 동시에 시작하는 작업에 주목해야 한다. 주요 경로는 동시에 시작되는 작업이 있을 때 긴 쪽을 택하면 된다. 그리고 나누어졌다가 다시 합쳐지는 작업선이 있으면 작업선의 길이를 계산하여 긴 쪽이 주요 경로가 된다. PERT를 수행하기 위해서는 먼저 과업완성을 위해 필요한 작업을 단계별로 분류하고 작업단계별로 분류된 각 작업공정을 완성하는 데 드는 시간을 산정해야 한다. 아울러 한 작업 완료 후 연결되는 작업, 동시에 진행되어도 무관한 작업, 진행 중에 시작할 수 있는 작업을 구분한다. 마지막으로 작업단계와 시간을 결합시켜 PERT 차트를 만든다.

〈표 8-3〉 독거노인 도시락 배달계획과 관련된 직무분류표

과 업	기간(분)	수행자
1. 시작	0	
2. 도시락 준비	15	철수
3. 인원 배정	10	수정
4. 식수 준비	2	수정
5. 바구니 준비	2	수정
6. 약도 준비	2	철수
7. 청소도구 준비	3	수정
8. 차에 운반하기	4	철수
9. 기름 넣기	6	철수
10. 장소로 이동	20	수정
11. 끝	0	

❙그림 8-2❙는 이해를 돕기 위해 독거노인 도시락 배달계획을 위한 간단한 PERT를 만들어 본 것이다.

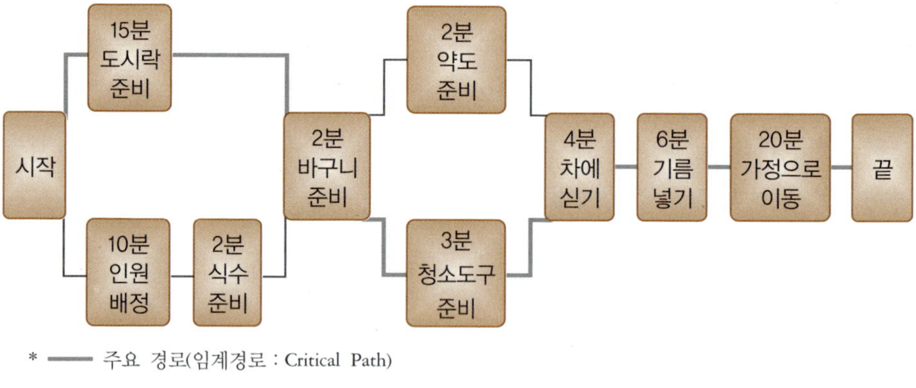

❙그림 8-2❙ 도시락 배달 계획에 대한 PERT의 보기

위쪽 경로 '도시락 준비'는 마치는 데 15분이 걸리는 반면, '인원 배정'과 '식수 준비' 두 개의 과업으로 구성되는 아래쪽 경로는 12분 안에 끝마칠 수 있다. 즉, '시작'에서 '바구니 준비'까지의 최장시간은 15분이다. 여기에서 우

리는 아래쪽 경로가 3분 지연됨을 알 수 있다. 주요 경로는 항상 끝마치는 데 가장 오래 걸리는 경로이므로 지연이 전혀 없다.

이 프로젝트를 마치는 데 드는 시간은 50분(15+2+3+4+6+20)이다. 여기에서 우리는 '늦게 시작해도 좋은 시각(주요 경로)'을 알 수 있다. 즉, 바구니 준비까지는 17분 걸리므로 인원 배정과 식수 준비를 하는 사람은 도시락 준비하는 사람보다 3분 늦게 시작해도 좋지만, 4분 늦게 시작하게 되면 전체 일정은 1분 지연된다는 것을 알 수 있다. 이와 같이 검토해 본다면, 상기 프로젝트 전체에서 허용되는 늦게 시작해도 좋은 지연시간은 7분(인원 배정 3분, 식수 준비 3분, 약도 준비 1분)이라는 것을 알 수 있다. 만일 주요 경로의 작업시간에 차질이 생긴다면 전체 작업에 차질이 발생하므로 관리자는 주요 경로에서 일하는 근로자가 정해진 시간에 작업을 마칠 수 있도록 철저히 관리해야 한다. 그렇지만 주요 경로 이외의 작업단계에서 일하는 근로자에게는 다른 업무를 부여하거나 활력을 부여하는 다른 일을 부과하는 등 여유시간을 통제하는 관리를 해야 한다.

PERT를 활용할 경우 과업의 시작과 완료 시간을 고려하여 예산배정을 관리할 수 있다. 즉, 가장 일찍 시작하는 시간과 끝나는 시간, 동시에 시작해도 좋은 시간, 가장 늦게 시작하고 끝나는 시간을 중심으로 예산관리를 할 수 있다. 일반적으로 가장 일찍 시작(earlist start)하고 끝나는 시간(earlist finish)을 중심으로 프로젝트를 실시할 경우에는 초반기와 중반기에 예산이 많이 들어가고 가장 늦게 시작(latest start)하고 가장 늦게 끝내도 좋은 시간(latest finish)을 중심으로 할 경우에는 중반기와 하반기에 예산이 많이 들어간다. 따라서 예산을 확보한 상태에서는 일찍 시작하고 일찍 끝내는 시간을 중심으로 하고 예산이 확보되어 있지 않은 경우에는 늦게 시작하고 늦게 끝내는 시간을 중심으로 과업을 진행하면 된다.

③ 월별 활동계획 카드(Shed-U Graph)

이 기법은 미국의 Remington-Rand 회사에서 고안해 낸 것인데 간트 도표와 비슷한 성격을 가지고 있다. 원래 개발된 모양은 24"×42"(61×107) 크기의 바탕종이에 3"× 5"(8×13) 크기의 카드를 꽂을 수 있는 주머니가 되어 있고, 특정 활동이나 업무를 조그만 카드에 기입하여 월별 아래 공간에 삽입하거나 붙인다. 이 카드는 업무의 시간에 따라 변경하여 이동시키는 데는 편하지만 간트 도표에서와 같이 과업과 완성된 행사들 간의 상관관계를 잘 알 수 없다.

〈표 8-4〉 월별 활동계획 카드의 보기

노인 교통봉사대 프로그램 활동 계획

7월	8월	9월	10월	11월
회원 모집 및 관리	베스트 드라이버단 홍보	회원등록업체 발굴 및 관리	베스트 드라이버 회원 파견	교통안전자 및 운전자 소양교육 실시 평가회 실시

3) 계획의 평가

사회복지기관은 사업계획에 대한 총괄적인 평가를 수행해야 한다. 예를 들어, 사업이 완료된 후 최초에 설정한 목표와 비교하여 어느 정도까지 도달하였는지를 점검하여 평가보고서 속에 포함시켜야 한다. 기획은 수립한 것만으로는 아무런 효용가치가 없으며 평가를 거쳐 사업의 계속적인 발전에 활용되어야 한다. 목표에 대한 도달점을 분명히 하고 달성 여부와 관계없이 다음과 같은 관점들이 보고서에 포함되어 공유·공개되는 것이 중요하다. ① 목표는 이념에 맞게 명확한 것이었는가, ② 목표실현의 수단으로서 구체적으로 수립된 대책과 프로그램은 적절하였는가, ③ 목표는 실현 가능하며 전 직원이 공유할 수 있는 것이었는가, ④ 계획 실행 중에 관리는 적절히 이루어졌는가.

[보기] 사회복지관 사업계획서의 보기

1. 사업명

   장애·비장애 아동의 성장과 인식개선을 위한 통합 프로그램 "함께21" 운동

2. 사업의 목적 … 중략

3. 사업목표

   - 세부목표 1. 장애아동의 사회적응능력을 향상시킨다.
   - 세부목표 2. 비장애아동의 사회적 연대의식을 향상한다.
   - 세부목표 3. 비장애아동 참가자의 확대와 양성을 통해 환경적 장애를 개선시킨다.

4. 사업의 중요성(문제 및 원인 포함) … 중략

5. 사업의 기대효과 … 중략

6. 세부사업 내용(세부사업명, 일정, 목표, 담당자, 사업진행 내용 등)

사업명	일 정	목 표	담당자	사업진행 내용
보조 인력 사전 교육	20**. 1~2월	장애아동의 사회적응 능력을 향상시킨다.	강○○ 양○○ 김○○	• 일시 : 3회(1회당 2시간) • 장소 : ○○○ 종합사회복지관 • 대상 : ① 제1기 장애아동 전문지원동아리 회원 및 사회복지 관련 학과 대학생 중 10명 내외 ② 캠페인, 모니터링, 이벤트, 홈페이지 제작 관련 학과 대학생 10명 내외 • 모집 : 면접 후 선정 • 운영형태 : 강의 및 그룹토의 • 내용 : 프로그램 설명, 장애이해교육
장애 이해 순회 교육	20**. 3~4월	비장애아동의 사회적 연대의식을 향상한다.	양○○ 강○○	• 일시 : 한 학교당 2회(1회당 2시간) • 장소 : 해당 학교 강당 또는 교실 • 대상 : 인근 지역 초등학교(2~3개교) 100명 인근 지역 고등학교(2~3개교) 100명 * 특수학급 또는 장애아동이 있는 학교중심 * • 모집 : 해당 학교 조사 후 공문 발송 → 프로그램 실시 협의 • 운영형태 : 강의 및 소집단 활동(참여활동) • 내용 : <1회> 장애의 이해 <2회> 함께 어울리기 위한 대안 모색
장애 이해 심화 교육	20**. 5~6월	비장애아동의 사회적 연대의식을 향상한다.	양○○ 강○○ 이○○ 김○○	• 일시 : 4회 실시(1회당 2시간) • 장소 : ○○○ 종합사회복지관 • 대상 : 순회교육을 받은 대상자 중 신청자 40명 • 모집 : 면접 후 선정 • 운영형태 : 강의 및 소집단 활동 • 내용 : <1회> 장애에 대한 이론적 이해(원인, 유형 등) <2회> 장애에 대한 철학적 이해(정상화, 사회통합 등), 장애가족의 어려움 <3회> 장애아동과의 상호작용 기술

1) 사업 진행 일정

사업내용	1월	2월	3월	4월	5월	6월	7월	8월	9월	10월	11월	12월
홍보, 보조인력교육	·······	·······▶										
장애이해 순회교육			·······	·······▶								
대상자모집			·······	·······▶								
백 일 장				·······	·······▶							
장애이해 심화교육					·······	·······▶						
부모간담회						·······▶						
"함께○○" 운동 활동단 발대식						·······▶						
동아리 활동						·······	·······	·······	·······	·······	·······▶	
단짝 친구 활동						·······	·······	·······	·······	·······	·······▶	
캠 프								·······▶				
세미나 및 발표회											·······▶	
평 가												·······▶

2) 사업수행 인력 … 중략

3) 사업기간 : 2***년 1월~2***년 12월(12개월)

4) 경험적 근거 : 선행했던 기관의 사업내용과 효과, 타 기관의 유사 사업의 효과 등 제시

5) 사업예산

항 목		산출근거		신청비	자부담
		직접비(원)	간접비(원)		
인건비	담당자		4,700원×6시간×4주×12월=1,353,600		
	프로그램 운영지원		4,700원×2시간×4주×7명×12월 =3,158,400		
	프로그램 관리지원		5,000원×2시간×4주×2명=80,000		
	프로그램 슈퍼비전		100,000원×5회×2명=1,000,000		
	소 계		5,592,000		5,592,000
사업비	보조인력 및 자원봉사자 사전교육	외부 강사료 100,000			
		다과비와 진행비 2,000원×20명×3회=120,000			
		홍보비 100,000			
	소 계	320,000		320,000	
	장애이해 순회교육	강사료 100,000			
		기념품 제작 1,300×200개=260,000			
		홍보비 30,000원×10회=300,000			
		교재 제작비 2,000원×200권=400,000			
		교육활동교재비 2,000원×200명=400,000			
	소 계	1,460,000		1,460,000	
		… 중 략 …			

관리비	프로그램 운영회의비	100,000원×5회=500,000		500,000	
	수용비 수수료, 공공요금		50,000원×2월=100,000	100,000	
	평가회의비	200,000원×2회=400,000			400,000
	자료발간비	자료발간비 1,000,000			1,000,000
	소 계	1,900,000	600,000	600,000	1,400,000
총 계		… 중 략 …			

7. 평가설계

연번	목 표		측정방법	측정시기	측정대상	자료출처	성공의 기준
1	장애아동의 사회적응 능력을 향상시킨다.	① 자립생활 능력을 높인다.	개별 목표 측정	체험활동 참가 사전・사후	체험활동 참가 장애아동	카이제 발달척도 참고 자체 제작	개별 목표행동 중 2개 항목 이상을 달성
		② 의사소통 능력을 높인다.	개별 목표 측정	체험활동 참가 사전・사후	체험활동 참가 장애아동	카이제 발달척도 참고 자체 제작	개별 목표행동 중 2개 항목 이상을 달성
		③ 지역사회 이용능력을 높인다.	개별 목표 측정	체험활동 참가 사전・사후	체험활동 참가 장애아동	카이제 발달척도 참고 자체 제작	개별 목표행동 중 2개 항목 이상을 달성
2	… 중략 …						

제2절 성과관리

1. 성과관리의 개념

조직에서의 성과관리의 주요성은 어느 나라를 막론하고 중요한 문제이다. 일찍이 영국에서는 1980년대 초반부터 성과관리의 중요성을 인식하고 공공조직 차원의 성과관리에 관심을 기울이기 시작하였으며, 미국도 1993년에 「정부성과 및 결과법(GPRA : Government Performance & Results Act)」을 제정하여 기존의 투입중심 성과관리에서 벗어나 행정업무를 얼마나 효과적으로 이행하고 있는지에 초점을 둔 결과지향적 성과관리 방식을 도입하는 데 노력하고 있다. 효율적인 조직의 행정관리를 위해서는 성과측정을 통한 관리가 필요하지만 공공부문의 성과관리 기법들은 민간부문만큼 깊이 연구되지 못한 상태이며 사회복지조직도 예외는 아니다.

비영리조직은 영리조직과 달리 시장에 대한 노출이 적어 성과판단의 지표를 마련하기 어렵다. 기존에 생산성 개념은 투입(input), 과정(throughput), 산출(output), 결과(impact)로 구성된다.

이를 성과관리 과정에 맞게 설명해 보면, 예를 들어 '실직자를 위한 서비스'의 경우 예산과 인력을 투입하여 실직자 등록을 받아 수당을 지급하고 재취업을 위한 훈련·직업 알선을 제공하여 실직자의 생활을 안정시키고 장기적으로 재취업을 지원하게 된다. 따라서 서비스 제공을 위해 배정된 인력과 예산은 '투입(input)'이며 자격심사·수당지급·공공근로사업·취업훈련·재취업알선 등은 '업무수행 과정(througput)'에 해당되고, 실업수당 수혜자와 1인당 수혜액 등은 '산출(output)'에 해당된다. 끝으로 급여지급에 따른 생활안정 정도와 재취업률 등은 정책 및 서비스가 의도하는 궁극적인 '성과(결과)(impact)'에 해당된다.

이와 같이 투입이나 활동과정의 지표에서 '산출' 대 '투입'을 효율성으로 '결과'는 '산출'의 영향으로 나타난 성과(효과성)로 관리한다. 특히 복지조직의 경우 클라이언트의 변화나 일반 시민에게 미치는 영향에 더 관심을 가지므로 산출을 통해 얻을 수 있는 영향을 성과(효과성)로 표시하는 것이 맞다.

성과관리는 재정운용 분야에서는 성과주의 예산제도(performance based budgeting)로 구체화되었다 할 수 있는데, 자원을 어디에 쓸 것인가보다 '어떻게' 운용하여 '무엇을', '어느 정도' 얻었는가 하는 점을 강조한 것이다. 따라서 사회복지조직을 대상으로 하는 성과관리의 정의는 '공공 및 민간 사회복지시설을 비롯한 사회복지조직의 활동성과에 대해 투입이나 산출에 의한 성과뿐만 아니라 활동을 통해 얻은 목적의 달성 정도(결과/ 영향)를 측정하고 이러한 정보에 기초하여 조직을 관리하고 운영하는 것'을 의미한다.

2. 성과관리의 구성요소

성과관리체계의 구성요소는 이를 도입 및 운영하고 있는 나라마다 다소의 차이는 있으나, 핵심적인 구성요소는 전략적 계획, 운영계획, 성과측정, 성과정보의 공개와 활용 등 크게 네 가지로 제시되고 있다(금창호 외, 2002 : 17).

미국 연방정부의 성과관리는 회계감사국(General Accounting Office)의 심사평가와 관리예산처(Office of Management & Budget)의 「정부성과 및 결과법(GPRA)」에 의한 평가로 이루어진다. 이 평가는 정부서비스에 대한 생산성과 품질향상을 목적으로 실시된다. GPRA는 기본적으로 성과관리의 핵심 구성요소와 절차 등과 같은 성과관리체계를 규정하고 있는데, 기본적으로 네 가지 구성요소로 성과관리체제를 구성하고 있다. 즉, 전략계획 수립(strategic planning), 성과계획 수립(performance planning), 성과지표(performance measures), 사업성과 보고서(program performance report)로 이루어지고 있다. 이 내용을 간략히 제시하면 <표 8-5>와 같다.

〈표 8-5〉 GPRA 성과관리체계의 구성요소

구성요소	내 용
전략계획 수립	각 부처에서 조직이 추구하는 정책 및 활동의 목적을 3~5년 주기로 수립
성과계획 수립	3~5년 주기로 표방된 조직의 전략적 계획을 실현하기 위한 특정 단일회계연도 내의 활동내용과 그 활동의 구체적 목표 제시
성과지표	결과/ 영향 중심의 지표 마련
사업성과 보고서	성과지표별 목표에 대비한 성취 정도 제시 성과목표의 미실현 시 그 사유의 제시

출처 : 김순기 · 정순여(2002), p. 39 참조.

3. 성과관리와 BSC

Kaplan과 Norton(2000)에 의해 처음으로 제안된 BSC(Balanced Score Card)라는 개념은 기업의 비전과 전략을 기업목표로 전환시키고 장단기 지표와 원인과 결과 지표 간의 균형을 통하여 이정표 수립과 의사소통의 활성화를 통하여 성과 증대를 꾀하는 전략적 성과측정시스템의 이행도구로 기업의 전사적 정보를 적절한 시기에 일목요연하게 파악할 수 있는 성과평가도구이다(Kaplan & Norton, 1992; 2000; 2003).

특히 Kaplan과 Norton(2000; 2003)의 BSC 성과관리이론은 성과를 측정하는 근본적인 목적, 즉 조직의 현 상태를 진단하고 미래에도 시장에서 경쟁우위를 지킬 수 있는 방안을 제시하는 성과측정 본연의 역할을 수행하기 위해 재무적(financial) 측정 관점에만 의존하지 않고, 확대된 비재무적 측정 관점인 고객(customer), 내부 프로세스(internal process), 학습과 성장(learning and growth)의 관점을 균형 있게 포함시킨 BSC를 활용하였다.

보다 구체적으로 BSC가 제시하고 있는 각 관점별 성과요인들의 내용을 살펴보면 다음과 같다(박경일 · 조수경, 2011).

첫째, 재무적 관점은 영리조직은 물론 공공 및 비영리 조직의 핵심요소에 해당되며 모든 측정지표를 망라한다.

둘째, 고객 관점은 우리의 목표고객이 누구이며, 조직과 관련된 이해관계자들의 요구에 초점을 두는 것으로 무엇보다 주된 성과요인으로서 고객이 만족할 수 있도록 노력하는 것이다.

셋째, 내부 프로세스 관점은 고객이 만족하는 생산품을 적시에 제공하고 고객의 기대에 부응하기 위한 내부 프로세스의 정비노력으로서 조직관리의 주된 활동영역을 이룬다.

넷째, 조직원들의 학습 및 성장 관점은 재무, 고객, 내부 프로세스 관점의 목표를 달성할 수 있게 하는 원동력으로서의 기능을 수행한다. 다른 관점에 비해 단기적이고 확정적인 성과로써 제시되기보다는 조직이 향하는 방향에 맞는 장기적 관점에 의해 투입되는 관심에 해당하는 관점이다.

이상과 같은 BSC 성과관리의 네 가지 관점들은 세부 실행전략들을 명시화 시키는 핵심기준이 된다. 따라서 균형성과지표(BSC)는 '조직의 비전과 전략으로부터 재무, 고객, 내부 프로세스, 학습과 성장의 네 가지 관점에서 균형적으로 도출된 성과지표 조합'으로 정의될 수 있다.

비영리 조직을 위한 균형성과 모델을 그림으로 나타내면 다음 ❙그림 8-3❙과 같다.

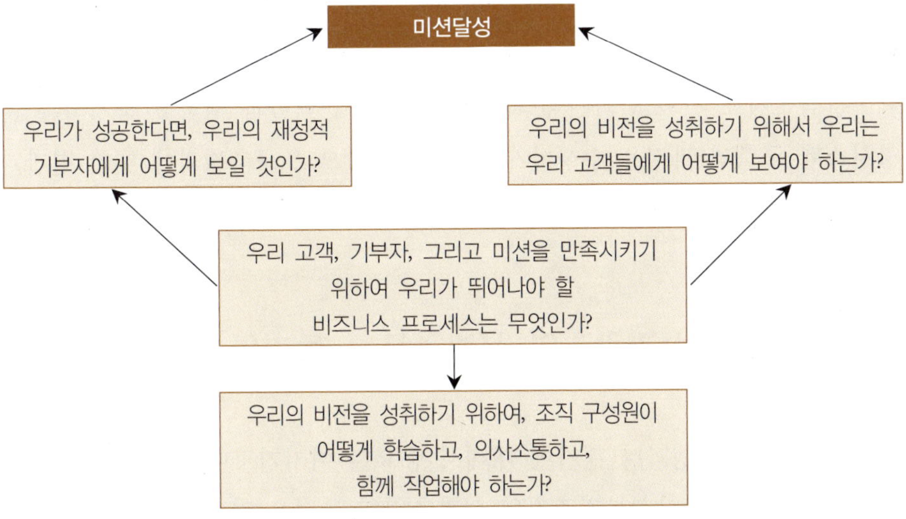

❙그림 8-3❙ 비영리 조직을 위한 균형성과 모델

출처 : Kaplan Robert S., & P. Norton David(2000).

4. BSC 성과관리시스템의 구축절차

우리나라의 경우 정부 부처별로, 지방자치단체별로 BSC 성과관리시스템의 구축계획을 제시하고 있지만, 국무조정실 성과관리혁신포럼(2005)의 성과평가 및 관리메뉴얼에 의하면, 6단계별로 구분하여 제시하고 있다. 즉, 성과관리제도 구축환경 조성 - 미션, 비전 및 목표체계 수립 - 사업계획의 수립과 외부요소 규명 - 성과측정과 평가 - 성과정보의 분석 및 활용이다.

또한 BSC 성과관리시스템 구축은 그 목적과 운영방법에 따라 부분적으로 상이하지만 크게 ① BSC 구축계획 수립 단계, ② 비전과 전략 수립 단계, ③ BSC 세부 개발 단계, ④ BSC 운영단계의 4단계로 제시하고 있다.

이것을 보다 세분화하여 살펴보면 먼저 BSC 계획단계는 현행 기관의 사업이나 운영에 대한 정확한 진단 및 데이터 분석과 추진일정, 직원들 간의 합의를 통한 구축계획 수립 과정이며, 다음 비전과 전략 수립 단계는 미션과 비전을 검토하여 비전을 수립하고, 수립된 비전과 연계되는 전략수립, 비전과 전략목표를 달성하기에 적합한 관점 설정의 과정이다. BSC 세부 개발단계에서는 성과목표를 구성하고 성과목표를 측정할 수 있는 성과지표의 개발, 전략・관점・지표 간의 인과관계 확인과 운영에서 역할과 책임을 숙지하는 운영시스템 구축의 과정을 수행하게 된다. 마지막으로 구축결과에 대한 평가과정인 운영계획 수립과 기관 정착을 위한 장기운영계획 수립의 과정이다.

5. BSC 성과관리의 사례연구 : 동기와 기대효과

비영리 조직은 성과나 평가에 대해서 중요시 여기기보다는 과정을 중시여기는 경향이 있다. 사회복지조직의 성과측정의 특성은 인간의 내면적 변화를 위주로 하기 때문에 사업의 질적 성과를 측정하는 데 계량화할 성과측정이 어려우며, 서비스 결과가 장기적으로 진행되므로 단기간의 성과를 측정하기에 어려움이 있다. 그러므로 비영리 조직의 성과는 조직의 대상자들의 욕구를 해결하고 잠재력을 개발하여 그들의 역량을 강화하고 지역의 역량을 강화하여 보다 나은 삶을 살 수 있도록 하는 조직체로서 그의 목적과 운영을 통하여 성과를 낼 수 있어야 한다(방은숙, 2006 : 13).

사회복지기관이 BSC 성과관리를 실행하는 주요 동기로는 기관의 전략에 대한 실행, 기관 내 장애와 한계의 제거, 조직의 성공적 변화, 적정한 평가와 보상으로 지속적인 프로세스의 개선이 가능하게 되어 뚜렷한 성과 제시를 통한 경쟁력을 갖춘 조직으로 생존해 나갈 수 있다는 것이다.

그리하여 비영리 조직인 지역사회복지관에서 수행된 BSC 성과관리 사례연구 결과에 의하면, BSC 성과관리시스템 구축을 위한 수행활동은 첫째, 전 직원들에게 사명감과 미래에 대한 비전을 고취시켜 조직 전체의 지향점을 확인하게 하며, 둘째, 전략에 입각한 조직과 개인의 목표를 명확히 하고 조직과 개인 목표의 일관성을 점검할 수 있으며, 셋째, 참여와 팀워크에 의한 의사결정과 파트너십을 육성하고 성과주의 조직문화를 구축해 나가는 데 기여할 수 있음을 확인하였다(박경일 · 조수경, 2011).

한편 BSC 성과관리의 기대효과나 경험적 증명에도 불구하고, 비영리 조직에서 BSC 성과관리시스템 구축은 여전히 어려움으로 남아 있다. 그 이유는 사회복지기관이 BSC 활동을 한다고 해서 정부나 시 · 구청으로부터 어떠한 인센티브가 주어지지 않고 직원들이 현재의 업무에서 +a 업무로 인하여 과중한 업무 부담이 초래하기 때문에 기관장은 BSC 도입에 대해 적극적인 의지를 표명하지 않는 것 같다. 따라서 향후 정부나 지방자치단체는 적극적으로 TQM이나 BSC, 윤리경영 등을 도입하여 운영하는 사회복지기관들에 대한 인센티브나 보상체계가 마련되어져야 할 것이며 시설평가의 지표에 이러한 노력들이 포함되어져야 할 것이다(박경일 · 조수경, 2011).

생각해 볼 문제

- 사회복지행정에서 기획이 필요한 이유에 대해 생각해 봅시다.
- 사회복지에서 활용할 수 있는 기획에 대해 생각해 봅시다.
- 사회복지조직에서 널리 사용되는 프로그램 수행기법에 대해 생각해 봅시다.
- 사회복지조직에서 필요한 성과관리의 방법과 절차에 대해 생각해 봅시다.

CHAPTER 09

인적자원관리

학습목표

[가치] • 구성원 간 협력, 합리적 사고, 조직의 탄력적 활용으로 인한 유연성과 전문성을 함양한다.

[지식] • 인적자원관리 개념, 의의, 인사과정, 동기부여이론, 갈등관리 등에 대해 이해한다.

[기술] • 직무기술서, 직무명세서 작성, OJJ방법, 슈퍼비전(supervision)할 수 있는 능력, 의사소통능력, 조정능력, 인간관계기술을 습득한다.

인적자원관리는 조직목표 달성에 필요한 노동력을 확보하고 합리적으로 이용하는 관리활동이다. 인적자원관리의 생산성이 높은 조직을 만들고 종사자들이 의욕적으로 업무를 수행할 수 있도록 적절한 평가와 처우가 실현되고 경험을 통하여 성장하고 자기실현을 하는 데에 있다. 여기에서는 인적자원관리의 일반이론보다는 복지서비스에 필요한 인재를 육성한다는 차원에서 고찰하고자 한다.

제1절 인재양성과 확보

복지기관은 서비스 대부분을 복지사가 이용자에게 직접 제공하므로 기관의 종사자는 단순한 경영자원이 아니라 서비스 질을 결정하는 중요한 원천이다. 따라서 복지기관의 인적자원관리는 서비스 제공주체로 종사자를 이해하고 그들의 가치를 높이는 데 주력해야 한다. 인적자원관리의 다양한 요소는 개별적으로 관리되지 않고 일련의 흐름 속에서 전체적인 시스템으로서 관리되어야 한다. 조직문화나 풍토에 영향을 받으므로 기관 전체의 사명이 명확해야 한다. 이를 기초로 경영전략이 세워지고 조직의 구조화가 이루어진다. 조직의 인적자원관리시스템은 ❙그림 9−1❙과 같이 채용과 능력개발 등에 의해 조직에 필요한 인재를 확보·육성하고 적재적소에 배치한다. 또한 노동조건을 정비하고 인사고과를 실시하고 보수를 제공하는 일련의 관리활동으로 이루어진다. 급여제도와 교육연수제도와 같은 개별 제도 실시뿐만 아니라 각 요소가 유기적인 연결을 지니고 시스템 전체가 한 몸처럼 운영되어야 한다.

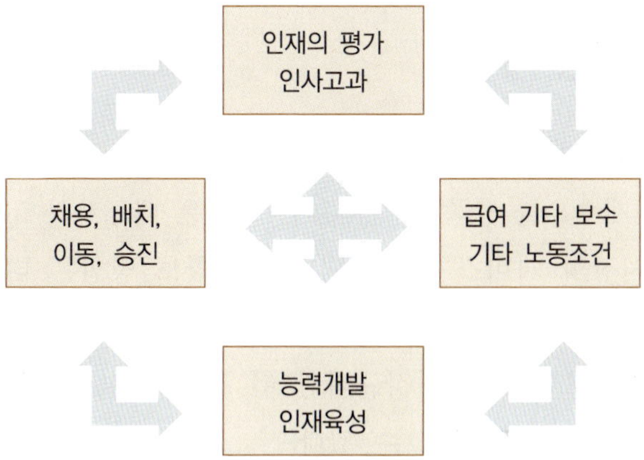

❙그림 9−1❙ 인사시스템

1. 인재 확보와 채용

1) 인사방침 수립

기관에서 3~5년 장기적인 서비스 경영전략을 고려할 때에는 누구에게, 어떤 서비스를 어떻게 제공할 것인가에 대한 기본적인 관점을 정리해 둘 필요가 있다. 이에 따라 조직경영 전략이나 사업영역에 근거하여 인사방침을 결정해야 할 것이다. 법령상 최저한으로 필요한 인원 규모로 할 것인가, 단기적으로 즉각 투입할 수 있는 인력이 필요한가, 또는 중장기적으로 시간을 투입하여 육성하는 인력이 필요한가. 법인의 인사방침이 정해지면 관리자 이상의 중역들은 철저히 방침을 이해해야 한다. 복지인력의 수요가 지속적으로 증가할 것이기 때문에 현장 전체로 볼 때 경기상황이나 산업동향, 종사자 처우 문제 등으로 인하여 필요한 인재를 확보하기 어려운 상황이 계속될 수 있다. 따라서 어느 시기에, 어떤 지역과 분야에서 서비스를 제공할 것인가 등 서비스 계획의 성공은 그에 맞는 지침을 설정하여 해당 인재를 확보할 수 있는지 여부가 관건이 될 것이다.

2) 인재확보 방법

인재확보의 일반적 방법은 '채용'이다. 채용에 의해 노동력을 조달하며 조직에 필요한 인재수요를 충족하고 채용된 직원은 대표자와 고용계약을 체결한다. 그러나 시장형 서비스가 확대되면 인재확보 방법은 더욱 세분화되어 ① 고용관계에 근거한 정규직원, ② 고용관계가 있지만 기간과 일수, 노동시간 등 고용계약 내용이 다른 비정규직원, ③ 직접적인 고용계약 없는 인력파견, ④ 업무위탁 등으로 구분될 수 있다.

채용의 경우에는 인사방침에 근거하여 필요한 직원의 기술·자질·능력, 규모, 시기 등을 결정해야 한다. 즉, 충원계획을 세우고 직무분석을 거쳐 직무기술서(job description)와 직무명세서(job specification)를 작성한다.

'직무분석'은 직위에 해당하는 과업을 분석하여 업무에 수반하는 의무와 자격을 명확히 함으로써 적합한 지원자를 판단하기 위한 기준이다. 그 내용에는 업무수행 시간이나 과업분류, 기술수준과 자격 등 직무담당 인력의 특성 등이 제시된다. '직무기술서'는 직무의 성격과 내용, 수행방법, 직무를 통해 기대되는 결과 등을 서술해 놓은 문서이다. 예를 들어, 소속부서 등 직무를 다른 사람과 구별시켜 주는 직무명칭, 직무의 목적과 기대되는 결과를 서술하는 직무개요, 직무수행에 필요한 도구와 장비를 명시한 장비, 작업조건과 수행장소 등의 환경적 특성, 요구되는 책임과 행동 등 작업활동과 관련된 내용이 요약되어 있다. '직무명세서'는 특정한 직무를 효과적으로 수행하는 데 필요한 종사자의 지식과 기능, 능력 등이 요약되어 있다. 예를 들어, 교육수준과 경력, 학문적 지식과 실무지식 등이 포함되어 있다.

〈표 9-1〉 사회복지 종사자의 직무

유 형	공통직무	고유직무
종합사회복지관	재무회계 관리, 시설운영 관리, 시설 및 장비 관리, 인사관리, 물품관리, 문서관리, 전산관리, 직원 및 조직 역량 강화, 사업 기획 및 평가, 자원개발 관리, 기관 홍보, 급식 및 영양 관리	사례관리, 유료 및 무료 이용자 관리, 프로그램 실행 및 관리, 복지관 의료지원
장애인거주시설		이용자 관리, 개별화 계획 및 평가, 사회지원, 교육지원, 자립지원, 생활시설 의료지원
노인의료복지시설		사례관리, 프로그램 실행 및 관리, 일상생활 지원, 신체활동 지원, 의료서비스 지원, 간호서비스 지원, 물리(작업)치료 서비스 지원, 세탁물 관리, 이용자 관리

출처 : 한국직업능력개발원(2016). NCS 학습모듈-사회복지조직 인사관리, p. 15.

〈표 9-2〉 직무기술서와 직무명세서 비교

직무기술서	직무명세서
1. 직무명칭	1. 직무의 명칭
2. 직무의 직종	2. 직무의 직종
3. 직무내용 요약	3. 필요한 교육수준
4. 수행하는 과업	4. 필요한 기술수준
5. 직무수행 방법과 절차	5. 필요한 지식
6. 사용하는 장비와 도구	6. 필요한 정신적·육체적 능력
7. 작업조건	7. 필요한 작업경험

〈표 9-3〉 직무기술서의 보기

<table>
<tr><td>직무번호</td><td>00-00</td><td>직 군</td><td>복지행정</td><td>직 렬</td><td>인사</td></tr>
<tr><td>직무명</td><td>인사관리</td><td>소 속</td><td>복지행정팀</td><td>등 급</td><td>7</td></tr>
<tr><td>직무개요</td><td colspan="5">직원급여를 받고 일을 하는 인력에 대한 인력기획 수립, 효율적 인력관리 및 인력평가를 수행하는 직무</td></tr>
<tr><td rowspan="12">직무 및 책임</td><td rowspan="4">인력기획</td><td colspan="4">1. 기관의 운영에 필요한 직무를 분류하고, 각 직책에 맞는 업무분장표를 만든다.</td></tr>
<tr><td colspan="4">2. 인사관리계획에 따른 직원 모집 및 선발 관련 기준을 만든다.</td></tr>
<tr><td colspan="4">3. 조직구성도 및 기관 내규에 따라 직제를 구성하고 배치한다.</td></tr>
<tr><td colspan="4">4. 직원의 근태, 상벌 관리에 대한 평가기준표를 만든다.</td></tr>
<tr><td rowspan="5">인력관리</td><td colspan="4">5. 직원 채용기준을 통해 기관운영에 적합한 직원을 채용한다.</td></tr>
<tr><td colspan="4">6. 채용 및 배치된 인원에게 업무수행에 필요한 지식과 기술을 제시한다.</td></tr>
<tr><td colspan="4">7. 일정 기간 내에 선발, 배치된 직원을 평가하여 재배치 및 재선발과 관련된 사항을 결정한다.</td></tr>
<tr><td colspan="4">8. 직원의 근태, 상벌을 평가진표를 토대로 작성한다.</td></tr>
<tr><td colspan="4">9. 직원의 근무내용에 대한 만족, 불만족 용인을 파악한다.</td></tr>
<tr><td rowspan="3">인력평가</td><td colspan="4">10. 직원의 근무내용을 근로기준법과 취업규칙에 따라 평가한다.</td></tr>
<tr><td colspan="4">11. 직원평가를 직원평가서에 의해 평가할 수 있다.</td></tr>
<tr><td colspan="4">12. 근로기준법, 취업규칙 및 직원평가서를 활용하여 인사위원회에서 직원에게 적절한 승급 및 상벌을 부여한다.</td></tr>
</table>

출처 : 한국직업능력개발원(2016). NCS 학습모듈-사회복지조직 인사관리, p. 46.

〈표 9-4〉 직무명세서의 보기

생활재활교사 직무명세서	
직 무 명	생활재활교사
기초학력	대졸 이상
전공계열, 학과	사회복지학 전공자
실무경험	현장실습 및 사회복지기관 자원봉사활동 (사회복지시설 근무 경력자 우대)
수습기간	3개월
자격면허 및 특기사항	사회복지사 2급 이상 자격증 소지자 직무수행능력 향상을 위한 자격증 취득 (㉮ 사무자동화, 워드프로세서, 기타 국가자격증 소지자)
정신적 및 성격적 요인	‣ 포용력 ‣ 겸손한 태도 ‣ 친화력 ‣ 관찰력
신체적 요건	이용자 보호에 필요한 기본 체력
학문적 지식	사회복지 : 사회복지에 관련된 일반적인 지식 간　　호 : 건강 관련 기초적인 지식 인사관리 : 인사에 관한 일반적인 지식
직무지식 및 기술	서비스 질 관리를 위한 지식
	신체활동 지원서비스 관련 기술
	원만한 관계를 지향하는 의사소통 기술
	각종 업무내용을 기록할 수 있는 능력
	상황을 보고할 수 있는 능력

다음으로 '모집'이다. 공개모집, 대학 및 교육기관 모집, 사회복지사협회 활용, 인턴십제도 활용, 홈페이지 게재, 인터넷에 의한 구인등록, 민간유료직업소개 사이트 등록 등을 적절히 활용하여 구인활동을 실시하는 게 바람직하다.

다수의 인재 가운데 보다 유능한 직원을 채용하기 위해서는 채용하려는 기관이 구직대상조직으로 선택될 필요가 있으므로 평소 홈페이지 관리나 지역신문 게재 등 구직자가 사전에 얻을 수 있는 정보제공이 필요하며 인사담당

직원의 역할도 중요하다.

그 다음은 '선발'이다. 인사방침과 충원계획, 직무분석 등이 구체화되면 거기에 맞추어 선발기준을 확실하게 만든다. 구체적으로는 서류전형, 필기시험, 면접시험, 건강검진 등의 복수의 결과를 거쳐 종합적으로 판단할 필요가 있다. 대부분 복지기관에서 실시하고 있는 면접시험은 대인서비스를 제공하는 복지조직에서는 매우 중요한 방법이다. 채용 시에는 이력서, 서약서, 졸업증명서, 자격증명서, 기타 급여와 보험, 연금 등의 증명서 및 신고서, 건강검진 기록 등 인사정보로서 필요한 정보를 확보하고 인사기록으로서 관리해 둘 필요가 있다. 선발된 지원자에게는 그 사실을 통보하고 업무내용과 월급, 의무와 책임 관계 등의 중요 사항을 알려주게 된다. 선발의 경우에 기관장이 단독으로 결정하는 기관도 있지만 인사위원회를 통하여 관리자와 해당 업무 사회복지사의 의견이 반영되어 최종결정을 하는 것이 바람직하다.

인터넷을 통한 사회복지기관의 모집광고의 예

1. **시설명** : ○○○○(장기요양기관)
2. **소재지** : ○○○○○○
3. **모집분야** : 사회복지사
4. **인원** : 1명(현재 1명 근무 중이며 추가 인원 모집합니다)
5. **지원자격** : 사회복지사 2급 이상 관련 자격증 소지자, 자차 출퇴근 운행 가능자
6. **근무처** : 원내
7. **급여기준** : 175만 원, 4대보험 가입, 퇴직연금 가입, 주 5일 근무
8. **근무시간** : 09:00~18:00(칼출근 칼퇴근^-^)
9. **제출서류** : 이력서, 자격증 사본, 기타 등등
10. **제출서류 접수기간** : 2018. 7. 6.~7. 25.까지
11. **나이제한** : 25~39세까지
12. ○○ 지역 거주자 환경
13. **연락처** : 000) 000-0000 **담당자** : ○○○

※ 2018년 7월 기준 인터넷 취업공고 사이트 공고 내용 참조

3) 배치와 이동

채용한 직원은 퇴직까지 한곳에서만 일하는 것이 아니라 직장 내에서 업무 담당자가 전환되고 이동하거나 업무내용이나 역할이 바뀌는 인사이동이 발생한다. 인사이동은 직원 개인의 경력을 개발하고 능력이나 기술 등 인재의 가치를 향상시킬 목적으로 실시한다. 경력개발이란 '개인의 의지와 희망, 조직의 전략을 어떻게 조화시킬 것인가의 문제이며 조직에서 일하는 개인에게는 조직 속에서 어떻게 주체적으로 스스로의 업무를 설계할 것인가의 문제이다.' 즉, 조직과 개인 모두에게 필요한 것이다.

최근 기업에서는 경력컨설팅이라는 시스템도 만들어지고 있다. 개인 종사자의 경력에 대하여 기업 내에서 컨설팅을 행함으로써 개인의 희망과 기업의 욕구를 매칭시켜 실현 가능하게 만드는 것이다.

복지기관은 영리기업에 비하여 조직 내부에서 직원의 유동성이 낮다. 왜냐하면 복지서비스는 전문적인 경향이 매년 강해지므로 이동범위가 한정되어 있기 때문이다. 1개 법인이 1개 시설만 운영하는 소규모일 경우에는 특히 이동 가능성은 폭이 좁다. 특히 직종을 한정하여 채용하는 경우가 많으므로 과업의 범위도 제한된다. 또한 배치전환이나 이동이 서비스 실천내용의 변화를 수반하므로 더욱 제한된다.

그런데 이동은 일반적으로 경영적 필요성에 의해 관리자 주도로 이루어진다. 만일 직원의 능력이나 희망에 맞지 않으면 직장생활에 큰 부담이 되어 퇴직으로 연결될 것이다. 따라서 이런 문제를 해결하기 위해 '자율신고제도'를 고려할 수 있다. 즉, 직원의 개인적 사정이나 희망을 스스로 통보하고 그것을 고려하여 경력 형성에 반영한다. 직원 사정과 조직 인사정책을 조화시키려는 것이다. 또한 '사내공모제'도 가능하다. 예를 들어, 신규 프로젝트 사업을 시작할 때, 기관 내에 모집공고와 같은 형식을 빌려 자유롭게 응모하게 한다. 이 외에도 근무지 이동으로 거주지 변경이 예상될 경우, 여러 가지 사정으로 불가능하여 급여 등 처우가 다소 낮아지더라도 한정하여 선택하는 '근무지한정 직원제도'를 들 수 있다. 종사자의 생활스타일에 맞추어 선택할 수 있는 방법이 될 수 있다.

제2절 인재육성

1. 인재육성의 필요성

복지서비스는 호텔과 레스토랑 서비스와 달리 사회적 지원이 필요한 사람들에 대한 대인서비스이다. 단순히 이용자의 희망이나 현상적 욕구에 대응하는 것이 아니라 개인의 존엄을 보장하고 자립과 발달보장을 위한 전문적 관점에서 서비스 내용을 설계해야 한다. 복지의 전문성에 관한 윤리관이나 지식, 기술 개발은 앞으로도 더욱 충실히 진행되어야 할 것이다. 그러나 동시에 서비스 담당자로서의 조직성의 개발이 중요하다. 서비스는 종사자 개인의 역량에 달려있기도 하지만 기본적으로 팀으로 이루어지며 다양한 직종이나 사회자원의 연계를 통하여 실천된다. 따라서 서비스 질 향상을 위해서는 개인의 역량을 끌어올림과 동시에 팀 역량의 개발이나 연계에 의한 시너지 효과를 추구해야 한다.

모든 직원이 조직에서 각자 역할이나 입장을 올바로 이해하고 조직이 기대하는 역할행동을 자각한다면, 또한 커뮤니케이션이나 문제해결을 적절히 하고 팀워크를 촉진하며 활동의 시너지 효과 상승에 공헌해야 한다. 이 점이 사회복지조직에서 독창적으로 대응해야만 하는 인재육성의 필요성이다.

2. 인적자원개발과 직장연수

인적자원개발은 ① 신규직원이나 새로운 과업에 임하는 직원을 위한 오리엔테이션, ② 직무 수행 개선을 위한 일반직원 훈련, ③ 슈퍼바이저를 대상으로 하는 감독자 훈련, ④ 슈퍼바이저보다 높은 계층에 속하는 중급 및 고급 관리자 훈련 등으로 구분하여 실시할 수 있다. 그런데 경영관리 관점에서 사회복지기관에서 인적자원개발을 통한 인재육성으로 중요하게 다루어지는 방법은 직장 내의 교육연수이다.

직장연수는 세 가지 형태로 실시할 수 있다. 즉, 직무를 통한 연수(OJT), 직무와 분리된 연수(OFF-JT), 자기계발원조제도(SDS)이다.

〈표 9-5〉 직장연수의 기본 형태

구분	내용
OJT(On the Job Training) 직무를 통한 연수	직장상사(선배)가 직무를 통하여, 또는 직무와 관련시켜 부하(후배)를 지도 · 육성하는 연수
OFF-JT(Off the Job Training) 직무와 분리된 연수	직무명령에 의해 일정 기간 일상근무를 벗어나 행하는 연수, 직장 내의 집합연수와 직장 외 연수에 파견하는 방식
SDS(Self Development System) 자기계발 원조제도	직원의 직무 내외에 자주적인 자기계발활동을 직장의 업무로 인지하고, 경제적 · 시간적인 원조나 시설을 제공

출처 : 浦野正男(2018). 社會福祉施設經營管理論. 日本全國社會福祉協議會, p. 273.

특히 OJT는 직장연수의 기본이라 할 수 있다. 직장에서 근무할 때 모든 기회가 OJT의 장이 된다. 이 방법을 활성화하기 위해서는 직장 상사와 공통적인 컨셉을 가지고 직원을 지도육성하는 것이 중요하다. 구체적으로 무엇을 어떻게 할 것인지를 공유하지 않으면 동일한 스태프로서 협동적으로 일하기가 쉽지 않다. OJT는 기본적으로 ① 직장의 상사나 선배가 부하나 후배에 대하여 행하는 지도육성 활동이다. ② 일을 통하여 이루어지는 지도육성 활동이다. ③ 일에 필요한 지식 · 기능 · 태도를 대상으로 이루어지는 지도육성 활동이다. ④ 지도육성의 방법은 경험 · 견습 · 동기부여 등 모든 활동이다. 따라서 다양한 기회와 방법을 활용하여 일상적인 OJT를 활성화한다.

〈표 9-6〉 OJT의 기회와 방법

<table>
<tr><td colspan="2">〈OJT의 기본적 방법〉
(1) 가르친다. (2) 보고 배우게 한다. (3) 경험하게 한다. (4) 동기화한다.
(5) 특별한 기회를 만들어 지도한다(개별면담이나 연구 레포트 부과).</td></tr>
<tr><th>〈일상의 OJT〉</th><th>〈개별지도〉</th></tr>
<tr><td>- 직원과 일에 대한 협의를 할 때
- 직원이 실제로 일을 하고 있을 때
- 업무보고, 연락, 상담할 때
- 직원의 일이 완료되었을 때
- 직원이 출장이나 연수 갈 때
- 회식 등 직장 바깥에서 접촉할 때</td><td>- 업무상의 지도와 조언
- 개별 슈퍼비전
- 신입 OJT 리더의 배치
- 직장 순회(직무 로테이션)
- 동행훈련</td></tr>
<tr><th>〈의도적 OJT〉</th><th>〈집단지도〉</th></tr>
<tr><td>지도육성도 목표(무엇을, 어떤 수준까지, 언제까지)를 명확히 하고, 의도적·계획적으로 지도한다.</td><td>- 집단 슈퍼비전
- 사례회의
- 직장 내 연구회</td></tr>
</table>

출처 : 浦野正男(2018). 社會福祉施設經營管理論. 日本全國社會福祉協議會, p. 275.

OFF-JT는 직무명령에 의해 일정 기간 직무에서 떨어져 연수한다. 일상 직무연수에서는 하기 어려운 새로운 동기부여나 관점의 확대, 전문지식이나 기능습득을 목적으로 할 때에 적합한 연수형태이다. OJT를 기본으로 하면서 필요에 따라 적절한 OFF-JT 기회를 제공하는 것으로 전문성을 확대하는 신선한 효과를 줄 수 있다.

〈표 9-7〉 OFF-JT의 방법

<table>
<tr><td colspan="2">〈기본적인 방법〉
(1) 강의법, (2) 토의법, (3) 사례연구법, (4) 역할연기, (5) 자기진단법, (6) 기타 견학, 실습 등</td></tr>
<tr><th>〈직장 내 OFF-JT의 예〉</th><th>〈직장 외 OFF-JT의 예〉</th></tr>
<tr><td>- 외부연수 등의 보고회(전달연수)
- 과제별 학습회(상호학습회)
- 사례연구회
- 문헌, 자료 강독회
- 강사를 초빙한 연수회</td><td>- 행정이나 연수실시기관이 주최하는 연수회 파견
- 직역단체 등이 주최하는 연수회 파견
- 전문기관 등이 실시하는 테마별, 과제별 연수회 파견
- 다른 직장과의 교류, 교환연수, 견학·실습</td></tr>
</table>

출처 : 浦野正男(2018). 社會福祉施設經營管理論. 日本全國社會福祉協議會, p. 276

사회복지 분야에서는 중앙이나 지방의 연수 실시 기관이나 복지협의회, 단체 등에서 실시하는 다양한 외부연수회가 있다. 직장연수의 일환으로서 계획으로 활용할 수 있다. 외부연수 파견과 직장 내 연수를 조합시켜 효과적 OFF-JT를 추진할 수 있다.

SDS는 개별 직원의 자기계발을 조직하고 지원하는 것이다. 자기계발은 스스로를 향상시키기 위한 자기관리이므로 조직이 적극적으로 지원하고 촉진하려는 것이다. 개별직원들의 자기계발은 다양하므로 직장에서 자기계발에 대하여 어떤 형태나 범위 내에서 지원할 것인가, 일정한 기준이나 우선순위에 관한 규칙을 분명히 결정할 필요가 있다.

〈표 9-8〉 **SDS의 방법**

〈기본적인 방법〉

직원의 직장 내 자기계발에 대한 (1) 경제적 지원, (2) 시간적 지원(직무면제, 조정, 특별휴가 제공 등), (3) 시설이나 장비의 제공 및 대여

〈직장 내 SDS의 예〉	〈직장 외 SDS의 예〉
– 개인의 연구활동 장려와 기반 조성 – 학습조직의 활동비 조성 – 자주적 학습회 시설이나 설비 대여 – 복지 관계 도서, 자료, 비디오 대여	– 외부연수 참가 비용조성과 직무면제 – 공적자격 취득 통신교육 등 수강 장려와 그 비용 조성 – 종별, 직능별 단체 등 대회, 학회, 연구회 등 참가 조성 – 자기계발 자원 홍보 활동

출처 : 浦野正男(2018). 社會福祉施設經營管理論. 日本全國社會福祉協議會, p. 277.

신입 직원 교육 계획서

1. **목적** : 신입 직원이 채용된 후 빠른 시간에 효과적으로 조직분위기와 업무를 파악하고 담당업무 내용을 숙지하여 안정적이고 효율적인 서비스를 제공함에 목적을 둔다.

2. **일정 및 절차**
   1) 신입 직원 채용 후 1개월 이내에 교육을 실시한다.
   2) 각 부서장은 신입 직원 오리엔테이션 양식에 의거하여 교육을 실시한다.
   3) 각 부서장은 중간 점검 및 최종평가를 실시하고, 교육 종료 후 사무국장과 시설장 결제를 득하여 신입 직원 교육철에 관련 서류를 비치한다.

3. 교육 내용 및 담당자

교육구분	교육내용	담당자
법인 및 기관 소개	법인소개 및 설립이념, 사업계획 및 운영방안, 시설개요 및 조직현황, 기관내규(운영규정, 취업규칙, 복무규정, 급여규정 등), 업무 문장 등	사무국장
직장예절 교육	호칭예절, 인사예절, 전화예절, 직원 간 근무예절 등	사무국장
부서별 교육	급여제공 지침, 서비스 매뉴얼, 업무수행에 필요한 지식과 기술 교육, 각 부서별 신입 직원 오리엔테이션 양식 참조	부서장

4. 자료

1) 각 부서별 신입 직원 오리엔테이션 양식

2) 교육자료

출처 : 한국직업능력개발원(2016). NCS 학습모듈-사회복지조직 인사관리, p. 39.

3. 슈퍼비전

슈퍼비전은 위로부터의 통찰이나 감독을 의미한다. 위에서 관찰하는 존재는 슈퍼바이저(supervisor), 관찰당하는 존재는 슈퍼바이지(supervisee)로 하여 이러한 양자관계를 통해 이루어지는 일체의 행위라 할 수 있다. 슈퍼비전은 행정적(administrative), 교육적(educational), 지지적(supportive), 그리고 집단(group)에 의한 것으로 구분된다.

첫 번째로 행정적 슈퍼비전은 조직운영에 필요한 행위이다. 신입사원 연수, 업무할당, 업무내용 평가, 조직 간 조정과 같은 모든 장면에서 이루어진다. 예를 들어, 복지분야에서는 업무과정에서 이용자의 권리옹호나 조직의 사명에 근거하여 조언이나 지도를 행하는 경우를 들 수 있다.

두 번째로 교육적 슈퍼비전은 사례회의와 같이 구체적인 사례를 통하여 이루어지는 관계이다. 실제 지원현장에서 실패했거나 개선이 요구되는 사례에 대하여 다른 관점이나 지식, 해결방법 등을 제시받는다. 그 과정에서 자신의 업무방식을 돌아보고 수정하면서 전문성을 향상시킬 수 있다.

세 번째로 지지적 슈퍼비전은 소진이나 스트레스 등 사회복지사가 직면하는 정신적 과제에 대응하기 위한 행위이다. 현장에서는 각자의 사례에 대해서는 상호 간섭하지 않는 경우가 적지 않다. 이 경우 혼자서 업무에 부딪혀 결국 소진되거나 스트레스 등으로 몸이 망가지는 경우도 적지 않다. 슈퍼바이지의 고통에 다가가 진지하게 사연을 들어주며 해당 사회복지사의 강점이나 능력을 도출해 내는 슈퍼비전이 요구된다.

네 번째의 집단 슈퍼비전은 위의 세 가지 슈퍼비전을 일대일로 하지 않고 동료나 같은 직종 집단으로 실시하는 것이다. 원조기술 연습이나 실무연수 등으로 한 사람의 사례에 대하여 참가자 개개인이 의견을 서술하는 가운데 사례에 대한 성찰과 수정이 가능하다. 이때 슈퍼바이지의 발언을 촉구하거나 장면을 전환시키는 촉진자로서의 역할이 요구된다.

사회복지 분야에서 슈퍼비전이 강조되는 이유는 복지에서 '유일하게 올바른 해결'이란 존재하지 않기 때문이다. 동일한 사례라 해도 경제상황이나 인간관계, 상태 등에 따라 요구되는 지원내용이 달라진다. 유사사례는 있어도 동일사례는 없다. 따라서 표준화된 매뉴얼이 적용되기 어려우며 대상에 따른 독자적인 해결책이 요구된다. 이 경우에 시간적인 여유가 없거나 담당사례가 많은 복지사일수록 대처가 어려워 소진이나 스트레스에 노출되기 쉽다. 이런 상황을 극복하고 복지사의 질 높은 업무수행을 위하여 조직 내부에서의 업무지원(행정적), 구체적 사례에 대한 새로운 관계방법(교육적), 심리적 지지(지지적), 때로는 자조집단적 슈퍼비전이 필수적이다.

제3절 리더십

1. 리더십의 개념

1) 리더십의 정의

리더십은 직위와 능력 두 가지로 정의된다. '직위'로서의 리더십은 어떤 상황을 통제할 책임을 지며 지도하고 관리하는 직위를 의미한다. '능력'으로서의 리더십은 다른 사람과의 관계에 영향을 끼쳐서 지도자가 택한 길을 따라오도록 하는 재능이나 기술을 말한다. 즉, 리더십은 다른 사람들의 생각, 감정, 행동 등을 따르게 하는 일종의 움직임을 의미한다(문인숙 · 김미혜, 1995 : 233).

리더십은 매우 다양하게 정의되고 있다. 예를 들어, "사람들로 하여금 집단의 목표를 기꺼이 달성하게끔 영향을 미치는 활동(Terry, 1960 : 493)", "목표 달성을 지향하도록 집단에 영향을 주는 능력(Robbins, 1984 : 112)"이라 정의된다. 다시 말하면, 공동목표의 달성을 위해 협동적으로 일하도록 영향을 주는 능력이며 사람들에게 영향력을 행사하는 과정이라 할 수 있다. 최근의 상황이론에서는 리더십 개념에 상황을 고려하여 "어떤 주어진 상황에서 개개인이나 집단의 활동이 목표 달성을 위한 노력이 되도록 영향을 미치는 과정(Harsey & Blanched, 1982 : 83)"으로 정의한다. 결국 리더십이란 조직의 목표 달성을 위하여 개인이나 집단을 조정하는 기술과 과정이며 조직의 목표를 설정 · 제시하여 조직 성원들이 그 방향으로 가도록 지지하고 자극하는 것이다.

리더십의 개념을 명백히 이해하기 위해서 헤드십(headship)의 개념을 리더십과 대비하여 비교하기도 한다(김호섭 외, 1999). 헤드십은 명령(order) 중심의 관리로 일방적이고 규칙적으로 발동되고 법적 구속력을 강조한다. 또한 계층적 지위에만 의존하여 일방통행식 의사소통이 이루어지고 강제력과 강압적 분위기를 앞세워 물질적 보상과 처벌을 통해 지배하려는 경향이 강하다. 반면 리더십은 자발적 · 상호작용에 의해 발동되며 공통의 감정을 강조하는 인간적 차원에서의 유인이 강하다. 또한 전문적 능력과 공식적 지위를 강조하지만 쌍방향식 의사소통이 이루어지고 상관과의 심리적 유대감에 의한 추종이 이루어져 신뢰와 인정의 분위기가 형성된다. 만약 조직에서 헤드십만이 존재한다면 조직의 공유의식이나 목표의식이 존재할 수 없으며 자발적 참여와 능력발휘가 제대로 이루어지지 않아 효과적인 목표 달성이 불가능해질 것이다.

2) 리더십의 필요성

사회복지조직에서 리더십이 필수 불가결한 이유(Neugeboren, 1985 : 145)를 살펴보면 다음과 같다.

① 많은 전문가가 고용되어 있는 사회복지조직에는 전문가의 자율성 욕구와 조직의 통제 욕구 사이에 부단한 긴장이 존재하며 이와 같은 긴장으로 인해 구성원들은 조직의 규칙과 과정을 준수하게끔 동기부여할 리더십을 필요로 한다.

② 사회복지서비스 분야에는 끊임없이 변화하는 환경적 압력이 증가일로에 있으며 외부 요구의 이와 같은 변화를 고려한 조직체계를 갖는 것은 어렵기 때문에 이에 적절히 대응할 리더십을 필요로 한다.

③ 사회복지서비스 분야에 있어서 새로운 기술 또는 새로운 구조의 도입과 같은 중요한 내부적 변화는 이와 같은 변화가 조직에 통합될 수 있도록 리더십을 필요로 한다.

④ 사회복지조직에서 구성원들의 전문적 목표는 조직의 목표와 완전히 일치하지 않을 수 있다. 구성원의 목표와 조직의 목표 사이에 가능한 많은 일치를 가져올 수 있도록 노력하는 데 리더십이 요구된다.

3) 리더십의 요소

사회복지조직의 목표를 효과적으로 달성하기 위해서는 성원들의 기술과 조력, 상호 간의 협조가 있어야 한다. 관리자는 이러한 관계에 영향을 미침으로써 리더십을 행사한다. 여기에는 몇 가지 전제조건이 있다.

첫째, 관리자는 요원들 각자에 대해 지도력을 행사하는 데 있어서 적절한 시기와 상황을 선택할 수 있어야 한다. 둘째, 관리자는 조직체의 요원들로 하여금 작업 수행에 대한 동기를 유발할 수 있도록 조직체의 분위기를 조성하여야 한다. 셋째, 관리자는 조직체의 지도자로서 자신의 고유한 특징과 집단의 분위기를 고려하여 나름대로의 리더십 유형을 개발하여야 한다(성규탁, 1993 : 322). 이러한 전제조건을 바탕으로 리더십에 포함되어야 할 요소들을 다음과 같이 제시할 수 있다.

(1) 지속성

유능한 지도자는 사려 깊고 계획을 잘 세우며 적절한 제안을 통해 결정과 계획을 실행에 옮긴다. 그는 성원들로부터의 제안에 대해서 처음부터 '아니다'라고 하지 않는다. 지도자는 바람직한 결과를 성취하기 위해 용기, 신념, 자신감이 필요하다. 즉, 지도자는 활동 중 쉽게 물러나지 않으며 프로그램이 실패했거나 수정이 필요할 경우 다시 계획하고 변화시켜 나가는 끈기가 있어야 한다.

(2) 시간관리

유능한 지도자는 최선의 기관서비스 전달을 위하여 각 직원의 시간이 효과적으로 활용될 수 있도록 기관 전체의 운영을 계획하며 자신의 시간을 현명하게 사용한다.

(3) 타협

유능한 지도자는 자신이 모든 해결안을 가지고 있지 않다는 것을 인정하며, 문제에 대한 대안이 있더라도 열린 마음으로 다른 사람들의 의견을 경청한다. 자신이 옳다고 생각한 것이 기관을 위해 최선이 아닐 수도 있다는 것을 인정하고 직원과 원만한 관계를 유지하고 기관의 목표에 기여하는 데 관심을 갖는다.

(4) 관대함

지도자는 기관의 목표, 필요, 정책의 범위 안에서 직원들에게 가능한 많은 자유를 허용해야 한다. 보통 지도자는 직원과 논쟁하지 않으며 오히려 직원들에게 기회를 제공하고 함께 일한다. 기관을 위한 최상의 것과 자신을 위한 최상의 것은 다를 수 있다. 이때 지도자는 기관에 최상의 것을 우선적으로 택해야 한다.

(5) 창의성

지도자는 기관의 서비스를 향상시키는 새롭고 효과적인 방법을 위해서 정기적으로 매일 혹은 매주, 생각하고 계획할 시간을 할애해야 한다. 유능한 지도자는 개인적이든 집단적이든 직원들이 창의성을 발휘할 수 있는 시간과 기회를 부여하고 격려해 준다.

2. 리더십의 이론

Fulmer(1978 : 312)는 리더십 이론들을 세 개의 주요한 범주들, 즉 자질이론(trait theory), 행위이론(behavioral theory), 상황이론(situation theory)으로 나누고 있다. 리더십 이론의 양축은 리더의 자질을 강조하는 자질론과 상황에 따라 유동적이라는 상황론이지만 효과적 리더십의 결정요인이나 유형을 탐색하고자 하는 행태론적 접근법(행위이론)도 한 축을 차지하고 있다. 리더십 연구는 인간관계론 대두 이후에 본격적으로 등장하였으나 인간관계에서의 관심이 개인의 욕구인 반면 과학적 관리에서는 조직의 욕구에 관심을 두는 차이가 있을 뿐 양쪽 모두 리더의 역할은 생산성 향상이라는 점에서 일치한다. 리더십 연구는 1940년대 행위이론의 발전을 통해 전성기를 맞았으나 최근에는 업무와 인간관계에서의 효과성을 모두 중시하는 변혁적 리더십도 주목받고 있다.

1) 자질이론

자질이론은 리더십과 관련된 성격적 특성을 강조하는 것이다. 즉, 어떤 일정한 자질을 리더가 갖추고 있으면 효과적인 리더가 될 수 있다는 이론이다. Barnard(1949 : 93)는 이와 같은 자질을 ① 활력과 인내성, ② 결단력, ③ 설득력, ④ 책임성, ⑤ 지적 능력 등으로 제시하고 있다. Stogdill(1974 : 74-75)은 리더십은 리더의 판단능력과 언어솜씨와 관련된다고 하며, 리더의 자질로서 ① 육체적 특성, ② 사회적 배경, ③ 지능, ④ 성격, ⑤ 과업과 관련된 특성, ⑥ 사회적 특성 등을 제시하고 있다.

이와 같은 자질이론은 초기에는 누구나 일정한 특성을 가지고 있으면 어떤 상황 속에서도 리더십을 발휘할 수 있다고 주장되었지만, 후에 이와 같은 자질이 고정된 것이 아니라 사람마다 처해 있는 환경과 상황에 따라 변하는 것으로 수정되었다. 예를 들면, 사회복지사에서 과장, 부장, 관장으로 올라갈수록 기술적이고 구체적인 지식보다는 혁신성, 판단성, 구상력 등이 더욱 요구된다는 것이다(박차상, 1999 : 249). 그러나 이와 같은 자질이론이 타당하기 위해서는 효과적인 모든 리더들에게서 보편적으로 발견할 수 있는 자질들을 찾아낼 수 있어야 하고, 성공하지 못한 리더들과 성공한 리더들을 구분해 주는 분명한 자질들이 무엇인지 제시할 수 있어야 한다.

2) 행위이론

행위이론은 1950년대 행동과학자들에 의해 제시된 이론으로 자질이론에 대한 비판으로 등장한 것이다. 리더십의 중요한 측면은 리더의 특성이 아니라 다양한 상황에서 리더가 행동하는 것이며, 효과적인 리더는 그들의 특별한 리더십 행동 유형에 의해 비효과적인 리더와 구별된다는 것이다. 여기서는 오하이오(Ohio) 연구, 미시간(Michigan) 연구, 관리격자(manegerial grid) 이론, PM 이론 등을 소개하고자 한다.

(1) 오하이오(Ohio) 연구

오하이오 주립대학교(Ohio State University)의 연구는 리더의 입장을 강조하는 관점에서 리더의 행동서술질문지(Leader Behavior Description Questionaire)를 작성하여 정보를 수집하고 분석한 후 리더의 행동을 구조주도행동(initiating structure behavior)과 배려행동(consideration behavior)으로 구분하였다. 구조주도행동이란 지도자가 과업을 조직하고 정의하며 업무를 할당하고 의사전달의 통로를 확립하여 업무집단의 성과를 평가하는 행동을 말하며, 배려행동은 신뢰, 상호 존경과 우정, 지원, 구성원의 복지를 위한 부분에 관심을 나타내는 행동을 의미한다(Gutknecht & Miller, 1986 : 155). 오하이오 연구는 구조주도행동과 배려행동을 조합하여 리더십 행동 유형을 조사연구한 결과, 구조주도와 배려가 높은 리더가 구조주도와 배려 어느 한쪽에서 낮거나 둘 다 낮은 리더보다 조직 성원들의 성과와 만족을 가져오는 경향이 있다는 것을 발견하였다(Robins, 1984 : 115).

(2) 미시간(Michigan) 연구

미시간(University of Michigan) 연구는 오하이오 연구와 비슷한 시기에 이루어졌지만 리더의 입장보다는 조직 구성원의 입장을 강조하였다. 연구의 목적은 오하이오 연구와 마찬가지로 어떤 유형의 리더 행동이 업무집단의 성과와 구성원의 만족을 가져오는가를 발견하는 데 있었다.

이 연구 결과 두 가지 유형의 리더십 행동 유형이 발견되었는데, 첫째는 직무중심적 리더십 유형(job-centered leadership style)과 둘째는 직원중심적 리더십 유형(employee-centered leadership style)이었다.

직무중심적 리더십은 세밀한 감독과 합법적이고 강제적인 권력을 활용하며, 업무계획표에 따라 실천하고 성과를 평가하는 데 중점을 둔다. 반면 직원중심적 리더십은 보다 인간지향적이며 권한과 책임의 위임과 구성원의 복지와 욕구, 승진, 개인적인 성장에 관심을 둔다. 연구 결과 직원중심적 리더십이 보다 높은 생산성과 직무만족도를 나타내는 반면, 직무중심적 리더십은 상대적으로 낮은 집단생산성과 낮은 직무만족도를 보여주었다.

(3) 관리격자이론(Managerial Grid Theory)

Blake와 Muton은 오하이오 연구와 미시간 연구의 리더십 행동연구에 기초를 두고 인간과 산출에 대한 관심이 리더십과 어떻게 관련되는가를 밝혀주는 관리격자이론을 제시하였다. ❙그림 9-2❙과 같이 격자망은 횡축과 종축을 따라 각각 9개의 위치가 설정되고 81종류의 리더십 유형이 나오게 된다. 이 격자망의 수평축은 산출에 관한 관심을 보여주고 수직축은 인간에 대한 관심을 가리킨다. 각 축은 9점으로 나누어 1점은 최소한의 관심을 보여준다. 리더가 이 두 가지 관심을 함께 연결하는 방식에 따라 어떻게 계층제를 사용할 것인가를 결정해 준다.

❙그림 9-2❙는 관리의 격자망으로서 이 격자망에서 기본적인 5개의 리더십 유형이 나타나고 있는데, 무기력형(1.1), 컨트리클럽형(1.9), 과업형(9.1), 중도형(5.5), 팀형(9.9)으로 구분한다. (1.1)칸은 두 가지 관심이 다 낮은 점수를 얻은 경우로 과업을 떠맡거나 혹은 일임하는 형이다. (9.9)칸은 인간과 산출 두 가지 모두에 대한 관심이 높은 점수를 나타나는 경우로 상호문제 해결형으로 클라이언트의 문제해결을 위한 목표를 설정하여 함께 일해 나가는 유형이다(Blake, Jane S., Muton, Louis Tomaino, & Sharon Gutierrez, 1979 : 6 재인용).

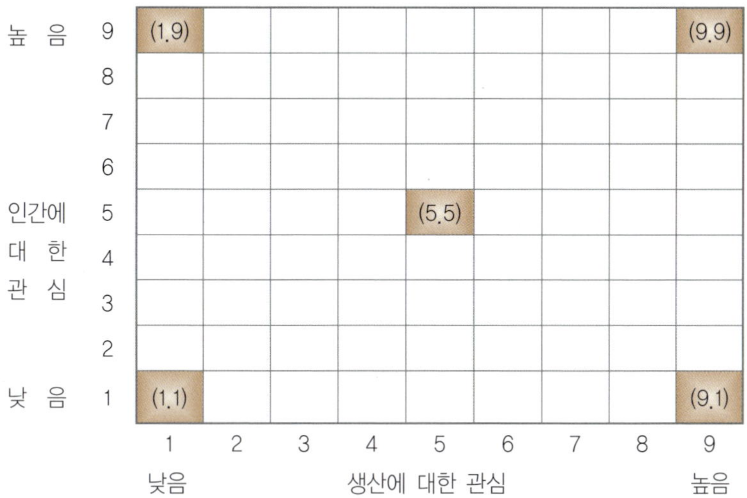

* (1.9) 부하들이 인간관계가 원활히 이루어지도록 주의를 기울인다. 조직은 화기애애한 가운데 작업이 행해진다.
* (9.9) 작업에 종사하는 부하들에 의해 작업이 성취된다. 조직목적이라는 일관성을 통해 각자의 자율성이 보장되고 신뢰와 존경의 인간관계가 이루어진다.
* (1.1) 주어진 작업을 성취하기 위해 최소의 노력을 하며, 안일한 사고를 한다.
* (9.1) 인간적 요소에 되도록 신경을 쓰지 않는 작업조건을 만들며 능률본위로 작업한다.
* (5.5) 작업성취의 필요성과 직장의 사기가 동시에 균형이 이루어지도록 한다.

▌그림 9-2▐ 관리자의 격자

이 연구 결과 가장 높은 성과를 올릴 수 있는 최적의 리더십 스타일은 (9.9)의 팀형으로 나타났으며, 리더십 스타일이 격자의 어디에 해당하는지를 알기 위해서 Blake와 Muton은 질문지를 사용하여 분석결과가 생산성 지향 혹은 인간지향의 성격이 밝혀지면 그에 따라서 리더의 행동을 바람직한 방향으로 변화시키기 위한 교육훈련 프로그램을 만들게 된다(이수도, 1999 : 284).

이상의 각 행위이론들은 리더의 역할을 지나치게 단순하고 추상적으로 분류(2×2 도표)하였고 구성원의 업무수행능력이나 훈련 정도 등도 고려하지 못하였다. 또한 리더의 행동이 구성원들을 어떻게 변화시키고 그것이 조직효과성으로 어떻게 연결되는가도 밝히지 못했다. 특히 조직의 효과성을 '리더와 부하와의 관계'나 '과제의 성격'을 포함한 상황으로부터 독립적인 것으로 취급하여 조직효과성은 리더의 몇 가지 자질이나 바람직한 행태에 의해 증대되는 것이 아니라 상황에 좌우된다는 상황론자의 비판에 직면하게 되었다.

(4) PM 이론

리더의 행위에 초점을 두고 리더십을 구성하는 요소를 P 기능과 M 기능으로 구분한다. P 기능은 성과(P : Performance)로서 직무상의 목표와 과제 달성이다. M 기능은 조정(M : Maintenance)으로 종사자에 대한 배려이며 집단유지에 관계된다. P와 M의 크기에 따라 리더의 행동은 ❙그림 9-3❙과 같이 네 종류로 구분할 수 있다. 이 중 PM형이 성과향상과 트러블 감소, 동기향상, 직무만족에 영향력이 가장 크다.

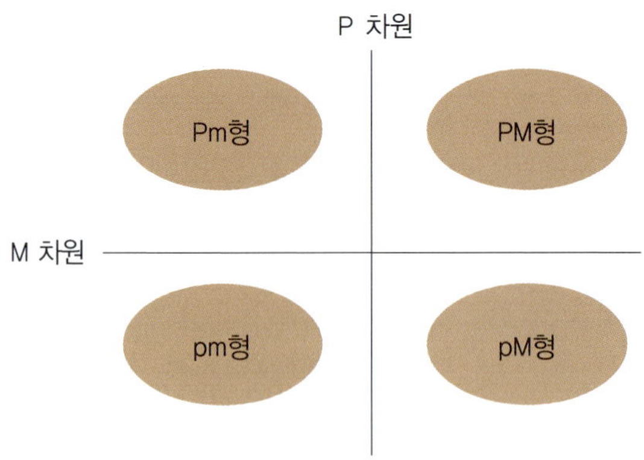

❙그림 9-3❙ PM 이론

3) 상황이론

상황이론(situational theory)은 1960년대 말부터 1970년대에 이르기까지 행동이론의 한계를 인식하고 새로운 리더십 연구를 진행하면서 등장하였다. 1970년대를 전후로 리더를 둘러싸고 있는 상황분석에 관심이 집중되면서 상황에 따라 리더의 능력이나 가치가 달리 평가되는 동시에 요구되는 지도자의 행태와 자질이 달라진다는 상황이론이 등장하였다. 예를 들어, 급격한 변화의 시기에는 독재적이고 권위적인 자질과 행태를 지닌 자가 리더가 되는 경우가 많다. 여기에서 상황이란 리더가 속해 있는 기관의 목표와 성격·규모·역사·유형·발전 정도, 종사자들의 자질과 행동, 기대와 욕구 등의 산물이다.

Fiedler는 과업지향적 리더십과 관계지향적 리더십 스타일을 구분하고 여기에 세 가지 상황변수, 즉 ① 리더와 부하의 관계, ② 과업의 구조, ③ 리더의 권력이 결합되어 효과적 리더십 스타일이 결정된다고 보았다. 예를 들어, 리더와 종사자 관계가 우호적이며 작업구조가 분명하게 정해져 있는 경우라면 과업지향적 리더십이 효과적일 것이다. 따라서 어떤 상황이냐를 판단하여 과업지향적 혹은 관계지향적 리더십 행위를 적용할 수 있다.

House는 상황에 따라 효과적인 리더십 패턴이 달라진다는 전제하에 목표달성 경로를 강조한다. 즉, 효과적 리더는 직원들이 기대하는 목표를 달성할 수 있는 행동경로를 명확히 밝혀주고 그에 따라 보상을 빠르게 받을 수 있도록 지도력을 발휘해야 한다. 더욱이 최적의 리더십 행동은 종사자의 개인적 특성과 직무 특성에 의해 달라진다고 생각한다. 즉, 부하의 능력이나 성격, 작업집단의 특성, 작업의 구조화 정도, 규칙과 절차 등의 상황변수에 따라 달라진다. 그 결과 리더의 행동패턴은 특정 상황에 맞게 지시적 리더십, 지원적 리더십, 성취지향적 리더십, 참여적 리더십으로 나타난다.

예를 들어, 직무내용이 애매한 경우나 능력이나 경험이 부족할 경우에는 지시적 리더십이 효과적이며 복지사의 자신감이 결여되어 있거나 직무가 명확한 경우에는 지원적 리더십이 좋을 것이다. 목표를 분명하게 알 수 없을 경우에는 성취지향적 리더십이 효과적이며 부하들의 기대를 높이고 성취감을 자극하려면 참여적 리더십이 적용되어야 할 것이다.

4) 변혁적 리더십

비교적 새롭게 등장한 이론으로서 조직의 혁신을 위한 리더의 역할에 주목한다. 이 용어가 처음 등장한 것은 Burns가 그의 저서 『리더십』(1978)에서 사용하면서부터이다. 변혁적 리더십(transformation leadership)은 지금까지의 거래적 리더십[1]과 대비하여 조직 외부로 눈을 돌려 기관 자체를 변혁하기 위한 대응이

1) 거래적 리더십은 안정지향 기능을 강조하는 리더십을 의미하며 부하 직원의 행위목표는 과업수행의 결과 얻게 되는 보상이라 간주한다.

라 할 수 있다. 특징은 ① 카리스마[2]성, ② 개별적인 배려성, ③ 지적인 자극(종사자에게 지적인 자극을 주면서 동기를 자극), ④ 동기부여의 고무(종사자에게 일의 의미를 이해시키고 고무시켜 동기부여)를 들 수 있다. 변혁적 리더는 종사자들의 신념과 요구, 가치를 변화시켜 새로운 기회를 창출하기 위해 종사자들의 높은 이상과 도덕적 가치에 호소하여 의식까지 변혁시키려 한다.

결국 리더는 종사자들이 리더에 대해 신뢰를 갖게 하는 카리스마를 지니고 있어야 하며, 조직변화의 필요성을 감지하고 변화를 이끌어 내도록 비전을 제시하는 능력이 있어야 한다. 적절한 업무할당과 과업의 가치와 해야 할 당위성도 밝혀주고 성공할 수 있다는 기대감을 크게 해주어야 한다. 종사자들의 높은 참여와 성과를 끌어낼 수 있는 방안을 개발할 수 있는 능력도 중요하다.

5) 서번트 리더십(Servant Leadership)

타인을 위한 봉사에 초점을 두고 종사자와 고객의 욕구를 만족시키기 위해 헌신하는 리더십이다. 기관 내부의 신뢰 기반은 함께 일하는 구성원들과의 관계의 질을 반영하므로 가장 중요시한다. 신뢰가 높을수록 상하 간은 물론 구성원들 간의 협력수준이 높고 반대로 낮을수록 리더십의 위기가 초래된다. 관리자가 부하들로부터 신뢰를 얻지 못하면 자발적 몰입과 협력을 얻을 수 없으므로 가장 중요한 리더십 덕목으로 섬김과 봉사를 강조한다. 사회복지기관은 고도의 전문성이 요구되는 질 높은 서비스를 전달해야 하므로 지식기반 사회의 복지조직 관리에 필요한 리더십이 될 수 있다.

서번트 리더는 항상 부하를 섬기고 봉사해야 한다는 생각이 앞선다. 많은 사회복지사와 함께 일을 하기 때문에 항상 이들을 공정하게 대하기 위해 노력해야 한다. 업무의 배분과 조정 그리고 성과평가에 이르기까지 공정하게 대함으로써 신뢰를 얻기 위해 노력한다. 주요 특징은 ① 리더로서 자신을 서

2) 특별한 능력이나 자질을 가진 사람을 뜻하며 원래는 신의 은총으로 받은 능력을 의미한다. 직원들이 영웅적이거나 비범한 능력으로 간주하고 있는 사람을 리더로 받아들이면 카리스마 리더십이라 해석할 수 있을 것이다. 카리스마가 타고난 것인가, 상황적인 것인가, 부하 직원과의 상호작용 과정에서 나온 것인가는 카리스마 리더십의 주요 논점이다. 따라서 카리스마 리더십은 리더의 능력과 같은 특성, 리더에 대한 애착의 정도와 같은 부하의 특성, 카리스마를 요구하는 상황에 의해 규정된다.

번트 또는 지원자로 인식하고, ② 조직에서 가장 가치 있는 자원은 사람이라고 인식한다. ③ 늘 학습하는 태도를 보이며, ④ 먼저 경청하고 ⑤ 설득과 대화로 업무를 추진한다. 또한 ⑥ 조직이 커뮤니티를 형성하도록 돕고 ⑦ 권한위임을 통해 리더십을 공유한다(이관응, 2010). 서번트 리더십을 발휘하기 위해서는 자기중심적 가치관을 바꾸어서 스스로에 대해 성찰하고 부하들의 노력에 감사를 표시할 줄 알아야 한다. 조직이 공유하는 가치는 리더가 솔선하여 지켜야 하며 인재육성을 위해 노력해야 한다.

〈표 9-9〉 **전통적 리더와 서번트 리더의 특성 비교**

범 주	전통적 리더	서번트 리더
주된 관심	업무의 결과 업무 추진과정 및 방법	업무 수행 시 장애요인 필요한 지원과 코칭
리더의 가치	자기중심적 기준에 의한 지시와 감독	믿고 수용하며 개방적 가치를 통한 코칭
종사자	시켜서 결과를 만들어 내는 대상	도와주어야 할 성공과 성장의 대상
업무추진	상사가 원하는 시간에 원하는 방식으로 수행	아이디어를 제안하고 검토·평가하여 다양한 활동 공유
관계	복종, 리더의 이미지	존중, 관심, 공동체
생산성	양적 척도(시간, 비용, 생산량), 결과 중심의 사고	자발적 행동, 권한위임
경쟁	내부 경쟁 조장	모두 잘 할 수 있다는 신념
평가	최종 결과 중심의 평가 재무적 성과 중심	노력 정도에 대한 평가 결과=개개인의 성장

출처 : 이관응(2010). 서번트 리더십의 비밀 재구성.

6) 슈퍼리더십(Super Leadership)

전통적인 리더십 접근방식은 일반적으로 리더의 행동이 추종자들에게 영향을 미치는 형태였으며 리더가 주도하여 일을 성공시키는 데 초점을 두었다. 따라서 리더와 조직 구성원 간의 상호작용을 강조하였으며 리더 한 사람에 의해 영향을 받고 관리되는 하향식(top-down) 접근방식이었다. 이러한 리더십의 패러다임은 지난 수십 년 동안 다른 사람들을 이끌 수 있는 유일한 길로서 유지 되어져 왔다. 하지만 다양한 리더십과 동기부여 이론에 대한 지원이 늘어남에 따라 리더십에 대한 새로운 접근방식, 즉 팀 리더와 때로는 전체 조직과 함께 공유할 수 있는 슈퍼리더십이 나타나게 되었다(Pearce & Conger, 2003; Shah & Ali, 2012 : 388).

슈퍼리더십은 지식기반 시대에 새로운 종류의 리더십 접근방식으로서 슈퍼리더(super-leader)는 먼저 자신을 이끌어 기초를 세우고 추종자를 자기 지도자가 되도록 유도하는 기술을 사용하여 다른 사람들을 이끌기 위해 집중하는 관리자이다. 즉, 슈퍼리더는 자기주도적 접근방식을 구현하는 데 필요한 추종자들 사이에 다양한 행동 및 인지 기술을 부여함으로써 모든 추종자가 자기 선발 리더, 즉 스스로를 리드해 가도록 돕는다(Shah & Ali, 2012 : 388).

Sims and Manz(1989)는 슈퍼리더십을 달성하기 위한 셀프리더가 되고 셀프리더십의 모델이 될 것, 자신의 목표 설정, 긍정적 사고, 보상과 건설적 질책에 의한 셀프리더십의 개발, 팀워크를 통한 셀프리더십 증진, 셀프리더십 문화 촉진의 일곱 가지를 제시하였다. 또한 슈퍼리더십이 사람 내부의 셀프리더십을 자극하고 활성화해 자기 영향력을 통제와 권위에 대한 위협이 아니라 성과를 높이는 데 중요한 능력으로 간주하였다(박철우, 2017 : 176).

국내 다수의 연구(양동민, 2005; 이미진, 2009; 이보열, 2010; 이종권, 2009)에서도 슈퍼리더십이 조직의 성과에 긍정적인 효과가 있음이 입증되었다.

Sims and Manz(1996)는 리더는 리더십 행동을 구현하기 위해 다음과 같은 슈퍼리더십 접근법으로 나아갈 수 있도록 전통적인 리더십 접근방식에서 10가지 가장 중요한 변화를 채택해야 한다고 하였다(Shah & Ali, 2012 : 389-390).

1. 리더는 팀원/ 그룹이 외부관찰에서 자기관찰로 전환할 수 있도록 돕는다.
2. 지정된 목표에서 자기개발 목표로 전환하는 것에 초점을 둔다.
3. 조직 통제는 팀/ 그룹 회원들에 의해 이루어져야 한다.
4. 리더십은 동기부여 기법을 기반으로 하는 것을 선호한다.
5. 리더는 그룹/ 팀 상호작용을 개선하기 위해 잠재적인 나쁜 영향인 외부 비판을 자기 비판으로 전환해야 한다.
6. 외부 문제 해결에서 자기 문제 해결 기술로 이동한다.
7. 외부 직무 할당에서 자기 직무 할당으로 이동한다.
8. 리더십은 외부계획에서 자기계획으로, 외부 업무 설계에서 업무의 자기 설계로 이동한다.
9. 그룹/ 팀 구성원의 위협보다는 새로운 문제를 기회로 간주한다.
10. 리더십은 조직의 비전에 대한 헌신을 창출한다.

이러한 슈퍼리더십 접근방식은 조직 풍토를 번성시키고 창의력이 발휘될 수 있도록 지원하는 새로운 리더십 스타일이다. 이 전략은 빠른 혁신의 시대인 21세기에 빠르게 성장해 나가고 있다.

3. 리더십의 유형

리더십의 유형은 조직 구성원을 움직이게 하는 수단을 중심으로 한 강제적·지지적 리더십, 의사결정의 연속선상에서 리더의 권한과 부하의 재량을 중심으로 한 리더십, 일중심의 리더십과 부하 직원의 관계를 중심의 리더십 등 다양한 구분이 전개되지만 이와 같은 관점들을 모두 포괄할 수 있는 일반적 유형으로서 지시형, 참여형, 자유형을 제시하고자 한다.

1) 지시형

지시형은 명령과 복종을 강조한다. 따라서 지도자는 독선적이며 조직체 성원들을 보상–처벌의 연속선에서 통제하고 관리한다. 지시형의 장점은 통제와 조정이 쉽고 정책의 해석과 집행에 일관성이 있다. 또한 의논이 필요 없고 신속한 결정이 가능하므로 위기 시에 기여할 수 있다. 그렇지만 이와 같은 리더십은 사람들이 통제받기를 싫어하기 때문에 사기를 저하시키고 조직원의 적대감과 소외감, 그리고 경직성을 초래할 수 있다. 또한 다른 성원을 이해시키지 못한다는 단점을 가진다(Howard W. Carlisle, 1997 : 435).

2) 참여형

참여형은 민주적 리더십으로서 결정을 함에 있어서 부하 직원들에게 의견을 묻고 이들을 결정과정에 참여시킨다. 따라서 부하 직원들의 일에 대한 동기와 사명감이 증진될 수 있고 의사소통의 경로가 개방됨으로써 새로운 정보의 교환이 활발하게 이루어질 수 있다. 즉, 참여형의 장점은 동기유발적이며, 개인의 지식과 기술을 잘 활용한다. 또한 개인의 중요성을 강조하므로 인간의 가치와 신뢰 및 개방성을 형성하고, 개방적 의사소통으로 보다 많은 정보를 얻고 참여를 통해 개인의 기술을 발전시킬 수 있다는 것이다. 그렇지만 단점은 참여에 시간이 걸리고 긴급한 결정을 할 경우에는 어렵다는 것이다. 또한 책임이 확산되어 활동성이 떨어지고 참여기술을 학습하기 어렵고 구성원 모두가 비슷한 지식과 지위가 있을 때 잘 이루어진다는 것이다(Howard W. Carlisle, 1997 : 435).

3) 자유형

자유형은 방임적 리더십이다. 이것은 대부분의 의사결정권을 부하 직원들에게 위임하는 형태로서 위임적 지도력이라고도 한다. 부하 직원들은 스스로 프로그램의 목표를 세우고 그에 따르는 계획을 수립하게 된다. 따라서 특정 과업 해결을 위한 전문가 중심 조직에 적합할 수 있다. 그렇지만 자유방임형 리더는 자문기관으로서의 역할을 하며, 부하들에게 지시·감독 등 절차적인 일의 처리에 필요한 정보제공 및 명확한 설명을 해주지 못한다. 결과적으로 확고한 권한을 가지지 못한 리더들은 부하들이 조언을 요구하지 않는 한 내부적 갈등이 생겨도 이를 해결하지 못하게 된다. 따라서 공식조직에 있어서 자유방임형 리더십은 본래 계획·지휘·조정 및 통제를 하지 못함으로 인해 혼란을 야기할 수 있다(이수도, 1999 : 292-293).

대부분의 조직상황은 위에서 분류한 것과 같은 완전한 지시적·민주적·자유형적인 리더십 분위기를 나타내지는 않으며 실제로는 이러한 각 분위기가 혼합되어 나타날 것이다. 그렇지만 다양한 리더십의 유형은 상호 공통적인 특성과 능력, 조건들을 공유하고 있다.

〈표 9-10〉 리더의 특성과 능력

특 성		능 력
• 상황적응력이 있다. • 사회환경에 민감하다. • 야심이 있고 성취지향적이다. • 결단성이 있다. • 협력적이며 단호하다. • 믿음직하고 타인을 지배하려는 욕구가 강하다. • 활동적이고 끈기가 있다. • 자신감이 있으며 스트레스에 잘 견딘다. • 책임을 떠맡으려 한다.		• 영리함 • 개념파악능력 • 창의력 • 재치력 • 화술 • 과업에 대한 지식 • 행정능력 • 설득력 • 대인관계능력
원칙중심 리더의 특성		
• 끊임없이 배운다. • 긍정적 에너지를 발산한다. • 균형 잡힌 삶을 산다. • 시너지를 활용한다.	• 서비스지향적이다. • 다른 사람을 믿는다. • 인생을 모험으로 여긴다. • 자기 쇄신을 위해 노력한다.	

출처 : R. Stogdill(1974). Historical Trends in Leadership Theory and research. *Journal of Contemporary Business*, pp. 74-756 요약, 정수진·고종식(1998). 산업 및 조직심리학. 삼우사, p. 338 재인용; 스티븐 코비, 김경섭·박창규 공역(2001). 원칙중심의 리더십. 김영사.

〈표 9-11〉 유능한 리더의 조건

꿈을 심어준다/ 조직이념을 주지시킨다/ 진심으로 칭찬한다/ 열정을 높이 평가한다 타고난 재능을 끌어낸다/ 귀를 기울여서 듣는다/ 믿고 일을 맡긴다/ 먼저 행동한다 차별하지 않으면서 능력을 구별한다/ 자기보다 뛰어난 인재를 키운다/ 호소한다 꾸짖은 뒤에는 다독거린다/ 잡담 속에 철학을 전한다/ 정보를 투명하게 공개한다 먼저 말을 건넨다/ 얼굴을 보고 말한다/ 일을 지시할 때는 이유를 설명한다 감사하는 마음을 가진다/ 성에 차등을 두지 않는다/ 긍정적으로 생각한다.

출처 : 에구치 가스히코, 조석현 역(1999). 리더에겐 뭔가 특별한 것이 있다. 더난출판사.

4. 리더십의 수준

사회복지조직에서 리더십은 계층별로 그 수준이 달리 행해진다. 즉, 최고관리층, 중간관리층, 지도감독층에 따라 리더십 수준이 달라지게 된다.

1) 최고관리층의 리더십

최고관리층이란 사회복지조직을 이끌어 나갈 전반적인 책임을 지고 있는 사람들이다. 최고관리층의 리더십은 두 가지 주요한 과업의 달성을 필요로 한다. 첫 번째 과업은 내부 운영을 지시하고 조정하는 것이고, 두 번째 과업은 환경과의 관계를 확립하는 것이다. 이상의 과업을 수행하는 데 있어서 최고관리층은 다음과 같은 형태의 중요한 의사결정을 해야 한다.

① 조직의 기본 임무의 설정
② 과업을 수행하기 위한 서비스 기술 설정
③ 내부구조의 발전과 유지
④ 변화와 혁신

위의 각각의 의사결정 형태들은 조직의 발전단계에 따라 그 중요성과 관련되는 정도가 달라지는데 이것이 바로 상황이 변하면 이에 필요한 리더십 기술과 행동도 달라지는 좋은 예가 될 수 있겠다.

2) 중간관리층의 리더십

사회복지조직에서 중간관리층이라 함은 조직의 주요한 프로그램 부서를 책임지고 있는 사람들을 말한다. 중간관리층의 리더십은 두 가지 종류의 기술을 필요로 한다. 첫째, 수직적·수평적 연결쇠로서의 기술이고, 다른 하나는 개개 직원들의 욕구를 조직의 목표에 통합시키는 기술이다. 사회복지조직에서 수직적 연결쇠의 기능은 중요하다. 한편 수평적 차원에서의 통합 또한 사회복지조직에서 매우 필요하다. 이의 목적은 각기 다른 하위 부서 간의 조정을 용이하게 하기 위한 것이다. 중간관리층은 또한 개개인의 욕구와 기대를 조직의 목표에 통합시키는 인간관계 기술이 있어야 한다.

3) 지도감독층의 리더십

지도감독층은 일선 사회복지사들과 매일 접촉하고 지도감독을 행하는 슈퍼바이저를 포함한다. 이들은 프로그램을 감독하고 업무를 위임하거나 분담하고 서비스가 올바로 제공되고 있는지를 검토한다. 사례를 다루는 결정에서 일선 직원을 상담하는 주요 책임을 맡고 있으며 사업단위의 조정자와 팀장의 역할을 수행한다.

이들에게는 두 가지 종류의 기술이 필요하다. 첫 번째는 실천과 관련된 관리기술과 지식이다. 이는 슈퍼바이저가 직원과 자원을 효율적·효과적으로 지도감독하는 데 도움을 줄 수 있다. 두 번째는 형평성을 유지하는 기술이다. 복지기관에서 보상과 제재의 기준이 공정해야 한다. 동기부여와 기관에 대한 일체감을 발전시키기 위해서는 형평성 유지는 매우 중요하다. 만약 승진과 보상이 상사에게 아첨하고 눈치 보는 사람들에게 우선적으로 주어진다면 다수의 종사자들은 최소한으로만 일하려 할 것이다.

이와 같은 리더십 수준에 따라 적용할 수 있는 관리자에게 필요한 기술을 구분하면 **ㅣ그림 9-4ㅣ**와 같다.

전문기술이란 사회복지의 전문적 방법, 과정, 절차, 기법 등을 적절히 이해하면서 전문적 기술과 분석적 능력을 가지고 있을 뿐만 아니라 전문적 훈련을 위한 도구와 기법을 적절히 활용하는 것을 말한다. 인간관계 기술이란 목표를 위해 조직 내에서 협동적인 노력이 이루어지면서 효과적으로 업무하게 하는 것을 말한다. 그리고 개념적 기술이란 조직 내외의 여러 정보를 종합, 체계화하여 조직의 방침을 설정하고, 문제를 분석하며, 조직구조를 형성하거나 의사결정을 하는 등 전체적 관점에서 종합적으로 판단하고 처리하는 기술을 말한다.

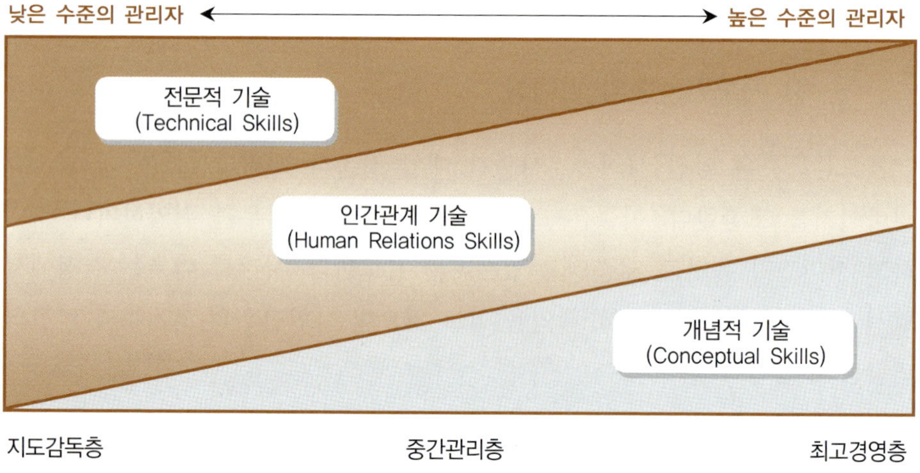

| 그림 9-4 | 각기 다른 수준에서 요구되는 행정 · 관리자의 기술

출처 : R. L. Katz(1955).

5. 휴먼서비스 조직에서 리더십

지금까지 논의한 리더십 이론을 복지기관에 어떻게 응용할 수 있을까? 예를 들어, 복지서비스 중에서도 이용자에게 24시간 대응체제를 유지하는 서비스에 대하여 현장에서 리더십의 형태를 생각해 보면 다음과 같이 정리할 수 있다. ① 365일 24시간 서비스를 제공하기 위하여 교대근무를 전제로 팀 직무가 실행된다. 교대근무제로 인하여 일률적인 회의나 정보교환이 어렵기 때문에 정보공유나 서비스 방침과 케어계획 공유가 매우 중요하다. ② 일상적인 서비스에서는 어느 정도 직무 정형화가 가능하다. 그러나 이용자의 인권보장을 위한 서비스를 제공하기 위해서는 사회복지사가 현장에서 즉시 판단하도록 요구되는 상황이 있으므로 정형화가 어렵다. ③ 개별 케어를 추진하기 위하여 케어단위를 소규모화하는 경향이 있으며 팀 구성원을 적게 구성하려고 한다. ①, ②, ③을 종합적으로 판단하면 직원 개인의 전문성과 자율성 획득이 중요하며 임파워먼트를 고려한 리더십이 요구된다.

그러나 유감스럽게 정형화된 업무수행만 강조되고 이용자의 인권에 대한 지원이 무시되는 현장도 있다. 그런 기관에서는 직원의 자율이나 전문성은 소중하게 생각하지 않으며 리더십도 규정된 업무완성만 강조하는 과업지향형, 종사자들에게 압력을 가하는 행동만이 효과적이라 생각하게 될 것이다. 복지서비스가 행정 조치나 위탁에 의해 행해지는 상황에서는 사업내용이 미리 규정되므로 제도나 계약으로 결정된 내용을 지키는 형식이 중요하다. 이 경우 최고관리자에게 요구되는 리더십은 목표가 명확한 과업지향형 리더십이다. 그러나 이용자 중심의 복지서비스가 증가되고 사업자가 적극적으로 경영적 관점을 확대해 가는 상황 속에서는 보다 혁신적인 리더십이 필요하다.

최근 사회복지기관을 대상으로 기관장의 리더십과 조직성과와의 관계성을 분석한 연구를 살펴보면, 먼저 박광덕(2014)은 기관장이 기관의 성과를 달성하기 위해서는 기관장이 직접 현장에서 직원들과 함께 뛰며 기관의 전문성을 키워나가야 한다고 하였다. 즉, 기관장이 빠르게 돌아가는 환경의 변화에 대응하며 조직성과를 이끌어 내기 위해서는 직원들과 함께 소통하며 배워가며 역량을 함께 키워나가는 것이 필요하다는 것이다. 같은 맥락에서 권진아(2017)의 연구에서는 사회복지기관장의 운영전략 유형으로 "이용자 중심의 서비스 제공 중시형", "인적자원관리 중시형", "지역사회관계 중시형", "평가 및 실적 중시형"의 4개 유형이 도출되었는데, 이 중에서 "인적자원관리 중시형"이 조직성과를 가장 높이는 것으로 나타났다. 이러한 연구결과들을 통해 휴먼서비스 조직에 필요한 진정한 리더십은 '나를 따르라' 식의 탁월한 카리스마나 권위적인 리더십이 아닌 항상 직원과 함께 호흡하며 발맞추어 앞으로 나아가는 '소통의 리더십'이 필요하다.

제4절 동기부여

동기부여는 사회복지서비스를 관리하는 데 중요한 요소이다. 최근 사회복지행정에서도 동기부여에 관하여 많은 관심을 집중시키고 있다. 사람이 어떠한 경우에 근무의욕이 생기고 사기가 높아져 열성적으로 일하는가에 관한 몇 가지 동기부여이론들과 특히 사회복지조직에서 동기부여에 기여하는 몇 가지 핵심적 요소들을 살펴보기로 한다.

1. 동기부여 개념과 과정

동기(motivation)라는 말은 '움직인다(to move)'라는 의미를 지닌 라틴어의 'movere'에서 유래된 것으로서 일반 심리학 분야에서 인간행동을 예측하는 이론 전개를 위하여 개발된 용어이다.

그러나 동기는 인간의 행동을 이해함에 있어서 핵심적인 개념임에도 불구하고 무엇을 의미하는 것인지에 대한 확정된 정의가 없다고 한다. 그러나 주요한 몇 가지 정의를 제시해 볼 수 있는데, 먼저 Atkinson은 동기를 ① 행동을 방향 지우는 것이며, ② 행동을 계속하도록 하는 것이며, ③ 행동이 발생하여 계속해 가는 시점에 있어서 작용하는 것이라고 하였다.

Steers와 Porter(1979)는 동기의 공통적인 속성을 제시하였는데, 첫째, 인간행동을 활성화하는 측면으로서 동인(drive) 또는 각성(arousal)의 차원이고, 둘째, 인간행동의 방향(direction)을 설정하거나 목표를 지향하도록 경로화시키는 측면이며, 셋째, 인간행동을 유지 또는 지지(maintaining or sustaining)시키는 측면이다.

동기는 개인의 내적 심리상태를 자극하는 요인으로서 개인의 행동결정에 매우 중요한 기능을 한다. 일반적으로 동기부여 사이클이란 욕구(needs) → 충동(drives) → 목표(goals) → 만족(satisfaction) → 욕구(needs)의 순환으로 이루어진다고 할 수 있다.

이러한 동기부여 과정을 보다 구체화시켜 보면, 우선 동기는 개인의 욕구에서 발생하고, 그 강도는 욕구의 결핍도에 의해 좌우된다. 발생된 동기는 욕구를 충족시키기 위한 목표지향적 행동으로 전환되는데 이 과정에서 직무구조 리더십 등의 환경변수가 작용하여 개인의 행동을 자극하게 된다. 그리고 행동에 의한 노력의 결과로 목표에 도달하거나 소기의 성과를 올리게 되면, 이에 대한 보상과 인정이 만족감을 주거나 벌이나 실패가 좌절을 유발하면서 또 다른 욕구와 충동을 야기시킬 수 있다. 이러한 과정을 도식화하여 나타내어 보면 다음 ❙그림 9-5❙와 같다.

동기가 유발되면 설정된 목표를 달성하기 위해 일하는 동시에 각자가 개인적으로나 집단의 일원으로서 그의 욕구를 충족하고 성장할 수 있는 기회를 부여받는 등의 바람직한 행동을 취하게 된다.

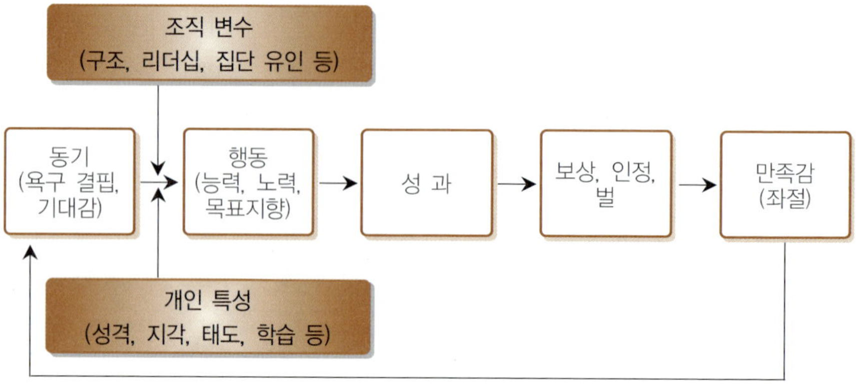

| 그림 9-5 | 동기부여의 과정

출처 : 박연호(1992). 인간관계론. 박영사, p. 56.

2. 동기부여의 제 이론

1) 5단계 욕구이론

동기부여에 관한 학문적 이론의 기본적 틀을 형성하는 데 있어서 가장 광범위하게 취급된 이론 가운데 하나는 심리학자 Maslow(1943; 1954)에 의해 제기된 '욕구단계이론'이다. Maslow는 인간의 욕구를 가장 낮은 것으로부터 가장 높은 것으로 올라가는 계층(hierarchy)의 형태로 보고 어떤 욕구가 만족되면 그 욕구는 더 이상 동기유발 요인이 되지 않는다고 결론지었다. 이와 같은 인간의 기본적인 욕구는 | 그림 9-6 |과 같은 피라미드형으로 나타난다.

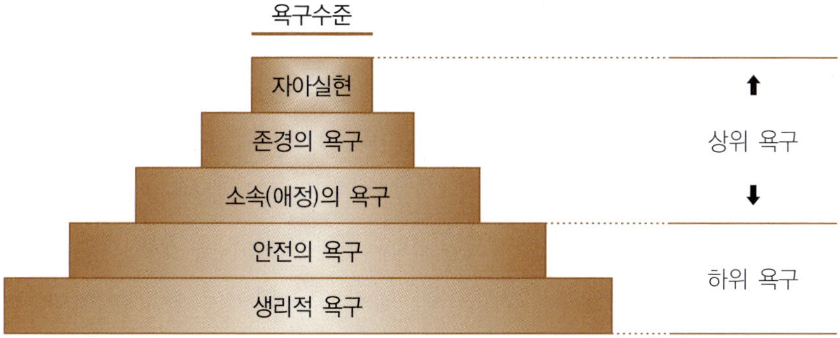

| 그림 9-6 | Maslow의 5단계 욕구이론

이상의 다섯 가지 욕구 외에도 Maslow는 '인지적 욕구(cognitive needs)'와 '심미적 욕구(aesthetic needs)'를 언급했는데, 인지적 욕구는 무엇을 알고, 배우고, 이해하고 싶은 호기심이나 열망을 말하며, 심미적 욕구는 추한 것을 피하고 아름다운 것을 추구하는 욕구를 말한다. Maslow는 위와 같은 기본적 개념을 1943년에 발표하고 난 후, 계속해서 자신의 이론을 수정하였다. 그 결과 반드시 하위욕구가 만족된 다음에 상위욕구로 전이되는 것은 아니며, 오히려 하위욕구에서 좌절과 억제를 견디고 난 후에 보다 높은 욕구 단계로 옮겨갈 수도 있다고 하였다. 또한 자아실현 욕구를 충족시킬수록 그 욕구가 더욱 커지는 사람도 있음을 주장하였다.

예를 들어, Maslow의 욕구단계설을 자원봉사활동과 관련해서 설명하면 청소년의 경우에는 우정과 사랑이라는 사회적 욕구가, 변호사와 같은 전문직 종사자에게는 자아실현의 욕구가 자원봉사활동의 불러일으키게 하는 중요한 동기로 작용할 수 있다.

2) ERG 이론

Maslow의 욕구이론을 발전시키는 데 있어서 가장 특이할 만한 노력 중의 하나가 Alderfer의 ERG 이론이다(인사행정이론, 1999 : 258). ERG 이론은 Maslow의 다섯 가지 욕구들을 세 가지 범주로 구분하고 각 욕구들에 대한 첫 글자들을 따서 ERG라는 명칭을 붙였다. 그러나 ERG 이론은 상위욕구가 개인의 행동과 태도에 영향을 미치기 전에 하위욕구가 먼저 충족되어야 한다는 Maslow 이론의 가정을 배제한다.

① **존재욕구**(Existence needs) : 배고픔, 갈증, 수면, 주거와 같은 생리적이고 물리적인 욕구로서 Maslow 이론의 생리적 욕구와 안전욕구에 해당된다.

② **관계욕구**(Relatedness needs) : 직무 내외적으로 상호 인간관계에 관련된 모든 욕구를 포함하는 것으로, 다른 사람과의 감정의 교류와 상호 의존성에서 만족감을 얻고자 하는 욕구를 말한다. 여기에는 Maslow의 소속욕구와 존중욕구의 일부가 포함된다.

③ **성장욕구**(Growth needs) : 개인과 직무에 대한 계속적인 성장과 발전에 대한 욕망으로서, 잠재능력의 개발 및 확장과 이에 따른 개인적 성장과 관련된 욕구를 말한다. 이것은 Maslow 이론의 존중욕구 및 자아실현 욕구와 본질상 같다고 볼 수 있다.

3) 동기-위생이론

1950년대에 Herzberg는 펜실베니아 주의 피츠버그를 중심으로 기업에 고용되어 있는 200명의 회계사와 엔지니어를 대상으로 동기에 관한 연구를 시도했다. 조사결과 Herzberg는 직무에 만족을 주는 요인을 동기유발 요인(motivator)이라 하고, 불만을 초래하는 (또는 불만이 발생하는 것을 예방하는) 요인을 위생요인(hygiene factor)이라고 가정하고 이론을 전개한 것이다. Herzberg의 이인자 이론(two-factor-theory)을 요약하면 다음과 같다.

〈표 9-12〉 Herzberg의 이인자 이론

동기유발 요인(motivators)	위생요인(hygiene factors)
• 직무에 대한 달성감(achievement) • 성취에 대한 인정(recognition) • 직무 자체(work itself) • 증대되는 책임성(responsibility) • 능력과 지식의 신장(advancement)	• 기업정책과 경영(company policy and administration) • 기술적 감독(technical supervision) • 봉급(salary) • 작업조건(working condition) • 인간상호관계, 감독자(interpersonal relations, supervisor)

특히 Herzberg는 조직 내의 인적자원을 유지하고 개발하는 데에는 위생요인이 절대적으로 필요하며, 이 요인은 성장, 발전, 책임, 인정(승인), 성취 등을 위한 기회를 기대할 수 있는 도전적인 직무에서는 개인에게 동기유발을 가능하게 할 것이라고 하였다. 이 이론을 기초로 앞으로 사회복지계는 사회복지사들의 동기부여를 위하여 어떤 요인을 더 강화해 나가야 할 것인가가 중요한 연구과제로 될 것이다.

4) 성취동기이론

하버드대학교의 McClelland(1961 : 7-8) 교수는 기본적으로 동기를 부여시키는 욕구를 권력욕구(need for power), 친화욕구(need for affiliation), 그리고 성취욕구(need for achievement)의 세 가지 형태로 파악함으로써 동기부여를 이해하는 데 공헌하였다.

① 권력욕구

다른 구성원에게 통제력을 행사하거나 행동에 영향을 미치는 욕구, 또는 다른 구성원에 대한 책임을 지거나 그들 위에 권위로 군림하려는 욕구를 말한다. 높은 권력욕구를 가진 사람은 일반적으로 지도자로서의 일을 추구하고, 고압적이며 자기중심적이고 또한 가르치기를 좋아하며, 대중 앞에서 말하기를 좋아한다.

② 친화욕구

다른 사람과 우호적이고 따뜻한 관계를 유지하려는 욕구를 말한다. 이러한 욕구가 강한 구성원은 사회적 관계를 유지하는 데 관심을 갖고 친밀감과 이해를 증진시킨다. 그러한 사람은 집단 내에서 다른 사람들과의 사랑을 주고받는 데서 만족을 얻으며, 따라서 타인의 감정을 중요시하고 가능한 사회집단으로부터 소외되는 아픔을 피하려는 경향을 지닌다.

③ 성취욕구

성취욕구는 우수한 결과를 얻기 위해서 높은 기준을 설정하고 이를 달성하고자 하는 욕구를 말한다. 즉, 어려운 과제를 달성하고, 어려운 문제를 풀고, 일을 보다 효율적으로 처리하고, 복잡한 직무를 숙달하고자 하는 욕구를 말한다. 성취욕구가 높은 사람은 성공에 대한 강렬한 희망을 가지고 있으며 또한 실패에 대해서도 비슷한 정도의 두려움을 가지고 있다. 사회복지관리와 관련해서 살펴보면, 성취욕구를 가진 사회복지사에게는 도전적인 문제해결의 과업을, 친교욕구를 가진 사람은 새롭고 만족할 만한 우정을 형성할 수 있는 기회를, 권력욕구를 가진 자는 통제와 힘을 발휘할 수 있는 지위나 권위를 각각 동기화시키는 것이 용이하다고 할 수 있다.

5) 공정성이론

Adams의 공정성이론(equity theory)은 동기부여 과정이론에 속하며, 과정이론이란 행동을 일으키는 요인뿐만 아니라 행동유형(behavioral patterns)의 과정, 방향 또는 선택에도 관심을 가지는 이론이다. 동기부여에 있어서 중요한 요소는 구성원 개인이 보상체계를 공정하다고 인식하고 있는지의 여부이다. 결국 사회복지기관의 관리자는 보상배분의 공정성과 직무만족을 유지하기 위해서 다음과 같은 사항에 유의하여야 한다.

① 급료나 승진과 같은 보상이 배분될 때마다 공정성을 검토해야 한다.

② 불공정성의 부정적 영향을 예측해야 한다.

③ 보상과 관련하여 각 개인과 의견을 교환하고 그 효과를 검토해야 한다.

④ 관리자의 보상배분을 각 개인이 어떻게 느끼고 있으며, 동기부여의 측면에서 공정성을 유지하고 있는지를 검토하여야 한다.

6) 기대이론

동기부여에 기대이론(expectancy theory)을 최초로 적용한 사람은 심리학자 Vroom이다. Vroom의 기대이론은 어떤 일을 하게 되는 사람의 동기는 적극적이든 소극적이든 간에 자신의 노력의 결과에 대해 스스로 부여하는 가치에 의해 결정될 것이며, 또한 자신의 노력이 목표를 성취하는 데 실질적으로 도움을 줄 것이란 확신을 갖게 될 때 더욱 크게 동기부여를 받는다는 뜻이다. 즉, 동기부여란 어떤 사람의 활동에 거는 기대가치와 그의 목표가 성취될 수 있다고 믿는 인지된 확률(perceived probability)의 산물이다.

동기력 / 힘(force) = 유의성(valence) × 기대감(expectancy)

① 기대감(expectancy)이란 특정 행위 또는 노력이 특정한 성과를 가져오리라는 가능성 혹은 주관적 확률(probability)과 관련된 믿음을 말한다.

② 유의성(誘意性, valence)이란 가치성이라고도 할 수 있는데, 직무의 결과에 대해 개인이 부여하는 가치를 말한다. 즉, 유의성은 바로 어느 특정 성과에 대한 선호도, 곧 욕망이나 매력의 강도를 뜻한다.

7) X, Y 이론

McGregor의 이론에 따르면, 전통적 인간관을 X 이론이라 하고, 현대적 인간관을 Y 이론이라고 부르면서 각 이론의 주요한 가정을 다음 <표 9-13>과 같이 제시하고 있다.

〈표 9-13〉 X 이론과 Y 이론의 인간관

X 이론(전통적 인간관)	Y 이론(현대적 인간관)
• 본래 태만하고 가능한 한 일을 회피함	• 일을 놀이와 같이 자연스럽게 생각함
• 야망이 없고 책임지기를 싫어함	• 목표 달성을 위해 자기통제가 가능함
• 이기적이며 창의력이 부족함	• 수동적인 성향을 지닌 것은 아님
• 변화에 저항함	• 변화에 저항적으로만 반응하지는 않음
• 생리적 · 안전적 수준에서 동기부여됨	• 친화, 자존, 자기실현 수준에서 동기부여
• 인간은 통제와 강제의 대상임	• 자율성, 창조성을 지님

출처 : 박경일 외(2001). 사회복지학 강의. 양서원, p. 169.

X 이론의 가정과 동기부여 방법은 운명적이고 통제적이기 때문에 자발적인 동기를 부여하는 방법으로는 부적당할 수밖에 없다. 한편 Y 이론에 따르면, 사회복지사들을 의사결정에 참여시킴으로써 집권화되는 것을 줄이면서 이들에 대한 최소한의 통제와 지시를 특징으로 한다. 그리하여 Y 이론에서는 사회복지사 개인이 상상력과 진실성 및 창의성을 발휘할 수 있는 능력을 가진 존재로 본다.

8) Z 이론

UCLA의 Ouchi는 효율적인 조직의 특성을 도출하기 위하여 미국과 일본의 48개 기업체를 조사하여 생산성이 높고 효율적인 조직을 'Z 이론'으로 전개하였다. 그에 의하면, Z형의 조직 내부에는 구성원 상호 간의 높은 정신적 조화를 이루고 있는 동료조직(clan organization)으로서 하나의 산업적 동료를 형성하고 있는 집단이라고 지적하였다. 즉, 이러한 Z형 조직 내에서는 무엇보다도 상호 신뢰감, 상호 인간관계의 민감성 그리고 서로의 친밀감이 요구되며, 또한 동질성, 정착성, 집단주의적인 의식이 필수적이다. 이러한 요소는 조직의 응집력을 매우 강하게 만들며 조직의 생산성이나 능률이 높아지게 할 수 있다.

9) 관리시스템 이론

미시간 대학교 사회연구소의 Likert는 조직을 대상으로 행동과학적 연구를 시행한 결과 현재 일반적으로 통용되고 있는 관리스타일들을 시스템 1에서 시스템 4까지 하나의 연속선상에 그려볼 수 있음을 발견하였다. 이들 시스템은 다음과 같다.

① **시스템 1** : 대부분의 의사결정과 조직목표의 설정은 최고경영층에서 이루어져 명령계통을 통해 아래로 내려온다. 하위자들은 처벌이나 불이익에 의해 마지못해 일하게 되고 때로 보수가 주어지고 욕구충족은 주로 생리적 욕구나 안전욕구 계층에서 이루어지게 된다.

② **시스템 2** : 관리자는 그의 하위자들에게 일종의 신뢰감을 가지고 있지만 그것은 주인의 은혜적인 신뢰감과 같은 것이다. 대부분의 의사결정과 조직목표의 설정은 최고경영층에서 이루어지고 작업자들의 동기부여를 위하여 보수 및 실제적이거나 잠재적인 처벌 등이 사용된다.

③ **시스템 3** : 관리자들은 하위자들에 대하여 실질적인 신뢰감을 가지고 있으나 완전한 신뢰감이라고는 할 수 없다. 일반적인 방침과 결정은 최고경영층에서 이루어지고 있으나, 낮은 계층의 보다 구체적인 결정은 하위자들이 하도록 허용하고 있다. 통제권한이 상당 부분 하부에 위임되고 있는데, 상부나 하부가 무책임하지는 않다.

④ **시스템 4** : 관리자는 하위자를 전적으로 신뢰한다. 의사결정은 널리 조직의 각 부서에서 이루어지고 있으며 잘 통합되어 있다. 의사소통은 계층을 따라 잘 이루어지며 동료들 간의 횡적 의사소통도 잘 이루어진다. 구성원은 경제적인 보수, 목표의 설정, 작업방법의 개선 및 목표 달성의 진도와 평가 등에 참가하고 관여함으로써 동기화된다.

요약해 보면, 시스템 1은 과업지향적이며 고도로 구조화된 독재적인 관리유형인 데 비해 시스템 4는 팀워크, 상호 신뢰, 상호작용 등에 기반을 둔 관계성 지향적 관리 유형이다. 시스템 2, 3은 두 개의 양극론의 중간 단계인데, 이는 X 이론 및 Y 이론에 가깝다고 할 수 있다.

〈표 9-14〉 동기부여 관련 제 이론

이 론	학 자	주요 내용
5단계 욕구 이론	Maslow	• 욕구는 가장 낮은 것으로부터 가장 높은 것으로 올라가는 계층(hierarchy)의 형태 • 생리, 안전, 소속, 존경, 자아실현 등의 욕구체계로 분류함
ERG 이론	Alderfer	• 주요 욕구가 동시에 개인의 행동과 태도에 영향을 미침 • 존재욕구, 관계욕구, 성장욕구
성취 동기 이론	McClelland	• 권력욕구, 친화욕구, 성취욕구의 형태로 파악
위생 동기 이론	Herzberg	• 성취감, 인정받음, 도전적인 일, 승진, 책임감, 성장 및 발전 가능성, 공평한 대우 등이 만족요인 • 이 요인들의 만족감이 클수록 동기부여가 잘 됨
공정성 이론	Adams	• 동기부여에 있어서 중요한 요소는 구성원 개인이 보상체계를 공정하다고 인식하고 있는지의 여부 • 공정하다고 인식된 보상은 직무만족도와 성과를 향상시킴
기대 이론	Vroom	• 동기부여에 기대이론 적용 • 동기부여는 어떤 사람의 활동에 거는 기대가치와 목표가 성취될 수 있다고 믿는 인지된 확률의 산물
XY 이론	McGregor	• X 이론의 동기부여 방법은 운명적이고 통제적임 • Y 이론의 특징은 구성원들의 의사결정 참여, 최소한의 통제와 지시, 개인을 창의성을 발휘할 수 있는 존재로 봄
Z 이론	Ouchi	• 상호신뢰감, 상호인간관계의 민감성, 친밀감이 요구 • 동질성, 정착성, 집단주의적인 의식을 통해 조직의 응집력을 매우 강하게 하며, 조직의 생산성이나 능률이 높아짐
관리 시스템 이론	Likert	• 4개의 시스템으로 조직의 성격을 분류 • 시스템 1은 과업지향적, 독재적인 관리유형 • 시스템 4는 상호신뢰, 상호작용 등에 기반을 둔 관계성 지향적 관리유형(시스템 2, 3은 두 개의 양극론의 중간)

이상에서 동기부여와 관련된 제 이론들을 간략히 제시해 보았는데, 동기부여와 관련해서 다양한 변수들과 시각들이 존재하고 있음을 파악할 수 있으며, 관련 이론들을 전체적으로 요약, 정리하여 제시해 보면 앞의 <표 9-14>와 같다.

3. 사회복지조직에서의 동기부여

사회복지조직에서 동기부여는 크게 업무상의 동기부여, 과업환경상의 동기부여, 인사관리상의 동기부여, 개인적 특성상의 동기부여 네 가지로 구분하여 살펴볼 수 있다.

첫째, 업무상의 동기부여로서 기술의 다양성과 전문성을 발휘할 수 있는 기회를 제공하고, 과업이 전체 업무처리 과정이 일부분(part)에 해당하는 것이 아니라, 전체(whole)를 수행할 기회를 부여함으로써 일을 완성하고 거기에서 성취감을 느낄 수 있도록 하며, 과업의 의미, 공헌, 중요성을 인식시켜 주어야 하고, 과업의 자율성이 보장될 수 있어야 한다.

둘째, 과업환경상의 동기부여로서 물리적 환경(작업환경)의 개선이 요망되고 사회적 환경에서 인간관계가 중요하므로 바람직한 인간관계가 형성할 수 있도록 기관 분위기를 조성하며 문화적 환경도 고려하여야 한다. 특히 형식주의나 권위주의 등 우리나라의 관료주의적 행정문화는 공적 사회복지조직을 담당하고 있는 사회복지전담공무원들의 동기부여에 부정적인 영향을 미치는 경우가 많이 있다. 따라서 상급 관리자들에게 사회복지에 대한 의식 변화나 전문적 방법의 습득을 위한 기회가 많이 제공되어 사회복지사들에게 자발적으로 동기부여가 될 수 있도록 해야 할 것이다.

셋째, 인사관리상의 동기부여로서 신분보장이 이루어져야 하고 형평이론이 암시하듯 동료 간 그리고 타 부문(공무원, 민간기업, 시설과 기관 등)과의 보수의 형평성도 동기부여에 영향을 미칠 것이므로 안정적인 보수체계도 마련되어야 하고 적재적소의 인력배치가 요청된다. 또한 사회복지사를 둘러싼 환경이 급속하게 변화되고 있으므로 사회복지사들에게 새로운 기술이나 전문성을 학습할 수 있는 교육훈련의 기회도 다양하게 부여해 가야 할 것이다.

넷째, 개인적 특성상의 동기부여로서 가정환경이 고려되어야 하고 개인의 취미생활이나 여가활동도 보장되어야 하며 직무가 요구하는 지적 수준과 실제 개인의 능력과의 일치되어야 할 것이다. 그리고 성격유형 또한 동기부여와 밀접한 관계가 있으므로 외향적이고 사교적인 사회복지사에게는 사무직보다는 현장에서의 민원업무나 감독업무가 훨씬 적합하다. 한편 조심성 있고 분석적인 성격의 사회복지사에게는 정확성을 요구하는 직무에서 더 큰 동기가 부여될 것이다. 그러나 사회복지사들에게 보다 중요한 것은 적극적이고 늘 창의적인 사고와 활동자세를 갖출 수 있도록 스스로 노력해야 할 것이다.

제5절 갈등관리

1. 갈등관리의 발생배경과 정의

현대 조직사회에서 많은 사람들과 집단들이 제각기 목표를 가지고 활동하다 보면 심리적 마찰이나 불편한 관계가 발생하여 갈등(conflict)이 보편적인 현상으로 나타나고 있다. 때때로 개인은 각종 욕구 및 목표의 상충이나 가치관, 신념 등의 차이로 인하여 개인 상호 간, 집단 간, 그리고 업무 간에 여러 유형의 갈등을 겪고 있다.

특히 우리나라 사회복지조직의 환경은 제도적 측면이나, 보수적 측면, 승진의 기회나 업무시간의 과다, 기타 자율성 등에 있어서 매우 열악한 근무환경에 놓여 있다는 점은 이미 잘 알려진 바다. 이러한 사실을 단적으로 보여주는 증거는 다른 직종에 비하여 사회복지사들의 이직률이 높고, 특히 사회복지기관들 가운데에서도 지역사회복지관이 더욱 그러하다. 뿐만 아니라 사회복지직이 가지는 업무 특성상 사회복지사들은 업무를 수행함에 있어서 개인적으로나 조직 내외적으로, 그리고 클라이언트나 자원봉사자와의 관계에 있어서도 많은 심리적 갈등과 스트레스를 경험하고 있는 실정이다. 이러한 이유에서 국내의 많은 연구들이 사회복지사들의 직무만족이나 소진 혹은 이직에 대한 연구를 시도하였다.

갈등이 발생하는 관계나 상황이 매우 복잡하고 다양하기 때문에 갈등에 대한 정의 또한 여러 가지로 규정되고 있다. Thomas(1992 : 651-717)는 "갈등이란 어떤 개인이 관심을 가지고 있는 것에 대하여 다른 사람이 부정적으로 영향을 주거나 영향을 줄 것으로 지각할 때 일어나는 과정"이라고 정의하고 있고, Miles는 "갈등이란 어떤 개인이나 집단의 목표지향적 행동이나 기대가 다른 집단 구성원에 의해서 좌절되거나 방해를 받을 때 나타나는 상태"라고 정의하고 있다. 조직관리 측면에서 Stooner(1978 : 345)는 갈등을 최소자원이나 작업활동을 배분하게 될 때나 목표, 가치, 인지 등의 차이가 존재할 때, 둘 이상의 개인 간이나 집단 내에서 일어나는 대립적 작용으로 정의하고 있다.

이와 같은 갈등의 제 정의를 살펴볼 때 조직 내에 있어서의 갈등이란 희소자원이나 업무의 불균형 배분 또는 목표, 가치, 인지 등의 차이로 인해서 개인, 집단 및 조직의 심리, 행동 또는 그 양면에 나타나는 대립적 상호작용이라고 정의할 수 있다(박연호, 1994 : 341).

2. 갈등수준과 조직유효성

집단 간 갈등은 그 갈등의 정도에 따라 조직에 도움이 되기도 하고 해가 되기도 한다. 다시 말하면, 지나치게 많은 갈등과 너무 적은 갈등은 조직에 다양한 부정적인 결과를 가져오게 되며, 적절한 갈등은 구성원에게 최선의 행동결과를 유발하게 된다. 이러한 갈등의 양면성은 그동안 여러 연구결과를 통하여 입증되고 있으나 두 상황을 명확히 구분 짓는 것은 매우 어려운 문제이다(류기형 외, 1999 : 248-249).

집단 간 갈등과 조직유효성 사이의 관계는 **|그림 9-7|**에서 보여주는 바와 같이 조직에 거의 갈등이 없는 경우에는 구성원들의 의욕이 상실되고 정태적인 무사안일 상태로 빠지게 되며 조직이 환경변화에 적응을 하지 못하게 되어 유효성이 떨어지게 된다. 반면에 갈등의 정도가 너무 높은 경우에는 구성원들은 투쟁과 대립, 비협력적으로 되고 조직은 혼란과 분열 그리고 목표

의식을 잃게 되므로 유효성은 크게 떨어지며 최악의 경우에는 조직의 생존 자체가 위협받게 된다.

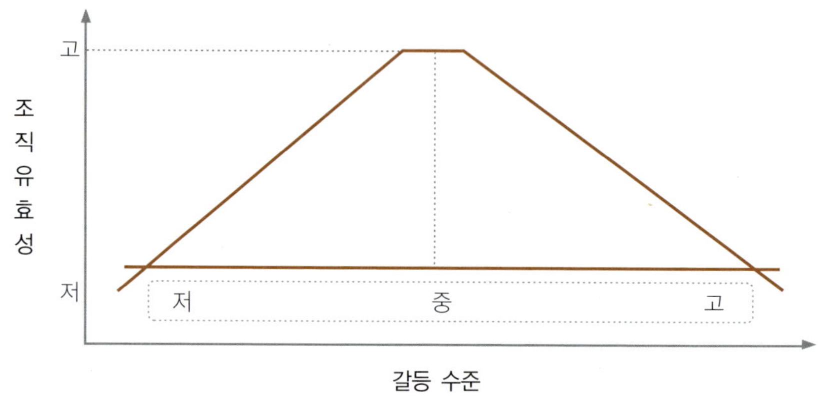

갈등 수준	낮 음	이 상 적	높 음
영 향	역기능적	순기능적	역기능적
집단행동	• 환경변화에 적응력 둔화 • 무사안일적 • 침체적 • 의욕상실	• 환경변화에 신속한 적응 • 창의적 • 변화지향적 • 활발한 문제해결 행동 • 적극적 목표달성 행동	• 혼란 • 분열 • 상호조정의 결여 • 목적의식의 결여
조직유효성	낮 음	높 음	낮 음

| 그림 9-7 | 갈등수준과 조직유효성의 관계

출처 : J. L. Gibson, J. M. Ivancevich, & J. H. Donnelly, Jr.(1988). *Organization : Behavior, Structure, Process*(6th ed.). Tex : Business Publication Inc., p. 308.

따라서 조직에서 갈등이 거의 없거나 반대로 그 정도가 너무 높은 것은 모두 바람직한 현상이 아니며, 조직의 유효성을 향상시킬 수 있는 집단의 바람직한 행동을 유발하기 위해서는 적당한 정도의 갈등을 조성 · 유지하는 것이 필요하다고 할 수 있다. 그러므로 갈등의 관리란 갈등을 제거시키는 것이 아니라 적정 수준의 갈등을 유지시키는 것이다(신철우, 1999 : 525-526; Steers & Black, 1994 : 558).

우리나라 지역사회복지관 사회복지사들의 갈등수준과 조직유효성과의 관계에 비추어 볼 때, 사회복지사들이 단순히 느끼고 있는 갈등수준은 중간 정도(5점 척도로 3.07)로 사회복지기관에 순기능적인 영향을 미치며 조직의 유효성을 높여줄 것으로 나타났다(박경일b, 2001 : 270).

3. 갈등의 원인

Moore(1986)는 사회적 갈등의 원인으로 다섯 가지로 분류하고 있다. 첫째, 관계상의 문제(감정, 인식, 고정관념, 의사소통, 반복적인 부정적 행동), 둘째, 가치상의 갈등, 셋째, 정보의 불일치, 넷째, 구조적 문제, 다섯째, 이해상의 갈등 등이다. 어떠한 갈등상황이든 이들 중에서 일부나 전체가 갈등을 빚는 원인으로 작용한다(사회복지대백과사전, 1999 : 631). 또한 갈등의 원인을 논함에 있어서는 많은 다른 요인들을 고려할 수 있을 것이다.

우리나라 지역사회복지관 사회복지사들의 갈등원인들을 조사한 연구결과에 의하면(박경일b, 2001 : 247-271), 갈등원인으로서 인력 부족과 다른 방법에 의한 업무 수행 및 처리, 물적 자원의 불충분이 가장 높게 나타났다.

4. 갈등관리의 전략과 방법

갈등이란 매우 복잡한 동태적 현상이므로 사회복지조직에서의 갈등관리 전략은 그 조직이 처한 개인이나 집단의 상황에 적응적(contingency approach)이어야 효과적일 것이다. 그러므로 사회복지사의 갈등을 관리하기 위한 포괄적인 전략으로서 다음의 세 가지를 고려해 볼 수 있다(박경일, 2002 : 120-121).

첫째, 갈등예방 전략으로서 아직 갈등이 발생하지 않았지만, 앞으로 발생할 가능성이 있는 역기능적인 갈등을 미연에 발견하여 방지하는 것이 중요하다. 일단 발생한 갈등은 해결하기 어렵기 때문에 비생산적인 갈등은 초기부터 예방하는 것이 중요하며 고도의 상호작용을 하는 사회복지사 집단들에게는 특히 중요하다. 이러한 갈등예방을 위해서는 ① 갈등의 원천을 기본적으로 진단하는 것이 선결 과제이다. 또한 ② 갈등예방을 위해 개방적인 의사소통이나 합리적인 문제해결 방법의 습득 및 ③ 건전한 인간관계 형성을 위한 교육, 훈련의 기회가 마련되어야 할 것이다.

둘째, 갈등적응 전략으로서 현재 조직 내의 갈등상황이나 그 원천을 근본적으로 변동시키지 않고 사람들이 거기에 적응하도록 만드는 전략이다. 이러한 전략에는 ① 갈등해결 방법들이 중요시되고 있는데, 상호협력과 타협협상을 사용하여 건설적으로 갈등을 해결해 나가도록 한다. 또한 ② 갈등을 중재하거나 해결하는 방법을 교육훈련시키는 기구, 예를 들어 ③ 갈등관리위원회 등과 같은, 갈등을 건설적으로 관리할 수 있는 조직이 설치될 필요가 있다.

셋째, 갈등조장 전략으로서 조직의 효과성 제고를 위해 순기능적 갈등을 조장할 필요성이 있을 때 사용하는 전략이다. 이 전략은 비교적 최근에 들어와 수용되고 있는데, Robbins(1992 : 317-318)는 ① 구성원 간의 경쟁을 유도할 수 있는 분위기 조성, ② 자신들의 의견을 피력할 수 있는 토론기회의 조장, ③ 조직구조의 변경이나 기능적 조직단위의 확대, ④ 의식적으로 의사소통의 경로 변경을 통하여 갈등을 촉진 조장시킬 수 있다고 하였다. 이 외에 ⑤ 외부 집단의 도전이나 위협을 느끼도록 유도하는 충격요법적 방법(예를 들어, 기관평가), ⑥ 이질적인 구성원들을 집단에 유입시키는 인사정책적 방법, ⑦ 경쟁적인 환경의 조성 등이 고려될 수 있다.

모든 갈등을 효율적으로 관리할 수 있는 최선의 방법은 어렵다. 그러나 그 갈등을 효과적으로 해결할 수 있는 최적의 대안을 찾는 일은 사회복지조직의 갈등관리 전략에서 매우 중요한 일이다. 그러므로 갈등이 매우 낮거나 높은 사회복지조직에서는 이러한 갈등관리 전략이 고려될 필요가 있다고 사료된다.

사회복지조직에서 종사자의 갈등과 이직의도와의 관계성

박경일 · 권진아 · 김정근(2014)의 연구에서는 노인요양시설 요양보호사의 갈등과 돌봄태도가 이직의도에 미치는 영향을 알아보았는데, 연구 결과 업무과다, 업무와 능력의 차이 등의 요양보호사의 개인적 갈등과 동료와의 관계, 직급에 맞는 역할부여 등의 개인 간 갈등이 심할수록, 이직의도가 높게 나타났다. 이러한 결과를 통해 기관의 기관장은 종사자의 개인적 갈등이 이직의도에 영향을 미칠 수 있기 때문에 종사자의 갈등을 줄일 수 있는 방안을 모색해야 한다. 그 방안으로 직원의 업무능력을 정확하고 객관적으로 평가하여 직원의 능력과 적성에 맞는 업무를 배정하는 적재적소의 배치가 중요하다. 또한 업무분담 시 직원도 함께 회의에 참여하고 의견을 개진할 수 있는 기회를 제공해 주는 것도 좋은 방안이 될 수 있을 것이다.

제6절 조직몰입

1. 몰입의 개념

조직과 구성원의 관계를 나타내는 하나의 측면인 몰입(commitment)과 그 과정에 대한 이해는 조직 구성원뿐만 아니라 조직과 사회에도 시사하는 바가 적지 않다. 이러한 몰입은 기존의 직무만족 등이 종업원의 이직이나 결근 같은 직무태도를 명확히 설명해 주지 못하자 이를 강화하거나 대체하기 위한 목적으로 처음 제시되었다(강종수, 2007).[3]

몰입은 "어떠한 데에 빠짐" 또는 "깊이 파고들거나 빠짐"을 의미한다. 그러나 많은 연구자들이 다양한 학문적 배경을 가지고 자신의 연구목적에 부합되게 독자적으로 의미를 부여하고 있기 때문에 다양하게 사용되고 있다.

3) 특히 미국 경영학자들 사이에서 일본 경제가 급성장을 하면서 미국인들이 더 이상 일에 깊이 몰입하거나 충실하지 않는다는 인식이 널리 퍼지자, 그 이유를 설명하면서 일본 인력이 열심히 일하는 것과 이직률이 낮은 것을 설명하는 주요 요소로 몰입을 제시하였다(Cohen, 2003).

2. 몰입의 이론적 배경

몰입을 설명하는 이론들을 살펴보면 다음과 같다(강종수, 2007).

첫째, 인지부조화이론(cognitive dissonance theory)은 Festinger(1967)가 제시한 이론으로 두 개의 인지가 서로 모순이 되어 대립되는 상태를 말하는 것으로, 개인은 이러한 부조화 상태를 없애기 위해 한쪽 인지를 바꾸거나 두 쪽 인지를 모두 바꾸어서 심리학적으로 상충되는 두 개의 인지가 서로 조화를 이루게 하여 일관성을 유지시키려 노력한다는 것, 즉 몰입한다는 것이다.

둘째, 교환이론(exchange theory)에서는 몰입을 조직과 구성원 간의 유인과 공헌이라는 상호작용의 결과로 간주한다. March와 Simon(1988)은 몰입을 조직과 구성원 간의 교환관계, 즉 조직의 유인(예를 들면, 임금, 승진기회, 직무안정성 등)과 개인의 공헌(시간, 노력, 훈련 등)의 교환관계라고 주장하였다. 즉, 이 둘의 관계에서 조직 구성원이 유리하다고 인식할수록 조직 구성원의 조직에 대한 몰입이 증대된다는 것이다.

셋째, 부수적 투자이론(side-bets theory)은 Becker(1988)가 제시한 이론으로 교환이론에 시간의 개념을 추가한 것이다. 예를 들어, 새로운 직장에서 높은 임금과 직위를 제시하더라도 '직장을 자주 옮기는 사람'으로 인식되는 것이 두려워 이직을 않겠다는 의사결정을 할 경우 개인은 안정성에 대한 자신의 명예를 위해 조직에 머물기로 한 결정에 부수적 투자를 한 것이 된다는 것이다. 조직 역시 조직구성원을 조직에 남게 하기 위해 호봉이나 승진을 제공함으로써 부수적 투자를 한다. 따라서 개인이나 조직에 관련된 이해관계 요소들, 즉 부수적 투자(side-bets)들이 개인으로 하여금 조직에 몰입하게 한다는 이론이다.

넷째, 역할갈등이론(role conflict theory)은 Kats와 Kahn(1989)이 제시한 이론으로 어느 개인이 역할기대[4]와 역할행동이 일치하지 않을 때, 두 가지 역할기대가 동시에 일어나거나 다양한 역할기대를 조정하지 못할 때 역할갈등이 발생한다. 따라서 조직 내에서 역할기대와 역할행동이 일치하면 할수록 개인은 조

4) 역할기대(rloe expectation)란 개인에게 어떻게 행동해 주기를 바라는 타인들의 기대를 의미한다.

직에 몰입하게 된다는 것이다.

다섯째, 준거집단이론은 Hyman(1942)이 제시한 것으로, 준거집단은 개인이 그 자신을 이해하고 자신의 태도를 결정하며 그리고 가치를 함께하는 사회단위로서, 자기의 태도를 평가하는 준거의 역할을 한다. 그러한 준거집단으로는 가족, 친구, 동료 직원이나 동료 조합원 등이 있다. 이 이론에 의하면, 특정 개인의 지위를 결정하는 것은 소득이나 교육수준과 같은 요인보다는 판단을 위한 틀로서 사용되는 집단, 즉 준거집단에 달려있다는 것이다.

3. 몰입의 구성요소와 분류

조직몰입을 중심으로 몰입의 구성요소를 살펴보면, 초기에는 학문적 배경을 막론하고 대체로 태도적 몰입(attitudinal commitment to organization)과 행위적 몰입(behavioral commitment to organization)으로 양분되었다(Mottaz, 1989; Reichers, 1985). 태도적 몰입은 조직 구성원이 자신을 근무조직과 정서적으로 동일시하는 정도를 의미하고 행위적 몰입은 조직 구성원이 근무조직에 대한 자신의 소속지위를 지속하려는 정도를 의미한다.

이러한 기존의 이원적 분류에 Allen과 Meyer(1990; 1991)는 정서적 몰입, 계속적 몰입, 규범적 몰입이라는 삼원분류체계를 제시하였다.

첫째, 정서적 몰입(affective commitment)은 조직 구성원의 조직에 대한 충성의 도나 애착 및 조직 멤버십을 유지하려는 욕구나 관여된 상태이고 정서적 몰입이 강한 사람은 그들이 원하기 때문에 계속해서 조직에 재직하고자 한다.

둘째, 계속적 몰입(continuance commitment)은 개인이 자기 이해관계(self-interest stake)에 기초하여 조직에 투자한 가치가 증가하여 조직에 남아 있음으로써 얻는 이익이 이직함으로써 얻는 이익보다 크기 때문에 조직 구성원으로서의 신분을 유지하려는 심리적 상태를 의미한다. 일반적으로 조직 구성원들은 조직에 오랫동안 근무하면서 시간이나 노력을 투자하게 되고 조직생활을 통해 자신에게 가치 있는 것(대인관계나 기술 등)들을 축적하게 되며, 그 결과 장기 근속

할수록 유리(퇴직금이나 승진 등)하다거나 이점이 있을 수 있으므로 계속 몰입하게 된다. 계속적 몰입은 Becker의 부수적 투자(side-bet)이론에 근거하고 있으며, 몰입의 정서적 측면보다는 계산적 · 타산적 · 교환적 측면을 고려한 몰입이다.

셋째, 규범적 몰입(normative commitment)은 조직이 구성원에게 주는 만족감이나 지위 등에 관계없이 조직에 남는 것이 도덕적으로 옳은 것이라고 생각하는 것으로, 조직의 구성원으로 남아 있어야 한다는 도덕적 의무감에서 비롯되는 몰입을 말한다. 그러나 어떤 조직 구성원은 규범적 몰입을 보이지 않으면서도 정서적 몰입은 보일 수 있다. 가령 재직의무감에 대한 강한 규범이 형성되어 있지 않더라도 만일 경력개발을 위한 유리한 기회를 제공받았다거나 직무와 관련된 여건이 좋다면 정서적 몰입이 이루어질 수 있다. 따라서 상대적으로 낮은 규범적 몰입을 갖는 개인이 반대로 높은 정서적 몰입을 가질 수도 있다.

학자들이 제시한 조직몰입의 구성요소들을 살펴보면 <표 9−15>와 같다.

〈표 9−15〉 조직몰입의 구성요소

연구자	구성요인	개념 정의
Staw and Salancik (1977)	태도적 몰입	다양한 조직들에 의한 조직에의 강한 동질성 또는 조직에의 심취(조직행위론적 접근)
	행위적 몰입	조직에 투자된 매몰비용에 의해 조직에 구속된 상태(사회심리학적 접근)
Allen and Meyer (1990)	정서적 몰입	조직에 대한 구성원이 갖는 감정적 애착과 조직과의 일체감
	계속적 몰입	구성원이 조직을 이탈함으로써 발생하는 손실비용이 크기 때문에 거래적으로 몰입
	규범적 몰입	조직에의 의무에 대한 조직 구성원으로 남으려는 도덕적 의무감

출처 : Mowday(1982). Porter and Steers.

생각해 볼 문제

- 인적자원관리의 목적과 기능에 대해 생각해 봅시다.
- 직원 채용과 개발에 대해 생각해 봅시다.
- 슈퍼비전의 의미와 슈퍼바이저의 역할에 대해 생각해 봅시다.
- 리더십 자질 이론과 행위이론을 비교해 봅시다.
- 변혁적 리더십 이론에 대해 생각해 봅시다.
- 리더십의 수준에 대해 생각해 봅시다.
- 사회복지조직에서의 유능한 리더의 조건에 대해 생각해 봅시다.
- 사회복지행정에서 동기부여는 왜 필요한지 생각해 봅시다.
- 사회복지기관에서 동기부여를 할 경우 고려해야 할 요소는 무엇인지 생각해 봅시다.
- 조직 내에서의 갈등은 어느 정도까지 유지되어야 하는지 생각해 봅시다.
- 사회복지기관에서 갈등관리 전략은 어떻게 사용해야 할지를 토의해 봅시다.
- 사회복지사의 조직몰입을 높일 수 있는 방안을 토의해 봅시다.

CHAPTER 10

재정관리

학습목표

[가치] • 효율성의 이념이 재정관리에 어떻게 활용되는지를 파악한다.
[지식] • 예산 수립 및 집행, 결산 및 운영 등에 대해 이해한다.
• 사회복지조직의 재정적 거래의 분류, 기록, 요약하는 기술인 회계절차에 대해 이해한다.
[기술] • 세입 · 세출 예산 및 결산 계획서 작성기술, 후원금 보증기술을 파악한다.

제1절 재정관리의 개념

재정관리는 경영목적을 실현하기 위하여 재산이나 채무, 수입과 지출을 통제하고 활용하는 과정이다. 영리기업에서는 이윤추구를 목적으로 재무관리가 행해진다. 그러나 사회복지조직은 공익성이 높은 비영리기관으로 영리 이외의 목적으로 관리가 이루어진다. 사회복지법인의 재정관리를 위해서는 수익차액 관리와 비영리성의 관계를 어떻게 이해하느냐가 중요한 포인트가 될 것이다.

사회복지사업은 사회안전망의 중요한 구성요소가 되고 있으며 국가의 공급책임이 명확히 규정되어 있다. 따라서 국가를 대신하여 사업을 실시하는 복지기관은 확실히 추진할 수 있는 경영기반을 가지고 공익성이 높은 사업을 수행해야 한다. 그렇지만 사회복지기관이라도 사업운영에 필요한 비용을 비롯한 화폐재산의 지출을 수반한다. 예를 들면, 사회복지서비스는 사람을 대상으로 한 노동집약적 서비스이므로 노동의 대가인 임금과 급여를 지불해야 한다. 이용자에 대한 서비스 처우의 재료로서 급식, 전기·가스·수도 등이 필요한 이상 관련 업자에 대한 지불을 피할 수 없다. 즉, 비영리법인도 화폐경제 속에 편입된 하나의 조직이다. 따라서 필요한 화폐재산을 어딘가에서 확보해야 한다. 국가가 규정한 사회복지사업의 대부분은 이러한 지출에 충당하라는 취지로 조치비·운영비, 보험수가 등이 행정절차를 거쳐 지불된다. 지불비용을 수입으로 충당하지 않으면 기관의 재산을 침식하고 결국은 지불 불능상태에 빠져 사업이 어려워진다. 공익성 높은 복지기관으로 지속적으로 서비스를 제공할 수 있도록 수입과 지출, 재정 상태를 관리하는 것은 필수적이 요건이다.

재정관리 활동을 몇 가지로 정리하면 ① 예상되는 수입을 검토하여 지출에 맞추어 가는 활동, ② 기부와 모금, 수수료 등 기금조성과 관계되는 수입원을 찾아내어 확보하는 활동, ③ 이용 가능한 자원을 나누어 할당해 주는 활동, ④ 지도·감독, 회계 등을 통해 지출을 적절히 조절하는 활동, ⑤ 재정적인 책임을 위한 평가이다. 이러한 활동은 서로 연결되어 있다. 예를 들어, 재정계획은 기금조성에서 출발하여 예산 수립으로, 이후에 지출조정, 재정활동 평가의 과정으로 순환될 것이다.

제2절 예산 수립과 결산

사회복지조직의 재무·회계와 관련하여 공공 사회복지조직은 예산회계법의 적용을 받고 민간 사회복지조직은 사회복지법인 재무·회계규칙의 적용을 받는다. 예산(budget)은 일정 기간에 있어서의 수입·지출의 예정적 계산으로서 정해진 기간에 예상되는 수입과 의도한 사용을 목록화하는 중요한 도구이다. 또한 조직의 목표를 금전적으로 표시하고 일정 기간 동안의 재정활동의 감시장치도 제공한다. 예산의 성공과 실패는 조직관리자의 관여에 달려 있다. 모든 관리자는 그들의 조직 운영에 대한 목표를 가지며, 예산체계는 이런 목표를 공식화하고 이행하며 직원의 활동을 모니터하는 데 대한 과정일 수 있다.

또한 모든 직원은 기관의 자원개발에 협조해야 하고 예산에 대한 제안을 하며, 효과적이고 효율적인 재정적 집행을 유지하도록 도와야 한다.

1) 예산의 기능

예산은 전통적으로 통제기능이 강하게 나타났으나 최근에는 효율적 목표 달성과 미래 비전을 제시하는 계획의 성격이 강조되면서 관리기능과 기획기능이 강조된다(허만형, 2004). 통제는 계획된 목적에 예산을 사용하도록 개입하는 과정으로 계획된 목적 이외에는 사용할 수 없도록 통제하는 기능을 가진다. 관리란 효율적으로 목표 달성을 하는 과정으로서 집행과정에서 최소한의 예산으로 신속하게 목표를 달성하는 기능을 가진다. 기획은 미래지향적인 목표 설정 과정으로서 장기적·단기적 계획을 모두 포함한다. 이상과 같은 세 가지 기능을 중심으로 예산편성은 1년간의 수입과 지출의 재정계획뿐만 아니라 정치적 의사결정 과정, 조직단위의 사업책임 등 사업관리와 기획과정, 클라이언트와 직원, 지역사회 성원 등에 끼치는 영향력 등의 인간적 과정, 미래를 변화시키는 과정을 수행한다.

2) 예산 수립 과정

(1) 국가의 예산 수립

사회복지예산은 국가 예산의 중요한 영역을 차지하고 있으며 국가 예산의 영향을 받으므로 국가 예산과 복지기관의 예산편성 과정을 동시에 고찰할 필요가 있다(허만형, 2004). 국가 예산의 주무부처인 기획예산처는 매년 3월이면 정책 기본 방향에 의한 예산편성지침을 각 부처에 시달하고, 각 부처는 3월부터 6월 초순까지 편성지침에 따라 예산요구서를 작성하여 기획예산처에 전달한다. 기획예산처는 요구내용을 분석하여 정부예산안을 편성하는데, 장관협의회나 당정협의회, 자문회의를 열기도 한다. 예산편성이 확정되면 대통령에게 보고하고 국무회의의 의결을 거쳐서 9월 말에서 10월 초 사이에 정부 예산을 확정한다. 이 예산이 국회로 넘어가 국회 예산결산위원회와 본회의의 심의 및 의결을 거쳐 확정되면 대통령이 공포하여 법적 효력을 가지게 된다.

(2) 사회복지기관의 예산 수립

예산담당 부서에서 다음 해의 예산편성에 대한 지침을 각 업무부서에 보내면 해당 부서에서는 편성지침에 따라 예산요구서를 작성하여 기획예산 담당부서에 제출한다. 기획예산 담당부서는 업무부서의 장과 협의를 거쳐 조정을 하고 자문위원과의 협의를 거쳐 예산협의를 실시한 후, 기관장 협의를 거쳐 실무부서 예산안이 결정된다. 최종 예산안은 이사회의 의결을 거쳐 확정된다.

사회복지법인 재무·회계규칙에 초점을 맞추어 예산 수립 과정을 세부적으로 살펴보면 다음과 같다. 법인의 대표이사는 회계연도 개시 1월 전까지 법인과 시설의 예산편성 요령을 정하여야 한다. 대표자 이외에 법인 또는 시설의 소재지를 관할하는 시장·군수·구청장도 필요하다고 인정되는 사항에 대해서는 예산편성지침을 정하여 회계연도 개시 2월 전까지 법인 및 시설에 통보할 수 있다(사회복지법인 및 사회복지시설 재무·회계규칙 제9조). 사회복지법인 회계연도는 정부의 회계연도에 의하므로 매년 1월 1일 시작하여 12월 31일에 종료된다. 법인의 대표이사는 법인회계·시설회계·수익사업 회계별 예산을 편성하여 이사회의 의결 및 시설운영위원회의 보고를 거쳐 확정하고,[1] 이를 매 회계연도 개시 5일전까지 관할 시장·군수·구청장에게 제출해야 한다. 예산을 제출받은 시장·군수·구청장은 20일 이내에 법인과 시설의 회계별 세입·세출명세서를 시·군·구 게시판과 인터넷 홈페이지에 20일 이상 공고하고, 법인 대표이사는 법인과 시설의 게시판에 20일 이상 공고해야 한다.

만일 회계연도 개시 전까지 법인 예산이 성립되지 않았을 경우에는 대표이사 및 시설의 장은 시장·군수·구청장에게 사유를 보고하고 예산이 성립할 때까지 임직원 보수와 법인 및 시설운영 필수경비, 법령상 지급의무가 있는 경비는 전년도 예산에 준하여 집행할 수 있다. 또한 대표이사는 예산 성립 후에 생긴 사유로 이미 성립된 예산을 변경할 필요가 있을 경우에는 예산편성 절차에 따라 추가경정 예산을 편성·확정할 수 있다(사회복지법인 및 사회복지시설 재무·회계규칙 제12~13조). 사회복지법인 및 사회복지시설 예산편성 절차는 <표 10-1>과 같다.

1) 다만, 법인이 설치 운영하는 시설인 경우에는 시설운영위원회에 보고한 후 법인 이사회의 의결을 거쳐 확정한다.

〈표 10-1〉 사회복지법인 및 사회복지시설 예산편성 절차

주 요 내 용	주 체	일 정
시·군·구에서 법인 또는 시설에 특히 필요하다고 인정하는 사항에 관해 예산편성지침 통보 가능	법인 또는 시설 소재지 관할 시장·군수·구청장	회계연도 개시 2개월 전까지
▼		
법인은 법인과 법인 산하 시설의 예산편성지침을 결정	법인 대표이사	회계연도 개시 1개월 전까지
▼		
회계별 예산(법인회계, 시설회계, 수익사업회계) 편성	법인 대표이사 및 시설의 장	회계연도 개시 전까지
▼		
시설회계 예산안에 대한 시설 운영위원회 보고 ※ 법인이 설치·운영하는 시설의 경우에도 시설회계는 법인 이사회 의결 전 시설 운영위원회에 보고 필요 ※ 법인회계 및 수익사업회계에 대해서는 불필요	시설의 장	예산안 편성 완료 시
▼		
법인의 회계별 예산(법인회계, 시설회계, 수익사업회계)안에 대한 이사회 의결, 예산안 확정 ※ 법인이 설치·운영하는 시설의 시설회계도 포함 ※ 법인이 아닌 경우에는 시설 운영위원회 보고로 예산안이 확정됨	법인 이사회	예산안 편성 완료 시
▼		
확정된 예산안을 시장·군수·구청장에 제출 ※ 법인은 법인의 회계별 예산(법인회계, 시설회계, 수익사업회계)을 법인 소재지를 관할하는 시장·군수·구청장에 제출하고, 시설의 장(법인이 운영하는 시설도 포함)은 해당 시설의 시설회계를 시설 소재지 관할 시장·군수·구청장에 제출	법인 대표이사 및 시설의 장	회계연도 개시 5일 전까지
▼		
법인과 시설의 회계별 세입·세출명세서를 시·군·구, 법인, 시설의 게시판과 인터넷 홈페이지에 20일 이상 공고 ※ 게시판 공고는 「신문 등의 진흥에 관한 법률」 제2조 제1호에 따른 신문 또는 「잡지 등 정기간행물의 진흥에 관한 법률」 제2조 제1호에 따른 정기간행물에 게재로 갈음 가능	시장·군수·구청장, 법인 대표이사, 시설의 장	예산안 제출 20일 이내

출처 : 2018 사회복지법인 관리안내, p. 120.

3) 예산안의 내용

예산안은 조직의 목적을 실현하기 위해서 필요한 경비를 계상해 내어 작성한 계획이며 작성된 예산안을 보고 외부에서 조직 혹은 프로그램에 대하여 자원할당의 근거를 평가하게 된다(신섭중·부성래, 1989 : 190-207).

예산안에는 기본적으로 프로그램의 목적에 대한 개괄적인 설명과 서비스에 대한 정의, 욕구인구와 서비스 활용수준에 관한 추정치, 프로그램에 드는 비용과 그에 따른 자금 등으로 구성된다. 기관이나 프로그램이 하나 이상의 자원제공처를 가지고 있다면, 각각의 자원 제공 기관들에 의해 각각 다른 예산안 형식들이 요구될 것이다. 또한 개별 자원 제공 기관들이 요구하는 예산안 형식에는 그들 기관들이 중요시 여기는 가치나 이념들이 내포되어 있기 때문에 다양한 예산양식들에 대한 폭넓은 이해가 필요하다. 사회복지조직의 예산은 수입과 지출로 구성되는데, 수입에는 크게 ① 정부보조금과 지방자치단체 보조금과 기업체 지원금 등의 보조금(지원금), ② 법인지원금 등의 법인부담금, ③ 프로그램 수입금과 사업후원금 및 결연후원금 등의 후원금을 중심으로 한 자체 수입금으로 이루어져 있다. 현실적으로 사회복지사가 접근할 수 있는 예산확보의 방법은 보조금과 법인지원금 확보지만 보다 적극적으로 능력을 발휘할 수 있는 방법은 기업체 지원금이나 프로그램 수입금, 사업후원금이 될 수 있다.

예산은 수입과 지출을 동시에 검토해 가면서 균형예산이 될 수 있도록 조정해 가야 하는데, 사회복지사가 고려할 수 있는 지출항목은 대체로 ① 인건비, ② 사무비, ③ 장비비, ④ 사업비 등이 된다. 인건비는 상근직원 이외의 초청강사나 자원봉사자들을 단순히 인력의 활용에 따른 비용으로 본다면 인건비를 책정할 수 있지만, 이를 프로그램 운영과정에 투입되는 자원의 일부로 규정하면 사업비로 책정할 수도 있다. 사무비는 프로그램 진행을 지원하는 업무에 소요되는 비용으로서 문구류 구입비, 도서구입비, 전화비 등을 예로 들 수 있다. 그리고 장비비는 프로그램 진행을 위하여 꼭 필요한 내구성 물품을 말한다. 사업비는 실제 프로그램 운영에 소요되는 비용을 말한다. 이와 같은 지출예산에 예비비를 더한 총금액이 프로그램 총지출 예산이 된다.

예산에 첨부할 서류는 ① 예산총칙, ② 세입·세출명세서, ③ 추정대차대조표, ④ 추정수지계산서, ⑤ 임·직원 보수일람표, ⑥ 해당 예산을 의결한 이사회 회의록 또는 해당 예산을 보고받은 시설운영위원회 회의록이다. 다만, 단식부기인 경우 ①, ②, ⑤, ⑥만 첨부할 수 있고, 소규모시설(국가 · 지방자치단체 · 법인 이외의 자가 설치 · 운영하는 시설 중 거주자 정원이나 일평균 이용자가 20인 이하인 시설)인 경우 ②, ⑥만 첨부할 수 있다. 어린이집은 보육사업안내에서 정하는 바에 따른다. 세입 · 세출예산(안)은 <표 10－2>와 같다.

〈표 10-2〉 세입 · 세출예산(안)

1. 세입 · 세출 총괄표 (단위 : 천 원)

세 입				세 출			
구 분	2018년 예산(A)	2019년 예산(B)	증감 (B-A)	구 분	2018년 예산(A)	2019년 예산(B)	증감 (B-A)
계	405,500	422,000	16,500	계	405,500	422,000	16,500
이월금	46,000	41,000	-5,000	인건비	270,000	290,000	△20,000
사업수입	400	400	0	운영비	35,000	37,000	△2,000
보조금	341,000	360,000	△19,000	업무추진비	1,000	1,000	0
후원금	8,600	9,600	△1,000	재산조성비	4,000	2,000	-2,000
전입금	3,000	5,000	△2,000	사업비	55,000	57,000	△2,000
잡수입	6,500	6,000	-500	잡지출	500	500	0
				예비비	40,000	34,500	-5,500

2. 세입명세서 (단위 : 천 원)

관	항	목	2018년 예산(A)	2019년 예산(B)	증감 (B-A)	2019년 예산 산출내역
…	…	…	…	…	…	…
03 보조금	계		341,000	360,000	△19,000	
	31 보조금	311 국고보조금	161,000	170,000	△9,000	운영비 보조금
		312 시보조금	180,000	190,000	△10,000	운영비 보조금
…	…	…	…	…	…	…

3. 세출명세서 (단위 : 천 원)

관	항	목	2018년 예산(A)	2019년 예산(B)	증감 (B–A)	2019년 예산 산출내역
…	…	…	…	…	…	…
03 사업비	계		55,000	57,000	2,000	
	31 사업비	311 교육사업비	3,500	4,000	–	인형극을 통한 효행교육 프로그램 1,000,000원 × 4회=4,000,000원
		312 인식개선사업비	8,000	10,000	–	노인인식개선 캠페인 1,000,000원 × 10월=10,000,000원
		313 ㅇㅇ사업비	…	…	…	…
		314 ㅇㅇ사업비	…	…	…	…
		315 ㅇㅇ사업비	…	…	…	…
…	…	…	…	…	…	…

4) 사회복지예산 수립의 이론

예산 수립에서 무엇을 가장 중요한 요소로 삼느냐에 따라 예산 수립 기법은 품목별 예산(LIB : Line-Item Budget), 성과주의 예산(PB : Performance Budget), 계획 예산(PPB : Planning-Programming Budgeting), 영기준 예산(ZBB : Zero-Based Budget)으로 구분되며 두 가지 이상이 결합되어 적용되는 경우가 많다.

(1) 품목별 예산

품목별 예산(LIB : Line-Item Budgeting)은 정부와 비영리 조직 예산에 있어서 가장 오래된 모델 중의 하나이다. 이 예산은 조직의 계선에 따른 세부사업을 중심으로 예산을 할당하는 방식으로 다양한 수입과 지출목록들이 명시되고 각 목록마다 예상되는 돈의 양이 명시되어야 한다. 기관의 회계체계는 보통 이러한 항목으로 조직화되고 수입의 지출내역을 얻을 수 있게 함으로써 장래 기획안의 기초로 활용된다(B. Sheafor, C. Horeisi, & G. Horeisi, 1998 : 651). 기본적으로 비용은 봉급, 공급물, 여행, 설비 등과 같은 일정한 범주 안에서 집단화된다. 이 예산은 관할부처의 구체적 관할 사업단위까지 적시하여 예산이 편성되므로 집행 후 책임소재를 명확히 할 수 있는 장점이 있지만 예산을 효율적으로 사용하여 목표를 어느 정도 달성하였는지에 대해서는 파악하기 어려운 기법이다.

보건복지부 예산편성을 보기로 할 경우, 분야별 세출예산은 <표 10-3>과 같이 2018년도 세출총액이 63조 1,554억 원이고 이 중 사회복지 분야가 52조 7,796억 원, 보건분야가 10조 3,807억 원이다. 이 중 사회복지 분야 주요 사업비는 기초생활보장, 취약계층 지원, 공적연금, 보육·가족 및 여성, 노인 등 세부사업별로 각각 배정된다는 것을 알 수 있다. 다시 보건 분야에도 세부사업별로 나누어져 예산이 편성되어 있다는 것을 알 수 있다. 이와 같이 품목별 예산은 책임소재가 명확히 드러나므로 회계자에게 유리한 통제적 성격이 강하다.

〈표 10-3〉 품목별 예산의 예 : 보건복지부 2018년도 세출예산

구 분	2017년		2018년 (C)	본예산대비		추경대비	
	본예산 (A)	추경 (B)		증감 (C-A)	%	증감 (C-B)	%
총지출(A+B)	576,628	585,333	631,554	54,926	9.5	46,221	7.9
【사회복지(A)】	477,464	485,796	527,747	50,283	10.5	41,951	7.9
기초생활보장	94,223	98,894	100,582	6,359	6.7	1,688	1.7
취약계층 지원	22,905	23,568	24,709	1,804	7.9	1,141	4.6
공적연금	201,984	218,790	218,790	16,806	8.3	16,806	7.7
보육·가족 및 여성	54,783	62,619	62,619	7,836	14.3	7,504	12.0
노인 등	95,563	110,071	110,071	14,508	15.2	11,865	10.8
사회복지일반	8,006	10,976	10,976	2,970	37.1	2,947	26.8
【보건(B)】	99,164	103,807	103,807	4,643	4.7	4,270	4.1
보건의료	23,353	24,373	24,373	1,020	4.4	647	2.7
건강보험	75,811	79,434	79,434	3,623	4.8	3,623	4.6

출처 : 2018 보건복지부 소관 예산 및 기금운용계획 개요, p. 4.

〈표 10-4〉 품목별 예산의 보기 : 민간 사회복지관의 예산 (단위 : 천 원)

항 목	2○○○년 예산	2○○○년 추경	증감액	증감률
급 여	168,708	183,684	14,976	8.88
상 여 금	73,956	80,492	6,536	8.84
일 용 잡 급	38,400	28,800	-9,600	-25.00
제 수 당	156,443	163,105	6,662	4.26
의료보험료	5,051	5,051	–	–
고용보험료	3,938	4,105	167	4.24
산재보험부담금	2,626	2,737	111	4.23
국민연금부담금	17,823	17,823	–	–
기타 후생경비	9,450	9,450	–	–
기관운영판공비	7,080	7,080	–	–
직책보조비	6,000	6,000	–	–
회 의 비	2,640	2,640	–	–
여 비	1,420	1,420	–	–
수용비 및 수수료	24,000	30,000	6,000	25.00
심 리 진 단	1,375	1,375	–	–
개별언어치료	19,008	19,008	–	–
수중운동치료	432	432	–	–
총 계	538,350	563,202	24,852	30.45

그런데 품목별 예산은 예산의 근거가 어디에 있는지를 이해할 수 없는 경우가 많으므로 이를 보완하기 위하여 <표 10-4>와 같이 사업을 기능에 맞게 재배정하기도 한다. 즉, 품목을 기초로 만들어진 예산을 기능별로 재분류하여 예산의 목표를 분명히 할 수 있다. 따라서 조직이 추구하는 목표를 영역별로 나누어 재정계획을 수립하므로 목표와 예산의 관계를 유기적으로 접목시킬 수 있고 여러 단위에 분산되어 있는 사업과 조직이 추구하는 목표를 연계시킬 수 있으므로 통합조정을 효과적으로 수행할 수 있다.

(2) 성과주의 예산(PB : Performance Budget)

이 방식은 목표를 설정하고 성과를 평가하여 예산에 반영하는 것으로 성과가 좋은 사업에 대하여 예산에 인센티브를 주는 방식이다. 따라서 <표 10-

5>와 같이 단위원가에 업무량을 곱한 것이 예산이 되며 목표를 설정하고 개별목표에 대한 행동계획을 수립한 후 우선순위에 따라 자원을 분배하는 과정이 성과주의 예산편성의 과정이다. 이 방식은 목표 달성을 위하여 예산을 편성하므로 목표지향적 예산이라 할 수 있으며 목표를 관리한다는 점에서 목표관리(MBO)의 한 과정으로 포함시킬 수도 있을 것이다. 또한 개별 지출항목들을 조직활동과 연계시키는 기능적 예산관리라 할 수 있다. 이 예산은 목표와 사업을 분명히 이해할 수 있어 사업별 통제가 가능하여 효율성을 제고할 수 있다는 장점이 있다. 그렇지만 사회복지와 같은 공공분야에서는 계량적 목표와 같이 구체적 목표 설정과 비용산출이 어렵기 때문에 성과측정이 가능한 사업에만 도입할 수 있다는 한계가 있다. 예를 들어, 특정 사회복지조직의 자립지원 프로그램을 성과주의 예산방식으로 편성한다고 가정해 보자. 우선 프로그램의 단위사업을 생업자금융자, 직업훈련, 자활지원센터를 통한 자립지원으로 분류하여 전년도 사업에 대한 성과평가를 도출해야 한다(허만형, 2004).

〈표 10-5〉 **복지관 성과주의 예산의 보기** (단위:원)

팀	사 업 명	세 입	세 출
기 획	• 지역사회자원 개발 및 관리 일반후원 : 26,864×60명×12회=19,342,000 결연후원 : 14,800×80명×12회=14,208,000	33,550,000	3,063,000
상담지도	• 청소년 집단상담 참가비 : 5,000원×7명=35,000	35,000	200,000
	• 열린전화 상담원교육참가비 : 30,000원×30명=900,000	900,000	3,320,000
	• 심리치료 이용료 : 8,000원×10명×11월×80%=7,040,000	7,040,000	1,400,000
	• 심리진단 5,000원×25명×11월=1,375,000	1,375,000	800,000
총 계		42,900,000	8,783,000

성과평가의 기준은 단위사업에 대한 이용자의 수, 수혜액, 자립자 수 등 모든 것이 기준이 될 수 있지만 효과성 평가가 가능하다면 그것을 최우선 기준으로 해야 할 것이다. 그렇다면 자립지원 프로그램의 경우 저비용으로 보다 많은 경제적 자립을 달성하는 데 기여한 단위사업이 예산의 우선권을 가지게 될 것이다. <표 10－6>의 경우라면 생업자금융자가 여기에 해당된다. 1인당 자립비용은 6억, 자립자 수가 500명이므로 직업훈련이나 자활지원센터보다 우선적으로 배정받을 수 있다. 따라서 예산배정은 생업자금융자, 직업훈련, 자활지원센터로 이루어질 것이다. 이와 같이 예산배정의 우선순위가 결정되면 자금융자를 위한 자격심사나 창업지원계획, 직업훈련 등과 같은 구체적인 행동계획을 수립하고 이와 같은 우선순위와 행동계획에 따라 생업자금융자, 직업훈련, 자활지원센터에 차등적으로 자금을 배정하고 매년 평가결과에 따라 그해 예산의 우선순위를 다르게 한다.

〈표 10－6〉 성과주의 예산 : 성과평가와 예산 우선순위

단위사업	전년도예산 (B)	이용자의 비율		효과성 평가		
		이용자 수 (N)	1인당 수혜액 (B/N)	자립자 수 (S)	1인당 자립비용	자립률 (S/N * 100)
생업자금융자	3,000억 원	2,000명	1억 5천만 원	500명	6억 원	25.0%
직업훈련	3,000억 원	1,500명	2억 원	300명	10억 원	10.0%
자활지원센터	3,000억 원	3,000명	1억 원	200명	15억 원	6.75%

출처 : 허만형(2004). 사회복지행정론, pp. 350-351.

(3) 계획 예산(PPB : Planning-Programming-Budgeting)

장기적인 기획 수립과 단기적인 예산 편성을 유기적으로 관련시킴으로써 자원배분에 관한 의사결정을 합리적으로 일관성 있게 행하려는 예산체계이다.[2] 즉, 당해연도의 사업계획과 이를 뒷받침하는 예산을 통합하여 장기적인 정책방향과 단기적인 이행목표, 그리고 구체적인 실천계획에 따라 예산을 배

2) PPB는 1950년대 미국의 랜드(RAND)연구소에 의해 개발되었으며 1965년 미국 Johnson 대통령의 "위대한 사회(Great Society)" 프로그램의 시행으로 연방정부에 도입되었다.

정하는 방식이다. 이 방식은 장기적인 계획으로 예산을 편성하므로 자원배분을 합리적으로 할 수 있고 미래 비전과 관련된 사업과 예산을 연계시킬 수 있는 장점이 있다. 그러나 단위사업에 대한 모든 정보를 구체적으로 파악하고 있어야 하고 계획 자체보다는 결과에만 치중하여 사업과정을 소홀히 할 수 있다. 또한 사업계획의 결정권은 최고관리자에게 있으므로 권한이 집중화되는 단점도 있다.

계획예산 체계의 수립과정은 목표 개발에서부터 시작된다. 구체적인 과정은 ① 조직의 장기적이고 일반적인 목표를 확인 또는 개발하고, ② 구체적이고 시간제한적이며 계량적인 목표를 잠정적으로 정한다. ③ 가용자원과 계약조건들과 같은 정보를 확인하고, ④ 자료를 근거로 구체적 목표 설정과 우선순위를 정한다. ⑤ 제반 대안들을 개발하고 그것들의 실제적 또는 예상되는 효과성과 효율성을 비교 분석하여 최적의 것을 선택한다. ⑥ 선정된 프로그램에 대한 예산을 수립하여 예상되는 수입 원천과 접촉하여 실행 가능성을 검토한다. ⑦ 예산을 수정한다. ⑧ 최종적 예산을 채택한다.

〈표 10−7〉 농어촌 주민의 보건복지 향상을 위한 계획예산

<table>
<tr><th>목 표
연도별 세부목표</th><th colspan="12">농어촌 주민의 보건복지 향상
(전체 예산 3조)</th></tr>
<tr><td>농어촌 사회안전망 확충
(2013)</td><td colspan="4">기초생활보장 및
자활지원
(5,000억 원)</td><td colspan="4">치매노인 그룹홈 설치
(3000억 원)</td><td colspan="4">국민연금 확충
(2,000억 원)</td></tr>
<tr><td>농어촌 보건복지
공급기반 개선
(2014)</td><td colspan="3">공공의료기관의
확대
(4,000억 원)</td><td colspan="3">응급의료시설의
확충
(3,000억 원)</td><td colspan="3">5대 암 조기검진
(2,000억 원)</td><td colspan="3">건강보험 개선
(1,000억 원)</td></tr>
<tr><td>주민의 복지참여
(2015)</td><td colspan="4">가사간병 인력의
확대배치
(3,000억 원)</td><td colspan="4">농어촌 재가복지센터
확충
(4,000억 원)</td><td colspan="4">농어촌 지역보건복지
네트워크 구축
(3,000억 원)</td></tr>
</table>

<표 10−7>과 같이 '농어촌 주민의 보건복지 향상'을 위한 정책에 대해 계획예산 방식으로 예산을 편성하는 방식을 생각해 보자. 정부는 농어촌 주민

의 보건복지 향상이라는 목표로 2013~2015년까지 3개년 계획을 수립하여 전체 3조의 예산을 투입하기로 결정했다고 가정한다. 2013년은 농어촌 사회안전망을 확충하고, 2014년은 농어촌 보건복지 공급기반을 개선하여 2015년은 민간의 복지참여를 확대한다는 목표로 계획을 수립하였다. 이 계획에 따라 예산을 편성할 경우 연도별로 추진할 단위사업을 선정하고 사업에 예산을 할당하는 방식으로 예산을 배정한다.

(4) 영기준 예산(ZBB : Zero-Based Budget)

과거의 예산 우선순위나 관행에 구애받지 않고 영(zero)에서 출발하여 업무계획을 수립하고 채택된 프로그램에 관해서만 예산을 편성하는 방식이다.[3] 조직은 모든 사업을 매년 처음 시작한다는 전제하에서 매년 사업의 필요성에 대한 정당성을 제시하고 다른 사업과의 경쟁을 전제로 우선순위에 입각하여 예산을 수립한다.

영기준 예산은 첫째, 조직을 여러 개의 독자적인 목표를 가지고 활동하는 의사결정 단위(유닛)로 설정하고, 둘째, 각 조직단위의 의사결정 패키지(예산요구액, 예산요구의 정당성 등)를 설정하여 정리한다. 셋째, 비용편익분석/ 효과분석과 같은 척도를 활용하여 각 의사결정 패키지를 비교분석하여 우선순위를 부여한다. 넷째, 우선순위에 따라 단위별 차등예산을 배정하고, 마지막으로 예산집행 후에 평가를 행하는 5개의 과정으로 이루어진다(U. S. Office, 1978 : 306-313). 이 예산체계는 과거의 관행에서 탈피하여 예산을 편성하므로 사업혁신과 예산절감에 기여하고 재정운영과 예산배정에 탄력성을 기할 수 있어 사업의 효율성을 높일 수 있다. 그러나 매년 영기준을 적용하기 위해서 조직은 효과적 의사소통과 의사결정, 평가 등에 대해 훈련된 관리자를 확보해야 하는 부담이 있으며 장기계획에 의한 사업진행도 쉽지 않다. 또한 의사결정의 우선순위 선정 등에 시간과 노력이 지나치게 많이 들어 사업에 차질을 빚을 가능성도 있다.

---

3) 영기준 예산은 1969년 미국에서 처음 사용되었으며 미국의 Carter 대통령의 조지아 주지사 시절인 1973년도부터 조지아 주에 도입되었고 이후 그가 대통령이 된 후 1977년부터 연방정부에도 도입되었다.

5) 예산의 집행과 결산

예산이 통과되면 예산의 기능은 자원을 확보하기 위한 수단에서 조직의 목적을 달성하기 위한 업무진행을 지원하는 수단으로 변화된다. 예산안은 행동을 하기 위한 계획이었지만 이제부터는 계획이 실천되기 위한 지침의 역할을 한다.

(1) 예산 집행의 원칙

모든 예산은 사업을 수행해서 성과를 올려야 할 많은 계획을 내포하고 있다. 예산 집행에는 다음과 같은 원칙이 준수되어야 한다.

① 개별화의 원칙

재정통제체계는 개별기관 그 자체의 제약조건, 요구사항 및 기대사항에 맞게 고안되어야 한다.

② 강제의 원칙

재정통제체계는 강제성을 띠는 어떤 명시적인 규정이 있어야 한다. 강제성이 없는 규칙은 효과성이 없다. 강제성은 때로는 개별성을 무시할 수 있으나 규칙의 동일한 적용을 통한 공평성과 활동을 공식화하는 것이다.

③ 예외의 원칙

규칙에는 반드시 예외상황을 고려하여야 하고 그러한 상황에 적용되는 다른 규칙도 명시되어야 한다.

④ 보고의 원칙

통제체계는 보고의 규정을 두어야 한다. 재정활동에 대한 보고의 원칙이 없으면 재정 관련 행위를 공식적으로 감시하고 통제할 수가 없다. 예를 들면, 예산의 남용이나 개인적 유용, 항목변경 등의 사실들이 있는데도 보고되지 않으면 재정활동에 큰 문제가 생길 수 있는 것이다.

⑤ 개정의 원칙

예산 관련 규칙은 많은 경우 일정한 기간 동안만 적용할 수 있도록 제한되어 있거나 적용할 때 부작용이 나타날 경우를 대비하여 일정한 기간이 지난 후에는 규칙을 새로 개정할 수 있어야 한다.

⑥ 효율성의 원칙

통제에는 시간과 비용이 많이 드는 경우가 있다. 통제는 비용과 노력을 최소화하는 정도에서 이루어질 수 있어야 한다.

⑦ 의미의 원칙

효과적인 통제가 되기 위해서는 규칙, 기준, 의사소통 및 계약 등은 관계되는 모든 사람들이 잘 이해할 수 있도록 전달되어야 한다. 그러므로 규칙은 명확하게 쓰여지고 통제자료는 쉽게 얻을 수 있어야 하고 절차의 분류와 해석을 위한 것도 명확히 쓰여져야 한다.

⑧ 환류의 원칙

재정통제체계에 관한 규칙, 기준, 의사소통, 계약 등을 적용할 때 발생할 수 있는 여러 가지의 부작용 및 장단점 등을 관련자들로부터 들어서 개정과 개선의 기초가 되어야 한다.

⑨ 생산성의 원칙

재정통제는 서비스가 효과적이고 효율적으로 전달되도록 하기 위한 수단이므로 이로 인하여 서비스 전달이라는 생산성에 장애와 갈등이 발생하지 않도록 유의하여야 한다.

(2) 수입과 지출

수입(receipt)은 정부회계의 경우에는 모든 세입예산을 의미하는데 세금이 주종을 이룬다. 사회복지기관 및 시설의 경우에는 정부보조금, 법인수입(이사의 부담금, 법인의 수익사업 수입), 지원보조금, 일반성금이나 결연후원금 등의 기탁금, 일시차입금이나 은행이자와 같은 기타 수입이 포함된다. 국가 전반의 세입의 징수와 수납에 관한 사무는 기획재정부장관이 총괄하지만 세입징수관을 지정하여 세입징수 사무를 위임할 수 있다(예산회계법 제50조 제2항). 사회복지조직에서는 법인의 대표이사와 시설장이 수입과 지출에 관한 사무를 관리하지만 수입 및 지출행위와 관련된 사무를 소속 직원에게 위임할 수 있다. 그리고 법인과 시설에는 수입과 지출의 현금출납업무를 담당하는 수입원과 지출원을 둘 수 있으며 소규모 법인이나 시설에서는 수입원과 지출인을 동일인으로 할 수 있다(사회복지법인 및 사회복지시설 재무·회계규칙 제21~22조). 사회복지조직의 수입절차는 기부자, 수입발생 원인, 금액 등에 관해 필요한 조사를 하고, 수입결의서를 작성한 후 서면으로 채권이행을 청구한다. 그리고 수입금을 수납하면 영수증을 발행하고 금융기관에 예치해야 한다.

지출(outlay)이란 채무이행에 있어서 최종행위인 현금의 지급을 의미한다. 일반적으로 정부회계에서의 지출은 수표의 발행을 뜻하며 수표를 현금으로 교환하여 주는 것은 지급이라고 한다. 사회복지조직이 지출원인 행위를 할 때에는 지출결의서를 작성하여 최고책임자 내지 상급기관의 결재를 받아야 한다. 지출은 지출사무를 관리하는 자(법인 대표이사와 시설의 장) 및 그 위임을 받은 자(지출원)가 행한다. 이때 상용경비 또는 소액 경비지출을 제외하고는 예금통장에 의하거나 전자거래로 행해야 한다(사회복지법인 및 사회복지시설 재무·회계규칙 제29조).

(3) 결산

결산이란 한 회계연도 내에 발생한 모든 수입과 지출을 확정적인 계수로 표시하는 절차이다. 세입·세출결산보고서 또는 수입·지출결산서는 중앙관서의 장이나 법인의 대표이사, 시설의 장이 작성하므로 예산집행의 마무리 단계라 할 수 있다. 결산이 필요한 이유는 법인의 경우 이사회의 의도대로 법인이나 시설이 예산을 집행하였는지를 규명하고 흑자나 적자의 크기를 확인하고 결산결과를 다음 해 예산에 반영시키기 위해서이다. 사회복지법인의 경우에 대표이사 및 시설의 장은 법인회계와 시설회계의 세입·세출결산보고서를 작성하여 이사회의 의결 및 시설운영위원회의 보고를 거친 후 다음 연도 3월 31일까지 시장 · 군수 · 구청장에게 제출해야 한다. 다만, 법인이 운영하는 시설운영위원회에 보고한 후 법인 이사회의 의결을 거쳐 제출해야 한다. 시장 · 군수 · 구청장은 결산보고서를 제출받은 때에는 20일 이내에 세입 · 세출결산서를 시 · 군 · 구의 게시판과 인터넷 홈페이지에 20일 이상 공고하고 법인의 대표이사 및 시설의 장으로 하여금 법인 · 시설의 게시판과 인터넷 홈페이지에 20일 이상 공고하도록 해야 하며 일간신문이나 정기간행물에 게재하는 것으로 대체할 수도 있다(사회복지법인 및 사회복지시설 재무 · 회계규칙 제19조). 사회복지법인 및 사회복지시설 결산보고 절차는 <표 10−8>과 같다.

〈표 10−8〉 사회복지법인 및 사회복지시설 결산보고 절차

주요 내용	주 체	일 정
법인회계와 시설회계의 세입 · 세출결산보고서 작성	법인 대표이사 및 시설의 장	출납 완료 시
▼		
결산보고서의 시설운영위원회 보고 ※ 법인이 설치 · 운영하는 시설의 경우에도 시설회계는 법인 이사회 의결 전 시설운영위원회에 보고 필요 ※ 법인회계 및 수익사업회계에 대해서는 불필요	시설의 장	결산 보고서 작성 후
▼		
결산보고서의 법인 이사회 의결 ※ 법인이 설치 · 운영하는 시설의 시설회계도 포함 ※ 법인이 아닌 경우에는 시설운영위원회 보고로 결산보고서 확정	법인 대표이사	결산 보고서 작성 후
▼		
확정된 결산보고서를 시장 · 군수 · 구청장에 제출 ※ 법인은 법인회계, 시설회계, 수익사업회계 결산을 법인 소재지를 관할하는 시장 · 군수 · 구청장에 제출하고, 시설의 장(법인이 운영하는 시설도 포함)은 해당 시설의 시설회계 결산을 시설 소재지 관할 시장 · 군수 · 구청장에 제출	법인 대표이사 및 시설의 장	다음 연도 3월 31일까지
▼		
법인과 시설의 세입 · 세출결산서를 시 · 군 · 구, 법인, 시설의 게시판과 인터넷 홈페이지에 20일 이상 공고 ※ 게시판 공고는 「신문 등의 진흥에 관한 법률」 제2조 제1호에 따른 신문 또는 「잡지 등 정기간행물의 진흥에 관한 법률」 제2조 제1호에 따른 정기간행물에 게재로 갈음 가능	시장 · 군수 · 구청장, 법인 대표이사, 시설의 장	결산보고서 제출 20일 이내

출처 : 2018 사회복지법인 관리안내, p. 124.

결산 시 구비서류는 ① 세입·세출결산서, ② 과목전용조서, ③ 예비비사용조서, ④ 대차대조표, ⑤ 수지계산서, ⑥ 현금 및 예금명세서, ⑦ 유가증권명세서, ⑧ 미수금 명세서, ⑨ 재고자산명세서, ⑩ 기타 유동자산명세서(6~9 유동자산 외의 유동자산), ⑪ 고정자산(토지, 건물, 차량운반구, 비품, 전화가입권)명세서, ⑫ 부채명세서(차입금, 미지급금 포함), ⑬ 제충당금명세서, ⑭ 기본재산수입명세서(법인만 해당), ⑮ 사업수입명세서, ⑯ 정부보조금명세서, ⑰ 후원금수입 및 사용결과보고서(전산파일을 포함한다), ⑱ 후원금 전용계좌의 입출금 내역, ⑲ 인건비명세서, ⑳ 사업비명세서, ㉑ 기타 비용명세서(인건비 및 사업비를 제외한 비용), ㉒ 감사보고서, ㉓ 법인세 신고서(수익사업이 있는 경우에 한함)이다. 그리고 단식부기로 작성할 경우 ①~③, ⑭~㉓ 항목만을 제출할 수 있고, 소규모 시설인 경우 ①, ⑰항목만 제출할 수 있으며, 어린이집은 보육사업안내에서 별도로 정한다.

제3절 회 계

회계(accounting)란 금전 거래 등 어떤 조직체의 재정적 활동과 수지에 관한 사실 확인과 그 결과를 해석하는 여러 가지 사건들의 관점에서 본 기록과 분류 및 요약의 기술이다. 따라서 정확하고 표준화된 재정보고서의 준비가 회계와 사회복지서비스를 연결해 주는 핵심이 된다.

회계는 재정적 거래를 분류, 기록, 요약하고 그 결과를 해석하는 표준화된 기술적 방법이다. 회계는 목적에 따라 재무회계와 관리회계로 나눈다. 재무회계는 내부 및 외부 정보이용자의 경제적 의사결정에 유용하도록 일정 기간 동안의 수입과 지출사항을 측정 보고하는 것이며, 거래자료 기록, 시간표 작성, 분개 작성, 결산을 주요 내용으로 하고 있다. 관리회계는 행정책임자가 행정적 의사결정을 내리는 데 필요하도록 재정관계 자료를 정리하는 것으로 예산단위의 비용을 계산하여 예산의 실행성과를 분석하는 것을 주요 내용으로 한다.

그리고 사회복지법인 및 사회복지시설은 사회복지법인 및 사회복지시설 재무·회계규칙에 의거하여 업무를 처리한다. 이 규칙은 사회복지사업법 제23조 제4항, 제34조 제3항 및 제45조 제2항의 규정에 의하여 사회복지법인 및 사회복지시설의 재무·회계 및 후원금 관리에 관한 사항을 규정하여 재무·회계 및 후원금 관리의 명확성·공정성·투명성을 기함으로써 사회복지법인 및 사회복지시설의 합리적인 운영에 기여함을 목적으로 한다. 사회복지법인 및 사회복지시설 재무·회계규칙의 총칙은 다음과 같다.

첫째, 사회복지법인의 회계는 법인회계, 시설회계, 수익사업회계로 구분하여 관리한다. 법인회계는 사회복지법인의 업무 전반에 관한 회계, 시설회계는 사회복지법인이 설치·운영하는 사회복지시설에 관한 회계, 수익사업회계는 사회복지법인이 수행하는 수익사업에 관한 회계이다.

둘째, 법인 및 시설의 회계연도는 정부의 회계연도(1. 1.~12. 31)에 의한다. 다만, 영유아보육법 제2조에 따른 어린이집의 회계연도는 매년 3월 1일에 시작하여 다음 연도 2월 말일에 종료한다. 수입 및 지출의 발생, 자산 및 부채의 증감에 관하여는 그 원인이 되는 사실이 발생한 날을 기준으로 하여 연도소속을 구분하되, 그 사실이 발생한 날을 정할 수 없는 경우에는 그 사실을 확인한 날을 기준으로 한다. 1회계 연도에 속하는 법인 및 시설의 세입·세출의 출납은 회계연도가 끝나는 날까지 완결해야 한다.

셋째, 사회복지법인 및 사회복지시설의 재무·회계는 컴퓨터 프로그램으로 처리할 수 있다. 국가나 지방자치단체로부터 보조금을 받는 사회복지법인과 사회복지시설의 경우, 사회복지시설정보시스템 또는 보건복지부장관이 검증한 표준연계모듈이 적용된 정보시스템을 사용하여 재무·회계를 처리하여야 한다.

1) 주요 회계활동

(1) 기록업무

수입과 지출에 관한 다양한 기록장부를 마련하고 회계원칙에 따라 장부에 기록한다. 회계는 단식부기에 의하지만, 법인회계와 수익사업회계는 필요한 경우 복식부기를 할 수 있다

수입 및 지출사무 관리주체는 법인의 대표이사 및 시설의 장이고, 법인 대표이사 및 시설장은 해당 사무를 소속직원에게 각각 위임 가능하다. 그리고 수입과 지출의 집행 시 법인과 시설에는 수입과 지출의 현금출납업무를 담당하기 위하여 각각 수입원과 지출원을 두되, 법인 또는 시설의 규모가 소규모인 경우에는 수입원과 지출원을 동일인으로 할 수 있다. 수입원과 지출원은 법인의 대표이사와 시설장이 임면한다.

수입과 지출이 발생한 경우에는 분개장과 보조부에 기록하고 분개장의 기록을 총계정 원장에 옮겨서 시산표(trial balance)를 작성하고 정리분개를 하여 정산표를 작성하든가 혹은 대차대조표, 손익계산서, 이익잉여금 처분계산서, 재무상태변동표 등의 재무제표를 작성하여 결산분개를 한 후에 다시 거래로 돌아오는 순환과정을 거치게 된다. 특히 사회복지법인 및 시설에서 비치해야 할 회계장부는 ① 현금출납부, ② 총계정원장, ③ 재산대장, ④ 비품관리대장이다. 그리고 컴퓨터 회계 프로그램 또는 사회복지시설정보시스템 등에 의하여 전자장부를 사용하는 경우에는 회계장부를 둔 것으로 본다. 다만, 회계감독 등을 위해 지방자치단체에서 요청하는 경우에는 출력물을 보관하여야 한다.

(2) 정리업무

각종 장부에 기록된 사항을 월별 혹은 분기별로 주기적으로 종결하여 정리하는 업무로서 정기적으로 재정상태를 파악하기 위한 재정보고서 작성에 필요한 절차이다.

(3) 재정보고서 작성 및 발행

사회복지조직의 재정상태를 정기적으로 파악하기 위하여 월별·분기별의 재정보고서를 작성하여 시설 내부 및 이사회에 보고한다. 그리고 회계연도 말에는 1년 동안의 수입과 지출의 현황을 파악할 수 있는 대차대조표 등을 포함한 보고서를 작성하여 정부기관과 이사회에 반드시 보고하고 재정지원 조직이나 개인에게도 보고 또는 공개하여 그들이 제공한 재정자원이 유용하게 활용되었는지 밝히는 것이 좋다.

2) 회계감사

(1) 회계감사의 의의와 절차

회계감사(accounting audit)의 주요 관심사는 재정기록의 정확성과 표준화된 양식을 얼마나 잘 지켰느냐에 있다. 이것은 일반적으로 사회복지서비스 기관에 있어서 지출이 교부금이나 계약의 요구사항을 잘 따랐느냐 하는 것을 포함한다. 회계감사는 결산과 더불어 예산과정 중의 마지막으로 예산을 정확하게 그리고 효율적으로 집행하기 위해서 필요하다(Lynch, 1979 : 181). 그리고 회계감사는 품목 중심의 예산제도하에서 회계기록을 대상으로 지출의 적법성을 검증하는 것뿐만 아니라 프로그램 중심 예산제도하에서의 프로그램의 능률성과 효과성을 검증하는 것도 대상으로 할 수 있다.

법인의 회계감사는 당해 법인과 시설에 대하여 매년 1회 이상 정기감사를 실시해야 한다. 법인의 대표이사는 시설의 장과 수입원 및 지출원이 사망하거나 경질된 때에는 그가 관장하던 수입, 지출, 재산, 물품 및 현금 등의 관리상황을 감사로 하여금 감사하게 해야 한다. 감사는 감사보고서를 작성하여 당해 법인의 이사회에 보고하여야 한다. 만일 재산상황 또는 업무진행에 관하여 부정 또는 불미한 점이 발견될 때에는 시장·군수·구청장에게 보고하여야 한다(사회복지법인 및 사회복지시설 재무·회계규칙 제42조).

(2) 회계감사의 종류

회계감사는 사회적으로 할당된 자원들에 대하여 조직이나 프로그램들이 제 기능을 수행하고 있는가를 확인하는 과정으로 회계감사의 목적에 따라 규정준수 회계감사와 운영 회계감사로 구분할 수 있다(Anthony & Herzlinger, 1984 : 16). 이 외에도 회계감사 주체에 따라 최고관리자와 같은 조직 내부자에 의한 내부감사와 정부감독관이나 공인회계사에 의한 외부감사로 구분하고, 회계감사의 대상에 따라 정부기관에 대한 감사와 법인에 대한 감사, 사회복지조직에 대한 감사로 구분하기도 한다.

감사의 목적에 따른 회계감사의 종류를 보다 구체적으로 살펴보면 먼저 규정준수 회계감사(compliance audit)의 목적은 기관의 재정운영이 적절한 절차에 따라 시행되고 있고 재정이나 다른 보고서들이 적절하게 구비되었는지, 조직에 적용된 각종 규칙과 규제들을 조직이 잘 준수하고 있는지를 확인하는 과정이다. 규정준수 회계감사는 전통적인 품목별 예산형식에서 요구하는 방식이다. 즉, 주어진 자금이 규정된 항목별로 올바르게 사용되었는지를 확인하는 것이다. 본래 이것의 목적은 개인의 욕심으로 재원이 잘못 사용되는 것을 방지하려는 데 있었으며 공적인 목적과 수단들이 점차 복잡하게 되면서 감사기능으로 확대된 것이다. 규정준수 회계감사는 실제로 업무의 효과성이나 능률적인 경비지출 여부를 중요시 여기는 것이 아니라 규칙과 절차, 항목의 규정에 맞게 집행되었는가 하는 데 관심을 둔다. 따라서 지나치게 형식에 집착하여 문제해결을 어렵게 만들어 관료적 병폐를 드러나게 할 수도 있다.

반면 운영 회계감사(operational audit)는 예산과 관련하여 바람직한 프로그램 운영의 산출 여부, 조직목표를 달성하는 데 있어서 효과성과 능률성 등의 문제에 관심을 나타내어 규정준수 회계감사의 약점을 보완하는 감사이다. 운영 회계감사를 위해서는 기능별 예산이 프로그램 예산과 같은 형식으로 되어야 한다. 이러한 양식에 의해 목표 달성을 하였는지 또는 어느 정도의 산출물이 예산비용과 관련하여 발생하였는지를 판단할 수 있다.

사회복지법인 및 사회복지시설 감사(지도점검) 시 주요 검토사항

Ⅰ. 예산

1. 이월금 확인(2019년 기준 : 이월금 및 2018년 잔고증명서와 통장 확인)
2. 잡수입 잡지출 내역 확인
3. 원천징수 확인(급여대장 및 예산서와 비교)
4. 퇴직적립금 확인(급여대장 확인 중도퇴사자 반환금 처리 적정성 등)
5. 예산상 과지출 확인(전용 가능 유무 확인 후 사후 조치 가능)
6. 예결산, 추경 공고 확인
7. 보조금 집행의 적정성
8. 기능보강사업의 경우 관련서류 확인 등

Ⅱ. 후원금

1. 지정후원금과 비지정후원금 사용내역 확인
2. 비지정후원금 중 직접비와 간접비 사용 유무 확인
3. 후원금 공고 실시 여부 등

Ⅲ. 인사

1. 근태사항 및 연차 확인
2. 지출원·수입원 결원 시 업무인수인계 확인 및 지출 수입원 변경보고 확인(특히 기관장 연차 시 업무인수인계 필히 확인)
3. 채용 시 공개채용 여부 확인(보직변경 및 공채 공고 기간 확인)
4. 호봉책정의 적정성 유무 확인 등

Ⅳ. 기타

1. 차량관리대장(주요 날짜 대비 이동거리, 차량 수리 등)
2. 보험 관련 확인(신원보증보험 포함)
3. 기관운영일지 등

제4절 모금의 방법과 전략

사회복지기관은 정부보조금이나 이용료 수입, 모금활동 등을 통해 재원을 확보할 수 있는데, 민간으로부터의 기부를 통한 모금활동은 가장 자율적인 재원확보 방안이라 할 수 있다.

1. 모금의 유형

모금유형은 목적에 따라 구분할 수 있다. 그러므로 목적을 달성하기 위해 어떤 수단을 고안할 것인가에 대한 선택에 따라 달라진다.

1) 일반모금(Annual Campaign)

프로그램 진행과 사무실 운영 등 기관이 존재하기 위해 필요한 운영기금을 마련하기 위한 모금이며 소규모 단체일 경우 기존 멤버의 회비로 충당될 수 있다. 특별한 모금기간이 없으며 항상 진행되며 편지나 전화, 홈페이지 등을 통해 이루어진다. 간혹 특별한 기간에 이벤트를 실시하여 단체가 추구하는 미션과 가치에 동의하는 새로운 기부자를 발굴하는 작업이 병행되기도 한다. 지속적인 경험이 쌓이면 후에 거액모금으로 연결될 수 있다.

2) 특별모금(Special Campaign)

기관의 세입 증가뿐만 아니라 지역사회 관심을 촉발하는 데 도움이 된다. 특별한 아이템을 판매하고 이익의 일부를 기부하는 행사도 가능하다. 연예인이나 유명 인사를 초대하여 대대적으로 홍보하고 특별히 부담하게 하는 행사를 기획할 수도 있다. 이벤트 경험이 있는 구성원으로 특별위원회를 만들고 유사한 행사가 해마다 같은 시기에 진행되는 것이 좋다. 대중매체를 적극적으로 활용해야 하지만 연말 이웃돕기나 공동모금 시기, 여름휴가 기간은 피하는 게 좋다.

3) 자산모금(Capital Campaign)

기관의 자산을 늘리기 위해 실시하는 모금이다. 예를 들어, 요양시설, 재활병원이나 대학 등에서 거액자산 기부를 통해 시설이나 설비를 확충할 수 있다. 전문적 경험이 있는 모금 컨설턴트가 필요하다. 기관에 꾸준히 기부했던 일반 기부자를 주된 대상으로 하며 재단이나 기업이 요청대상이 된다.

4) 기획모금(Planned Gift)

유서나 계약과 같은 사전 계획을 통해 기부자 사후에 재산의 전부 또는 일부를 복지기관에 기부한다. 유산증여는 사회복지기관을 위한 가장 좋은 자금원천이 될 수 있다. 기금을 모으는 능력을 크게 하기 위해서는 단독으로 비과세 비영리법인을 세워 효율적으로 할 수도 있다. 이때는 비영리법인의 개발과 운영에 경험이 있는 변호사의 도움을 받는 것이 효과적이다.

2. 모금방법

1) 풀뿌리 모금(Grass Root)

모금 초기단계에 간편하게 채택할 수 있는 방법이다. 물건을 판매하는 것과 유사하므로 마케팅 마인드가 필요하며 사람들의 심리에 맞는 전략과 철저한 사전준비가 필요하다. 거부당하는 경험을 많이 겪을 수 있으므로 경험 많은 전문가의 세일즈 테크닉이 도움이 될 것이다. 복지조직이 속한 단체의 미션과 비전, 목표를 일반 대중을 상대로 판매해야 하므로 기부자들에게 비치는 기관의 이미지가 성패를 결정한다. 긍정적인 이미지를 심어놓지 못하면 시작하기도 전에 실패하기 쉽다. 그러므로 모금 전에 왜 기부를 해야 하는지에 대한 기본적인 물음에 대해 쉽게 대답할 수 있을 정도로 철저히 준비되어야 한다.

일종의 손 내밀기 전략과 같이 개별 가정을 직접 방문하여 대인접촉을 하거나 전화, 웹 등을 통해 간접적인 접촉을 할 수도 있다. 시장이나 마트와 같이 사람들이 많이 모이는 곳에서 직접 상대할 수도 있다. 복권이나 경품 당첨 행사나 특별강의를 개최하면서 병행하여 실시할 수도 있다.

2) 대중 모금

모든 대중을 대상으로 하는 모금은 복지기관의 모든 것을 투명하게 공개한 상태에서 이루어지므로 작은 실수도 문제가 될 수 있을 정도로 철저한 평가를 받게 된다. 따라서 대중 모금을 시작할 때는 ① 단체에 대한 대중의 이미지를 점검하고 좋은 이미지를 만들어야 한다. ② 재정 집행과 기관의 투명성을 위해 회계나 조직운영 등 정보를 투명하게 공개해야 한다. ③ 내부적으로 충당할 수 있는 부분을 최대한 채우고 나머지를 대중에게 모금으로 의존해야 한다. ④ 윤리적이고 합법적인 모금을 위해 여론뿐만 아니라 전문가의 의견을 수렴해야 한다.

대중 모금의 대표적인 사례는 ARS(자동응답시스템) 후원 모금과 전국 17개 시·도에 세워지는 사회복지공동모금회의 사랑의 온도탑 모금이다. ARS 모금 방식은 주로 자선모금방송을 통해 가장 활성화되고(이도영, 2004), 매년 연말연시에 일반 시민들을 대상으로 집중적인 모금캠페인을 펼치는 사랑의 온도탑은 모금 목표액의 1%가 모일 때마다 수은주가 1도씩 올라간다.

3. 모금의 단계

실질적으로 모금을 요청하는 단계에 이르기 위해서는 몇 가지 단계와 과정이 필요하다. 예를 들면, ① 전략과 업무계획을 세운다. 활동계획을 위한 일람표를 만들고 모금에 필요한 책임, 자원과 방편들을 자세히 명시한다. ② 예상기부자를 정확히 파악하고 권한을 부여한다. 기관의 모금계획과 요청에 누가 관심을 가질까? 기관의 미션을 지원하려는 기부자가 있는가? 누가 재정적인 지원을 가지고 있는가를 파악한다. ③ 기부자를 양성한다. 스스로 기부하겠다는 사람을 기다리기보다 기관의 사명에 관한 기부자의 관심을 유발하여 참여를 유도한다. 그들에게 기부를 통해 긍정적인 감정을 고취시키고 참가하도록 지원할 수 있어야 한다. 지속적으로 그들의 관심을 끄는 노력들이 추진되어야 한다. ④ 실질적으로 모금을 요청한다. 사람들은 자신들이 믿을 수 있는 복지기관에 기부한다. 기부요청에 응하기까지 때로는 오랜 시간이 걸리지만 그동안 기관은 기부자의 욕구와 태도를 파악해야 하며 원하는 정보를 제공해야 한다. ⑤ 지속적인 관계를 유지한다. 기부액이 어떻게 사용되고 어떤 결과를 얻었는지 회계보고를 하고 감사표시를 통해 지원에 대한 피드백을 전달한다. 기관의 투명성과 신뢰가 무너지면 지속성은 담보될 수 없다. 기부액을 소중하게 사용하고 있다는 믿음을 보여주고 그들이 얼마나 값어치 있는 일을 하는지 인식시키고 존경을 표현한다. 이들에게는 기관의 구체적인 활동상황을 정기적으로 알려줄 필요가 있다.

4. 모금의 전략

모금은 사회복지기관의 미션을 성취하기 위한 핵심전략이므로 기존의 방법을 답습하기보다 새로운 모금 이론과 전략을 모색하여 효과적인 방향을 찾아볼 필요가 있다(Bekay Ahn, CFRE, 2011 : 289-305). 예를 들어, ① 효율적인 모금을 위한 최적점을 찾아야 한다. 모금활동에는 충분한 시간과 경험을 통해 검증된 방법을 사용하는 것이 좋다. 이때 반드시 최적점(sweet spot)[4)]을 고려해야 한다. 모금가와 비영리단체, 기부자가 가지고 있는 각각 다른 최적점(예를 들어, 자신감, 애정, 보상, 연관성, 관심, 능력 등)[5)]을 유기적으로 연결하여 최상의 결과를 이끌어 내는 것이 성공적인 모금 모델이 된다. ② 전략적으로 접근과 관리가 용이한 상대를 골라야 한다. 예를 들어, 이사회나 기관에 대한 충성도가 높은 기부자들을 선별하여 기부를 요청하거나 한 번이라도 기부한 경험이 있는 사람에 대한 정보를 파악해 다시 한번 접촉을 시도하는 것도 효과적 방법이다. 또한 불경기에는 주요 기부자 10%에 대한 관심이 모금 성공률을 높이는 방안이 될 수 있다. ③ 세분화·구체화된 모금형태를 설계해야 한다. 소액기부에 대한 기준을 낮춰 좀 더 많은 기부자들을 끌어들이는 전략도 가능하다. 아울러 거액기부자를 위해서도 기부자 수준에 어울리는 문화와 전략들을 익히는 훈련을 거쳐야 한다. ④ 기능을 상실하거나 더 이상 운영이 불가능한 프로그램을 중단해야 한다. 유행을 쫓아 유사한 프로그램들을 대거 쏟아내서는 안 된다. 특히 설립자의 개인적이고 독단적인 결정에 따라 이루어지는 사업계획은 주의해야 한다. 단체에 위험을 초래할 것이 분명함에도 고집을 꺾지 않는다면 전문 컨설턴트의 도움을 받아 사업계획을 중단하거나 연기해야 한다. ⑤ 최악의 상황을 대비한 출구전략이 필요하다. 복지기관의 사기행각이나 불황에 따른 모금액 급감 등 비상사태가 발생했을 때의 대안을 생각해야 한다. 출구전략이 없는 미래가 암울한 기관에 기부자들이 돈을 제공할 리가 없다. 단체의 문을 닫거나 합병을 꾀하는 것까지 최악의 상황을 대비한 시뮬레이션을 계획하고 결단할 수 있어야 한다.

사회복지기관에서 모금활동에 활용할 수 있는 모금(fund-rasing) 수칙과 계획은 다음과 같이 20가지로 제시할 수 있다(이배근, 1999).

---

4) 최적점은 운동에서 쓰이는 용어로 라켓, 배트 등에 공이 맞으면 가장 멀리 날아가는 부분이다.

5) 모금가는 제일 잘 할 수 있다는 자부심이 있어야 하며 모금업무를 좋아해야 하며 그에 따른 적절한 보상이 이루어져야 한다. 복지기관은 독창적이고 유일한 성격을 가지고 있어야 하며 해당 복지사업을 가장 잘 해낼 수 있다는 사실을 피력함으로써 기부자의 관심을 끌 수 있어야 한다. 기부자는 단체와 기부자 간의 연관성에 관심이 있고 프로그램의 성공에도 관심이 있다. 또한 경제적 능력도 기부할 수 있을 정도로 충분해야 한다.

사회복지기관에서의 모금(Fund-rasing) 수칙과 계획

• 모금수칙

1. 모금은 단순히 돈을 모으는 것이 아닌 인간 간의 신뢰, 관계에 관한 것이다.
2. 따뜻한 마음을 향해 외치는 고상한 예술이다.
3. 필요를 알려라. – 필요는 돈을 생산해 내며 인간관계 속에서 이것을 알게 하라.
4. 사람이 사람에게 주는 것이다. – 개인을 보고 주는 것이며 기구나 조직을 보고 후원금을 내는 것이 아니다. 따라서 모금자의 자세가 중요하며 모금자는 조직과 후원자의 중개인이다.
5. 동종그룹의 중요성 – 동일 그룹을 활용하면 모금에 더 효과적이다.
6. 당신의 후원자를 친구로 만들어라.
7. 후원자에 대한 많은 정보를 갖도록 하라. – 후원자를 분석하고 성향을 파악하라.
   후원하게 된 동기, 후원자들의 소속, 개인의 특성과 취향, 지역 및 연령, 후원자들의 기대, 기관의 홍보물에 대한 평가, 생일, 전화번호, 핸드폰번호 등
8. 나이 드신 후원자가 더 좋은 후원자이다.
9. 현재의 후원자가 최대의 소스가 된다.
10. Major Donor의 관리가 우선 중요하다(전체 모금의 80%를 차지하고 있는 고액 후원자).
11. 후원금을 내는 과정을 간편하게 해주어라.
12. 요청하지 않은 것은 받지 마라.
13. 다양한 경영의 방법을 모금에 활용하라. – 광고전략, 경영학, 시장 이론 등
14. 끊임없는 모금의 가능성을 시도하라. – 추측, 가정, 당연시하지 말고 끊임없이 시험하라.
15. 동기부여된 후원금은 매우 중요하다.
16. 항상 단체의 진실을 말하라. – 부족한 점, 어려운 점을 정직하게 설명하라.
17. 모금기회를 포착하라. – 시대상황, 사회적 변화에 민감하라.
18. 모금자의 전문성과 헌신적인 태도가 중요하다. – 일에 대한 헌신이 있어야 한다.
19. 기관과의 정보, 기술교류가 필요하다.
20. 언제나 "감사합니다"라고 말한다.

• 모금계획

1. 시장파악과 시설목표의 설정
   자신의 사업의 충분한 이해와 외적 환경 파악, 명확한 시설목표 설정
2. 대상 : 후원자 욕구와 기부동기 분석
3. 전략 : 모금 프로그램의 계획
4. 촉진전략 : direct mail 이용, 전화이용(텔레마케팅), 직접 설득, 이벤트
5. 모금기간 설정
6. 결과분석

그리고 사회복지기관에서 모금의 중요성만큼 후원금을 관리하는 업무도 매우 중요하다. 후원금에 관한 영수증 발급, 후원금 수입 및 사용결과 보고·공개 의무 위반 시 300만 원 이하의 과태료 부과하는 등 사회복지법인 및 시설에서 후원금 모집 및 사용 시, 「사회복지법인 및 사회복지시설 재무·회계 규칙」과 별개로 「기부금품의 모집 및 사용에 관한 법률」상 기부금품의 모집 절차 및 사용방법 등에 관한 규정을 준수해야 한다. 후원금 관리에 관한 주요 사항과 후원금의 종류는 아래와 같다.

후원금의 관리

1. **후원금의 범위 등** : 법인의 대표이사와 시설의 장은 아무런 대가없이 무상으로 받은 금품, 기타 자산의 수입·지출 내용과 관리에 투명성이 확보되도록 해야 한다.
2. **후원금의 영수증 발급 등** : 법인의 대표이사와 시설의 장은 후원금을 받은 때에는 기부금 영수증 서식에 따라 후원금 영수증을 발급하여야 한다. 금융기관 또는 체신관서의 계좌입금을 통하여 후원금을 받은 때에는 법인 명의의 후원금전용계좌나 시설의 명칭이 부기된 후원금전용계좌를 사용하여야 한다.
3. **후원금의 수입 및 사용내역 통보** : 법인의 대표이사와 시설의 장은 연 1회 이상 해당 후원금의 수입 및 사용 내용을 후원금을 낸 법인·단체 또는 개인에게 통보하여야 한다. 이 경우 법인이 발행하는 정기간행물 또는 홍보지 등을 이용하여 일괄 통보할 수 있다.
4. **후원금의 수입 및 사용결과 보고 및 공개** : 법인의 대표이사와 시설의 장은 결산보고서를 제출할 때에 후원금 수입 및 사용결과 보고서를 관할 시장·군수·구청장에게 제출하여야 한다. 시장·군수·구청장은 제출받은 후원금의 수입 및 사용결과 보고서를 제출받은 날부터 20일 이내에 인터넷 등을 통하여 3개월 동안 공개하여야 하며 법인의 대표이사 및 시설의 장은 해당 법인 및 시설의 게시판과 인터넷 홈페이지에 같은 기간 동안 공개하여야 한다. 다만, 후원자의 성명(법인 등의 경우는 그 명칭)은 공개하지 아니한다.
5. **후원금의 용도 외 사용금지** : 법인의 대표이사와 시설의 장은 후원금을 후원자가 지정한 사용용도 외의 용도로 사용하지 못한다. 또한 후원금의 수입 및 지출은 예산안의 편성 및 확정절차에 따라 세입·세출예산에 편성하여 사용하여야 한다.

출처 : 사회복지법인 및 사회복지시설의 재무·회계규칙 제4장의2 후원금의 관리 중 일부.

후원금 종류구분

1. 민간단체 보조금품	국내 민간단체로부터 받은 보조금품
2. 외원단체 보조금품	외국 민간원조단체로부터 받은 보조금품
3. 결연후원금품	아동, 노인 등 시설거주자에 대한 결연후원금품
4. 법인임원 후원금품	법인임원으로부터 받은 후원금품 및 찬조금품
5. 지역사회 후원금품	지역사회로부터 받은 위문금품 및 후원금품
6. 후원회 지원금품	법인의 후원회로부터 받은 지원금품
7. 자선모금품	자선바자회 등으로부터 얻어지는 수입금품
8. 기타 후원금품	행정기관의 시설위문금 등 후원금품

* 내역은 후원자의 후원용도, 취지 등을 구체적으로 기재하여야 한다.

특히 후원금을 용도에 위반하여 사용한 경우 이는 법 제45조와 같은 조 제2항에서 위임한 재무·회계규칙을 위반한 것이 되고, 사회복지사업법 시행령 별표 4의 과태료 2. 개별기준 중 파목에 해당되어 과태료 300만 원 처분대상이 된다. 또한 후원금 용도 위반이 적발된 경우 보조금 지급 대상자 선정 시에 이를 반드시 감안(2017년 국무조정실 부패예방감시단 지적사항)하도록 관련 지침에서 규정하고 있다. 비지정후원금의 사용기준은 아래와 같다.

비지정후원금의 사용기준

1. 후원자가 사용용도를 지정하지 않은 비지정후원금은 법인 운영비 및 시설 운영비로 사용하되, 간접비로 사용하는 비율은 50%*를 초과하지 못한다. * 간접비 사용 비율 50%는 해당연도 후원금 수입금액이 아닌, 지출금액을 기준으로 한다.

   〈예시〉 2012년도 말 기준, 비지정후원금 모집액 1,000천 원에 대하여 지출금액이 700천 원일 경우 간접비 사용금액 한도는?

   ☞ 비지정후원금 간접비 사용금액은 지출금액 기준 700천 원에 대한 50%인 350천 원을 초과하지 못하며, 2012년도에 지출하지 못한 비지정후원금 300천 원은 2013년도 세입예산과목 중 전년도이월금(후원금)으로 처리한다.

2. 간접비 중에서도 업무추진비(기관운영비, 직책보조비, 회의비), 법인회계전출금, 부채상환금, 잡지출, 예비비로는 사용 금지한다.

   * 업무추진비 중 후원금 모집 등을 위한 운영비, 회의비는 15% 범위 내에서 사용 가능

3. 자산취득비로 사용하는 것은 원칙적으로 금지하나, 토지·건물을 제외하고 시설 운영에 필요한 집기, 장비 등은 구입 가능하다.
4. 시설비는 건물 노후화, 정원대비 협소한 공간 등 시설 입소·이용자의 불편을 해소하기 위하여 시설 증·개축이 필요하다고 인정되는 경우에는 관할 주무관청의 승인을 받아 사용 가능하다.
5. 인건비로 사용 가능하되, 후원금으로 직원 수당을 지급하는 경우에는 근로기준법 또는 "사회복지시설종사자 가이드라인"에서 정하고 있는 수당(명절휴가비, 시간 외 근무수당, 가족수당), 사회복지업무수당(다만, 사회복지공무원에게 지급되는 수당 이상을 초과할 수 없으며 전체 비지정후원금의 50% 한도 내에서만 수당 지급 가능)과 지방자치단체에서 별도로 정하고 있는 수당에 한하여 편성·지급해야 함을 원칙으로 함. 다만, 개별 사회복지법인 및 사회복지시설에서는 지방자치단체와 협의하여 수당 항목을 추가로 정할 수 있다.
   ※ 사회복지업무수당이란 종사자 처우 개선을 위한 특수업무수당, 직무수당, 종사자 장려수당, 종사자 복지수당 등
   ※ 종사자 처우 관련 수당을 이미 지급하고 있는 시·도 또는 시·군·구의 경우 기존대로 지급
   ※ 분기별 정산 원칙으로, 전(前) 분기에서 수령한 비지정후원금의 50% 이내에서 현(現) 분기에 사회복지업무수당 지급 가능하며 필요시 지방자치단체와 협의하에 조정 가능

출처 : 사회복지법인 및 사회복지시설의 재무·회계규칙 제4장의2 후원금의 관리 중 일부.

생각해 볼 문제

- 사회복지조직에서의 재무관리의 필요성에 대해 생각해 봅시다.
- 예산체계의 유형에 대해 생각해 봅시다.
- 사회복지조직에서의 예산의 확보방법에 대해 생각해 봅시다.
- 사회복지조직에서의 기부금을 제공받기 위한 아이디어에 대해서 생각해 봅시다.
- 복지조직의 주요 회계활동과 회계감사에 대해 논의해 봅시다.

CHAPTER 11 서비스 질 관리

학습목표

[가치] • 클라이언트 중심인 민주성과 고객지향주의적 태도를 함양한다.

[지식] • 서비스의 개념 및 특성, 서비스 질 구성 차원에 대한 이해, TQM과 위험관리에 대한 이해를 한다.

[기술] • 서비스 제공기술, 클라이언트와의 긍정적 의사소통기술, TQM의 기법, 위험관리과정의 추진능력을 함양한다.

제1절 서비스의 개념 및 특성

서비스에 대한 명확한 정의가 필요하지만, 서비스에 대한 개념은 학자들 간의 관점에 따라 조금씩 차이를 보이고 있기 때문에 "서비스란 이것이다"라고 명확하게 개념을 정의할 수는 없다. 서비스는 유형적인 제품과 비교해 볼 때, 무형성이 강하며 생산과 소비가 동시에 일어나고 노동집약적인 것이 많다. 서비스는 교육과 재고의 조절이 곤란하며, 서비스의 수급에는 시간적 · 공간적 조절이 필요하다. 또한 서비스의 공급에는 소비자의 참여가 불가결한 경우가 많으며, 서비스의 수요는 궁극적으로 소비자의 만족을 목적으로 한다. 여기서 여러 학자들이 내린 서비스 정의에 대해서 살펴보면 다음 <표 11-1>과 같다.

이와 같이 영리·비영리를 불문하고 거의 대부분의 서비스는 무형성, 이질성, 소멸성, 그리고 생산과 소비의 비분리성이라고 하는 네 가지 본질적인 속성들을 그 자체에 함유하고 있다(오창택·유해운, 1997 : 428-434).

① 무형성(intangibility)이란 '서비스는 사전 구매 단계에서 고객들이 지각할 수 있는 완벽한 물리적인 형태가 결여되어 있다'는 것을 의미한다.

② 이질성(heterogeneity)이란 '서비스는 표준화하기 어렵다'는 것을 뜻한다.

③ 소멸성(perishability)이란 '서비스는 저장할 수 없다'는 것을 의미한다.

④ 마지막으로 생산과 소비의 비분리성(inseparability)이란 '서비스는 거의 동시에 창출되고 소비된다'는 것을 뜻한다.

〈표 11-1〉 학자들의 서비스 정의

학 자	서비스의 정의
미국마케팅학회 (AMA : American Marketing Assocition, 1950)	서비스란 판매를 위해 제공되거나 제품판매와 수반하여 제공되는 활동, 편익, 만족으로 정의하고 그 예로는 오락서비스, 호텔서비스, 전력서비스, 수송서비스, 이발미용서비스 등을 들고 있음
Kotler, P., & Bloom, P. M. (1984)	서비스란 본질적으로 무형성을 지니고 있으며, 어느 한쪽에 의해 다른 쪽에게 제공되지만 어느 쪽의 소유로도 귀결되지 않는 행위나 성과를 말하며, 그 생산은 어떤 물리적인 제품과 연관될 수 있고, 그렇지 않을 수도 있음
Free, C.(1987)	서비스는 일련의 기능적 활동을 통하여 판매 중 혹은 판매 후의 활동에서의 고객 기대를 충족시켜 주는 것으로써 공급자에게 이익을 증가시켜 주는 경쟁우위의 요인이 됨

출처 : 원석희(1998). 서비스 품질경영. 형설출판사, pp. 69-71.

이러한 속성들은 서비스를 재화(goods)와 뚜렷하게 구별한다. 즉, 서비스는 무형적이기 때문에 만지거나 냄새 맡거나 맛볼 수는 없지만 재화는 유형적이기 때문에 그것들이 가능하며, 서비스는 가변적이고 표준화하기 어려우나 재화는 불변적이고 표준화하기가 상대적으로 훨씬 용이하다. 또한 서비스는 제공되는 실시간(real time) 속에서만 존재하지만 재화는 시간과 공간 속에서 존재하며, 일반적으로 서비스는 먼저 판매되고 생산과 소비가 거의 동시에 이루어지지만 재화는 생산, 판매, 소비의 과정을 밟는다.

한편 이러한 서비스의 특성으로 인하여 여러 가지 문제점이 발생할 수 있는데, 즉 무형성으로 인하여 저장이 불가능하거나, 이질성으로 인하여 표준화와 품질통제가 곤란하며, 소멸성으로 인하여 재고로서 보관하지 못하고, 비분리성으로 인하여 집중화된 대규모 생산이 곤란하다.

제2절 서비스 질의 정의와 구성 차원

1. 서비스 질의 개념 정의

일반적으로 질(quality)이란 대상에 따라서 각각 다른 의미를 내포하고 있다. 즉, 사업주에게는 비용가치가 될 것이며, 관리자에게는 달성해야 할 정책이나 목표에 대한 우선순위가 될 것이고, 이용자에게는 그의 문제를 그가 만족할 수 있게끔 해결해 주기를 바라는 것이 될 수 있다. 이 절에서는 질이란 '고객의 심리적인 사전 기대욕구를 충족시키기 위해 서비스 제공자가 제공하는 유형의 제품과 무형의 서비스의 총합'이라고 정의할 수 있다(박경일, 2000).

이러한 질의 다양한 견해에 대하여 제조업은 생산자 중심의 질을 강조하고 있고, 오늘날에는 서비스업의 비중이 증가함에 따라 고객에 초점을 맞추는 고객중심의 질이 강조되고 있다.

Parasuraman(1985)은 서비스 질이란 "특정한 조직에 의해 제공되는 서비스에 대한 당위적이고 규범적인 기대수준과 서비스 이용자의 질에 대한 인지수준의 차이"로 정의한다. 따라서 지역사회복지관에서 서비스 질이란 "이용자 만족을 추구하기 위해 기관에서 제공하는 사회복지서비스의 전체적인 우수성"이라고 볼 수 있다(박경일, 2006). 또한 서비스의 질을 고객만족과 비교하여 서비스 질의 특성을 논할 수 있는데, 서비스 질이란 "서비스의 탁월성이나 우수성에 대한 장기적이며 전반적인 판단이나 태도"로 정의할 수 있다.

이와 같이 서비스 질을 정의한다는 것은 간단하지 않으므로 서비스 질에 대해 여러 가지 관점에서 고찰해 볼 때, 서비스 질의 개념을 보다 잘 파악할 수 있을 것이다.

첫째, 서비스 우수성의 관점에서 보면 질은 말 그대로 뛰어난 것을 의미하므로 이 관점에 의해서는 서비스의 질이 정확하게 정의될 수 없다. 왜냐하면 서비스의 우수성은 고객의 오랜 경험을 통하여 축적되므로 일시적으로 단순하게 평가될 수 없기 때문이다.

둘째, 서비스 그 자체를 기준으로 한 관점에서 보면 질은 정확히 측정될 수 있으며, 서비스 자체를 구성하고 있는 프로그램이나 구성요소(인력, 재원 등)의 양에 의해 결정될 수 있다. 그러나 이 관점에 의한 서비스 질의 정의에는 한계점이 있다. 예를 들어, 프로그램 수가 많다거나 재원이 많이 투입되었다고 해서 반드시 서비스의 질이 높다고 말할 수는 없을 것이다.

셋째, 이용자의 관점에서 서비스의 질을 평가하면 고객 개개인의 욕구를 잘 충족시켜 주는 서비스가 가장 좋은 서비스로 인정된다. 관점에서의 질은 매우 주관적이며, 고객 개인이 사용하기가 가장 적합한 것이었던가에 초점을 둔다. 예를 들면, 개인용 컴퓨터를 처음 사용하는 초보자와 익숙한 전문가가 개인용 컴퓨터의 품질을 평가하는 데는 상당한 차이가 있을 것이다.

넷째, 서비스 과정의 관점을 기준으로 한 질적 평가는 공급자에게 초점을 맞추어 주로 기술적인 면과 제공방법 면에 중점을 둔다. 사실상 이런 관점은 서비스의 제공과정에 필요한 요구사항을 얼마만큼 잘 충족시켰는가를 기준으로 서비스의 질을 평가한다. 예를 들어, 훌륭한 서비스나 프로그램 계획서에 따라 충실하게 제공되었다면 그 서비스의 질은 충분히 높을 것이라고 판단하는 것이다.

다섯째, 제품의 가치를 기준으로 한 관점에서 볼 때 서비스 질의 평가는 투입비용과 서비스의 가격(이용료 등)에 의해 품질을 평가한다. 그러므로 이 관점에 의하면 서비스의 질은 비용효과성의 측면에서 파악하게 될 것이다.

이상의 제 관점들은 서비스의 질 파악하는 데 있어서 각기 나름대로의 설명력을 지니고 있다. 오늘날 사회복지를 둘러싼 제반 여건과 환경의 변화에 비추어 볼 때, 사회복지행정에서 서비스의 질은 이들 관점을 모두 고려해야 하지만 특히 세 번째 이용자 중심의 관점과 네 번째 서비스 과정의 관점을 기준으로 한 질적 평가가 오늘날 중요시되고 있다고 생각된다.

2. 서비스 질의 구성 차원

그렇다면 우리는 서비스의 질을 판단하는 측정기준에는 어떠한 것이 중요한가를 살펴볼 필요가 있다. Parasuranman, Zeithmal과 Barry(1988; 1991)는 서비스 질을 구성하는 차원으로서 SERVQUAL을 제시하였다. PZB의 『SERVQUAL』은 서비스의 실제적인 제공을 기준으로 하여, 그 이전 단계에서 서비스에 대한 고객의 기대만을 측정하고, 그 이후 단계에서 제공된 서비스에 대한 고객의 지각된 성과(서비스 경험)만을 측정하여, 양자의 차이(지각된 성과－기대)를 계산함으로써 그 정도를 파악해 보는 서비스 질의 측정도구이다.

Parasuraman et al.(1990)의 다섯 가지 서비스 질 구성 차원(신뢰성, 확신성, 유형성, 공감성, 즉응성)의 구체적 내용은 다음과 같다.

첫째, 신뢰성(reliability)은 약속한 것을 신뢰감이 있고 정확하게 제공할 수 있는 능력을 말한다. 실천전략으로는 고객의 욕구를 정확히 알아내야 하며, 또한 자신이 실행할 수 있는 것만을 약속하며, 약속된 대로 제품과 서비스가 실행될 것이라는 확신을 할 수 있게 해야 한다.

둘째, 확신성(assurance)은 직원의 지식수준과 정중함, 신뢰와 확신을 심어줄 수 있는 능력을 말한다. 실천전략으로는 한 번에 한 고객만을 상대할 수 있는 시간적 여유를 가져야 한다. 긍정적 의사소통 기법을 사용하며, 제품과 서비스를 정확히 설명함으로써 서비스를 자신 있게 제공할 수 있어야 한다.

셋째, 유형성(tangible)은 시설, 장비 및 외모 등을 말한다. 실천전략으로는 작업공간을 깨끗하고, 질서정연하게 만들고, 전문가답게 옷을 입고, 기관 내부를 멋있게 배치하며, 위생적이어야 한다.

넷째, 공감성(empathy)은 고객에게 제공되는 관심도 및 공감성을 말한다. 실천전략으로는 고객의 의사를 진지하게 경청해야 하고 고객의 입장에 서서 그들의 욕구를 정확히 반영한 서비스를 제공하기 위해 열심히 노력해야 한다.

다섯째, 즉응성(responsiveness)은 고객의 요청에 즉시 서비스를 제공할 준비자세를 말한다. 실천전략으로는 긍정적이고 자신감 있는 태도를 보여야 하고 고객의 요청에 즉시 대응해서 이들을 만족시킬 준비를 해야 한다.

사회복지 프로그램의 종합적 품질관리를 다루고 있는 Martin(1993)은 일반적으로 인식된 15개의 품질범주들을 정의하였다. 이들 다양한 품질범주들 중에서 사회복지서비스 프로그램에서 어떠한 것이 가장 중요할까? 서비스 품질의 중요 조사에서, 연구자들은 클라이언트들이 중요하게 보는 품질 차원의 공통적 요소들을 발견했다. 그것은 두 가지 품질범주들로서 신뢰성(reliability)과 즉응성(responsiveness)이다. 따라서 사회복지사들은 기본적으로 사회복지 프로그램이나 서비스에서 최소한 신뢰성과 즉응성(또는 반응성)을 기본적으로 향상시킬 수 있도록 노력해야 할 것이다.

한편 사회복지서비스의 제공자와 이용자들 간에 서비스 질 구성 차원은 서로 다를 것이다 라는 가정하에 우리나라 지역사회복지관의 서비스 질 구성 차원을 Q 방법으로 연구한 논문(박경일 · 권진아, 2009)이 있다. 본 연구 결과 제공자와 이용자 모두에게 공감성과 지속성이 지역사회복지관의 서비스 질 구성 차원의 공통적인 요소로 나왔다. 아울러 비영리 조직인 지역사회복지관의 이용자와 제공자는 PZB의 다섯 가지 서비스 질 구성 차원 이외에 전문성, 지속성, 접근성을 중요한 서비스 질 구성 차원으로 여기고 있었다. 반면에 제공자는 전문성을 중시하고 이용자는 접근성과 외형성을 중시하였으므로 이들 제공자와 이용자의 서비스 질 구성 차원에 차이가 있는 것으로 나타났다(박경일 · 권진아, 2009 : 333).

이와 같이 비영리 조직의 서비스 질 구성 차원은 이용자인가 제공자인가? 혹은 영리 조직인가 비영리 조직인가? 이용시설인가 생활시설인가? 등 위에서 서술한 다양한 관점에 따라 달라짐을 알 수 있다.

제3절 서비스 질과 고객만족도

고객만족(customer satisfaction)이란 소비자, 종업원, 협력업자 등의 고객이 상대와 교환을 한 결과로 발생되는 인지적·정서적 심리반응이라고 할 수 있다.

Parasuraman, Zeithaml과 Berry(1985) 등은 고객마다 서비스에 대한 기대수준과 지각수준의 차이가 다를 수 있으며 이러한 차이가 어떻게 발생할 수 있는지에 대해 '서비스 갭(service gap) 모형'으로 서비스 질을 설명하였다. 대체로 고객의 기대와 지각수준 간의 차이는 고객의 기대수준이 높거나 또는 지각수준이 낮은 경우에 발생한다. 따라서 고객만족도를 조사하고 이를 관리한다는 것은 서비스를 이용하기 전에 가지고 있던 고객들의 기대수준과 실제로 지각된 수준 간에 차이가 존재하는지, 존재한다면 그 차이의 원인이 어느 단계에 기인하는 것인지를 파악하고 이를 개선하기 위한 일련의 과정이라고 정의 내릴 수 있다.

서비스 질과 고객만족 간의 인과관계의 방향에 관한 논의는 연구자들과 문헌에서 전반적으로 동의가 이루어지지 않아 혼란이 야기되고 있다. Anderson 등(1994)은 고객만족과 서비스 질의 차이를 다음과 같이 구체적으로 설명하였다.

첫째, 고객이 만족을 위해서 서비스/ 제품 경험이 필요하지만 품질은 실제 소비경험이 없이도 지각할 수 있다(Oliver, 1993).

둘째, 고객 만족은 가치에 의존하는 것으로 받아들여지고 있는데 가치는 가격에 대한 지각된 품질의 비용이나 지불비용에 대한 혜택의 비율로 보고 있다(Dodds, et al., 1991). 고객만족은 가격에 의존하는 경향이 있는데 서비스 품질, 제품품질은 일반적으로 가격에 의존하지 않는 것으로 인식하고 있다.

〈표 11-2〉 서비스 질과 고객 만족의 개념 비교

개념 비교	서비스 질	고객 만족
인과관계	고객 만족의 결정요인	서비스 질의 평가
결정시기	서비스 경험 후 결정	서비스 경험 후 사후결정
평가범위	비교적 지속적이고 전반적인 소비자 평가	특정 거래와 관련된 비교적 좁고 단기적인 소비자 평가
상황지향성	서비스의 신뢰성, 반응성, 확실성, 감정이입, 유형성 등의 다섯 가지 구성 차원에 대한 고객들의 지각을 반영하고 덜 상황지향적임	서비스 질에 대한 지각, 상향적 요소, 개인적 요소 등을 포괄적으로 반영하여 매우 상황지향적임

셋째, 품질이 서비스 제품에 대한 현재 시점의 지각을 포함하는 것으로 보는 데 비해, 고객 만족은 현재의 소비자 지각, 과거의 모든 경험, 미래에 예견된 경험까지를 포함하는 것으로 간주하고 있다. 이들은 서비스 품질이 고객 만족의 선행변수가 되는 폭넓은 지지가 있음을 주장하고 두 개념의 차이를 나름대로 평가하고 있다.

이와 같이 최근의 연구들을 살펴보면 서비스 질과 고객 만족은 상호 밀접한 관련성을 갖지만 분리된(독특한) 개념이라는 데 동의하고 있다(윤명숙, 1991).

❙그림 11-1❙은 이러한 두 개념 사이의 두드러진 차이점에 대해 잘 설명해 주고 있는데, 서비스 질은 서비스의 다섯 가지 구성 차원에 대한 고객들의 지각을 반영하고 있고, 반대로 고객 만족은 서비스 품질에 대한 지각뿐만 아니라 상황적인 요소와 개인적 요소에 의해 영향을 받는 등 훨씬 포괄적이라고 할 수 있다. 또한 서비스 질과 고객 만족을 구별 짓는 두드러진 특징을 살펴보면 품질에 대한 지각은 특정한 서비스공급자에 대한 경험이 없더라도 이루어질 수 있지만, 고객 만족은 서비스공급자에 대한 실제 접촉경험이 있은 후에만 나타날 수 있는 것이다.

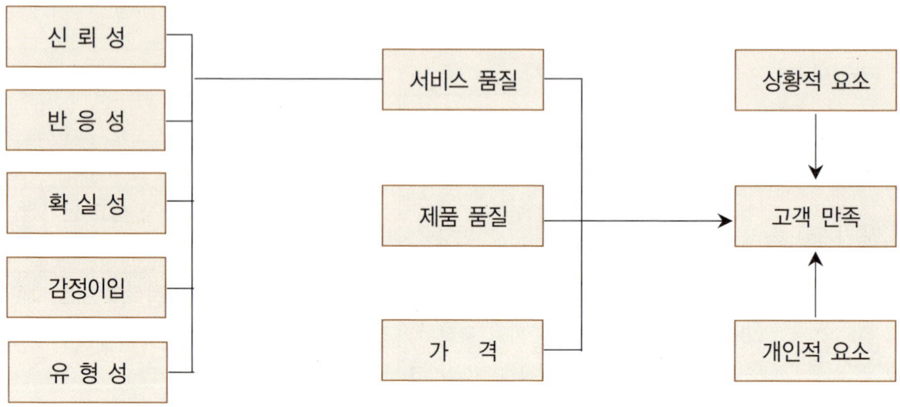

❙그림 11-1❙ 지각된 서비스 질과 고객 만족의 관계

출처 : Zeithaml, V. A., & M. J. Bitner(1996). Service Marketing. McGraw-Hill Co. Inc., p. 123.

제4절 서비스 질 관리기법으로서 총체적 품질관리(TQM)

1. 사회복지서비스의 질 향상 접근방법

사회복지서비스의 질적 향상을 위해서는 다양한 방법과 노력이 전개될 수 있지만 여기서는 다음의 시스템적 측면에서 간략하게 접근해 볼 수 있을 것이다. 먼저 사회복지조직의 투입(input)으로서 인력의 전문화와 재원의 증대가 필요하며, 둘째, 중간과정(throughput)으로서 클라이언트의 요구에 부합하는, 즉 이용자 중심의 서비스 제공과 과학적인 기법 및 기술의 개발과 활용, 그리고 효율적인 전달체계의 마련, 셋째, 산출(output) 및 성과(outcome)로서 객관적이고도 표준화된 평가의 실시와 환류, 그리고 노력에 상응하는 보상체계의 마련 등 세 가지 측면에서 보다 구체적인 방법과 전략이 전개될 수 있을 것이다. 이상의 내용을 기초로 복지환경의 변화와 사회복지서비스의 질적 향상을 위한 시스템적 접근을 도식화하면 다음 ❙그림 11-2❙와 같다(박경일a, 2000 : 100).

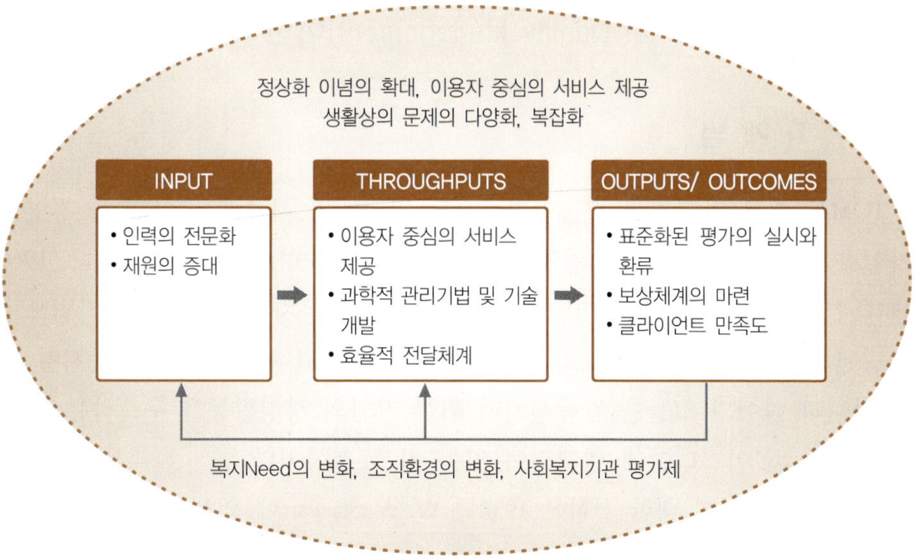

| 그림 11-2 | 복지환경의 변화와 사회복지서비스의 질적 향상을 위한 시스템적 접근

한편 Martin(1993)은 사회복지조직의 관리자들이 TQM에 대해 적극적인 관심을 갖는 이유로 네 가지를 제시하고 있다(최재성, 1997 : 272).

첫째, 사회복지조직은 미국 정부조직이 그러했듯이 클라이언트, 일반대중, 후원자로부터의 신뢰성을 상실하는 품질의 위기를 경험하고 있다는 것이다.

둘째, 양질의 서비스는 기관이 필요로 하는 고객을 확보할 수 있도록 하며, 이는 잃어버린 신뢰성을 회복하는 계기를 만들 수 있다는 것이다.

셋째, 양질의 서비스 확보는 추가적인 비용을 필요로 하는 것은 아니다 라는 인식이다.

넷째, 과거의 다른 관리기법과는 달리 품질경영은 전통적인 사회복지의 가치와 양립한다는 사실이다. Matin(1993)은 이들 네 가지 이유 때문에 사회복지조직이 TQM에 대해 관심을 가질 수밖에 없다고 설명한다.

이 절에서는 사회복지서비스의 질적 향상과 고객만족을 위한 경영기법으로서 총체적 품질관리(TQM)를 개괄적으로 살펴보고자 한다.

2. TQM(Total Quality Management)이란 무엇인가?

1) 개 념

TQM은 최근 알려진 품질경영기법으로 지금까지 사용해 왔던 흔한 경영스타일을 대체하는 '제4세대 경영스타일(Maslyn, 1993 : 3)'로 부상하고 있다. 1960년대 일본에서 시작하여 1970년대에 와서 미국 자동차산업의 신경영기법으로 도입된 이후 그 적용범위를 확장해 나간 TQM은 '고객의 기대를 충족시킬 뿐만 아니라 나아가 그들을 감동시키기 위한 기업의 경영활동을 구축하는 것(박우동, 1996 : 26)'이 그 안에 내재되어 있는 기본 철학이다.

원래 품질관리에 대한 철학은 1932년 W. A. Shewart에 의해 출간된 『수공업품의 질에 대한 경제적 통제(Economic Control of Quality of Manufactured Results)』라는 저서에서 기인하였으며, TQM의 구체적인 기법들은 제2차 세계대전 이후 서구의 시장을 개척하려는 일본인들에 의해 이용되었다. 그들은 일명 통계적 품질관리(statistical quality control) 혹은 품질관리(QC : Quality Control)의 엄격한 적용을 통해 제품을 개선하였는데, 그 후 품질이 생산체제와 작업행위 및 태도에까지 적용되어야 한다는 원리하에 품질보증(QA : Quality Assurance)과 총체적 품질관리(TQM : Total Quality Management)로 발전되었다. 그리고 서구 기업들도 점차로 품질이 국제경쟁에서 이길 수 있고, 기업의 생존에 필수적이라는 사실을 인식하게 되었다(Atkinson, 1990).

Gunther와 Hawkins(1996 : 221)은 TQM이란 "지속적인 품질개선을 강조하는 일련의 과정으로서 고객중심, 사실에 근거한 의사결정, 팀워크를 통한 효과적인 서비스를 위한 초석"이라고 정의하였다. Cohen과 Brand(1994 : 50)는 TQM은 지속적인 서비스 질의 향상을 실행하는 것으로 인식되고 있는데, 여기에서 총체적(total)이란 고객 요구의 확인에서부터 고객의 만족도 평가에 이르기까지 조직에서 수행하는 모든 업무의 질적인 측면에 대한 조사를 적용하는 것을 의미하고, 질(quality)은 고객의 기대를 만족시킬 뿐만 아니라 나아가 이를 능가하는 것을 뜻하며, 관리(management)는 지속적 질 향상을 위한 능력의 개발과 유지를 의미한다고 하였다(박경일a, 2001 : 18).

2) 원 칙

한편 TQM에 관한 개념을 보다 잘 이해하기 위해서 Martin(1993)이 제시한 전통적인 미국의 관리 원칙과 TQM 원칙을 살펴보면 <표 11－3>과 같다.

이상의 내용을 기초로 사회복지조직에서의 TQM이란 이용자의 만족을 위하여 모든 부서가 협력적으로 지속적인 서비스 질의 개선과 향상을 수행하는 총체적 활동이라고 할 수 있다(박경일a, 2001 : 19).

〈표 11－3〉 전통적인 미국의 관리 원칙과 TQM 원칙의 비교

전통적인 관리 원칙	TQM 원칙
• 조직은 경쟁하는 다양한 목적들을 가짐 • 재정에 대한 관심이 조직을 주도 • 품질을 결정하는 것은 조직관리와 전문가 • 현상유지에 초점 • 변화는 뜻밖의 일이며 관료적 체계에 도전하는 우승자에 의해 수행 • 구성원들과 각 부서는 서로 경쟁 • 의사결정은 감각에 기반함 (안 하는 것보다 무언가 하는 것이 낫다) • 구성원의 훈련은 사치스러운 것이며 비용이 든다는 인식 • 조직 내 의사소통은 기본적으로 상의하달식 • 계약자들은 가격에 기초하여 서로 간에 경쟁하도록 장려됨	• 질은 조직의 일차적인 목적 • 고객 만족이 조직을 주도 • 품질의 결정은 고객 • 지속적인 개선이 초점 • 변화는 지속적이며 팀워크에 의해 수행됨 • 조직 구성원들과 부서는 서로 협동 • 의사결정은 자료 분석에 기반함 (어떤 것이 잘못되기보다는 안 하는 것이 낫다) • 구성원의 훈련은 필수적이고 투자라는 인식 • 조직 내 의사소통은 상향, 하향, 그리고 양방향으로 진행 • 질 높은 상품과 서비스를 제공하는 계약자들과 장기적인 관계를 발전시킴

출처 : Martin, L. L.(1993). *Total Quality Management in Human Service Organizations*. Thousand Oaks, CA : Sage.

3. 서비스 질 관리의 사례

우리나라의 많은 사회복지기관이나 시설에서 소집단 단위로 다양한 집단토의와 사회복지사와 전문요원들 간의 사례연구 발표 등을 통하여 서비스의 질 향상을 위한 노력을 전개하고 있고, 최근에는 지역사회복지관의 청소년 자원봉사담당자와 함께 6개월간에 걸쳐 복지QC활동을 전개하고 있다.

일례로서 박경일(2000)은 지역사회복지관의 청소년 자원봉사담당자와 함께 6개월간에 걸쳐 복지QC활동과 2012년 경주장애인복지관에서 서비스 질 향상(SQI : Service Quality Improvement)을 전개한 바 있다. 또한 2005년도부터 부산의 KJ종합사회복지관을 시초로 2006년 PH장애인복지관, 2007년 YH종합사회복지관, 2009 구청 사회복지직 공무원들과 WC종합사회복지관에서 TQM을 적용하여 실시한 바 있다. 이러한 TQM 활동에 대한 사례연구의 결과로서 연구자는 ① TQM은 지역사회복지관의 서비스 질과 고객만족도를 향상시킬 수 있는 유용한 기관관리 기법임을 알 수 있었고, ② TQM의 수행으로 직원들 스스로가 기관의 문제를 확인하고 해결해 나가며, ③ 참여와 팀워크에 의한 의사결정과 ④ 파트너십을 육성해 나갈 수 있음을 확인하였다.

최근 우리나라 사회복지조직에서도 서비스 질 향상을 위하여 TQM, QC 및 SQI 활동 이외에도 다양한 ISO 인증, 성과관리, 윤리경영 등의 경영기법들이 시범 운영되고 있다. 중요한 것은 이러한 서비스 질 향상 활동이 기관 내 문서 작성으로만 그쳐서는 안 되고, 실제 전 직원들에 의해 이루어진 수행활동에 대한 성과와 고객들에 의해 객관적으로 평가받은 결과물이 나타나야 할 것이다.

해외 사회복지 분야 서비스 질 관리 사례

홍콩 특별행정구 정부의 서비스 질 표준 기준(SQS)

홍콩 특별행정구정부(SAR : Special Administrative Region)의 사회복지국에서는 서비스 질 표준기준(SQS : Service Quality Standards)을 제정하여 사회복지기관들이 명확한 운영방향에 따라 이용자들에게 질 높은 서비스를 제공하도록 하고 있다.

서비스 질 표준(SQS)이란 사회복지 분야에서의 서비스 관리 및 서비스 제공 측면에서 서비스 단위가 달성할 것으로 기대되는 수준을 의미한다. SQS는 복지서비스의 핵심가치를 규정하는 네 가지 원칙에 따라 개발되었다. 이 네 가지 원칙은 다음과 같다.

- 서비스의 목적과 목표를 명확하게 정의하고 클라이언트에게 투명하게 서비스를 제공한다.
- 유연성, 혁신 및 지속적 서비스 질 개선을 통해 효과적으로 자원을 관리한다.
- 특정 서비스 이용자의 요구사항을 확인하고 이에 대응한다.
- 서비스 이용자의 권리를 존중한다.

이러한 원칙에 기반하여 사회복지기관의 운영방침이 되는 16개의 SQS를 제시하였다.

SQS 1. 기관의 목적, 목표 및 서비스 제공 방식에 대해 클라이언트에게 명확한 설명이 있어야 한다.

SQS 2. 기관에는 주요 서비스 제공 문제에 대한 접근방법을 설명하는 성과 및 정책 검토 절차가 있어야 한다.

SQS 3. 기관은 서비스 운영 및 활동에 있어 투명하고 정확해야 하며 최신의 기록을 유지해야 한다.

SQS 4. 기관의 모든 종사자, 관리자의 역할과 책임, 운영위원회 및 이사회 등의 의사결정기구의 역할과 책임 등에 대해 명확하게 규정되어 있어야 한다.

SQS 5. 기관은 효과적인 직원 모집, 계약, 개발, 훈련, 평가, 배치 및 징계 관행이 구현되어야 한다.

SQS 6. 기관은 정기적으로 계획, 검토 및 성과를 평가해야 한다. 특히 성과평가는 서비스 이용자, 직원 및 기타 이해 관계자가 성과에 대한 피드백을 제공할 수 있는 효과적인 메커니즘을 제공해야 한다.

SQS 7. 효율적인 재무관리를 보장하는 정책 및 절차가 구현되어야 한다.

SQS 8. 기관은 모든 관련 법적 의무를 준수해야 한다.

SQS 9. 기관은 직원 및 서비스 이용자를 위한 안전한 물리적 환경에 대한 모든 합리적인 조치를 제공해야 한다.

SQS 10. 기관은 서비스 이용자에게 서비스 시작 및 종료 방법에 대한 명확하고 정확한 정보를 제공해야 한다.

SQS 11. 서비스 이용자의 요구를 평가하고 충족시키고 서비스 이용자, 직원 또는 기타 이해 관계자가 접근할 수 있는 정책 및 절차가 마련되어 있어야 한다.

SQS 12. 기관은 서비스 이용자가 본인이 받을 서비스를 선택할 수 있도록 이용자의 권리를 존중해 주어야 한다.

SQS 13. 기관의 서비스 단위는 이용자의 경제적 여건과 관련하여 이용자의 권리를 존중해야 한다.

SQS 14. 기관은 이용자의 사생활 및 비밀유지를 위한 권리를 존중해 주어야 한다.
SQS 15. 각 서비스 이용자와 종사자는 기관에게 불이익을 당하지 않을까 걱정없이 불만사항에 대해 언제든지 제기할 수 있는 환경을 조성해 주어야 한다.
SQS 16. 기관은 서비스 이용자가 악용으로부터 자유로울 수 있도록 합리적인 조치를 취해야 한다.

이러한 16개의 SQS에 대한 각각 세부적인 평가기준, 평가지표, 평가단계 및 조치에 대해서도 제시하고 있다.

출처 : https://www.swd.gov.hk/en/index/site_ngo/page_serviceper/sub_serviceper/id_servicequa/

제5절 서비스 질 관리기법으로서 위험관리

최근 우리 사회에서도 '위험관리(risk management), 위기관리(crisis management)'라는 용어가 점차 사용되기 시작하는 것 같다. 분명한 사실은 개인이나 국가를 막론하고 어느 누구에게도 위험이나 위기가 전혀 없는 상태는 존재할 수 없다는 점이다. 어느 날 갑자기 알게 되는 개인적인 질병을 비롯하여 예측하기 힘든 교통사고, 횡령이나 상해, 인권유린과 성폭행, 조직의 도산이나 해체, 화재나 홍수, 그리고 국가 간의 전쟁 등 이루 헤아릴 수 없을 만큼 위험이나 위기의 양상은 우리들 주변에서 다양하고 폭넓게 나타나고 있다. 이와 같은 위험에 직면하여 그것을 처리하고, 대책을 세워나가는 방법을 모색하는 것이 바로 위험관리의 기본 발상이라고 할 수 있다(박경일, 2006).

1. 위험관리의 필요성

"소 잃고 외양간 고친다"는 속담이 있듯이 위험관리의 필요성은 우리가 예측할 수 없는 위험에 대해 사전적인 준비가 필요하다는 것이다. 급속하게 변화하고 있는 사회복지환경 변화는 수많은 위험들을 발생시키고 있으므로 클라이언트 만족과 서비스 질 향상, 전문가의 윤리적 기준과 책임성 이행을 위한 하나의 필요요건으로서 위험관리는 우리 사회에서 더욱더 필요하다고 하겠다.

Kurzman(1995 : 1926)은 사회사업 전문직을 위한 새로운 기회는 또한 새로운 위험들을 내포하고 있으며, 미국에서 다음과 같은 상황을 고려해 볼 때 위험관리는 더 이상 사치가 아니라고 한다. 첫째, 최근 사회사업 전문직의 지위가 상승하고 있고, 둘째, 연방정부 프로그램뿐만 아니라 대부분의 주에서 서비스 비용을 청구할 수 있는 공급특권(vendorship privileges)을 누리고 있으며, 셋째, 공사기관에서 사회복지사에 의한 행정 및 관리 책임의 증대와 독점이 이루어지고 있고, 넷째, 전일제 혹은 시간제로서 개인적인 실천을 행하는 임상사회복지사의 수가 증대하고 때문이라고 하였다.

결국 사회복지서비스에서 위험관리가 필요한 이유는 ① 서비스 제공자의 책임의식 증대, ② 이용자 측의 권리의식 희박, ③ 이용자 권리 옹호를 위한 운영적정화위원회의 설치, ④ 소송의 증대가 예측되기 때문이라는 것이다.

2. 위험관리(Risk Management)의 이해

1) 위험(Risk)은 무엇인가?

체계적인 위험관리를 위해서는 위험이 무엇인지, 어떤 형태로 발생하는지 등에 대한 정확한 개념들을 이해하고 있어야 한다. 이전부터 위험은 손실이나 상해의 가능성을 의미했다(서울복지재단, 2006).

위험이라는 용어에는 여러 가지의 의미가 있는데, 영어로는 risk, peril, hazard 등의 용어가 있으며, 이것을 번역하는 경우 어느 것이나 위험으로 해석된다. 그러나 보험이론이나 위험관리의 분야에 있어서는 이 용어의 의미를 구별하고 있는데, 위험이라고 말할 때는 다음 세 가지 의미를 포함하고 있다. ① 사고 발생의 가능성으로서 인시던트(incident : 큰 사고에는 이르지 않았지만, 사고를 유발할 가능성이 있는 미스), ② 사고 그 자체로서 액시던트(accident), ③ 사고발생의 조건, 사정, 상황, 요인, 환경으로서 생각하지도 않았던 일들, 우연한 사고나 불가항력의 사고 등이 포함된다.

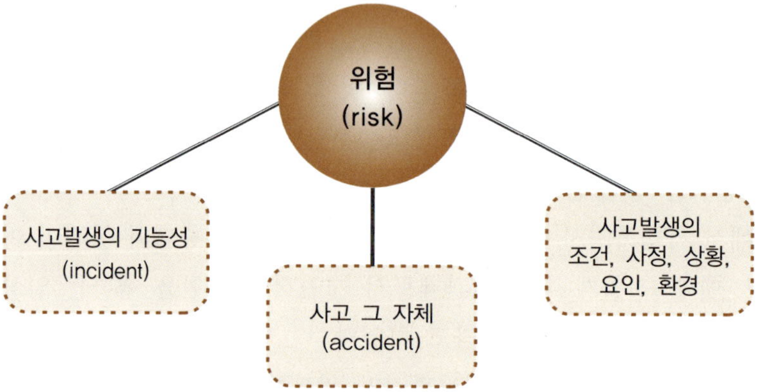

2) 위험요인과 유형

(1) 위험요인

미국의 경우 Kurzman(1995 : 1922-1924)은 사회복지를 실천해 나감에 있어서 경험적으로 사회복지사에게는 여섯 가지의 위험요소가 존재하는 것으로 알려지고 있다고 하였다.

첫째, 잘못된 진단과 처우의 위험이다. 1969년부터 1990년 사이에 사회복지사 개인에 대해 제기된 소송 중 거의 1/4(24.3%)이 잘못된 진단이나 처우에 대한 고소였다(Reamer, 1994).

둘째, 자격을 갖추지 못한 사회복지사(학생, 실습생 등)에 의해 서비스를 제공하고 비용을 청구하는 것과 같은 부정행위(fraud)의 위험이 있다.

셋째, 사회복지사의 기능적 손상(impairment : 알코올이나 약물 또는 정신병 등)에 의해 이루어지는 비전문적 실천행위의 위험이 있다.

넷째, 성적 부정행위의 위험이다. Reamer(1994)는 NASW의 보험가입자 중 성적 부정에 의한 고소고발 사건은 실천상의 오류에 의해 신청된 청구사건의 거의 1/5을 차지하고 있다고 한다.

다섯째, Tarasoff 판례와 같은 보호의무[1])의 태만이나 소홀에 대한 위험이다.

여섯째, 비밀보장에 대한 위험이다. NASW 윤리강령에 의하면, "사회복지사는 클라이언트의 사생활을 존중해야 하며 전문적인 서비스를 행하는 과정에서 획득한 모든 정보는 비밀로 해야 한다"라고 서술하고 있다. 이러한 비밀보장의 개념은 미국의 42개 주에서 특권적 의사소통(privileged communication)이라는 법률적 원칙으로 사회복지사에게 적용되고 있다.

이러한 Kurzman의 위험요인은 주로 사회복지사들이 실천을 행함에 있어서 초래될 수 있는 위험요인으로서 주로 조직적 차원보다는 개인적 차원에서의 위험요인으로 볼 수 있다.

Tarasoff 판례(1976 캘리포니아 대법원)

Tarasoff 판례는 클라이언트의 폭력행동으로 인하여 잠재적 희생자에 대한 보호를 위해서 치료자는 "합리적 케어를 실천할 의무"가 있다고 판결하였다(Weil & Sanchez, 1983). 만약 클라이언트가 사회복지사나 상담가에게 자기 자신 혹은 다른 사람을 해칠 의도를 폭로한다면 사회복지사와 조직은 이를 알릴 의무가 있는데, 이를 등한시할 경우 사회복지사는 법적 책임을 지게 되는 위험성이 있다.

(2) 사회복지조직에서의 위험유형

사회복지조직에서 발생할 수 있는 위험은 다음 네 가지 유형으로 구분할 수 있다(增田 雅暢, 菊池 馨實 編著, 2003 : 49-56).

첫째, 업무 위험이란 서비스의 제공 중에 수반되는 이용자의 사고나 고충처리의 대응에 대한 미스나 전염병이나 감염의 발생 확대 등에 대한 위험이다. 사고는 이용자 측면뿐만 아니라 직원 측면도 동시에 고려되어야 한다. 특히 후자의 경우 사회복지는 노동집약적 서비스이며 종사자의 능력이 서비스의 질이나 사업의 사회적 평가에 직결되는 만큼 직원의 위험관리에 힘쓰지 않으면 안 된다.

---

1) 만일 클라이언트가 자기 자신이나 특정 희생자에게 심각한 폭력이나 해를 끼칠 의도를 밝히고 있을 때, 사회복지사가 적합한 사람에게 주의를 주는 자신의 의무를 수행하지 못한다면 태만 소송(negligence suit)의 법적 책임을 질 수 있다.

둘째, 경영 위험이란 경영상의 문제로 인하여 발생하는 리스크로 경영수지의 악화나 경쟁사업체의 진출, 재무운영의 실패 등이 해당된다.

셋째, 사회적 위험이란 조직관리·시설경영에 따르는 리스크 중에 부정행위 또는 범죄행위, 종업원의 불상사로 시설의 사회적 평가를 손상시켜 하루아침에 사업의 존속 및 사회복지법인 그 자체의 존속마저 악영향을 미치는 위험을 말한다.

넷째, 재해 위험이란 화재나 풍수해, 지진 등의 재해에 기인하는 리스크이다. 평소부터 방화대책이나 화재를 전제로 한 소방훈련이나 화재대피훈련 등이 필요한 것은 말할 것도 없고, 특히 자연재해가 일어난 경우 복지시설은 피재해시설임과 동시에 지역주민을 위한 지원제공시설이 된다는 점도 유의해야 할 필요가 있다. 상술한 Kurzman의 여섯 가지 위험요인은 주로 업무상 리스크와 사회적 리스크와 관련된 것으로 볼 수 있다.

업무 위험	이용자의 사고, 고충 처리의 대응 미스, 전염병, 감염의 발생 확대
경영 위험	경영상의 문제로 인한 경영수지의 악화, 경쟁사업체의 진출, 재무운영의 실패
사회적 위험	부정행위 또는 범죄행위, 종사자의 잘못으로 인한 시설평가 손상 및 여파
재해 위험	화재, 풍수해, 지진 등의 자연재해 및 인위적 사고 등

반면 일본 전국사회복지협의회의 『복지서비스 사고 사례집』(2001)에 의하면, 최근 노인복지시설에서 넘어짐, 굴러 떨어짐, 부딪힘, 틈에 낌, 충돌, 약물 오용, 음식 잘못 먹음, 약의 잘못된 배부, 입욕 시 물에 빠짐, 화상, 이용자의 구타행위, 행방불명, 교통사고, 이송차에서 넘어짐, 전염병 등의 위험사고가 많이 발생하고 있다. 일본보다 5년 먼저 장기요양보험제도를 출범시킨 독일 역시 개호사고나 방치, 폭력이라는 개호학대의 문제가 크게 부각되고 있다(川原邦彦, 2003). 이에 따라 桒尾慶次(2002)는 일본 개호시설에서 발생하는 위험사고 유형을 다섯 가지로 구분하였다. 첫째, 사고 위험(이용자 사고, 직원 사고, 기타 사고), 둘째, 재해 위험(자연재해, 인위적 사고, 기타 재해), 셋째, 경영운영상 위험(법무상, 재무상, 노무상 위험), 넷째, 정치·경제·사회위험(정치적·경제적·사회적 위험),

다섯째, 기타 위험(시설 관련, 시장변화 등)이다. 개호시설에서 발생한 구체적인 위험유형은 <표 11-4>와 같다(박경일 · 윤기혁 · 권진아, 2017 : 40-42).

〈표 11-4〉 개호시설에서 발생하는 위험유형

<table>
<tr><td rowspan="3">사고 위험</td><td>이용자 사고</td><td>전도, 전락, 창문추락, 이용자의 골절, 출혈, 원인불명 골절, 교통사고, 식중독, 불량식품, 약물오용, 무단외출(배회, 교통사고, 익사, 동사 등), 입주자 트러블(이지메, 폭력, 금품피해 등), 자살</td></tr>
<tr><td>직원 사고</td><td>이용자의 사유물 파손, 이용자로부터 폭력, 성추행 등에 의한 피해, 교통사고, 통근재해, 화재사고, 직원 구타, 차의 조작 미스</td></tr>
<tr><td>기타 사고</td><td>감염증(결핵, 감기), 식중독, 병상(욕창, 수포형성), 탈수(건근, 고온 등), 영양장애(유동식, 섭식불량), 저온피해, 부적절한 개호에 대한 사고, 직원의 폭언 등 기이한 심리적 피해, 직원에 의한 이용자 금품의 착취</td></tr>
<tr><td rowspan="3">재해 위험</td><td>자연재해</td><td>지진, 태풍, 수해, 문화, 야생동물에 의한 피해(곰, 늑대, 개 등), 독충에 의한 피해</td></tr>
<tr><td>인위적 사고</td><td>정적, 단수, 가스누출, 컴퓨터 보안, 정보손실, 진동, 저주파 피해, 소음피해, 배기가스 등에 의한 피해, 토양오염(다이옥신, PCB, 카드뮴), 매연, 오물냄새에 의한 피해</td></tr>
<tr><td>기타 재해</td><td>재해, 누전</td></tr>
<tr><td rowspan="3">경영 운영상 위험</td><td>법무상 위험</td><td>리콜(고의, 과실의 존재), 환경오염</td></tr>
<tr><td>재무상 위험</td><td>서비스의 비용지불 지연 · 유보 · 반환, 타 시설의 급부관리 미흡, 투자적 위험</td></tr>
<tr><td>노무상 위험</td><td>노동쟁의에 의한 이용자에 대한 서비스(개호) 부재, 집단이직, 인력이동에 의한 기술의 불안정, 수준저하, 이용자 정보의 누출, 비밀보장의 위반, 성폭력, 성추행, 직장 내 인간관계 악화(공격, 소외 등)</td></tr>
<tr><td rowspan="3">정치 · 경제 · 사회 위험</td><td>정치적 위험</td><td>정권교체에 의한 사회복지시책의 변경, 사회보험제도를 위시한 제도 변화</td></tr>
<tr><td>경제적 위험</td><td>금융기관의 도산 등에 의한 운영자금의 정체, 손해보험 등의 미가입, 미지불, 계약 폐지</td></tr>
<tr><td>사회적 위험</td><td>프라이버시 침해, 보이콧</td></tr>
<tr><td rowspan="2">기타 위험</td><td>시설 관련</td><td>노후화, 건물의 노후, 설비의 고장, 기계 등의 정비불량</td></tr>
<tr><td>시장변화, 고객불만 대응</td><td>욕구변화, 부양의식의 변화, 서비스, 환경변화(경합격호, 기술의 진보화, 혁신, 가격파괴), 중요 고객의 손실, 고충대응의 미흡, 고객불만 대응미스, 초기대응 지체</td></tr>
</table>

출처 : 박경일 · 윤기혁 · 권진아(2017). pp. 41-42 재인용; 桼尾慶次(2002), 부산복지개발원(2012b), p. 18 인용.

하인리히 법칙

미국의 노동재해보험회사에 근무하고 있던 Heinrich는 사고와 상해와의 관계를 밝혀 1:29:300의 법칙을 제시하였다. 즉, 「하인리히의 법칙」은 330건의 유사한 사고에서 상해로 이어지지 않은 정도의 무상해 사고가 300건, 경상 정도(장해와 상처)의 사고가 29건, 사망과 중태로 이어지는 대사고가 1건의 비율로 일어난다는 것이다. 이와 같이 하인리히 법칙은 중대한 사고는 반드시 중대한 실수에 의해 발생하는 것으로만 한정하지 않고, 작은 실수나 그 복합에 의해 발생할 가능성이 충분히 있다는 것을 말해주는 것이다. 따라서 하인리히 법칙은 일상생활에서 발생하는 어떤 사고라도 잘 분석하여 대처하면 미연에 중대한 사고의 발생을 방지할 수 있음을 시사해 주고 있으며 그 어떤 조그마한 사건(사고)이더라도 위험관리에서는 매우 귀중한 자료가 된다는 것을 말해주고 있다. 이 법칙은 노동재해의 사고에 관한 것이지만, 만일 복지시설의 이용자가 간병이나 장애 등의 사고를 입게 되었다면, 이미 이용자들은 뭔가의 사고에 이어질 가능성을 안고 있다고 추정되기 때문에 이 비율은 더욱 높아지게 될 것이다.

3. 위험관리(Risk Management)는 무엇인가?

위험을 관리한다는 것은 무엇을 의미하는가? 일반적으로는 위험을 예방·회피하려는 사전적인 대응활동은 위험관리(risk management), 기현실화된 위험에 대한 사후적인 대응은 위기관리(crisis management)라고 지칭하는데 넓은 의미의 위험관리에서는 이들 모두를 지칭하기도 한다(박경일, 2006).

위험관리란 위험을 확인(발견), 분석, 평가하여 최적의 위험 처리 방도를 선택하는 것이다.[2] 의료에 있어서 위험관리의 목적은 사고방지 활동 등을 통해 조직의 손실을 최소로 억제하고, 의료의 질을 보증하는 것이다. 또한 방문간호에서 위험관리란 방문간호와 관련하여 다양한 위험을 예견하고, 그 위험이 가져오는 손실을 예방하기 위한 대책이고, 불행히도 손실이 발생했을 경우 사고를 처리하는 대책이며 이것을 효과적·효율적으로 강구해서 사업의 지속과 안정적 발전을 확보해 나가는 경영상의 기법이라고 하겠다(宮崎和加子 編著, 2002).

2) "Risk management is the identification, analysis and evaluation of risk and the selection of the most advantageous way of treating it."

일반적으로 위험관리에는 두 가지 측면이 있다. 첫째, 서비스의 관리 측면으로서 고객과 이용자에 대한 안전 확보가 서비스 질의 향상으로 연결된다는 점과, 둘째, 조직 관리 측면으로서 직원의 노동상의 안전대책이나 자연재해 등에 대한 사고대책이다.

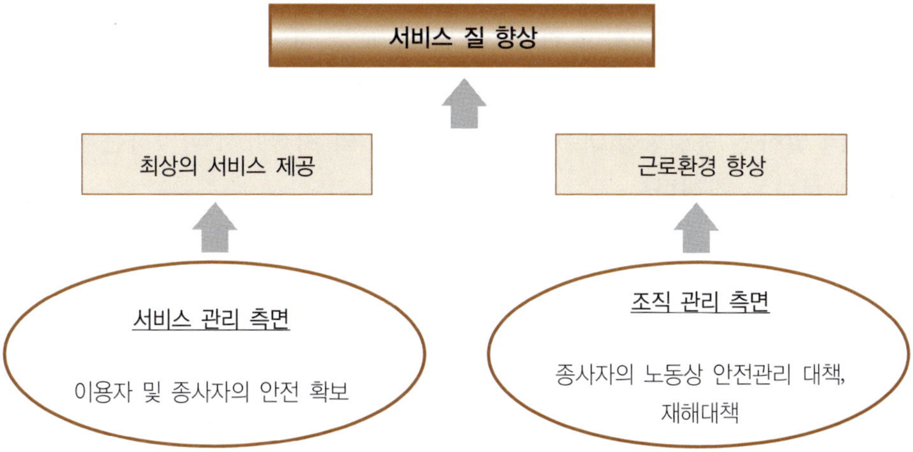

| 그림 11-3 | 위험관리의 두 가지 관점

4. 위험관리의 목적과 의의

위험관리의 목적은 ① 사고가 발생하지 않도록 하는 것으로 예방대책, ② 사고가 발생했을 시의 확실한 대처로서 사고대책으로 구분할 수 있다.

한국, 미국과 일본의 위험관리의 필요성을 고려해 볼 때, 위험관리는 다음과 같은 여덟 가지의 의의를 지니고 있기 때문에 필요하다고 할 수 있겠다(박경일, 2006).

첫째, 생명을 지키는 것이다. 예를 들어, 서비스 제공 중에 일어나는 여러 가지 사고의 많은 부분은 생명과 직결되어 있다. 그런 이유로 위험의 피해자, 피사고자인 이용자, 가족을 포함한 제3자, 그리고 직원의 생명을 지키고 안전을 확보하는 것이 위험관리의 첫 번째 목적이 된다.

둘째, 서비스의 질을 향상시키는 것이다. 사고예방 대책을 하는 것과 사고 발생 시 대응책을 강구해 두는 것은 그 자체가 직원 교육과 의식 향상에 연결되어 전체적으로 서비스의 질을 향상하는 것으로 연결된다. 이것은 일본의 후생노동성사회·원호국의 복지기반과에 설치된 복지서비스에 있어서의 위기관리에 관한 검토회의 보고서와 일맥상통한다. 즉, 위기관리[3]의 기본적인 시점은 손해배상 대책이라고 하는 차원에서 보는 것이 아니고, 보다 질 높은 서비스를 제공함으로써 많은 사고를 미연에 방지할 수 있다고 하는 사고방식, 달리 말하면 품질향상(QI : Quality Improvement)의 시점에서 파악하는 일이 매우 중요하다는 것이다.

셋째, 신뢰를 쌓는 것이다. 그것은 이용자, 가족과의 신뢰관계, 사업자와 직원 간의 신뢰관계 등 서비스를 행함에 있어서 어떤 상황에서도 신뢰가 결정적인 수단이 되기 때문이다.

넷째, 복지권의 보장이다. 권리보장의 관점이 필요한 이유 중의 하나는 복지서비스가 헌법에서 규정하는 생존권 이념을 배경으로 하여 상당 부분의 재원이 공비로 제공되는 구조를 가지고 있기 때문이다. 비록 최근 복지서비스가 계약에 의해 이루어진다고 해도 공적인 사회서비스 이상, 일반 민간서비스에서 나타나는 소비자 보호를 넘어선 이용자 권리보호 실현이 요구되는 측면이 있다. 따라서 이러한 복지권의 보장은 이용자의 권리 옹호를 위한 모든 대책까지 포함한 광의의 위험관리를 필요로 하게 된다.

다섯째, 이용자의 선택과 결정의 중시이다. 우리나라의 노인장기요양보험과 바우처의 도입은 서비스 공급자 간의 경쟁을 유도하여 서비스 질을 향상시키고 이용자의 선택에 의해서 소비자 주권을 강조하고 있다. 특히 이용자의 자기결정에 의해서 서비스를 선택하게 되는 노인장기요양보험에서는 이

3) 당시 후생노동성사회·원호국은 리스크 매니지먼트를 위기관리로 사용하고 있다. 우리 사회에서는 위험관리(risk management)와 위기관리(crisis management)라는 용어가 혼용되어 사용되고 있다. 일반적으로 위험을 예방·회피하려는 사전적인 대응활동은 위험관리(risk management)이고, 기현실화된 위험에 대한 사후적인 대응은 위기관리(crisis management)라고 지칭하기도 한다. 우리는 흔히 위기를 생각할 때, 이라크 전쟁이나 세계무역센터 테러 등 재해사건들을 주로 떠올리게 된다. 물론 이러한 사건들도 위기의 한 유형이지만, 위험관리의 관점에서는 위험이 실제로 현실화되어 부정적인 결과가 이미 발생한 상황을 의미한다. 요약하면 불확실성하에서 위험요인으로 인해 위험이 발생하고, 위험이 현실화되어 위기가 되는 것이므로 각각의 개념들은 일종의 인과관계로 연결되어 있다고 할 수 있다.

용자나 보호자가 서비스를 선택하는 데 있어서 위험관리의 중요한 기준이 될 것이다(박경일 · 김정근 · 박승기, 2012 : 22). 따라서 서비스 제공자들은 위험관리를 통하여 서비스 질 향상과 안전한 시설환경을 제공함으로써 이용자의 확보와 재정 수입뿐만 아니라 지속적인 경영을 꾀하고자 노력하게 된다.

여섯째, 전문성의 확보와 전문가의 윤리적 기준의 실행을 위해서 필요하다. 위험관리를 통하여 사회복지사와 클라이언트 간의 신뢰관계가 구축되고, 서비스 제공과정에서 클라이언트의 비밀보장과 프라이버시의 존중은 전문적 책임성을 증대시켜 주어 사회복지직의 전문성을 확보할 수 있다. 예를 들어, Reamer(2001)는 『사회사업의 윤리적 기준에 대한 감사(Audit)』라는 책에서 위험관리의 도구(a risk management tool)라는 부제를 쓰고 있기도 하다.

일곱째, 이용자 만족의 추구이다. 의료분야에 있어서의 위험관리를 참고해서 정리한 일본의 전국사회복지시설 경영자협의회의 검토상황 보고서(2001년 3월)에 의하면, 리스크 매니지먼트란 "이용자의 안전을 최대의 목적으로 하고, 그 다음에 서비스 질의 향상과 이용자만 족도의 향상을 지향하는 활동"이라고 되어 있다.

여덟째, 조직(기관)을 유지하고 발전시켜 나가는 것이다. 위험관리의 유무는 결과적으로 기관경영에 반영된다. 위험관리가 실시되지 않으면, 즉 안전이 확보되어 있지 않은 서비스는 질적 향상과 연결되지 않고, 신뢰를 얻을 수도 없다. 그런 이유로 직원은 안정된 서비스의 기반을 확보할 수 없고 그것은 사회복지조직의 경제적 손실 및 서비스 질의 저하를 불러오는 악순환을 초래한다.

5. 사회복지조직에서 위험관리 과정과 대책

1) 위험관리 과정

일반적으로 위험관리자는 위험관리의 목적을 효율적으로 달성하기 위해서 일정한 기능을 수행해야 하는데 그 과정은 다음의 단계와 같다(서울복지재단, 2006).

① 위험의 인식과 확인(identify risk)

'위험이란 무엇인가', '어떠한 사고가 발생하고 있는가' 등 사회복지시설에 있어서 위험의 실태를 파악하는 것으로부터 시작한다.

② 위험의 분석과 평가(evaluate risk)

'발생한 사고의 상황'이나 '사고에 의한 영향' 등을 분석하고 평가한다.

③ 위험 대응 처리 방법의 선택과 수행(selecting the risks treatment devices)

사고나 위험에 대한 평가·분석을 행한 후, 사고나 불만 등 위험에 대하여 신속하고 정확한 대응을 한다.

④ 위험의 재평가·재발 방지(reviewing the risk and checking recurrence)

사고에 대한 대응 처리가 끝났다고 해서 위험관리가 종료된 것은 아니다. 위험관리매니저는 같은 사고나 불만이 일어나지 않도록 '이번에 조치한 대책이나 판단은 올바른 것이었는가' 등을 재평가하는 것이 필요하다. 그리고 위험관리매니저는 이와 유사한 사고나 위험에 대한 재발 방지 대책을 고려하고 제안한다.

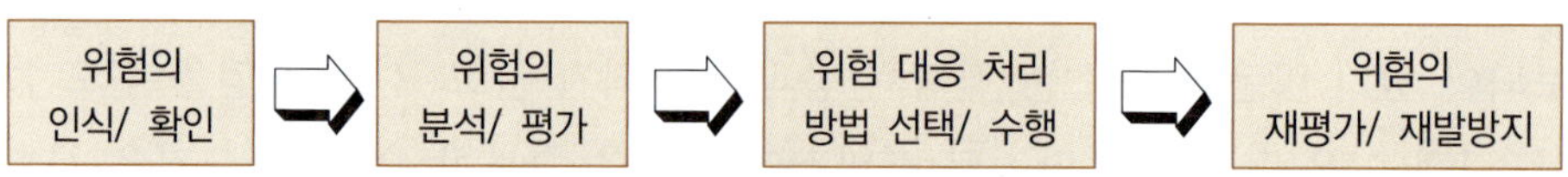

| 그림 11-4 | 위험관리의 과정

2) 위험관리 대책

일반적으로 위험요인에 대응(risk response)하는 방법은 크게 위험을 감수, 회피, 감소, 공유의 네 가지 방식으로 이루어지며, 구체적인 대응활동은 조직적 대응(organizational solution)과 재무적 대응(financial solution)을 통해 실행된다. 위험감수(risk acceptance)는 위험에 대해 아무런 대응도 하지 않고 위험의 영향을 그대로 수용하는 것이고, 위험회피(risk avoidance)는 위험에 노출된 사업영역에서 철수하거나 위험자산을 처분하는 등 전략적인 의사결정을 하는 것이다. 그리고 위험감소(risk reduction)는 대부분 조직적 대응을 통해 경영 및 관리방식을 개선하여 위험 관리 역량을 강화하고 개선을 추구하는 것을 의미하며, 위험 공유(risk sharing)는 파생금융상품 및 보험상품 등을 이용하여 위험을 재무적으로 헤지(hedge) 또는 이전(transfer)하는 방식을 의미한다(김종호, 2004 : 14-15).

여기서 사회복지사들이 가장 주의 깊게 관심을 기울여야 하는 위험대응 방법은 위험감소이다. 예를 들어, 노인요양시설에서 미끄러짐이나 침대에서 떨어지는 것을 예방하기 위하여 시설의 물리적 환경을 개선한다든지 케어서비스의 제공 시 사고나 불만 등의 위험에 대한 분석과 평가를 행하고 케어플랜 등을 이용하여 위험관리위원회 등과 함께 위험관리대책을 검토하거나 예방책을 마련한다. 아울러 사고에 대한 위험공유, 즉 재무적 대책(보험처리)이 이루어졌다고 위험관리가 종료된 것이 아니라 유사한 사고나 위험에 대한 재발 방지대책을 고려하고 주기적으로 매뉴얼[4]에 따른 교육훈련을 실시해 나가도록 한다(박경일 · 김정근 · 박승기, 2012).

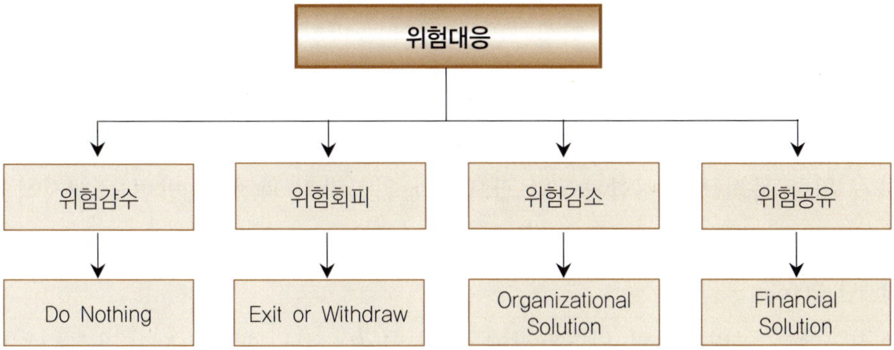

❙그림 11-5❙ 위험대응 방식

4) 박경일 · 김정근 · 권진아 · 윤원미(2012). 노인요양시설 위험관리 매뉴얼; 보건복지부(2009). 보육시설 안전관리 매뉴얼; 보건복지부(2012). 사회복지시설 안전관리 매뉴얼 참조.

6. 사회복지조직에서 위험관리 적용사례

사회복지 분야에서의 위험관리에 대한 연구는 2005년 이후부터 조금씩 연구가 진행되어 왔다. 박경일(2005)의 "사회복지조직에서 위험관리의 필요성과 동향"은 우리나라의 사회복지조직에서 위험관리의 필요성과 위험관리시스템 구축에 관한 최초의 연구이다. 또한 박경일(2006)은 "사회복지조직에서 위험관리의 필요성과 대책 및 과제"라는 주제로 선진국의 위험관리 동향에 대하여 미국과 일본에서 위험관리의 다른 시각을 보여주면서 동서양의 위험관리에 대한 접근방법과 강조점에 차이가 있음을 제시하였다.

서울복지재단(2005)은 "복지시설 종사자 위험관리 실태조사"에서 복지시설 클라이언트 관점이 아닌 종사자 관점에서의 위험관리 연구로, 위험사건이 복지시설 종사자에게 미치는 영향을 파악하였다. 이 결과를 바탕으로 사회복지시설 차원에서 복지시설 종사자들의 위험에 대응하기 위한 관리방향을 제시하였고, 연구방법으로는 사회복지시설 종사자의 심층면접과 설문조사를 병행하였다. 또한 후속 연구로 위험관리 매뉴얼을 발간하여 사회복지시설 실무현장 종사자의 위험관리 인식을 심어주고 조직관리 차원의 위험관리 가이드라인을 제시하였다. 이는 종사자의 안전한 근로환경 조성을 위해 실무에 활용하기 위한 목적으로 위험관리의 필요성과 위험관리 과정 및 방법을 제시하였고, 조직과 시설환경 등 다양한 측면에서 위험관리 방안을 제시하였다(서울복지재단, 2006).

최근에는 어린이집의 위험관리에 대한 연구(김안나 · 박경일, 2011; 김주영 · 이화영 · 임정수, 2016; 엄세진, 2013; 최혜진 · 남미경 · 손원경, 2014)들도 조금씩 진행되고 있으며 사회복지시설 위험에 관련한 연구는 주로 노인요양시설을 중심으로 연구되고 있는 가운데 박경일 · 김정근 · 박승기(2012)은 "부산시 노인요양시설 위험사고 실태분석 및 위험관리 방안 연구"에서 설문조사와 심층면접을 활용하여 노인요양 시의 위험사고 등에 대한 전반적 실태를 파악하였다. 또한 이를 바탕으로 노인요양시설 위험관리 매뉴얼을 제시하였다. 그리고 윤기혁 ·

박경일(2015)은 노인요양시설의 위험관리시스템 구축 및 적용 성과에 관한 연구을 바탕으로 노인요양시설의 위험요인 분석 및 평가기법을 다양하게 소개하였다.

이러한 노인요양시설과 어린이집뿐만 아니라 노인일자리 전담기관처럼 사회복지 이용시설에 대한 연구도 계속적으로 진행되고 있다.

한편 이러한 위험관리에 대한 국내연구 경향을 크게 세 가지로 나누어 볼 수 있는데, 첫째, 위험관리 필요성과 위험관리 방안에 대한 연구가 2005년도부터 지속적으로 진행되고 있다. 둘째, 최근에는 위험 발생요인과 위험관리 실태조사가 이루어지고 있으며, 셋째, 선행연구에서 공통적으로 주장하는 것은 위험의 사고발생을 예방하기 위한 방안으로 위험관리시스템 구축을 제시하고 있는데 이것이 최근의 연구동향이다.

그 일례로 윤기혁・박경일・권진아(2016)의 연구에서는 국내 최초로 위험 예방 및 대응을 위해 위험관리시스템을 구축하여 수행활동을 해온 A노인요양시설이 2년간 실시(2014~2015년)한 액션플랜 실행 과정과 성과를 분석하였다. 연구 결과 첫째, 위험관리시스템 액션플랜은 위험관리시스템 구축 4단계 과정 중 세 번째 단계인 위험 예방 및 대응처리 방법의 선택과 수행 단계에서 수립되었다(그림 11－4 참조). 둘째, 위험관리시스템 액션플랜 실행에 따른 성과로서 2년간(2014~2015년)의 위험의 변화를 조사를 파악한 결과 2014년에 비해 2015년에 위험이 28% 감소하여 액션플랜에 수행에 따른 위험관리 활동이 효과가 있는 것으로 나타났다.

또한 부산의 사회복지법인 B어린이집은 어린이집의 위험사고를 예방하여 영유아들이 안전한 환경에서 생활하고, 보호자가 만족할 수 있는 서비스 제공을 위해 국내 어린이집 최초로 위험관리시스템 구축을 2018년 9월부터 추진하고 있다. 생활안전(보육), 교통안전, 재난 등 총 5개 팀으로 구성하여 총 10회기의 위험관리 컨설팅을 진행, 2019년 3월에 위험관리시스템이 구축될 예정이다.

생각해 볼 문제

- 사회복지서비스는 어떠한 속성을 지니고 있는지 생각해 봅시다.
- 사회복지행정에서 서비스의 질이란 무엇인지 생각해 봅시다.
- Martin이 제시하고 있는 TQM의 여섯 가지 기본 요소는 무엇인지 생각해 봅시다.
- 사회복지행정에서 서비스의 질을 높이기 위한 방법은 어떠한 것이 있는지 생각해 봅시다.
- 복지QC의 기법에는 어떠한 것이 있는지 생각해 봅시다.
- TQM의 효과는 어떤 것이 있는지 토의해 봅시다.
- 위험관리의 의의와 목적이 무엇인지 생각해 봅시다.
- 위험관리의 과정과 대책에 대해 생각해 봅시다.

CHAPTER 12 마케팅과 홍보

학습목표

[가치] • 사회복지기관의 자원 확보와 관련한 효과성과 이미지를 함양한다.

[지식] • 후원자 개발이나 모금활동 등 지역사회와의 상호작용에서 중요한 역할을 하고 있는 마케팅과 홍보에 대해서 파악한다.

[기술] • 잠재적 클라이언트(혹은 소비자), 후원자 등 이해관계자들에게 사회복지조직의 다양한 정보와 원활한 쌍방적 의사소통 기술을 개발한다.

• 사회복지 마케팅 기법과 홍보 및 PR 능력을 배양한다.

제1절 사회복지조직의 마케팅

1. 마케팅의 개념과 핵심요소

1) 마케팅의 정의와 목적

마케팅이란 시장에서 가치를 창출하고, 기본적 욕구와 수요를 충족시킬 목적으로 이루어지는 교환이 성취되고, 관계가 이루어질 수 있도록 시장을 관리하는 것을 의미한다. 따라서 마케팅은 제품과 가치를 창조하여 다른 사람과 교환함으로써 그들의 욕구와 수요를 충족시키기 위해 개인과 집단이 원하는 것을 획득하는 과정이라고 할 수 있다. 이처럼 마케팅의 개념에는 교환의 의미가 매우 강하다.

Kotler(1980 : 10)는 마케팅 정의를 바탕으로 다음 몇 가지의 구체적인 내용을 덧붙여 제시하고 있다. ① 마케팅은 분석, 계획, 집행 그리고 조정을 포함하는 체계적인 과정이다. ② 마케팅은 비체계적인 활동이 아닌 욕구충족을 위해 면밀하게 짜인 프로그램 속에서 면밀하게 진행된다. ③ 마케팅은 모든 사람들에게 모든 제품을 대상으로 모든 시장을 찾아 비현실적으로 공략하기보다는 선정된 표적시장을 대상으로 해야 한다. ④ 마케팅의 목적은 효과적인 시장의 공략을 통해 조직의 생존과 건전한 유지를 돕는 것이다. 특히 효과적인 마케팅 계획을 위해서는 조직이 구체적인 목표를 설정하는 것이 필요하다. ⑤ 마케팅은 판매자의 입장보다는 표적시장의 욕구에 따른 조직의 공략체계에 의존한다. ⑥ 마케팅은 소위 마케팅 믹스라 불리는 제품설계, 가격, 홍보, 유통방법들을 이용하고 혼합하는 것이다.

위와 같은 정의로 종합해 볼 때 마케팅은 영리기업뿐만 비영리 조직이나 개인에게도 거래 혹은 설득이나 커뮤니케이션 등 교환을 촉진하기 위한 모든 활동이 될 수 있다. 따라서 기존의 마케팅 개념이 비영리 조직으로 확대되고 필요성이 인정되면서 사회복지조직 마케팅은 기관의 클라이언트와 자원제공자, 자격부여기관 및 전체 사회가 복지조직에 대해 좀 더 많은 관심과 요구를 갖도록 하기 위한 제반 활동(Baker, 1993 : 10)으로 이해되고 있다.

사회복지조직의 마케팅 목적은 다음과 같이 정리할 수 있다(정익준, 1999 : 10). 첫째, 개인의 발전을 도모하기 위해서이다. 사회복지관에서 월별 프로그램을 알리는 것이나 자원봉사자를 모집하기 위한 노력은 방법은 다르지만 참여하는 모든 개인의 발전을 촉진하기 위함이다. 둘째, 사회적인 아이디어를 제시하고 설득하기 위해서이다. 입법화를 위한 대부분의 캠페인 활동이나 입법 필요성을 탄원하는 일 등도 여기에 포함된다. 셋째, 새로운 정보와 실천을 전파하기 위해서이다. 복지조직은 주민에게 그들의 이익이 되는 정보를 전달하며 어떤 실천을 촉구한다. 넷째, 행동의 변화를 유도하기 위해서이다. 복지조직은 자신과 사회에 이로울 수 있도록 개개인의 행동을 변화시키려고 시도한다. 알코올중독자나 아동학대자 등에 대한 행동변화 노력이 여기에 해당된다.

2) 마케팅 핵심요소

마케팅의 핵심요소는 소비자의 욕구와 수요, 만족, 교환, 시장이라 할 수 있는데 이를 구체적으로 살펴보면 다음과 같다.

(1) 소비자의 욕구와 수요

인간은 생존을 위해 의·식·주, 안전, 소속감, 자존감 등을 필수적으로 갖추어야 하는데, 이 같은 것들이 결핍되었다고 느낄 때 그 사람은 욕구를 가지고 있다고 볼 수 있다. 이 같은 욕구들은 인간이 생득적으로 가지고 있거나 인간의 조건 그 자체에 의해 생겨난다. 소비자들은 가지고 있는 욕구를 만족시킬 수 있는 구체적인 제품이나 서비스에 대한 선호를 가지게 되는데, 이러한 선호는 문화나 사회에 따라 다르며, 학교, 기업, 가족 등의 사회적 제도나 힘에 의해 형성되고 끊임없이 변형된다. 특정 제품이나 서비스에 대한 욕구가 구매의사와 능력에 의해 뒷받침될 때 우리는 그것을 수요라고 한다. 지불능력이 있는 욕구는 시장에서 수요가 되며 소비자들은 제품이 주는 혜택이나 이익을 계산하고, 지불하는 금액에 비해 가장 큰 이익을 주는 제품을 선택한다. 효과적인 조직들은 고객들의 욕구와 수요를 파악하는 데 철저하다. 즉, 그들은 소비자들이 좋아하는 것과 싫어하는 것을 알기 위해 소비자 조사를 수행하고 고객의 요구사항, 보증 및 서비스 자료를 분석한다. 특히 기업들은 자신의 제품과 경쟁되는 제품을 사용하는 고객들을 관찰하여 고객들의 욕구를 간파하도록 판매원들을 교육시키고 있다. 따라서 고객의 욕구와 수요를 세밀하게 이해한다는 것은 마케팅 전략을 위한 중요한 투입요소이다.

(2) 소비자의 만족과 가치

소비자는 제품이나 서비스를 통해 그들의 욕구와 수요를 충족시킨다. 그리고 여러 대안 중에서 욕구를 가장 잘 만족시켜 줄 수 있다고 생각하는 대안을 선택한다. 그러나 소비자들은 욕구나 수요의 충족뿐만 아니라 지불해야 하는 대가를 동시에 생각한다. 따라서 소비자들이 제품을 선택하는 데 지침이 되는 것은 각 대안이 소비자에게 제공할 수 있는 가치라 할 수 있다. 가치라는 것은 고객이 그 제품을 소유하고 사용하여 얻는 혜택과 그것을 얻는 데 필요한 비용 간의 차이이다. 대안의 가치는 가격을 고려한 대안에 대한 고객 만족 수준이다. 만족은 기대에 맞추어 가치를 전달하는 제품에 대해 소비자가 지각하는 성능에 좌우된다. 만약에 제품 성능이 소비자의 기대에 미치지 못한다면 구매자는 불만을 느낄 것이다. 반면에 제품 성능이 기대와 일치한다면 구매자는 만족할 것이다.

(3) 교환

교환이란 바람직한 목적물을 획득하고, 그 대신에 상대방에게 어떤 것을 제공하는 행위이다. 교환은 사람들이 바람직한 목적물을 획득할 수 있는 여러 가지 많은 방법들 중의 한 가지이다. 어떤 서비스가 소비자의 욕구나 수요를 충족시키고 소비자에게 만족과 가치를 제공한다고 하더라도 그 제품이나 서비스를 제공하는 기업에게도 이득이 있지 않으면 교환은 일어나지 않는다. 교환이 실제로 일어나기 위해서는 교환의 조건이 교환의 당사자로 하여금 교환 이전보다 더 나은 상태로 만들어 줄 수 있어야 한다. 그런 의미에서 교환은 가치를 창조하는 과정이라고 할 수 있다. 따라서 욕구나 수요를 충족시키는 수단으로서 교환은 매우 중요한 것이다.

(4) 시장

시장은 어떤 제품이나 서비스의 실제 또는 잠재적 구매자들의 집합을 의미하는 뜻으로 쓰이고 있다. 이러한 구매자들은 교환과 관계를 통해 충족될 수 있는 어떤 특별한 욕구와 수요를 소유하고 있다. 오늘날의 경제는 노동의 분업원리에 따라 운영되는데, 노동의 분업이 이루어지는 곳에서 각 사람들이 어떤 것을 생산하는 데 전문화되고, 대금을 받고, 이러한 돈으로 필요한 것을 구입한다. 따라서 현대 경제에서는 다양한 시장들이 존재한다. 기업은 마케팅을 통해 특별한 시장의 욕구와 수요를 파악하고, 최상으로 서비스를 제공할 수 있는 시장을 선정한다. 이러한 과정을 통해 기업들은 시장의 고객들에게 가치와 만족을 창출하는 제품과 서비스를 개발할 수 있으며, 그 결과로 기업은 판매와 이익을 얻게 된다.

2. 사회복지조직 마케팅

1) 사회복지조직 마케팅의 특징

비영리 조직 마케팅의 특성을 기술한 Lovelock과 Weinberg에 의하면, 비영리 조직 마케팅은 조직을 둘러싼 구성원의 다양성으로 인해 복잡해지며, 영리조직에서처럼 단순히 재정적인 목표만 가지고 있는 것이 아니라 다양한 목적들이 있고, 이들이 추상적인 경우가 많아 목표달성을 측정하기 어려운 경우가 있다고 한다. 대부분의 비영리 조직에서는 물리적인 상품보다는 서비스를 생산한다. 영리조직에서 생산하는 물리적인 상품과 사회복지조직에서 생산하는 서비스 간에는 차이가 있어 마케팅에 영향을 미친다. 실제로 많은 비영리 조직들은 영리－비영리를 명확하게 규정할 수 없는 서비스를 생산하기도 한다. 예를 들어, 어떤 조직들은 표적집단과의 직접적인 의사소통을 통해서 혹은 간접적인 로비활동 등을 통해 사회행동의 변화를 시도하는 것이 주 업무인 경우도 있다.

2) 사회복지조직 마케팅 전략

(1) 마케팅믹스(Marketing Mix)

복지서비스 제공조직의 관리가 고객중심 마케팅으로 전환되고 있는 것은 분명하지만 시장의 치열한 경쟁을 이겨나가는 숙명을 안고 있는 영리조직은 일찍부터 그것을 당연히 받아들여 시장과 고객의 지지를 획득하기 위한 방법을 축적해 왔다. 기업이 시장에서 고객의 지지를 획득하고 확대하기 위한 전략적인 대응을 마케팅이라고 한다. 전략적이란 의미는 시장과 고객의 지지를 획득하고 확대하는 것을 의미하며 최종적으로 기업의 발전을 목표로 하기 때문이다. 복지서비스 제공조직에서도 지역주민이나 이용자의 지지를 획득하고 확대함으로써 조직발전을 지향하는 마케팅 전략이 요청된다.

마케팅은 일반적으로 4P라 한다. Product(제품), Place(입지), Promotion(판매촉진활동), Price(가격)의 각 요소가 주축이 되어 조합하여 전개된다. 환언하면 조직이 이들 4P를 둘러싸고 전개하는 활동을 시장 및 고객의 지지를 획득하기 위하여, 조직발전을 달성하기 위하여 고객 중심의 관점에서 관리하는 것이다.

그러나 마케팅 4P는 제조업을 대상으로 고안된 전략기법이기 때문에 서비스업에 적용하기 어렵다는 한계를 가지고 있다. 이러한 맥락에서 Booms와 Bithner(1981)는 기존 마케팅믹스 4P에 참여자(Participant), 과정(Process), 물리적 근거(Physical evidence)를 포함한 7P를 제시하였다. Cowell(1984)은 Booms와 Bithner(1981)가 제시한 7P에서 참여자(Participant)를 사람(People)으로 변경한 7P's를 제시하였다(윤태환, 2007 : 31). 국내 학자들의 경우 신재익 등(2014)과 고창헌 · 한혜숙(2014), 그리고 청이엔(2013), 윤태환(2007) 등은 상품, 가격, 장소, 촉진, 서비스 전달과정, 물리적 증거, 사람 등 7P로 마케팅믹스를 구성하였다(이진열, 2017).

① **제품(Product)**

복지기관의 제품은 서비스이다. 시장 및 고객의 제품을 획득하기 위해서는 서비스 품질(결과+과정)의 가치를 크게 해야 한다. 서비스 개발, 즉 고객이 보다 높은 가격을 지불하더라도 이용하고 싶어지는 서비스를 개발하는 것, 보다 값싼 가격으로 기존 서비스보다 큰 효용을 고객에게 제공하는 서비스를 개발할 수 있다면 조직의 경쟁력을 강화할 수 있다. 복지서비스의 경우 서비스 메뉴에 제약은 있지만 새로운 서비스 모델을 개발하여 제품의 가치를 혁신해 나갈 필요가 있다.

② **입지 · 유통(Place)**

제조업에서도 제품을 어떤 유통채널이나 가계를 통하여 시장에 공급할 것인가는 매우 중요한 과제이다. 마찬가지로 서비스사업의 경우에는 생산과 소비의 시간적·공간적 동일성이라는 제약이 있으므로 더욱 중요하다. 입지의 적절성은 기관 이용 비용을 줄일 수 있다. 또한 서비스가 클라이언트에게 직접 전달되는 경로이기도 하다. 조치제도하에서는 고객의 선택권이 제한되어 있으므로 입지의 중요성은 부각되지 못했다. 복지기관은 직접 고객들을 접촉하고 서비스를 전달하므로 입지와 유통경로를 가능한 원활하고 짧게 설계해야 한다.

③ 판매 촉진 활동(Promotion)

행정이 기관에 일방적으로 고객을 배급하거나 늘 공급보다 수요가 압도적으로 많다면 복지서비스 제공기관은 스스로 판매 촉진 활동을 하려고 하지 않을 것이다. 하지만 바우처나 서비스 계약제도에서는 기관이 고객에게 선택받을 수 있도록 적극적으로 움직이는 것이 중요하다. 서비스 품질은 고객이 직접 경험하지 않으면 알 수 없다. 서비스를 선택할 때 고객이 의지하는 것은 입소문이나 평판과 같이 애매한 것이 많다. 많은 서비스 제공 조직은 사업규모도 크지 않고 개별 사업거점의 상권은 좁다. 일상적으로 필요한 복지서비스를 이용하는 데에 멀리 이동해야 하면 이용자의 비용부담은 커진다. 따라서 복지기관 프로모션은 비교적 좁은 범위의 지역사회 평판이나 여론이 영향력이 크므로 '지역사회에 개방된 시설'과 같은 경영이념이 큰 의미를 가진다.

④ 가격(Price)

복지서비스는 공식적으로 규정된 가격과 자유롭게 지불하는 가격으로 구분되지만 최근에는 시장화의 경향으로 자유가격 부문이 확대되는 추세이다. 사회복지기관처럼 공공성이 요구되는 조직의 경우에는 고가격 노선을 추종하는 것이 타당하지 않지만, 저소득자의 이용도 가능하면서 가격이 높아도 보다 충실한 서비스를 희망하는 클라이언트를 위한 차별화된 서비스를 제공하는 것도 전략상 선택할 수 있는 방안이다.

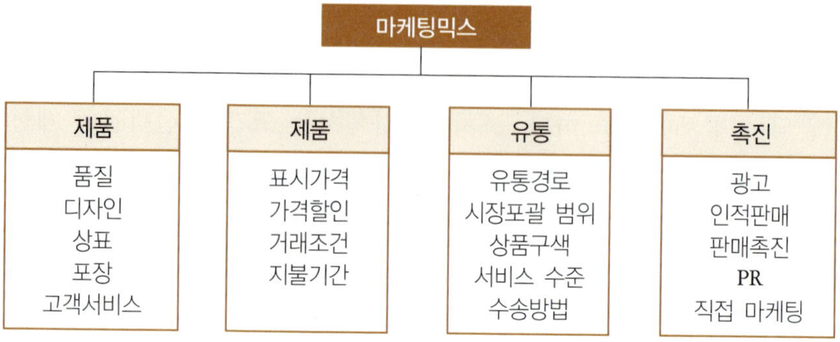

| 그림 12-1 | 마케팅 믹스 4P

출처 : 문준연(2010 : 25).

⑤ 사람(People)

마케팅믹스에서 사람은 소비자가 제품 및 서비스 구매에 대한 인식에 영향을 주는 모든 사람을 말한다(안세길, 2008; 쳉이엔, 2013). 즉, 제품 및 생산과정에서 역할을 수행하는 모든 인적 요소를 말하며 제품 및 서비스가 유통되는 과정에 참가하여 특정한 역할을 수행하는 종사원뿐만 아니라 고객까지도 의미한다(강다원, 1999 재인용). 그리고 사람요소는 유·무형의 제품을 제공하는 데 있어서 중요한 특징을 가지고 있다. 첫째, 사람들 자체가 서비스고, 둘째, 고객의 눈에 비치는 사람은 조직 그 자체이고, 셋째, 종업원 스스로가 마케팅 활동을 수행하고 있는 마케터이기 때문에 결정적인 중요성을 가지고 있다. 따라서 이러한 중요성이 있기 때문에 직원능력 개발과 직원사기 진작, 직원만족감 증진과 같은 내부 마케팅(기업에 속한 종사원을 내부에 있는 고객으로 인식하고 이들을 대상으로 마케팅을 실시하는 활동)에 관심을 가져야 한다(안세길, 2008 : 31; 이진열, 2017).

⑥ 서비스 전달과정(Process of service assembly)

서비스 전달과정은 서비스를 제공하는 데 필요한 절차로서(김경선, 2008), 서비스가 전달되는 제반활동의 실제적 절차, 메커니즘, 활동의 흐름이라 할 수 있다(손대현·안세길, 2007 : 160). 그리고 서비스 전달과정은 고객만족으로 이어질 뿐만 아니라 서비스 질의 평가기준이 되기 때문에 종업원의 교육, 체계적인 업무분석 등을 통해 서비스 접점관리를 강화해야 한다(윤태환, 2007). 그리고 Karl et al.(2003)은 기술, 접근성, 거래량, 개인적인 서비스, 가시성, 종업원 복장 등의 요소가 서비스 전달과정에 영향을 미치며, 서비스 전달과정의 구성요소인 종업원의 태도, 감정이입, 종업원의 노력, 고객참가 등이 고객의 서비스 만족에 영향을 미친다고 하였다(이진열, 2017).

⑦ 물리적 증거(Physical evidence)

물리적 증거는 유형적으로 표출되는 모든 것과 실제로 제품 및 서비스 생산에 반드시 필요한 물리적인 설비를 포함한 것으로 서비스가 전달되고, 기업과 고객이 상호작용할 수 있는 환경, 즉 유·무형의 제품이 생산되고 판매되는 장소의 환경으로 의사소통되는 모든 유형적인 요소를 가리킨다(첸이엔, 2013 : 28).

물리적 증거는 디자인 요소, 주위 환경 요소, 사회적 요소로 구성된다(안세길, 2008 : 32-33). 디자인 요소(design factors)는 형태와 양식, 공간의 구성, 장식, 로고 등 시각적으로 보이는 것과 기능적 면을 의미한다. 주위 환경 요소는(ambient factors)는 음악, 향기, 온도, 신선한 공기, 조명 등 환경적 분위기를 느끼게 하는 배경적 요인을 의미한다. 사회적 요소(social factors)는 청결, 종업원의 유니폼 및 태도 등을 의미한다(이진열, 2017). 마케팅믹스 요인은 <표 12-1>과 같다.

〈표 12-1〉 마케팅믹스 요인

구 분	마케팅믹스 요인
제품	품질수준, 특징, 스타일, 상표명, 포장, A/S, 품질보증, 배달
가격	화폐나 교환매체, 제품을 구매하기 위해 지불하는 돈뿐만 아니라 시간 및 노력, 에너지, 기타 노력
유통	상품과 서비스가 소비자에게 이전되는 과정 및 소비자가 원하는 시기에 편리한 장소, 접근하기 편리한 곳
촉진	홍보방법 및 기타 의사소통 수단, 인적판매, 광고, 홍보, 판매촉진, 서비스나 합리적 가격, 그리고 시장과 원하는 장소에서 소비자가 원하고 필요할 때 제품을 접할 수 있는 모든 것

사람	종사자 및 훈련, 분업화, 업무수행, 보상, 용모, 대안, 고객행동, 고객 개입 및 접촉, 종업원의 선발과 교육, 고객의 교육과 의사소통
서비스 전달과정	기술, 접근성, 거래량, 개인적인 서비스, 가시성, 종업원 복장, 종업원의 태도, 감정이입, 종업원의 노력, 고객참가
물리적 증거	장소 형태와 양식, 공간의 구성, 장식, 로고, 음악 등 시각적으로 보이는 것, 향기, 온도, 신선한 공기, 조명, 청결, 종업원의 유니폼 및 태도, 환경, 가구, 색채, 배치, 소음 정도, 상품의 편의 제공

출처 : 이진열(2017), pp. 39-40.

또한 Fine(1992 : 4-9)는 비영리기관에서 4P만을 가지고 최적의 함수를 도출해 내는 것은 무리가 있다고 주장하면서 추가적으로 생산자(Producer), 구매자(Purchaser), 과학적인 탐구과정인 조사(Probing)의 3P가 포함되어야 한다고 강조하였다(정무성, 1998 : 89-106). 첫째, 생산자(Producer)는 마케팅을 위해 구매자와 교환할 아이디어를 창출하고 서비스를 생산해 내는 주체를 의미한다. 후원자 개발을 위한 마케팅에서 사회복지기관이 생산자가 된다. 둘째, 구매자(Purchaser)는 기업의 마케팅에서 구매자는 일반적으로 잠재적 고객을 의미한다. 사회복지기관의 후원자 개발을 위한 마케팅에서 구매자는 잠재적 후원자들이다. 구매자인 잠재적 후원자가 될 사람들은 마케팅의 초기 단계에서 반드시 파악되어야 한다. 셋째, 조사(Probing)는 마케팅 담당자들이 사용하는 가장 중요한 도구이지만 때로는 지나치게 남용되기도 한다. 대부분의 경우 조사가 너무 과장되거나 불충분하기 때문에 일어나는 현상이다. 오늘날과 같은 첨단 정보화 사회에서는 낡은 정보나 저품질의 정보는 전혀 가치가 없다. 따라서 조사는 필요성이 매우 높을 때 행해져야 하며, 철저하고 주의 깊게 이루어져야 한다.

(2) 마케팅 활동의 과정

① 시장기회 분석

마케팅 활동을 수행하는 데 영향을 미치는 환경요인을 검토할 필요가 있다. 환경적 요인은 사회제도적 환경과 조직 내부 환경으로 구분해 볼 수 있다. 사회제도적 환경은 복지서비스와 관련된 각종 법규와 정부정책, 경제상황

등에 관한 내용을 포함한다. 이러한 환경적인 요인을 분석하기 위해 SWOT 분석을 활용하여 체계적으로 파악할 수 있다. 예를 들어, 새로운 후원자 개발 가능성을 분석하기 위해 조직의 직원이 일하는 환경과 자원을 파악하고자 하는 것이다. 현재 우리 기관의 강점(조직력)과 약점(내부의 지원 부족), 기회(빈곤과 양극화 문제와 같은 사회적 욕구 증가), 위협(저출산 고령화, 청년실업) 등이 무엇인지 점검해 보는 일이다. 그러나 보다 정확한 예측을 하기 위해서는 경험을 바탕으로 한 과거 실적들에 대한 정보 분석이 먼저 필요하다.

② 시장조사

시장조사는 마케팅의 초기단계에서 이루어진다. 마케팅을 하는 기관은 시장에 관해 최대한 다음 네 가지 점을 사전에 분명히 파악하고 있어야 한다. 첫째, 상품이나 서비스에 대한 욕구가 있는가?, 둘째, 욕구를 지닌 사람들이 상품이나 서비스를 구입하는 데 관심이나 잠재적 욕구를 가지고 있는가?, 셋째, 이용하거나 기부하기 위한 돈이 있는가?, 넷째, 충분한 돈을 소유한 자들이 그들이 원하는 상품이나 서비스를 위해 충분히 소비하고자 하는 의지가 있는가?

사회복지기관에서 시장조사는 잠재적 이용자와 그들이 원하는 바를 찾아내는 작업이라고 할 수 있다. 이는 누가, 어떠한 분야에, 언제, 어디에서 이용하기를 원하는가, 왜 우리 기관이나 시설을 이용하려는가와 관계된 문제이다. 이처럼 마케팅에서 시장의 중요성은 마케팅의 모든 것이라 할 수 있을 정도로 중요하다.

③ 목표설정

마케팅의 목표를 설정하기 전에 기관의 목적을 살펴볼 필요가 있다. 목적은 실행계획을 보다 더 구체적으로 제시하는 목표와는 구분이 된다. 사회복지조직의 목적은 대부분은 기관에서 제시되어 있다. 기관의 선언문으로서 기관의 존재이유와 사명을 조직원에게 명확하게 인식하도록 해준다. 사회복지기관의 사업이나 프로그램도 이 소명헌장에 근거하여 개발되게 된다. 목표의 설정은 정확한 문제의 진술, 표적 집단의 성격과 규모, 기관의 정책, 자원 동원 등의 변수들에 의해 범위와 방향이 정해진다. 목표는 마케팅 기획의 초기 단계에서 명확하게 규명되어야 하며, 특히 하위목표는 구체적이고 측정 가능하며, 달성 가능하고 결과지향적이면서 시간적 한계가 명확히 제시되어야 한다. 또한 목표에는 과정과 결과달성 여부를 체크할 수 있는 지표가 반드시 설정되어야 한다.

④ 시장세분화와 표적시장의 선정

마케팅에서 시장세분화는 기본적으로 소비자들의 욕구가 동일하지 않다는 가정에서 출발한다. 사람들은 각자 다양한 욕구와 기호를 가지고 있으므로 이러한 상이한 욕구를 충족시키는 상품이나 서비스도 개인별로 달라야 한다는 것이다. 마케팅에서는 모든 제품 또는 서비스와 관련된 시장은 여러 개의 세분화된 시장으로 구성되어 있다고 볼 수 있다. 이와 같이 시장을 다양한 부문으로 나누어 거기에 적합한 전략으로 마케팅을 하는 작업이 "시장세분화(market segmentation) 작업"이다. 예를 들어, 사회복지조직의 후원자 개발에 있어서도 후원자의 소득, 직업, 나이, 종교, 성 등에 따라 후원행위의 차이를 나타낸다. 후원자들의 인구사회학적인 특징을 분석한 결과 직업상 공무원과 회사원 등 안정된 직업을 가지고 있는 사람의 비중이 크고 교육수준에 있어서는 고등교육을 받은 사람들의 비중이 높고, 연령적으로는 30대와 40대의 기혼 중년층이 중심으로 나타났다면, 이들 집단을 표적시장으로 선정하여 집중적으로 마케팅을 하는 전략이 필요하다.

⑤ 이용지원과 개발 프로그램의 수립

요양서비스를 원하는 이용자일 경우 요양등급에 따라 구체적인 서비스 내용이 달라져야 한다. 후원자의 경우 결연 후원자, 정기 후원자, 비정기 후원자, 프로그램 후원자로 구분할 수 있으며 이에 따라 후원자 개발 프로그램이 달라진다. 따라서 각 고객 유형의 특성을 고려하여 서비스 이용지원과 모금 개발 프로그램이 수립되어야 할 것이다.

⑥ 마케팅 실행도구 설정

후원자 개발을 위한 마케팅의 경우에 초점을 맞추어 보면 직접설득, DM, 이벤트, 대중매체 광고, ARS, 컴퓨터 통신 등이 있다. DM 이용은 시기를 잘 선택해서 자료를 많이 확보하여 후원요청 DM을 발송한다. 신규 후원자로 등록한 사람에게 후원자 한 명씩 추천해 주도록 서신을 띄운다. 비용이 가장 적게 들고 필요로 하는 내용들을 자세히 알릴 수 있다. 텔레마케팅을 하기 전에 필수조건은 꼭 멘트를 작성하고 숙지하여야 하고 충분한 훈련과 예의를 갖춘 사람이 해야 한다는 것이다. 직접설득은 지역에 있는 학교나 회사에 직접 찾아가 후원의 필요성을 이해시키고 후원자로 개발하는 것이다. 이벤트를 통한 개발은 시설에서 시설 아동들에게 필요한 프로그램을 이벤트화하여 기업에 홍보를 하여 후원을 받도록 한다.

⑦ 마케팅 계획과 관리

마케팅 기획과 실행을 통해 잠재적 대상자들에게 서비스 이용, 기부 등을 요청한다. 새로운 이용자, 후원자를 개발하는 것도 중요하지만 관리하는 것도 중요하다. 예를 들어, 후원자의 경우 신규는 감사편지, 후원안내서, 신규 후원자 추천용 신청서 등을 발송한다. 기존 후원자 관리는 1년에 두 번 감사편지 발송, 소식지 두 달에 한 번 발송, 연말 X-MAS 카드 및 생일카드 발송, 서신이 오면 그때그때 답장을 발송한다.

⑧ 마케팅 평가

마케팅 결과에 대한 종합적인 평가와 함께 새로운 기관 외부환경에 대한 분석으로 연계되는 과정이다. 기관 존재의 이유가 되는 사명에 기초한 사회적 욕구에 대한 분석이 필요하다. 이 점에서 마케팅 평가의 과정은 마케팅의 종료가 아닌 새로운 과정으로의 변환을 의미한다. 마케팅 평가는 다음과 같은 네 가지 특성을 포함하고 있어야 한다. 첫째, 포괄적인 평가로서, 마케팅 감사는 소수의 문제발생 분야뿐만 아니라 복지조직 전체의 주요 마케팅 활동을 포함한다. 예를 들어, 이용자 감소문제뿐만 아니라 사회문제와 욕구 변화에 대한 평가도 병행되어야 올바른 전략이 도출될 것이다. 둘째, 체계적인 평가로서 마케팅 환경이나 내부 마케팅 시스템, 특정 마케팅 활동을 포괄하는 체계적인 일련의 평가과정을 내포하고 있다. 따라서 평가 이후에 조직의 마케팅 유효성을 개선하기 위한 장·단기 프로그램을 개발할 수 있다. 셋째, 독립적인 평가로서 자체검사, 상호검사, 상부로부터의 감사, 제3자 등의 외부감사 등으로 실시될 수 있다. 일반적으로는 독립성과 객관성, 전문지식 등 폭넓은 경험을 보유한 외부감사가 더 유용하다. 넷째, 주기적인 평가로서 서비스 제공이나 판매부진, 사기저하 등의 문제가 발생한 이후에 실시하고 상황이 좋을 때는 실시하지 않는 것이 일반적이다. 그러나 상황이 좋은 경우에도 미래의 환경변화에 대처하기 위해서는 주기적으로 마케팅 평가를 실시해야 한다.

3) 사회복지 마케팅의 기법

(1) 다이렉트 마케팅(DM : Direct Marketing)

사회복지조직에서 우편에 의해 클라이언트나 서비스 이용자, 기부자나 잠재적 후원자 등에게 현재 기관의 운영상황이나 프로그램 이용실적, 프로그램이나 서비스에 대한 이용정보 등을 제공하는 방법이다.

(2) 고객관계관리 마케팅(CRM : Customer Relationship Management Marketing)

신규 후원자의 개발이나 기존 후원자의 관리, 잠재적 후원자의 개발을 위해 그들의 욕구를 파악하여 그에 맞는 서비스를 지속적으로 제공함으로써 기금확보 효과를 극대화하는 기법이다. 예를 들면, 가족봉사 프로그램의 제공, 대학 동아리나 직장 동호회의 봉사나 모금 프로그램 개발 등 수요자의 욕구에 부응하는 지속가능한 기부 또는 봉사 프로그램의 개발이 성공의 관건이 된다.

(3) 기업(공익)연계 마케팅(CRM : Cause-Related Marketing)

기업의 기부나 봉사활동을 사회복지조직과 연계함으로써 기업은 이윤을 사회에 환원한다는 가치를 확산시켜 긍정적인 기업이미지를 홍보하고 사회복지조직은 적재적소에 필요한 자원을 효과적으로 연계하여 활용하여 사회적 효율성을 달성하려는 마케팅 기법이다. 이 기법을 효과적으로 달성하기 위해서는 기업이 원하는 것이 무엇인지 정확히 파악하여 기업의 생산성과 대국민 이미지 향상에 도움이 되는 방향의 기부 프로그램을 개발하는 것이 관건이다.

기업의 공익연계 마케팅(CRM : Cause-Related Marketing) 사례

- **1983년 아메리칸익스프레스사의 사례** : 자유의 여신상 보수를 위한 기금을 마련하기 위한 캠페인. 카드를 사용할 때마다 1센트의 기금을 기부. 그 결과 신규가입자는 45%까지 증가했고 기존 사용자의 카드 사용이 28% 상승하는 효과가 나타남
- **우리나라의 경우** : 기업 중심 CRM으로서 CJ제일제당, 삼성전자, 빅워크의 사례, 기부단체 중심 CRM으로서 아름다운재단과 사회복지공동모금회 사례, 소비자 중심 CRM으로서 삼홍테크 비데 판매 사례, 해외기업의 대표사례로서 탐스슈즈(TOMS shoes), 애플의 레드 캠페인 사례

출처 : 박 훈(2015). p. 187.

(4) 데이터베이스 마케팅(Database Marketing)

기관을 찾는 이용자의 개별정보, 즉 명단과 주소, 프로그램 이용 횟수와 시기 등의 정보를 활용하여 복지기관의 기부나 봉사활동, 프로그램 참여 등에 활용하는 것이다.

(5) 인터넷 마케팅(Internet Marketing)

이메일이나 홈페이지, 배너광고 등을 통해 고객에게 정보를 전달하여 모금이나 서비스 이용을 유도하려는 기법이다. 개별적인 고객관리는 물론 홍보, 기부금 모집, 기관에 대한 만족도 조사 등 각종 평가조사까지 가능하므로 경제적인 측면에서뿐만 아니라 마케팅 접근성에 있어서도 매우 효과적이다.

(6) 사회 마케팅

정부나 지방자치단체, 시민과 지역사회를 위하여 대중의 행동변화를 통해 공익을 실현하기 위한 기법이다. 치매예방, 금연운동이나 생태보호운동, 지구

온난화 캠페인과 국제적인 기아 퇴치나 아동학대 방지 운동 캠페인 등 대중의 각성과 참여를 촉구하여 사회문제를 해결하는 것이 목적이다.

(7) 소셜(미디어) 마케팅

소셜미디어는 사람들이 자신의 생각과 의견, 경험, 관점 등을 서로 공유하고, 그에 참여하기 위해 사용하는 개방화된 온라인 미디어 플랫폼이다(최재용 외, 2010). 소셜미디어 이용자들은 서로 이미 친분이 있거나 흥미나 취미가 비슷한 지인들로 구성되어 있기 때문에 기존 미디어보다 더 많은 신뢰감을 내포하고 있다. 게다가 기업의 마케팅 담당자나 광고주 입장에서도 기존 미디어에 들이는 비용에 비해 훨씬 적은 비용으로 타깃 시장에 접근할 수 있기 때문에 블로그(Blog)나 페이스북(Facebook), 트위터(Twitter) 등의 다양한 소셜미디어 채널을 적극 활용하는 추세이다(박지원 외, 2014).

(8) 크라우드 펀딩(Crowd Funding)

크라우드 펀딩은 군중을 의미하는 Crowd와 자금모집을 의미하는 Funding이 결합된 것으로 불특정 다수의 사람들에게 자금을 모집하는 활동으로 1700년대 아일랜드의 농촌 저소득 계층을 대상으로 시작한 소액자금 대출 프로그램 'Irish Loan Funding'이 기원으로 1980년대 그라민 은행의 소액금융(Microfinance)과 2000년대 이후 인터넷 중심의 사회관계망(SNS)이 융합되어 나타난 새로운 자금조달 방법이라 할 수 있다(권 호 외, 2016).

크라우드 펀딩은 일반대중으로부터 자금을 유치한 대가로 무엇을 어떻게 보상하느냐에 따라 여러 가지 유형으로 나눌 수 있다. 우선 지분투자, 대출, 후원, 기부 등 네 가지 형태(권 호 외, 2016; 김동호, 2014; 김재영・한재민, 2017; Burtch, et al., 2012)와 기존의 네 가지 형태에서 선주문 형식의 크라우드 펀딩을 추가한 다섯 가지 형태로 구분될 수 있다(김연미, 2016; Bardford, 2012). 크라우드 펀딩의 유형은 <표 12-2>와 같다.

〈표 12-2〉 크라우드 펀딩의 유형

유 형	설 명
지분투자(equity)	소규모 창업 또는 아이디어에 투자
대출(lending)	자금 유치 후 원금 또는 원리금을 상환하는 형태
후원(reward)	자금투자자에게 일정한 보상을 하는 방식
기부(donation)	보상을 전제로 하는 않는 단순 기부
선주문(pre-purchase)	자금투자자에게 사업에 따른 결과물을 교부하는 형태

크라우드 펀딩과 사회복지기관 후원금, 프로포절과의 차이를 살펴보면 우선 크라우드 펀딩은 필요한 프로젝트 설계 및 플랫폼 등록 등 자금조달 방식에서 사회복지기관 후원금과 차이가 보인다. 그리고 프로포절은 사회복지 분야 전문가가 평가하여 필요한 예산집행을 결정한다. 이에 반해 크라우드 펀딩은 투자의사가 있는 개인이 투자 여부를 결정한다는 점에서는 차이가 있다(이진열 · 윤기혁, 2018).

크라우드 펀딩(Crowd Funding)

크라우드 펀딩은 소규모 아이디어 창업에 대한 자금지원을 가능하게 하며, 다수의 후원자에게 검증을 받았다는 점에서 사업의 성공 가능성도 높다고 볼 수 있다. 특히 문화 · 예술 후원, 기부 활성화, 취약계층 지원을 통해 사회적 · 공익적 목적의 실현이 가능하다(단, 투자자에 대한 사기 등의 범죄 위험성과 아이디어의 공개로 인한 지적재산의 도용 가능성 등 부작용을 완화하는 방안을 검토할 필요가 있다).

크라우드 펀딩은 크게 자금공급자가 이익추구를 목적으로 하는 것이냐에 따라 비투자형과 투자형으로 구분된다. 비투자형은 다시 단순한 기부를 목적으로 하는 기부형과 일정한 보상(reward)을 받는 후원형으로, 투자형은 대출형과 증권형으로 세부분류가 가능하다.

전 세계적으로 유럽과 북미를 중심으로 크라우드 펀딩을 통한 자금 조달이 증가세를 보이고 있으며, 사회적 목적을 달성하기 위하여 활용되고 있다. 2012년 글로벌 크라우드 펀딩 시장의 모집 총액은 약 27억 달러로서 전년 대비 81%의 성장세를 보였다. 크라우드 펀딩의 급속한 성장은 2008년 인디고고(indieGoGo), 2009년 킥스타터(Kickstarter) 등 특정 자금모집 프로젝트를 지원하는 크라우드 펀딩 전문플랫폼(크라우드 펀딩업체)의 등장이 계기가 되면서, 소셜네트워크서비스(SNS)를 통해 가상공간에서 자금공급자의 능동적인 참여로 참여자 간의 양방향 의사소통이 가능한 IT 기술의 발전 등에 기인한다.

2012년 글로벌 크라우드 펀딩은 자금모집의 목적에 따라 분류할 경우 사회적 목적이 27.4%로 가장 많으며, 사회적 목적의 크라우드 펀딩은 투자형 · 비투자형에서 모두 가장 높은 수치를 보이고 있다. 사회적 목적 다음으로, 사업 및 기업 목적은 16.9%, 영화 및 행위예술은 11.9%, 음악은 7.5%, 에너지 및 환경은 5.9%, 패션이 5.5%로 나타났다.

영미권에서는 문화 · 예술 후원, 신규사업에 대한 소규모 투자, 재난 구호 등에서 2000년대 이후 활성화되고 있다. 미국의 경우 예술가의 프로젝트에 자금을 후원하는 킥스타터, 인디고고 등의 사이트가 대표적이라고 할 수 있다.
국내의 경우 문화 · 예술, 대출 연계, 창업자금 연계 등의 분야에서 운영 중이나 도입 초기로 해외에 비해 미약한 상태라고 볼 수 있다. 현재 펀듀(www.fundu.co.kr), 텀블벅(www.tumblbug.com), 한국문화예술위원회크라우드펀딩사이트(fund.arko.or.kr), 팝펀딩(www.popfunding.com), 머니옥션(www.moneyauction.co.kr) 등의 크라우드 펀딩 업체가 활동 중이며, 최근 우리나라의 크라우드 펀딩의 대표적인 사례로 박원순 펀드가 있다. 국내 크라우드 펀딩 시장규모는 2007년부터 2011년까지 총 840여억 원이며, 2012년 총 펀딩 규모는 약 528억 원으로 추산되고 있다.

출처 : 한국보건사회연구원(2014). 새로운 사회서비스 재원조달방안 연구, p. 49.

4) 사회복지 마케팅의 과제

첫째, 고객중심 마케팅이다. 고객중심(customer orientation)은 조직의 가치보다 고객에게 가장 중요한 것이 무엇인지에 대한 충분한 이해를 통해서 가치를 창출하는 것을 의미한다. 가치창조의 서비스 환경은 관리자와 소비자의 상호작용에 의존하므로 목표달성을 위해 궁극적으로 조직 전체에 공유되는 특징적인 문화의 개발이 요구된다.

둘째, 경쟁지향 마케팅이다. 현재와 미래의 경쟁조직의 장단점과 능력, 전략을 이해하는 조직화를 포함한다. 경쟁적 환경에서 살아남기 위해 조직은 끊임없는 혁신이 요구될 뿐만 아니라 효과적인 경쟁상대를 모니터링하는 시스템 개발을 요구한다. 따라서 벤치마킹 등을 위한 프로그램과 데이터 제공 등 지속적인 경쟁력을 확보할 수 있는 관리방식이 필수적이다.

셋째, 내부 마케팅(internal marketing)의 필요성이다. 무엇보다 성공적인 마케팅 정착을 위해서는 부서 간의 조화가 필요하다. 이를 위해 내부 마케팅이 필요한 것이다. 우선 최고관리자가 신뢰하고 이해하며 또 다른 상급 경영자의 지지를 얻기 시작하면 강력한 마케팅 지향형 조직이 형성된다. 따라서 최고관리자는 조직 최고의 마케팅 담당임원으로 마케팅에 대해 자주 언급함으로써 마케팅을 수용할 분위기를 조직 내에 환기시켜야 한다. 그리고 최고관리자가 모든 마케팅 직무를 수행할 수 없기 때문에 마케팅 담당부장과 마케팅 담당이사를 추가적으로 조직에 포함시켜 마케팅 지원계획과 마케팅 활동계획을 수립하고 조정하여 마케팅 기능을 조직 내에 적절히 위치시켜야 한다. 또한 마케팅 훈련을 통해서 마케팅이 조직에서 효과를 발휘할 수 있도록 조직 내 마케팅 교육훈련이 활성화되어야 한다. 무엇보다도 조직을 마케팅 지향적으로 만드는 가장 효과적인 방법은 조직의 계획시스템을 개선하는 일이 될 것이다. 따라서 조직의 현재 상태를 파악하여 마케팅 사업계획 시스템을 구축하도록 해야 할 것이다.

제2절 사회복지조직의 홍보

1. 홍보의 개념

일반적으로 홍보라 함은 PR, 즉 대중관계를 의미한다. PR은 "대중관계"라는 그 말 자체가 의미하듯이 "조직이 그의 사회적 환경이 되는 대중과의 원활한 관계를 유지하고자 하는 제반노력"을 일컫는다. 사회복지조직의 입장에서는 조직을 둘러싼 이해당사자들과 다양한 관계를 형성하는 노력을 의미한다. 이러한 과정을 통해 자원을 개발하고, 이용자를 확보하며, 조직 생존을 위한 지지를 얻기도 한다.

사회복지조직은 지역사회 주민들에게 복지서비스를 제공하기 위해서 존재하고 이를 위해서는 지역사회 내의 여러 개인, 단체 및 조직 등과 관계를 유지해야 한다. 서비스에 대한 정보제공, 지역주민과 단체들의 협조 및 이해를 얻기 위해서는 홍보가 대단히 중요하다. Skidmore는 효과적인 홍보를 위해 다음과 같은 사항을 제시한다. 첫째, 목표가 무엇이며 어디에 있는가를 알아야 한다. 둘째, 접촉하려고 하는 사람이 누구인가를 알아야 한다. 셋째, 이용 가능한 자원을 고려해야 한다. 넷째, 돌아오는 이익이 접촉하고자 하는 상대방과 어떻게 연관되는가에 유의해야 한다. 다섯째, 홍보에 관한 구체적인 기법을 알고 있어야 한다. 여섯째, 절대적으로 정직해야 한다. 일곱째, 사람들에게 감사해야 한다.

홍보를 위한 매체는 크게 시각적인 매체(신문, 잡지, 회보, 책자, 보고서, 유인물, 사진 등), 청각적인 매체(이야기, 좌담, 강연회, 라디오 등), 시청각적 매체(영화, 텔레비전, 비디오, 인터넷, 연극, 공개토론, 대중집회 등)가 있다. 이들 매체들은 각각 고유한 특성이 있고 효과도 다르기 때문에 특정한 목표달성을 위해 가장 효과적이라 판단되는 매체를 선택해야 한다. 후원자 개발을 위한 사회복지기관의 대중매체 활용은 아직 미미한 실정이나 라디오나 잡지 등을 통한 홍보가 점차 활성화되고 있다. 특히 잡지를 통해 후원자를 개발하고자 할 경우에는 잡지의 판매부수, 독자층, 성격 등을 고려해야 한다. 또한 광고의 성과를 올리기 위해서는 한 잡지에 적어도 6개월 이상 광고를 해야 효과를 볼 수 있다.

2. 사회복지조직의 홍보(PR)

홍보(public relations)는 지역사회 내 존재하는 조직과 집단 간의 쌍방향 의사소통을 원활히 하는 것으로 조직의 이미지와 능력을 향상시키는 면이 강하다. 사회복지서비스의 활용을 증진하는 방법의 하나는 서비스 프로그램과 그 자격요건들을 그 지역사회에 널리 홍보하는 것이다. 서비스 제공자의 입장에서는 명백한 것처럼 보이지만 이용자들의 입장에서는 프로그램의 존재 사실을 인지하는 것이 쉽지 않다. 최근의 상황은 사회복지조직에도 경쟁이 필요하다는 인식의 전환이 요구되고 있으므로 라디오나 TV 등 영향력 있는 대중매체를 이용하는 홍보방법이 선호되고 있다. 물론 광고방법 및 막대한 제작비 등 어려운 부분이 많겠지만 복지기관의 긍정적인 이미지를 심어주는 데 가장 효과적인 방법이 될 수 있다. 특히 사회적으로 영향력 있는 스타나 인사들을 이용하여 사회복지기관과 연계하여 마케팅을 벌이는 스포츠 마케팅 작업이 주목받고 있다.

단순히 시민들의 자비심에 호소하는 접근은 진부할 뿐만 아니라 논리적 설득력도 취약하므로 복지기관 직원에 대한 교육훈련도 필요하다. 때에 따라 타 기관의 성공사례를 활용하는 것도 필요하므로 타 분야의 아이디어라 해도 기관의 특성에 맞게 장점을 잘 활용한다면 긍정적인 효과를 기대할 수 있다. 아울러 기업이나 후원자가 필요로 하는 것이 무엇인지를 미리 파악하여 서비스를 제공하거나 자원이 있는 곳을 직접 찾아가 기관을 소개하고 협조를 구하려는 적극적인 노력도 필요할 것이다.

그리고 사회복지조직의 긍정적인 이미지를 창출하는 것은 후원자 모집, 클라이언트 확보, 지역사회의 광범위한 지지 등을 얻는 데 매우 중요하므로 기관의 직원뿐만 아니라 이용자와 지역주민 모두가 기관으로 인해 자부심을 가질 수 있는 이미지 창출을 위한 프로그램이 필요하다. 이를 위해서는 미디어 매체 등의 적절한 활용을 통해 브랜드 이미지 제고효과를 극대화시키는 전략도 필요할 것이다.

Drucker는 현대사회에서 소비자의 이질성이 높아지고, 기업의 사회적 책임에 대한 요구가 확산됨에 따라 고객만족을 위한 마케팅 지향적인 경영이 필수적임을 강조하고 있다. 특히 21세기는 비영리 조직이 인류를 이끌어 나갈 것으로 전망되는데, 비영리 조직의 지도자들도 이러한 준비가 필요하다고 여겨진다. 이를 위해 사회복지기관의 관리자들도 마케팅 마인드를 가지고 보다 훌륭한 행정적인 지도력을 발휘하기 위해 끊임없이 노력하여야 할 것이다.

생각해 볼 문제

- 마케팅의 정의와 핵심요소에 대해서 생각해 봅시다.
- 사회복지조직의 마케팅 특성과 마케팅 전략이 무엇인지 생각해 봅시다.
- 사회복지 마케팅의 과제에 대해서 토의해 봅시다.
- 사회복지조직의 홍보와 PR에 대해서 생각해 봅시다.
- 사회복지조직의 홍보와 PR을 위한 효과적인 방법이 무엇인지 토의해 봅시다.

CHAPTER 13 정보관리

학습목표

[가치] • 사회복지 가치인 비밀보장의 원칙과 사회복지전달체계의 통합성, 접근성의 원칙을 이해한다.

[지식] • 지식정보화 시대에 사회복지조직의 정보관리의 필요성, 유형과 기능에 대해서 파악한다.

[기술] • 사회복지시설의 정보관리 시스템과 적용분야 등에 대해서 파악하고, 사회복지시설정보시스템 행복e음 활용 능력을 배양한다.

제1절 정보관리의 개념

1. 정보관리의 개념

정보관리(information management)란 조직의 효과적 운영에 적합한 정보의 획득, 조직, 통제, 전파, 사용, 저장 등에 관한 원칙을 정하는 활동을 말한다(Wilson, 2002). 즉, 조직에서의 정보관리란 조직의 목표 달성을 위해 필요한 각종 형태의 공식적·비공식적 자료와 정보를 수집, 기록, 분석, 전달, 배포, 보관하는 활동에 대한 체계와 절차를 말한다. 그리고 정보관리시스템(MIS : Management of Information System)이란 조직의 목표 달성을 위해 개발된 정보자원을 활용해 각종 정보를 산출 및 제공하는 시스템으로 정의한다(심상용, 2017).

정보관리시스템의 정보자원은 시스템 지원, 통합처리, 데이터베이스, 처리 모형 및 절차로 구성된다(박용치 · 송재석, 2006). 시스템 지원에는 컴퓨터와 통신망 등 하드웨어 자원과 소프트웨어 자원이 포함된다. 통합처리는 소규모의 정보시스템들을 연합해 하나의 정보시스템으로 통합하는 것을 말한다. 데이터베이스는 일정한 장소에 저장되어 있는 파일시스템(조직이 공유할 수 없는 분리된 파일)을 데이터베이스시스템(조직 전체가 공유할 수 있도록 한곳에 집합시켜 관리하는 응용 프로그램)으로 통합해 관리하는 것을 말한다. 처리 모형 및 절차는 조직관리를 위한 의사결정 모형을 적용해 정보를 처리하고 개발 및 관리하는 방법을 시행하는 것이다.

2. 사회복지 정보관리의 필요성

일반적으로 조직의 효과적 운영을 위한 관리기법인 정보관리의 중요성이 제기된 배경은 다음과 같다(심상용, 2017). 첫째, 정보의 효율적 관리, 즉 자료의 구축, 정보의 저장과 인출, 정보의 경제성 추구 등이 사회의 여러 활동과 학문 분야에서 중요한 관심사가 됐기 때문이다. 둘째, 컴퓨터 체계에 근거한 정보의 가치와 비용-편익 관계가 새로운 관심분야로 부상했기 때문이다. 셋째, 정보체계의 활용 폭이 크게 확대됐기 때문이다(최성재 · 남기민, 2016).

한편 정보화 사회로 접어들면서 소득격차의 심화, 개인 중심적 가치관으로 인한 인간관계 소원, 이혼율 증가, 가족기능 약화 등 다양한 문제가 발생하였다. 이로 인해 보육문제, 청소년문제, 가족해체, 노인부양문제 등 생애주기적 복지욕구가 급증하고 있다(윤찬영, 2000). 이와 같은 상황에서 사회복지정보화는 사회복지서비스의 효율성을 증대시키고 다양한 복지수요에 적절히 대응할 수 있게 하는 주요 수단으로 등장하였고(전해황 외, 2016), 정보화 사회의 정보기술의 발전은 사회복지행정에도 큰 영향을 주고 있다(원석조, 2017).

이러한 맥락에서 사회복지 영역에서 정보화는 서비스에 정보기술을 접목하여 클라이언트에게 적절하고 효과적인 서비스를 효율적으로 전달해 주는 것을 목적으로, 사회복지정보화의 필요성과 효과는 다음과 같다(전해황 외, 2016).

첫째, 정보화를 통해 조직의 업무효율성을 증대시킬 수 있다. 사회복지조직에서 일상적으로 반복되는 사무업무를 컴퓨터를 이용하여 업무절차를 간소화함으로써 예산과 인력을 절약하고 클라이언트에게 신속하게 서비스를 제공할 수 있다. 둘째, 사회복지서비스의 효과를 증대시킬 수 있다. 정보화 프로그램의 활용으로 사회복지사는 의사결정에 필요한 자료를 지원받을 수 있으므로 클라이언트에게 적절한 서비스를 제공할 수 있다. 셋째, 의사소통 및 업무의 지도감독 방식의 변화로 업무의 효율성을 증대시킬 수 있다. 전자우편, 화상회의, 전자결재를 통해 관리자와 일선 사회복지사와의 신속하고 정확한 의사소통이 가능해짐으로써 업무가 효율적으로 진행될 수 있다. 또한 중간관리자는 담당 사회복지사가 보고를 하지 않아도 전산상에서 업무내용을 검색할 수 있으므로 사업의 진척상황을 파악할 수 있다. 넷째, 정보화를 통해 사회복지의 정확성, 객관성, 타당성을 확보할 수 있다. 왜냐하면 사회복지사가 자신이 수행한 사업내용을 전산망에 입력하면 자신의 활동내용을 모든 사람이 보게 된다는 것을 의미하기 때문에 더욱 책임감을 가지고 성실하게 사업을 진행하게 된다.

사회복지정보화는 이와 같은 이점도 있지만 정보화로 인한 문제도 발생될 수 있다. 첫째, 정보화로 인한 클라이언트의 정보가 공개됨으로써 사생활 침해의 우려가 높아질 수 있다. 둘째, 정보화로 인하여 일선 사회복지사의 업무에 대한 부담이 증가될 수 있다. 대부분의 사회복지조직에서는 전산전문업체에서 제작된 전산 프로그램을 구입하여 사용하는데, 구입한 프로그램은 각 기관의 특성에 따라 초기화 작업을 거쳐야 한다. 이러한 초기화 작업은 매년 실시되며 작업을 마무리하는 데 상당한 시산이 소요된다. 즉, 정보화로 인하여 사회복지사의 업무량을 증가시키는 요인이 되고 있다.

3. 정보관리체계의 유형

사회복지조직의 업무를 지원하고 문제를 해결하기 위해 활용되는 정보체계 유형 및 정보 프로그램은 다음과 같은 것들이 활용되고 있다(전해황 외, 2016).

1) 자료처리시스템

자료처리시스템(data processing system)은 사회복지조직에서 반복적으로 발생되는 사무업무를 자료의 입력만으로 처리하게 하는 기능을 수행한다. 자료처리 업무는 정보의 수집, 저장, 검색, 전송 그리고 자료출력을 포함한다. 자동화된 자료처리 응용 프로그램은 비서업무와 직원의 일상업무를 처리하는 데 소요되는 시간과 비용을 감소시키기 위해서 고안된 것이다. 이러한 프로그램을 통해 봉급명세서의 자동처리, 이용자명부 관리, 영수증 자동발급 등이 가능하게 된다.

2) 관리정보시스템

관리정보시스템(MIS)은 기업에서 사업관리를 위해 필요한 정보를 수집하고, 배분하기 위해 고안되었다. 사회복지기관도 업무와 서비스의 제공을 효율적으로 수행하기 위해서 모든 자료를 전산화하여 관리, 운영해야 될 필요성이 있다는 점에서 MIS는 중요한 의미를 갖는다. MIS는 사회복지현장에서 생성되는 자료를 조직의 목적에 따라 통합, 가공함으로써 새로운 자료를 생산할 수 있게 한다. 예를 들면, MIS를 통해 이용자 실적의 부서별, 월별, 분기별로 통계작성이 가능하며 이러한 통계를 통해 과거, 현재의 사업현황을 점검할 수 있고 미래 예측도 가능해지는 것이다.

사회복지조직의 최고경영자는 이러한 통계자료를 토대로 조직의 목표를 설정하기도 하고 새로운 프로그램을 기획할 수도 있고, 중간관리자는 이러한 자료를 통해서 일선 사회복지사의 업무실적을 쉽게 평가할 수 있다. 또한 사회복지사도 자신의 업무에 대한 진행과정이나 결과를 파악하는 데 MIS를 활용할 수 있다.

3) 지식기반시스템

사회복지조직에서의 지식기반 응용 프로그램은 실험단계에 있지만 매우 중요하다. 그 이유는 사회복지조직의 지식기반 응용 프로그램은 클라이언트와 임상실천가의 상호작용을 증진할 수 있는 가능성을 지니고 있기 때문이다. 사회복지조직과 특별한 관계를 가지고 있는 지식기반 응용 프로그램의 세 가지 유형에는 전문가 시스템(expert system), 사례기반추론(case-based reasoning), 자연음성처리(natural language processing)가 있다(황성철 외, 2005).

전문가 시스템은 사회복지사가 정보관리체계에 저장한 지식을 응용하여 사례에 관한 의사결정을 하는 것이다. 이러한 시스템은 보고서를 작성하기보다는 의사결정하는 데 활용된다. 현재 활용되고 있는 몇 가지 전문가 시스템은 클라이언트에게 고용문제를 해결하도록 도와주는 ECS(Expert Counseling System)와 환자에게 약을 처방할 때 투여되는 약의 처방횟수를 줄이기 위하여 환자의 병원기록을 점검하는 프로그램(ICS) 등이 있다.

사례기반추론은 수천 개의 클라이언트 사례(인구통계, 서비스, 성과)를 조사하여 저장하고, 이들 저장된 사례자료로부터 지식을 얻어내는 것이다. 즉, 클라이언트의 문제를 해결하기 위해 비슷한 특성을 가진 사례를 찾아내서 문제의 해결방법을 찾아내고자 하는 것이다.

4) 의사결정지원시스템

의사결정지원시스템(DSS)은 전문가가 자료를 검색하고, 관리함으로써 의사결정에 관한 정보를 얻는 데 도움을 준다. DSS가 활용되는 한 예로는 미국 미네소타주에서 개발된 GAIN(General Assistance Intake)을 들 수 있다. 이 시스템은 클라이언트의 접수일정을 자동으로 결정하며, 클라이언트에게 서비스를 제공할 담당자에게 자료를 전송시키고 클라이언트에 대한 통계를 작성한다.

〈표 13-2〉 사회복지정보화 관련 시스템

구 분	내 용
사회보장정보시스템 (행복e음)	사회보장기본법 제37조 규정에 의거 사회보장수급권자 선정 및 급여관리 등에 관한 정보를 통합·연계하여 처리·기록 및 관리하는 시스템
사회복지시설정보 시스템	사회복지사업법 제6조의2 규정에 의해 사회복지법인 및 시설업무의 전자화를 위하여 구축한 사회복지시설 통합업무관리시스템 – **통합회계관리** : 회계, 예산, 세무, 인사, 급여, 자산 등 관리 – **통합고객관리** : 후원자, 후원금 관리 – 시설유형별 사회복지서비스 이력관리 – **온라인 보고** : 행복e음으로 시설 수급자 생계급여, 운영비 등 보조금 신청·정산, 입소자·종사자, 예·결산 등을 보고
민간개발정보 시스템	사회복지시설 등이 민간업체가 개발·보급한 상용 S/W를 구입하거나 자체개발하여 사용하는 정보시스템으로, 동 시스템 사용시설은 사회복지시설정보시스템의 표준연계모듈을 통해 연계하여 행복e음으로 온라인 보고업무를 처리 ※ **표준연계모듈** : 사회복지시설정보시스템과 민간개발정보시스템을 연계하여 온라인보고 정보를 원활히 전송할 수 있도록 한 연계 표준

사회복지시설 업무 전자화 적용대상 시설은 노인, 장애인, 지역자활센터, 노숙인 등, 아동, 사회복지관 등 사회복지사업 관련 법률에 의해 신고(지정)한 사회복지시설 중 보건복지부 소관의 시설이다. 해당 법률은 사회복지사업법, 노인복지법, 아동복지법, 장애인복지법, 「정신건강증진 및 정신질환자 복지서비스 지원에 관한 법률」, 국민기초생활보장법, 「농어촌주민의 보건복지증진을 위한 특별법」, 「노숙인 등의 복지 및 자립지원에 관한 법률」이다. 그리고 한부모가족, 성매매, 성폭력, 가정폭력시설 등 여성가족부 소관시설은 여성가족부의 별도지침에 따라 적용된다.

2. 사회복지시설정보시스템

사회복지 정보화를 위해 전자정부 로드맵 추진 과제의 일환으로 보건복지부에서 구축 사회보장정보시스템은 사회복지시설 정보화 기반 조성, 회계의 투명성 제고, 시설관리 업무의 간소화 및 표준화, 사회복지정책 기초자료 확보 등을 목적으로 한다.

사회복지시설정보시스템 구축은 지난 2005년부터 장애인, 노인, 아동, 사회복지관 등 순차적으로 진행되었고, 2010년도 행복e음으로 보조금 신청 및 보고 등 연계시스템 변경, 2012년 보조금 전용카드제도 전국 시행 확대와 후원금의 수입명세·사용결과보고서 보고 의무화, 2015~2017년 시설평가, 안전점검, 사회복지법인 시설 통합관리기능 개선 등 지속적으로 추진해 오고 있다.

사회복지시설정보시스템 운영기관은 사회보장정보원(http://www.ssis.or.kr)이다. 사회보장정보원은 사회보장정보시스템(행복e음과 범정부), 지역보건의료정보시스템, 사회서비스 전자바우처, 보유통합정보시스템, 취약노인지원시스템 등의 포털을 운영하고 있다.

사회복지시설정보시스템의 주요 서비스는 회계, 인사·급여·자산 관리, 세무, 후원관리, 이력, 시·군·구 보고이다. 첫째, 회계는 전표의 입·출력, 검색, 보고서 출력, 거래내역 관리(지출결의서, 수입결의서 등), 예산 관리 및 예산실적·잔액 관리 등이다. 둘째, 인사·급여·자산 관리는 임·직원의 급여계산작업·급여 관리·퇴직적립금 관리, 교육·자격증·상벌·경력 관리, 인사발령·인사카드 관리, 근태관리 및 일용직 관리 등, 비품·소모품 등 자산관리 등이다. 셋째, 세무는 과세 수입에 대한 부가세 신고와 임·직원 급여의 원천세 신고, 세무신고·퇴직정산·연말정산 관리, 기타 원천세 관리(사업소득, 기타소득 등), 매출·매입 세금계산서 관리, 신고서류 관리 등이다. 넷째, 후원관리는 후원자 등록, 후원금 입력, 영수증 발행 등, 후원자 및 결연자 정보 관리, 후원금 입금·지급 관리 및 CMS, 후원단체 관리·결연자 통장관리 등이다. 다섯째, 이력은 서비스종별 서비스 이력관리 기능, 생활자(이용자) 등록, 검색, 입·퇴소의 정보 관리 등, 대상자관리·상담관리·일지관리·프로그램 관리·급식관리 등의 상세정보 관리 등이다. 여섯째, 시·군·구 보고는 사회복지시설 소관 시·군·구로 문서 보고, 사회복지시설 보조금 교부금 신청 및 정산보고, 정기·수시 보고, 예산서와 추경예산서 작성 및 세입세출 결산 보고 등이다.

사회복지시설정보시스템의 운영효과는 첫째, 사회복지시설은 업무의 표준화 및 업무 감소, 전산시스템 유지보수 비용 절감, 시·군·구 행정기관 제출서류 온라인 접수이다. 둘째, 시·군·구 공무원은 소관 복지시설 자원의 효과적·체계적 관리 기능, 중복작업 최소화로 업무 감소, 행정업무 간소화 및 효율성 증대이다. 셋째, 보건복지부는 효과적인 정책수립 기반 확립, 시설현황 파악 및 자동화 통계 지원이다. 넷째, 일반국민은 시설이용을 위한 편의성 증대와 투명성 확보를 통한 신뢰 구축이다. 사회복지시설정보시스템의 구성도는 **I** 그림 13-1 **I** 과 같다.

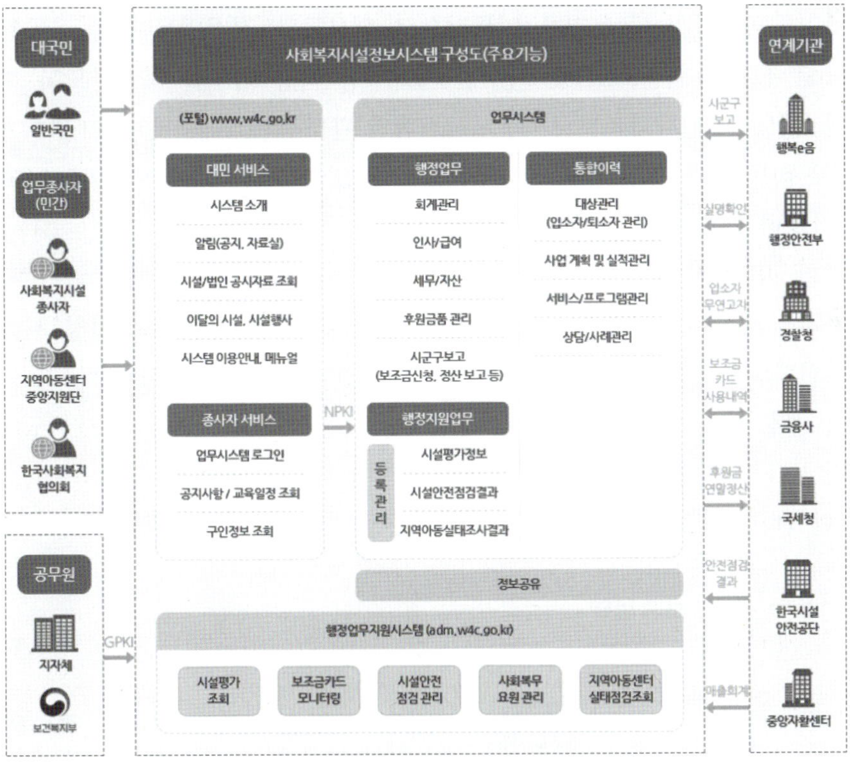

I 그림 13-1 I 사회복지시설정보시스템 구성

출처 : 사회보장정보원 홈페이지(http://www.ssis.or.kr/lay1/S1T754C775/contents.do). 사회복지정보시스템.

제3절 사회복지기관 온라인 보고

정부는 2008년부터 사회복지시설 업무의 효율화 및 시설회계의 투명성 제고를 위해 새올 복지행정시스템(시·군·구용)과 사회복지시설정보시스템(사회복지시설용) 간 연계시스템이 구축되어 보조금 신청 및 보고 등을 온라인으로 수행하였다. 그리고 2010년 1월 행복e음이 구축됨에 따라, 사회복지시설은 사회복지시설정보시스템을 행복e음으로 보조금 신청 및 보고를 하고 지방자치단체 공무원은 이 정보를 기준으로 보조금 신청 교부 등 각종 업무를 처리하고 있다.

주요 추진방침으로는 사회복지시설정보시스템의 사용대상 시설은 온라인으로 보조금 신청 및 보고를 의무적으로 실시하고, 시설업무 담당 공무원은 보고된 정보를 기준으로 보조금 신청교부 등 각종 업무를 처리하도록 하고 있다. 이를 위해 사회복지시설정보시스템의 관리정보(입소자 및 이용자 명부, 종사자명부 등)를 기반으로 자동으로 생성되는 보고 정보를 활용하여 각종 보고서를 작성하고 수기(서면)보고는 폐지하였다.

또한 2010년 10월 시·군·구 온라인 보고 의무화 정책 시행에 따라 사회복지시설 수급자생계급여 등 보조금은 원칙적으로 온라인 교부신청 시에만 교부한다. 다만, 시·도별로 시설유형 및 시·도 여건에 따른 서면보고가 불가피한 시설의 경우 보건복지부의 사전승인을 필요로 한다. 다만, 시·도에서 직접 보조금을 지급하는 시설의 경우 온라인 보고 여부 및 보고절차 등을 자체 판단하여 시행한다. 온라인 보고 범위는 <표 13-3>과 같다.

〈표 13-3〉 온라인 보고 범위

시설유형	보고문서 범위				
	보조금 신청/ 정산	종사자	입소자	후원금	예/ 결산
보조금 지급시설	○	○	○	○	○
보조금 미지급시설	×	○	○	○	○
지자체 설치시설(위탁운영)	○	○	○	○	○

출처 : 2018 사회복지시설 관리안내, p. 80.

그리고 지방자치단체장은 사회복지법인 및 사회복지시설이 사회복지시설정보시스템을 사용하도록 독려하여 동 시스템의 확산 및 정착 추진하고 있다. 보조금 청구, 정산보고, 입소자 및 종사자 보고, 후원금 수입 및 사용결과 보고는 사회복지시설정보시스템을 통해서만 하는 것을 원칙으로 한다. 또한 지방자치단체별로 별도 존재하던 비표준 문서 유통을 사전에 차단하기 위하여 사회복지시설정보시스템의 양식 및 보고 문서를 표준으로 사용하도록 하고 있다. 온라인 보고 주요 서식은 <표 13−4>와 같다.

〈표 13-4〉 **온라인 보고 주요 서식**

<table>
<tr><th>적용 대상</th><th colspan="2">제출서 유형</th><th>보 고 대 상 문 서</th><th>보고주기</th></tr>
<tr><td rowspan="8">사회복지시설 공통</td><td rowspan="5">보조금 보고</td><td rowspan="2">보조금 교부신청</td><td>운영비
– 보조금교부신청서, 보조금교부청구서, 예산신청내역서, 인건비산출내역서, 개인별 시간 외 근무내역서, 이용아동 명부(지역아동센터의 경우)</td><td>월/ 분기/ 반기/ 년</td></tr>
<tr><td>생계비
– 생계급여산출명단
※ 시설생계급여 신청 시 교부신청서류 중 금액이 표기된 보조금교부신청서, 보조금교부청구서, 예산신청내역서, 생계급여산출내역서를 제외하고 생계급여산출명단만 제출</td><td>월</td></tr>
<tr><td>보조금 정산보고</td><td>보조금정산보고서, 보조금정산내역서(명부 포함), 총계정원장</td><td>월/ 분기/ 반기/ 년</td></tr>
<tr><td>기능보강 보조금 교부신청</td><td>기능보강사업 보조금교부신청서, 기능보강사업 보조금교부청구서, 기능보강사업 예산신청내역서</td><td>월/ 분기/ 반기/ 년</td></tr>
<tr><td>기능보강 보조금 정산보고</td><td>기능보강사업 정산보고서, 기능보강사업 정산내역서, 구입장비세부 목록</td><td>월/ 분기/ 반기/ 년</td></tr>
<tr><td rowspan="3">입소자 보고</td><td>입소자입퇴소 발생보고</td><td>입소자입퇴소발생보고, 입소자사망발생보고</td><td>발생 즉시</td></tr>
<tr><td>입소자등록정보 변경보고</td><td>입소자등록정보변경보고</td><td>발생 즉시</td></tr>
<tr><td>병원입퇴원보고</td><td>병원입퇴원보고</td><td>발생 즉시</td></tr>
</table>

종사자 보고	종사자입퇴사 발생보고	종사자입퇴사발생보고, 자격증보고	발생 즉시
	종사자 등록정보 변경보고	종사자 등록정보 변경보고	발생 즉시
	종사자 수당신청	종사자 수당 신청	월
복지시설 변경보고		복지시설 변경보고(명칭, 소재지 등)	발생 즉시
예산서		예산총괄표, 예산서내역, 사업계획서(파일 첨부)	년
추경 예산서		추경예산총괄표, 추경예산서내역, 수정사업계획서(파일 첨부)	년
세입·세출결산보고		결산총괄표, 세입결산서, 세출결산서, 사업수입명세서, 정부보조금명세서, 후원금품 수입사용내역서 등	년
비정형 업무보고		비정형 업무보고(파일 첨부)	년

출처 : 2018 사회복지시설 관리안내, p. 79.

온라인 보고절차는 첫째, 지방자치단체는 보조금 지급시설에 대하여 보조사업 정보를 사회복지시설정보시스템으로 전송한다. 둘째, 사회복지시설은 사회복지시설정보시스템에서 보고문서(보조금 신청, 종사자 보고, 입소자 보고, 후원금품 보고 등) 작성 및 행복e음으로 보고문서 전송한다. 셋째, 지방자치단체는 행복e음을 통해 보고문서 접수 및 승인·반려 처리하고, 넷째, 지방자치단체 및 사회복지시설 간 보고문서 처리 결과를 공유한다. 온라인 보고 개념 및 절차는 〔그림 13-2〕와 같다.

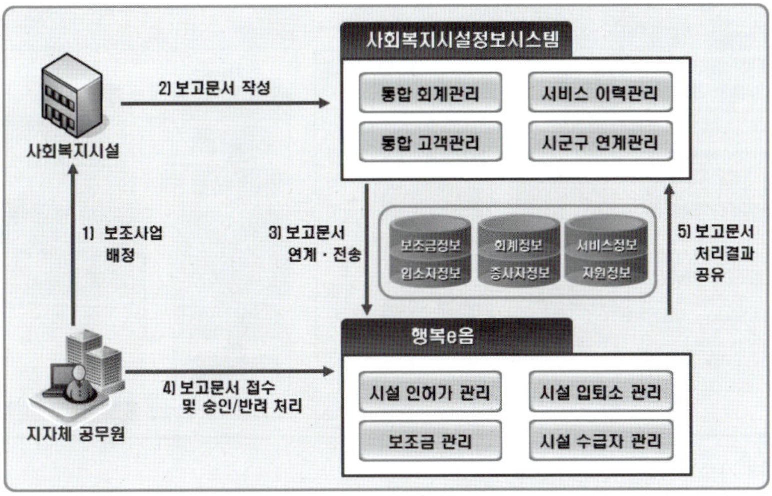

▌그림 13-2▐ 온라인 보고 개념 및 절차

출처 : 2018 사회복지시설 관리안내, p. 80.

한편 사회복지관 등 사회복지시설은 지역사회 민관협력 강화를 위해 복지서비스 대상자 및 자원 정보를 지방자치단체와 공유하고, 지방자치단체 및 시설에서는 연계된 정보를 활용하여 복지대상자의 서비스 연계 및 자원 배분에 활용하기 위하여 민간서비스 연계 및 민간서비스 이용 대상자 보고 시스템을 활용하고 있다. 특히 공공·민간에서 각각 지원 중인 대상자 수혜이력 및 사례관리 이력 공유, 상호 의뢰 체계 마련으로 지원누락 및 중복지원을 방지하고, 공공·민간의 자원정보 공유 및 자원 공동 활용으로 지역사회 전체 복지자원의 효율적 활용을 제고하기 위함이다. 표준서비스는 복지자원 표준 분류체계(대분류 : 9종, 중분류 : 51분류)로 구성되어 있다. 연계 개념도는 ▌그림 13-3▐과 같고, 표준서비스는 복지자원 표준 분류체계는 <표 13-5>와 같다.

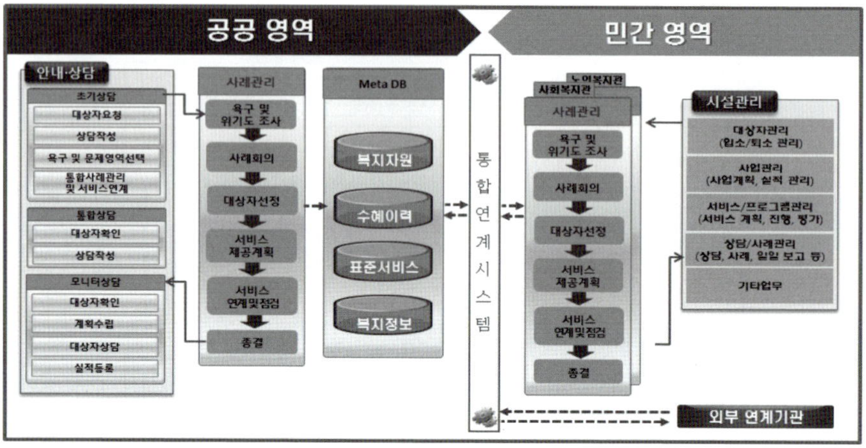

출처 : 2018 사회복지시설 관리안내, p. 86.

┃그림 13-3┃ 연계 개념도

〈표 13-5〉 복지자원 표준분류표(대분류 9종, 중분류 51종)

대분류	중분류	대분류	중분류
1. 일자리 (6)	1-1. 직업 상담 및 알선	6. 보호 및 돌봄·요양 (6)	6-1. 장기시설보호
	1-2. 직업능력 개발 및 직업교육		6-2. 단기시설보호
	1-3. 자활 및 일자리사업		6-3. 주·야간보호
	1-4. 창업지원		6-4. 간병 및 돌봄서비스
	1-5. 직업유지 및 자립지원		6-5. 장제서비스
	1-6. 구직 관련 비용지원		6-6. 돌봄·요양 관련 비용지원
2. 주거 (3)	2-1. 주거환경 개선	7. 보육 및 교육 (8)	7-1. 양육상담 및 부모교육
	2-2 거처마련 및 이주지원		7-2. 보육 및 양육지원
	2-3. 주거 관련 비용지원		7-3 인지발달 및 학습지원
3. 일상 생활 (7)	3-1. 가사지원		7-4. 특기적성 지원
	3-2. 식사(식품)지원		7-5. 진로 지도 및 상담
	3-3. 활동(이동)지원		7-6. 장애·특수교육
	3-4. 위생(이미용)지원		7-7. 평생교육
	3-5. 생활용품 지원		7-8. 보육 및 교육 관련 비용지원

구분	세부 내용
	3-6. 일상생활 관련 비용지원
	3-7. 복합지원
4. 신체건강 및 보건의료 (6)	4-1. 질병예방 및 건강관리
	4-2. 검진·진단 및 치료
	4-3. 재활치료
	4-4. 산전 후 관리
	4-5. 의약품·의약외품 및 보장구 지원
	4-6. 보건의료 관련 비용지원
5. 정신건강 및 심리정서 (6)	5-1. 정신건강교육
	5-2. 심리 검사 및 진단
	5-3. 정신 · 심리상담
	5-4. 정서발달 및 치유 지원
	5-5. 정신질환자 치료 및 사회복귀 지원
	5-6. 정신건강 관련 비용지원
8. 문화 및 여가 (5)	8-1. 공연·전시 관람지원
	8-2. 체육활동 지원
	8-3. 체험 및 여행 지원
	8-4. 취미활동 지원
	8-5. 문화·여가 관련 비용지원
9. 안전 및 권익보장 (4)	9-1. 안전 및 인권교육
	9-2. 학대 및 폭력 피해자 지원
	9-3. 법률 및 재무상담
	9-4. 법률지원 관련 비용지원

출처 : 2018 희망복지지원단 업무안내, p. 202.

생각해 볼 문제

- 사회복지 정보관리의 필요성에 대해서 생각해 봅시다.
- 사회복지 정보관리체계의 유형은 무엇인지 생각해 봅시다.
- 사회복지시설정보시스템의 주요 서비스는 무엇이 있는지 생각해 봅시다.
- 사회복지시설 온라인 보고의 범위와 서식에 대해서 생각해 봅시다.
- 4차 산업혁명 시대의 사회복지시설 정보화는 어떻게 발전해 갈지 토의해 봅시다.

PART 04

Social Welfare Administration

사회복지 평가

CHAPTER 14

사회복지 시설평가와 프로그램 평가

학습목표

[가치] • 평가의 인식인 서비스의 질, 투명성, 참여성, 기본선 확보, 이용자 중심, 지역사회 관계성에 대해 이해한다.

[지식] • 평가의 유형과 목적, 평가의 영역과 지표를 파악한다.

• 프로그램 평가 종류와 평가기준에 대해 학습한다.

[기술] • 분석능력, 평가능력 : 노력성, 효과성, 효율성, GAS, SERVQUAL, 공동모금회 목표 평가 기법을 습득한다.

공사(公私)를 막론한 모든 사회복지조직들은 부족한 자원, 서비스에 대한 수요 증가, 사회적 욕구와 문제에 대한 관심의 증대, 서비스의 통합, 그리고 사회적 상황의 변화와 같은 조직의 외부환경으로부터 많은 영향을 받는다.

특히 오늘날 사회복지조직들이 직면하고 있는 과제이자 도전은 사회복지조직의 운영과 관련된 책임성과 효과성의 문제이다. 지역사회로부터 어느 정도의 정당성을 확보하고 있는가, 조직의 사업목표가 어느 정도 달성되었는가는 사회복지조직에서 정확하게 파악하고 명확하게 제시해야 한다. 평가는 하나의 긍정적 통제와 환류체계로서, 서비스 전달과 프로그램 개발 및 설계의 향상을 가져오게 하는 중요한 정보를 획득할 수 있는 기회를 사회복지조직들에게 제공해 주기 때문에 조직의 운영 혹은 조직의 목표 달성을 위해 수행하는 다양한 프로그램에 대한 평가는 사회복지조직이 반드시 수행해야 하는 중요한 업무이기도 하며, 지역사회가 원하는 사회복지조직의 역할이기도 하다. 이 장에서는 사회복지시설의 평가와 사회복지 프로그램 평가를 중심으로 소개하고자 한다.

제1절 평가의 정의와 유형

1) 평가의 개념 정의

평가는 기본적으로 효과성, 효율성 혹은 적절성 등이 측정되는 과정이다. 무엇보다 평가는 사회복지행정에서 이루어지는 기본적인 기능이기도 하며, 행정과정에서 필요한 기준의 설정, 성과에 대한 평가, 목표 달성을 위한 변화 유도, 책무성의 개발과 같은 관리의 일반적인 기능의 한 유형에 해당된다.

평가는 정책이나 프로그램에 관한 의사결정을 목적으로 사회과학적 조사 방법을 원용하여 정책 또는 프로그램의 수행과정과 결과를 측정하는 일련의 절차(Rutman, 1984 : 10)이다. 또한 평가는 프로그램의 특성 및 활동과 결과에 관한 체계적인 정보 수집을 통해서 불확실성을 제거하거나, 효과성을 증진시키거나, 혹은 프로그램의 진행상황과 영향에 관한 의사결정을 위한 것(Patton, 1986 : 14)을 의미하기도 한다.

또한 평가는 정책 수준과 프로그램 수준이라는 두 가지 수준에서 진행될 수 있다. 정책 평가는 일반적으로 첫째, 정책이 조직의 목표를 어느 정도 잘 반영하고 있는가, 둘째, 정책들 간의 일관성, 셋째, 특히 프로그램 평가와 관련성을 가지게 되는 경우에는, 특정 프로그램이 효과적인 방법으로 조직의 목적이나 목표를 달성하고 있는지의 여부 등에 초점을 둔다.

정책 평가와 프로그램 평가의 차이는 무엇보다 전자는 프로그램에 대한 평가 없이 진행될 수 있지만, 프로그램 평가는 정책 평가 없이는 진행될 수 없는 특징을 가진다는 점에 있다. 이러한 의미에서 평가의 영역이나 대상의 측면에서 프로그램 평가가 정책 평가보다는 넓은 의미를 가진다.

2) 평가의 유형

평가는 상당히 일반적이고 포괄적인 개념이지만, 크게 두 가지의 유형으로 구분될 수 있다. 즉, 과정중심의 형성평가(formative evaluation)와 결과중심 지향적인 총괄평가(summative evaluation)이다(김형식, 1999).

형성평가는 프로그램 개발자에게 필요한 정보를 제공하고, 의사결정자에게 프로그램을 향상시킬 수 있는 기회를 제공하는 것이다. 따라서 무엇을 하고 있는가?, 어떻게 하고 있는가? 그리고 단기적인 시간 틀 속에서 얼마나 잘 하고 있는가에 관심을 둔다. 효과성 평가와 같은 총괄평가는 무엇을 했는가?, 얼마나 잘 했는가? 할 만한 가치가 있었는가? 등에 초점을 둔다.

(1) 형성평가(과정 중심)(Process Oriented-Formative Evaluation)

형성평가는 프로그램 진행 중에 프로그램의 원활하고 성공적인 수행을 위하여 문제점을 찾아내고 수정·보완할 목적으로 실시되는 평가이다. 형성평가는 귀납적 방법에 의하며 항상 변화하는 프로그램의 전달, 기관의 운영상황 또는 클라이언트의 변동하는 요구 등 "앞으로의 결정을 위하여 알아야만 될 것이 무엇인가?"에 평가의 초점이 있다. 형성평가는 모니터링(monitoring)의 테크닉과 환류(feedback)를 중요시하기 때문에 융통성이 많은 것이 특징의 하나이다.

(2) 총괄평가(목표지향적)(Summative-Objective Oriented Evaluation)

총괄평가는 연역적·객관적 방법으로 한 기관의 정책 또는 프로그램이 달성하고자 했던 목표를 얼마나 잘 성취했는가의 여부를 평가한다. 총괄평가는 프로그램의 결과와 효과를 평가하고자 하며, 대개 프로그램 시행이 종결된 후에 실시한다. 총괄평가 모델은 모든 직원들이 기관의 사명(goal or mission) 목표(objectives)를 충분히 숙지하고 있다는 것을 전제로 하며, 얼마나 효과 있게 또는 효율적으로 목표 달성을 해왔는가를 알고 싶어 한다는 것을 전제로 하고 있다. 프로그램 종결 후 프로그램 투입에 대한 총체적인 판단을 내리기 위해 행하여지는 평가이다.

〈표 14-1〉 평가의 유형

구 분	총괄평가	형성평가
평가시점	일정 기간이 지난 후 혹은 완료된 시점에서 이루어짐	정책이나 프로그램이 시행 중인 경우
평가목적	프로그램의 성패를 판정하여 지속 중단의 총괄적 의사결정을 하는 데 있음	프로그램의 개선 혹은 향상

제2절 평가의 목적

평가의 목적은 평가자의 의도에 따라 평가대상에 따라 다양하게 제시될 수 있기 때문에 평가목적을 구체적으로 제시하는 데에는 많은 어려움이 있다.

Sarri(1979)는 평가결과의 활용성에 초점을 맞춘 평가목적을 다음과 같이 소개하고 있다.

Sarri가 제시한 평가목적

① 사회복지조직의 업무 수행을 체계적인 방법으로 추적하며, 추적의 핵심은 표적집단의 욕구 충족을 위한 서비스, 정책 또는 서비스 전달절차의 준수 여부, 업무 수행의 질과 양이다.
② 체계적인 방법으로 업무 수행의 효과성 및 효율성을 추적한다.
③ 사회복지기관에 관한 일반적인 법칙을 발견하기 위한 응용 연구
④ 사회복지기관의 업무 수행 또는 표적집단에 관한 문제를 규명하기 위한 논리적이고 공정한 체계적인 연구
⑤ 합리적인 방법으로 자원할당을 하기 위한 수단
⑥ 사회개혁 또는 사회혁신을 제도화시키기 위한 정치활동

⑦ 과학적 이론 또는 연구결과를 활용하여 개혁 또는 개입적 복지 프로그램의 시도를 시범할 수 있는 테크닉
⑧ 일반적인 문제해결의 첫 단계-오리엔테이션, 평가와 규제
⑨ 다음 네 가지 목표와 관련된 체계화된 과정, 즉 예상했던 행동의 변화가 표적집단에서 발견되었는가의 측정. 변화를 가능하게 했던 요인의 규명, 변화에 소요된 비용의 산출, 다른 프로그램과 표적집단에 적용할 수 있는 일반화된 가능성 검토

출처 : 김형식(1997). 사회복지 프로그램 평가기법, p. 43.

사회복지에서 평가의 목적을 ❙그림 14-1❙과 같이 제시해 볼 수 있다.

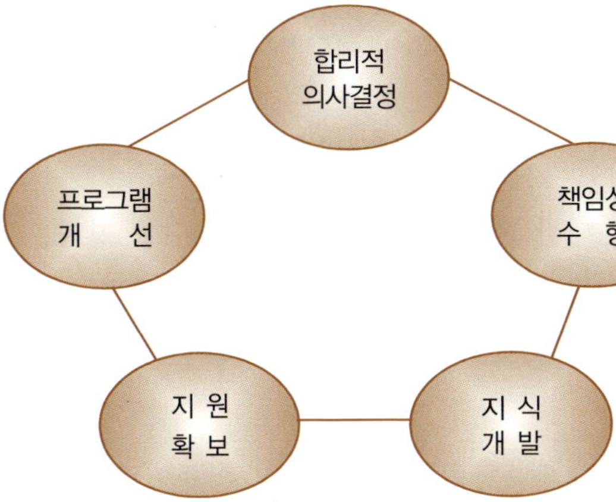

❙그림 14-1❙ 평가의 목적

첫 번째는 행정상의 의사결정에 도움을 받기 위해서이다. 평가는 기관이 수행하는 활동에 관한 정보뿐 아니라 이러한 활동이 클라이언트에게 미치는 효과에 관한 자료를 제공한다. 조직활동에 관한 이러한 정보는 의사결정자로 하여금 자원할당, 직원의 역할, 서비스 제공내용과 여부 등에 관한 중요한 이슈를 다룰 수 있도록 도움을 제공한다. 평가는 보다 합리적인 의사결정하에서 조직이 운영될 수 있는 중요한 정보와 자료를 제공하는 목적을 수행할 수 있다.

두 번째는 조직에서 운영하고 있는 프로그램 개선이다. 평가의 주요 목적은 무엇보다도 기획 혹은 설계 단계에서 마련된 기준에 비추어 진행 중인 프

로그램을 비교하는 데 있다. 그렇기 때문에 평가는 프로그램의 질을 개선시킬 수 있는 도구가 된다. 물론 평가 자체가 기관의 발전적 방향을 반드시 제시해 주는 것은 아니지만, 체계적으로 평가를 활용하게 된다면 기획과 운영 과정상의 괴리 혹은 차이를 보여주게 된다. 평가가 이루어지지 않는다면, 프로그램의 질을 개선한다는 것이 힘들기 때문이다.

세 번째는 책임성의 수행이다. 책임성은 특정 업무에 대한 책임 이외에도 집단이나 개인에 대한 책임의 의미를 포함한다. 책임성의 개념은 조직뿐 아니라 조직 내 전문인력에게도 적용될 수 있고, 사회복지조직에서 책임성은 프로그램 평가와 서비스 전달과정에 관한 조사를 통해 파악될 수 있다(Skidmore, 1995). 평가활동도 이러한 책임성을 보여주는 중요한 과정이기도 하지만, 기관의 활동과 활동결과를 담고 있는 기관 평가 보고서는 기관의 책임성 여부를 보여주기도 하고, 기관의 책임성을 강화시키는 역할을 한다.

네 번째는 기관에 대한 외부의 지원을 증가시킨다. 평가는 기관의 효과성 등을 입증해 주고, 이를 알리는 역할을 담당하기 때문에 기관의 입지를 강화시킬 수 있다. 평가는 지역사회나 정부로부터 지원 혹은 지지를 획득할 수 있는 정보를 제공한다.

다섯 번째는 서비스 제공방법에 관한 지식 획득이다. 평가는 기관의 활동 내용이나 그 여부에 대한 일상적인 평가의 의미도 가지고 있지만, 최근에는 기관의 성과에 대한 평가라는 의미로 이해되고 있다. 더욱이 평가에 사용되는 방법들은 기관의 개입활동과 계획한 성과 간의 관계에 대한 지식을 개발하는 데에도 활용된다.

평가의 목적은 사회복지기관의 서비스 제공 능력을 향상시키는 데 어떠한 도움을 제공하는 데 있다. 그렇기 때문에 가능한 엄격한 평가방법을 사용하는 것도 중요하며, 또한 평가는 그 자체에 목적이 있는 것이 아니라 오히려 목적달성을 위한 수단이라는 점을 이해하는 것도 중요하다. 평가과정 혹은 평가노력에는 전문적인 평가자뿐 아니라 재원제공자, 정책결정자, 서비스전달자, 지역사회 주민 등이 관여하거나 이들에 의해 수행되기도 한다. 이들 각각은 평가의 생산자이기도 하지만 동시에 평가의 소비자이기도 하므로 평가과정에 상당한 영향을 미치게 된다. 그래서 Patton(1997)은 평가의 결과가 실질적으로 활용될 수 있는 평가의 원칙으로서 활용중심적 평가(utilization-focused evaluation)를 제시하고 있다.

Patton이 제시하고 있는 활용중심적 평가의 내용은 첫째, 과학적이고 객관적이며 측정적인 접근방법에서 평가의 과정 또는 평가의 참여에 중점을 두는 방법이며, 둘째, 정보의 생산에서 정보의 사용에 초점을 두며, 셋째, 구체적인 확실성을 기대하기보다는 평가의 활용성을 강조하며, 넷째, 평가의 주된 관심사를 프로그램 그 자체에 국한시키는 대신 프로그램의 대상이 되는 인적인 요소와 제반 욕구 및 환경을 강조하며, 다섯째, 전문가에게 의존하던 기술적인 평가방법에서 참여적인 접근방법과 평가의 과정에 가치를 부여하며, 여섯째, 한 번으로 끝나는 평가가 아닌 계속적인 활동으로서의 평가를 의미한다.

결국 평가란 사회복지조직의 목적 달성에 기여할 수 있어야 하며, 이를 위해서는 평가의 결과는 충분한 활용가능성을 가져야만 한다. 평가는 평가 자체에 목적이 있어서는 안 되는 것이다.

제3절 사회복지시설 평가

사회복지시설의 발전을 위한 평가제도의 도입은 사회 전반의 구조조정의 시기와 맞물려 시설운영의 투명성과 효율성의 향상이라는 목표를 가지고, 1998년 사회복지사업법의 개정을 통해 모든 사회복지시설에 대해 정기적인 평가가 이루어지도록 법제화되면서 본격적으로 평가에 관한 구체적인 노력이 전개되고 있다.

1. 사회복지시설 평가의 실시배경과 의의 및 목적

1) 실시배경과 의의

우리나라에서 사회복지시설 평가제도의 도입은 1990년대 중반 경제 위기 상황하에서 사회복지욕구는 계속 증대하는 데 비해 가용자원이 제약되고, 자원의 효율적 배분 및 활용의 문제가 제기됨에 따라, 사회복지시설이 얼마나 효율적으로 운영되고 있으며, 서비스 제공 정도는 어떠한지 등을 판단할 필요성이 대두하면서 시작되었다.

구체적으로 사회복지시설 평가는 1998년 개정된 사회복지사업법[1)]에 따라 정부와 지방자치단체는 전체 사회복지시설을 대상으로 3년마다 1회의 평가를 실시하게 되었다. 이는 당시 IMF로 대변되는 국가 경제 위기상황 속에서 사회복지시설 운영개선을 통하여 시설운영의 합리화와 투명화, 서비스의 양질성을 유도함으로써 민간 사회복지전달체계의 활성화를 도모하고 사회복지 재원의 효율적인 사용을 유도해야 할 당위성이 제기되었기 때문이다.

또한 사회복지 패러다임의 전환으로 인해 공급자 중심의 복지에서 수요자 중심의 복지서비스와 인권 중시에 적응하게 하는 측면도 존재하였다. 이에 따라 사회복지시설 운영 개선을 요구하는 목소리가 증대하였으며 이는 정부로 하여금 시설평가의 전면적인 실시를 가져오게 했다.

사회복지시설에 대한 평가는 1999년 정신요양시설과 장애인복지관에 대한 평가를 시작으로 1999년부터 2003년도까지 한국보건사회연구원이, 2004년도에는 한국사회복지협의회가 연구용역사업으로 시행하였으며, 2005년 사회복지시설 평가가 위탁업무로 전환되고, 2005년부터 2007년까지 한국사회복지협의회의 위탁업무로 진행되었다. 그 후 한국사회복지협의회에서는 사회복지시

1) 사회복지사업법 제43조의2(시설의 평가), 사회복지사업법 시행규칙 제27조2(시설의 평가) ① 보건복지부장관 및 시·도지사는 법 제43조의 규정에 의하여 3년마다 1회 이상 시설에 대한 평가를 실시하여야 한다. ② 제1항에 따른 시설의 평가기준은 법 제43조 제1항에 따른(보건복지부장관은 시설에서 제공하는 서비스의 최저기준을 마련하여야 한다) 서비스 최저 기준을 고려하여 보건복지부장관이 정한다.

설 평가의 중요성을 인식하고 사회복지시설평가원을 설치하여 보다 체계적인 평가를 실시하려고 노력하고 있다.

시설 평가는 현재 7기로, 1기 평가기간인 1999년부터 2001년까지의 평가는 평가지표 개발에 중점을 두고 이루어졌다. 이후 2기 평가는 2002년부터 2004년까지, 3기(2005~2007), 4기(2008~2010), 5기(2011~2013), 6기(2014~2016), 7기는 2017년부터 2019년까지이다. 작년 2018년도에는 노인복지기관(254), 사회복지기관(344), 노인양로시설(114), 한부모가족복지시설(115)이 평가대상이었고, 올해는 아동복지시설, 장애인거주시설, 장애인단기거주시설, 장애인공동생활가정, 장애인직업재활시설이 평가대상으로 예상되어 있다. 현재 사회복지시설평가는 위탁 수행기관인 사회보장정보원에서 수행하고 있다.

〈표 14-2〉 **사회복지시설 7기 평가(2017~2019)**

구 분	연 도	평가대상시설
7기 평가	2017년	노숙인생활시설, 장애인복지관, 정신요양시설, 정신재활시설
	2018년	노인복지관, 사회복지관, 양로시설, 한부모가족복지시설
	2019년	아동생활시설, 장애인거주시설, 장애인직업재활시설

출처 : 사회보장정보원(2018). 「2018년도 사회복지시설 평가 안내」, p. 2.

사회복지시설의 평가는 무엇보다도 먼저 이용자의 인권을 보호하고 지역사회와의 긴밀한 연계 속에서 사회복지시설의 운영이 이루어질 수 있는 기반을 마련하는 데 의미가 있다. 즉, 평가를 통하여 시설운영의 효율성을 향상시키며 또한 사회복지시설 서비스의 수준을 향상시키는 데 가장 큰 목적이 있다.

2) 목적과 기대효과

사회복지시설 평가의 목적은 크게 장기적 목적과 단기적 목적으로 나눌 수 있는데 사회복지시설 평가의 장기적 목적으로는 첫째, 사회복지시설의 투명성과 서비스의 질 향상을 통한 사회복지시설 이용자와 국민의 복지수준 향상에 기여하고, 둘째, 평가결과를 반영한 예산집행의 효율성과 합리성을 유도하고 사회복지시설 운영의 선진화를 지원함으로써 시설의 상향평준화에 기여하고자 하며, 셋째, 사회복지시설의 정보를 복지대상자 및 일반국민에게 정확하게 제공하여 향후 노인수발보장제도 및 시설이용권제도 등 국민들에게 시설선택권 부여 시 시설선택에 관한 기초자료로 활용하게 하는 목적을 가지고 있다.

이를 달성하기 위한 평가의 단기적인 목적으로는 첫째, 입소 및 이용시설에 대한 평가를 통하여 효율적이고 효과적인 사회복지시설의 운영기반을 정착시키고 시설 간 선의의 경쟁을 유도하고자 하며, 둘째, 시설 이용자의 인권이 보호되고 지역사회와의 긴밀한 연계 속에서 사회복지시설의 운영이 이루어질 수 있는 기반을 마련하며, 셋째, 사회복지시설 실태 파악을 통하여 국가 지원수준에 대한 과학적인 근거자료를 제공하는 데 있다(한국사회복지협의회, 2006).

이상에서와 같이 지난 1999년부터 시작된 사회복지시설에 대한 평가는 사회복지시설의 수준을 선진 사회복지시설화하는 데 크게 기여해 왔으며 개별 사회복지시설들이 각자의 시설을 타 시설과 비교해 볼 수 있는 기회를 제공하여 왔다.

참고로 사회복지시설평가원의 설립목적을 보면 시설평가의 목적을 가늠해 볼 수 있을 것이다.

사회복지시설평가원의 설립목적

- 사회복지시설에 대한 평가를 통하여
  - ▸사회복지시설의 운영효율화 및 서비스의 질을 제고함으로써 사회복지시설 이용자・생활자에 대한 사회복지서비스의 질 향상 도모
  - ▸합리적 평가지표와 평가체계의 개발을 통한 사회복지시설에 대한 객관적인 평가 틀 마련
  - ▸전국적으로 사회복지시설 평가를 통하여 사회복지시설 운영수준에 대한 지역별・시설종별 차이를 파악하고, 이의 개선을 위한 사회복지시설 운영수준의 균형화 대책 마련을 위한 기초 자료 확보
  - ▸사회복지 수요 증대에 따른 사회복지시설 운영상태에 대한 정보 제공으로 사회복지시설에 대한 국민의 선택권 확대 및 보장

    국민들에게 직접 복지서비스를 제공하는 사회복지시설의 기능 강화를 통해 사회안전망을 강화하고 시설운영의 선진화를 통하여 국민의 복지수준 향상에 기여

2. 사회복지시설 평가의 원칙

다양한 사회복지시설을 대상으로 실시된 평가의 전체 과정, 즉 평가기준, 지표개발, 평가의 시행과 평가결과에 대한 조치 등에서 반영되었던 기본 원칙들은 ① 서비스 질 향상의 원칙, ② 평가절차의 투명성 원칙, ③ 평가 참여의 원칙, ④ 기본선 확보의 원칙, ⑤ 이용자 중심의 원칙, ⑥ 지역사회 관계의 원칙이다(한국보건사회연구원, 2001 : 29). 이들을 구체적으로 살펴보면 다음과 같다.

첫째, 사회복지시설 평가는 시설운영의 개선 및 서비스의 질 제고를 유도하는 수단으로서 작용해야 한다.

둘째, 평가기준은 평가지표 개발의 의도하는 바를 모든 사람이 이해하고 수행할 수 있도록 상세하고 쉽게 구성하며, 평가기준과 평가과정을 사전에 공개하여 평가지표에 대한 이해를 명료하게 인지시킴으로써 평가절차의 투명성을 확보하여야 한다.

셋째, 평가대상 시설이 평가과정에 참여하는 참여자로서 평가과정 속에서 평가대상 시설이 스스로 시설의 문제점을 객관적으로 인식하고 개선노력을 기울일 수 있도록 하여야 한다. 이것은 사회복지시설 평가가 기존 감사와는 달리 시설이 참여하여 평가하며, 평가를 통하여 긍정적인 발전의 기회를 갖도록 하는 평가의 목적을 수행하도록 한다.

넷째, 평가의 목적은 최고의 시설을 선정하는 것이 아니라, 사회복지시설이 전체적으로 기본적인 수준 이상을 견지할 수 있도록 유도하는 것을 기본 목표로 한다.

다섯째, 사회복지시설을 이용하는 이용자(거주자) 중심의 평가로서, 이용자(거주자) 만족도와 서비스의 질을 고려하지 않으면 좋은 평가를 받을 수 없도록 한다. 즉, 사회복지시설은 기존 서비스 제공자 중심의 시설에서 이용자 중심의 서비스 제공이 이루어질 수 있도록 한다.

여섯째, 사회복지시설이 지역사회 내에서 융화될 수 있도록 한다. 즉, 사회복지시설이 지역사회와의 원활한 상호관계를 유도하는 방향으로 이루어지도록 한다.

사회복지시설 평가의 원칙

- 서비스 질 향상의 원칙
- 평가절차의 투명성 원칙
- 평가 참여의 원칙
- 기본선 확보의 원칙
- 이용자 중심의 원칙
- 지역사회 관계의 원칙

그림 14-2 사회복지시설 평가의 원칙

3. 사회복지시설 평가영역과 평가지표 및 배점

2012년 한국사회복지협의회 산하의 사회복지시설평가원은 학계 전문가, 관계 공무원, 현장실무자 등으로 이루어진 평가단을 구성하여 시설종별 지표의 수정·보완과 현장평가위원 교육 및 사회복지시설 평가담당자 교육을 진행하였다. 특히 각 시설별 평가지표의 수정과 보완과정에서 현장실무자들의 의견이 적극 수렴될 수 있도록 공청회를 통하여 지표의 수정과 보완을 진행하였다.

예를 들어, 2000년 사회복지관 평가지표는 조직 및 관리, 인력 및 재정, 프로그램, 지역사회 관계로서 4영역에 걸쳐 구성되었으나, 2003년, 2006년에는 보다 세분화하여 조직 및 관리, 인적자원 관리, 재정, 근무여건, 프로그램, 지역사회 관계, 이용자 만족도로서 8개 영역에 걸쳐 확대되었다. 그 후 2009년과 2012년 사회복지관 평가에서는 6개 평가영역으로 축소하고 프로그램을 보다 세분화하고 배점도 확대하여 시행해 왔으며 현재까지 삭제, 유지, 신규 등의 계속적인 수정을 해오고 있다(표 14-3 참조).

〈표 14-3〉 2018년 평가지표 영역별 지표 수 및 배점

<table>
<tr><th colspan="2" rowspan="2">평가영역</th><th rowspan="2">2018년 배점(%)</th><th colspan="4">지표 수</th></tr>
<tr><th>구 분</th><th>서울시</th><th>광역시</th><th>도 (세종시 포함)</th></tr>
<tr><td colspan="2">A. 시설 및 환경</td><td>4</td><td colspan="4">4</td></tr>
<tr><td colspan="2">B. 재정 및 조직운영</td><td>4</td><td colspan="4">4</td></tr>
<tr><td colspan="2">C. 인적자원 관리</td><td>28</td><td colspan="4">10</td></tr>
<tr><td rowspan="5">D. 프로그램 및 서비스</td><td>사례 관리</td><td>12</td><td colspan="4">4</td></tr>
<tr><td rowspan="3">서비스 제공</td><td rowspan="3">30</td><td>프로그램 제출 수</td><td>8</td><td>7</td><td>6</td></tr>
<tr><td>실지표수</td><td>3</td><td>3</td><td>3</td></tr>
<tr><td>총지표수</td><td>24</td><td>21</td><td>18</td></tr>
<tr><td>조직화 사업</td><td>8</td><td colspan="4">3</td></tr>
<tr><td colspan="2">E. 이용자의 권리</td><td>6</td><td colspan="4">4</td></tr>
<tr><td colspan="2">F. 지역사회 관계</td><td>8</td><td colspan="4">4</td></tr>
<tr><td colspan="2" rowspan="2">총 계</td><td rowspan="2">100</td><td>실지표수</td><td>36</td><td>36</td><td>36</td></tr>
<tr><td>총지표수</td><td>57</td><td>54</td><td>51</td></tr>
</table>

출처 : 보건복지부(2018). 2018년도 사회복지시설평가 평가지표 설명회자료집, p. 3.

그동안 7번의 평가에 따라 평가지표도 많이 정교해졌고 시설 또한 평가원칙과 지표에 부합하는 다양한 활동들이 수행되었다. 향후 사회복지관 평가의 더 나은 발전을 위해서는 프로그램 영역에 있어서 서비스의 질적 수준과 이용자(고객)의 권리에 대한 객관적이고 과학적으로 평가할 수 있는 세부지표가 개발되어야 할 것이다. 아울러 성과중심의 평가가 될 수 있도록 성과지표를 정교하게 개발해 나가야 하고 평가결과가 미흡한 기관에 대해서는 외부 자문과 교육훈련 및 경영컨설팅을 통해 개선해 나갈 수 있도록 재정지원이 이루어져야 할 것이다. 그리고 평가결과에 따른 실질적인 인센티브 제도의 마련과 함께 향후 시설인증제로 나아가야 할 것이다.

서울시는 사회복지시설 운영법인을 대상으로 공공성 · 투명성 · 전문성을 검증 · 인증하는 제도인 '사회복지시설 운영법인 인증제'를 전국 최초로 도입하였다. 이를 통해 일부 사회복지시설에서 빚어진 기부금·보조금 횡령과 인권침해 같은 문제를 사전에 차단하고, 시민에게 복지시설에 대한 신뢰를 높이고자 하였다(연합뉴스, 2018. 1. 28).

사회복지시설 운영법인이 인증을 신청하면 전문인력이 운영안정성과 투명성 등 모두 20개 세부지표를 바탕으로 심사하며 심사점수가 80점 이상인 법인 가운데 인증운영위원회와 시민 공개검증을 거친 곳이 '서울시 인증법인'으로 선정된다. 서울시 인증법인이 되면 서울시장 명의의 인증서와 현판은 물론 법인 정기 지도 · 감독 3년간 면제에 컨설팅 · 임직원 역량 강화 지원도 받을 수 있다(YTN News, 2018. 8. 28).

제4절 사회복지 프로그램 평가

우리나라 사회복지사업법 제13조 및 동법 시행령 제6조 제1항에 의하면, 사회복지법인 또는 사회복지시설을 설치 · 운영하는 자는 해당 법인 또는 시설에서 다음에 해당하는 업무에 종사하는 자를 사회복지사로 채용하여야 한다. 다음에 해당하는 사회복지사의 업무는 ① 사회복지 프로그램의 개발과 운영업무, ② 시설거주자의 생활지도 업무, ③ 사회복지를 필요로 하는 사람에 대한 상담업무로 사회복지사의 가장 첫 번째 업무는 프로그램의 개발과 운영임을 알 수 있다. 따라서 오늘날 우리나라 사회복지실천현장에서 일하는 사회복지사들은 프로그램 관리자로서 역할과 기능을 충실히 할 수 있어야 그 전문성을 인증받을 수 있을 것이다.

1. 프로그램의 개념과 유사 개념과의 관계

1) 프로그램의 개념 정의

사회복지 프로그램에서 프로그램은 우리가 가장 흔히 사용하는 용어이지만 그 실체를 정확히 파악하기에는 매우 어려운 개념이다. 왜냐하면 프로그램이란 때로는 정책과 동의어로 사용되기도 하고 또한 어떤 경우에는 실천과 서비스와 혼용되기도 하기 때문이다.

사회복지 이념과 정책들을 구체적인 서비스로 전환하여 실천하는 것이 사회복지행정이라면, 그러한 목적과 역할의 추구에 쓰이는 주된 도구가 프로그램이다. 본 서에서 사용하고 있는 사회복지행정의 접근은 크게 조직과 관리, 그리고 프로그램이라는 세 부분으로 구성되어 있다. 이 세 가지는 모두 사회복지행정의 중요한 접근방법이기는 하지만, 사회복지의 목적을 실현하기 위한 보다 직접적인 수단은 프로그램이라고 볼 수 있다.

Rapp와 Poertner(1992)는 프로그램을 "하나의 목적을 이루기 위한 행동들의 집합체"로 보았고, York(1982) 역시 프로그램을 "목적을 달성하기 위한 일련의 상호 의존적인 활동들"로 정의하고 있다. Barker(1995 : 297)는 사회복지사전에서 프로그램을 "해야 할 일에 관한 계획과 지침"이라 했다.

국내 학자들의 정의를 보면, 성규탁(1986)은 프로그램이란 "특정한 사회복지 향상의 목적을 달성하기 위하여 한 가지 또는 여러 가지 서비스를 사전 계획에 따라 전달하는 의도적이고 조직적인 활동"이라고 정의하였다. 정무성(1999 : 67)은 사회복지 프로그램은 사회의 구성원들에 대한 원조를 제공함으로써 사회의 욕구를 충족시킴과 동시에 사회복지사들에게는 성취감과 만족감을 주는 수단이 되기도 한다고 하였다. 김영종(1998 : 175)은 사회복지 프로그램이란 일종의 변화 모델로서 의도적인 개입을 통해 개인, 집단 혹은 사회에 대한 변화를 시도하는 것이라고 하였다. 박경일(2000 : 147)은 프로그램이란 "조직이나 기관이 의도된 계획에 따라 어떤 목적을 달성하기 위해 인적·물적 자원을 활용하는 일련의 집합적인 행동들"이라고 하였다.

이상으로서 국내외 학자들의 프로그램에 대한 정의를 종합해 본다면 사회복지 프로그램의 개념은 조직의 목적달성을 위해 이루어지는 활동의 체계로 이해한다는 점에서는 학자 간에도 견해가 일치하고 있다. 그러나 이러한 조직 내 활동의 체계는 무계획적으로 진행되지 않으며, 또한 그것을 뒷받침하는 자원과 기술이 결여된다면 하나의 독립된 개념으로서의 프로그램으로 성립되기는 어렵다. 따라서 사회복지 프로그램은 "사회복지사와 사회복지 관계 프로그램 진행자가 의도된 계획과 일정에 따라 아동, 청소년, 노인 등을 대상으로, 이들과 환경 간의 다양한 상호작용을 보여주는 역동적인 활동"이라고 할 수 있다.

2) 프로그램, 정책, 서비스와의 관계

사회복지정책적 관점에서 볼 때 프로그램은 서비스 전달을 위한 도구이며 정책이 의도하는 변화를 실천에 옮기는 모델로서의 역할을 수행한다. 즉, 사회복지 프로그램은 사회복지정책들이 서비스로 구체화되어 전달되는 과정에 대한 것이다. 정책이 주로 '무엇이 되어져야 하는가'라는 당위성을 다루고 있다면, 프로그램은 '어떻게 그것을 실현할 것인가'에 대한 방법론을 담고 있다.

또한 사회복지서비스 관점에서 볼 때, 프로그램 활동의 주요 내용을 구성하는 것은 서비스(service) 제공 활동이다. 사회복지 프로그램을 담당하는 수행인력은 클라이언트에게 직접적으로 상담, 치료, 교육, 재활, 보호, 의뢰, 정보제공 등의 사회복지서비스를 제공하는 활동에 주안점을 둔다. 따라서 프로그램 활동의 핵심은 서비스 제공 활동이지만 프로그램 활동은 프로그램의 목적을 달성하기 위해서 필요한 그 밖의 행정활동과 지역사회 활동을 포함한다. 예를 들면, 가출청소년의 가정복귀 프로그램을 시행하는 경우 학교사회사업가가 가출청소년에 대해서 개별적 상담서비스를 제공하지만 필요시 집단 프로그램을 운영하거나 학교의 담임교사와 협력하여 관할 교육청에 재정지원을 요구하거나 다른 학교와 연계하는 지역사회 활동도 수행할 수 있다. 결국 프로그램은 내용적인 측면에서 서비스 제공 활동을 본질적으로 포함하지만 사회복지서비스보다는 넓은 개념으로 파악해야 한다. 따라서 사회복지서비스는 사회복지 프로그램의 구성내용의 일종이다.

2. 프로그램 평가

측정과 평가는 수혜대상자와 지역사회에서 일어난 변화, 즉 생산성(products)을 측정하는 것이며 효과성(effectiveness)을 평가하는 것이다. 특히 프로그램 평가는 설정된 목표가 달성되었는가를 알아보기 위한 과정 혹은 시행한 프로그램의 가치와 의의를 판단하는 사회적 과정이라고 할 수 있다.

1) 프로그램 평가 수행의 이유

"평가란 한 기관의 전체 또는 선별된 프로그램의 효율, 효과 및 적절성을 철저하게 그리고 비판적으로 검토하는 과정"이므로 프로그램 평가를 수행하는 이유는 여러 가지가 있다. 그 가운데에서 중요한 몇 가지 이유를 제시해 보면 ① 프로그램에 요구되는 공적인 인정의 충족, ② 프로그램에 사용된 재정의 결산, ③ 프로그램에 관한 정보 요청에 대한 답변, ④ 행정적인 의사결정에의 참고, ⑤ 프로그램 개발에 직원들의 참여 유도, ⑥ 의도하지 않은 효과들에 대한 학습 때문이다(Posavac & Carey, 1980 : 7).

2) 프로그램 평가 종류

프로그램 평가는 ① 프로그램 개시 직후, ② 프로그램 진행 도중, ③ 프로그램 종료 후에 할 수 있다. 그런데 대개의 경우 평가는 프로그램이 완전히 끝난 다음에 시행되는 것으로 생각하고 프로그램 시작과 동시에 시행하는 평가를 소홀히 취급한다. 그래서 새로운 정보나 상황의 변화에 적응하지 못하고 실패하는 경우도 흔히 일어난다.

프로그램 실행과정 중간에 평가하는 것은 이때가 팀원들이 초보단계를 벗어나면서 과업 수행에 익숙해지는 반면, 불만이나 부여된 활동의 목표와 가치에 대해서 의문을 제기할 수 있는 시점이기 때문이다. 그러므로 여러 가지 상황변화를 예의 주시하고 이에 따른 계획의 적절한 변화를 판단하기 위하여 정기적으로 중간평가를 해야 한다. 초기 및 중간 평가를 통해서 수립된 계획에 따라 목표 달성을 위하여 다각적인 노력을 시도하고 비록 상황변화에 따라서 조기 종료를 하게 되거나 심지어 실패했을 경우에도 최종평가가 이루어져야 한다. 물론 성공적으로 끝났을 때에도 마찬가지이다(이성록, 1998).

3) 프로그램 평가기준과 평가요소

(1) 평가기준의 선정

평가의 기준이란 평가를 위한 척도이다. 즉, 프로그램의 성패를 판단하기 위해서 프로그램의 어느 측면을 평가의 초점 내지는 대상으로 삼아야 할 것인가에 대한 기준을 말한다. 평가의 기준은 대체로 ① 목표 달성 수준, ② 기대하는 변화의 정도, ③ 변화 또는 성과를 나타내는 점수, ④ 의도한 서비스의 효과가 표현되는 맥락이나 상황의 수준, ⑤ 원하는 가치가 산출되는 정도나 범위, ⑥ 소비자의 만족도를 나타내는 특정 지표, ⑦ 특정 행동 또는 태도의 변화 등으로 표현할 수 있다.

York(1982)는 노력성(effort), 효과성(effectiveness), 효율성(efficiency), 서비스의 질(quality of services), 과정(process), 영향(impact), 형평성(equity) 등 일곱 가지를 제시하고 있다. 이들 학자들의 평가에 관한 공통적인 기준은 노력성, 효과성, 효율성, 서비스의 질 네 가지로 크게 대별해 볼 수 있다.

〈표 14-4〉 각 학자들의 평가기준

Paul	Sudman	Patti	Tripodi	Sanber	York
• 노력성 • 효과성 • 과정	• 노력성 • 효과성 • 효율성 • 과정 • 적합성	• 노력성 • 효과성 • 효율성	• 노력성 • 효과성 • 효율성	• 노력성 • 효과성 • 효율성 • 적합성	• 노력성 • 효과성 • 효율성 • 영향 • 질 • 과정 • 형평성

(2) 평가요소

① 노력성(투입) 평가

노력성은 서비스에 투입된 노력(인력, 비용 등)의 양과 서비스의 결과인 생산량으로 볼 수 있다. 노력성을 측정하는 방법으로서는 서비스 단위당 클라이언트 수, 시간당 클라이언트 수, 서비스 단위당 워커 혹은 자원봉사자의 수, 클라이언트당 워커 수 등으로 나타낼 수 있다. 예를 들어, A 복지관의 아동복지 프로그램 가운데 다음의 세 가지 프로그램에 대한 노력성은 서비스 단위당 클라이언트 수(학습지도교실에 17명, 집단상담에 23명, 컴퓨터 기능교육에 11명)나 서비스 생산량으로 나타낼 수 있다. 그리고 단위당 비용은 후술하는 효율성으로, 대상집단에 대한 목표 달성은 효과성으로 나타낼 수 있다.

〈표 14-5〉 서비스 단위생산량

목표와 하위 프로그램 A	예산 B (천 원)	서비스 단위당 Ct 수 C(명)	실시 회수 D(회)	서비스 생산량 E(C×D) (명)	단위당 비용 B/E (원)	목표달성/ 대상집단 (예시)
(1) 목표 학습지도교실	1,400	17	12	204	6,863	12/30
집단상담	340	23	12	276	1,231	20/24
컴퓨터 기능교육	1,950	11	12	132	14,772	10/54

② 효과성 평가

효과성 평가는 프로그램이 성과가 있었는지에 관한 정보를 얻기 위한 평가로서, 즉 서비스의 목표 달성 정도를 측정하는 것을 말한다. 이러한 효과성을 평가할 때에는 의도된 결과(intended)와 아울러 예기하지 않았던 결과(unintended)도 생각해야 한다. 효과성을 측정하는 방법으로서는 ① 개인/ 집단의 변화를 측정하는 단일사례분석(single subject design)과 ② 성취목표를 확인하기 위한 목표달성척도(GAS : Goal Attainment Scale), 그리고 ③ 프로그램의 산출물(product : 업무량, 생산비용, 직원들의 전문성, 유지비, 수익성 등)을 선정해 확인하는 평가조사(evaluation research)가 있다. 참고로 사회복지사가 목표달성척도를 효과성 측정도구로서 사용하였다면 다음과 같은 방식으로 측정한다. 먼저 사회복지사가 목표 1, 2, 3에 대한 가중치를 설정하고 프로그램을 시행하고 난 후 그 결과 성과수준에 대해 목표 1, 2, 3에 따라 다음과 같이 체크되었다. 그렇다면 목표달성은 다음과 같은 방법으로 계산된다.

〈표 14-6〉 **목표달성척도(GAS : Goal Attainment Scale)**

일반목표 : Ct의 사회적응력(가정, 학교, 사회) 향상			
성과의 수준 (척도의 점수)	목표 1. 교육생 수료율 (0.3)	목표 2. 프로그램 만족도 (0.3)	목표 3. 개인능력 향상 (0.4)
최적의 향상 (1.0)	교육생 전원 수료	만족도 설문조사 결과 교육생 전원 교육에 대한 만족도 점수 평균 9~10점	수료생의 성장도 조사에서 교육생 전원의 점수 향상과 135점 이상 득점자 30% 이상
기대 이상의 향상(0.75)	✓교육생의 8명 수료	✓만족도 설문조사 결과 교육생 전원 교육에 대한 만족도 점수 평균 8점	수료생의 성장도 조사에서 교육생 전원의 점수 향상
기대한 정도 의 향상(0.5)	교육생의 7명 수료	만족도 설문조사 결과 교육생 전원 교육에 대한 만족도 점수 평균 7점	✓수료생의 성장도 조사에서 점수 하락된 교육생 없음
기대 이하의 성과(0.25)	교육생의 6명 수료	만족도 설문조사 결과 교육생 전원 교육에 대한 만족도 점수 평균 5~6점	수료생의 성장도 조사에서 점수 하락된 교육생 1~2명

전혀 성과가 없음(0.00)	교육생의 5명 미만 수료	만족도 설문조사 결과 교육생 전원 교육에 대한 만족도 점수 평균 4점 이하	수료생의 성장도 조사에서 점수 하락된 교육생이 3명 이상

목표 1 : 교육생의 8명 수료(0.75)로 체크
목표 2 : 만족도 설문조사 결과 만족도 평균 점수 8.8점(0.75)으로 체크
목표 3 : 성장도 설문조사 결과 1명의 점수등락폭 0점 외 6명 전원 향상(0.5)으로 체크

- 전반적인 목표달성 수준(GGAL)
  =(목표 1의 가중치×성과 수준)+(목표 2의 가중치×성과 수준)+(목표 3의 가중치×성과 수준)
  ∴ GGAL=(0.3×0.75)+(0.3×0.75)+(0.4×0.5)
  =0.225+0.225+0.2=0.65
- 결과 : 전반적인 목표달성 수준(GGAL)이 0.65로서 기대한 정도의 향상(0.5)보다 0.15(약 30%) 초과 달성한 것으로 나타남

③ 효율성 평가

효율성 평가는 투입(비용, 노력, 시간 등)에 대한 산출(목표 달성 정도)의 비율(투입/ 산출)에 대한 평가로서 자원의 효율적인 사용에 대한 정보를 제공해 준다. 효율성을 측정하는 방법으로서는 ㉠ 비용/ 노력으로서 서비스 단위당 투입된 비용(cost per service unit)을 계산하거나, ㉡ 비용/ 효과분석(cost-effectiveness analysis), ㉢ 비용/ 편익(이익)분석(cost-benefit analysis)이 있다.

비용/ 효과분석은 프로그램의 질적 이득을 찾아내기 위한 지표로서 비화폐적 형태로 서술된다. 예를 들어, 10명의 학습부진 아동을 대상으로 '읽기 증진 프로그램'을 실시한 결과 계획된 목표의 50%를 달성하였다면 비용/ 효과는 50% 달성으로 나타낼 수 있다.

비용/ 편익(이익)분석은 경제학적 관점에서 출발하는데, 비용/ 이익의 개념은 이익을 이끌어 내는 것과 특정 목적을 달성하기 위해 요구되는 자원(비용)들 사이의 관계로 정의한다. 예를 들어, 지체장애인을 대상으로 직업훈련을 실시하는 데 든 비용이 1인당 20만 원이었다. 그런데 이들이 훈련을 끝마치고

기업체에 고용되어 월 80만 원의 월급을 받는다면 비용/ 편익은 20만 원/ 80만 원(취업자 경우)으로 나타낼 수 있다.

한편 프로그램의 효율성은 '경제성'에 집중되어 있기 때문에 프로그램의 효과성 개념과 상대적이며 갈등적 관계에 있다. 사회복지의 이념과 가치에 비추어 볼 때, 다소 프로그램 비용이 많이 지출될지라도 효과성 있는 서비스가 제공되는 것이 목적으로 되어야 할 것이다. 비록 경제성이 없는 비효율적인 프로그램이 될지라도 사회성이 높은 효과적인 서비스가 제공되도록 노력해야 하는 것이 사회복지사의 자세가 되어야 할 것이다.

④ 서비스의 질 평가(quality of service evaluation)

서비스의 질 평가는 서비스를 통해 클라이언트(개인, 가족, 집단, 지역사회 등)의 변화 등을 평가하는 것이다. 서비스의 질을 측정하는 방법으로는 동료리뷰(peer review)나 클라이언트의 서비스 만족도 조사, 단일사례분석(single subject design), 서비스 질을 보증하는 대외적 전문 자격증이나 수료증, 품질인증(ISO 9000) 등이 있다.

서비스 품질의 측정방법으로 가장 일반화된 모형으로 SERVQUAL이 있다. 미국의 Parasuraman, Zeithaml, Berry 등 세 사람의 학자(이하 PZB)에 의해 개발된 서비스품질 측정도구로서 서비스 기업이 고객의 기대와 평가를 이해하는 데 사용할 수 있는 다문항 척도(multiple-item scale)이다. 이들은 초기 97개 문항으로 구성된 측정도구 시안을 점차 개선시키고 축약하여 1988년에 신뢰성(R : Reliability), 확신성(A : Assurance), 유형성(T : Tangibles), 공감성(E : Empathy), 즉응성(R : Responsiveness) 등 5개 차원을 대표하는 22개 문항을 확정하였다.

PZB가 개발한 고객의 서비스품질에 대한 기대와 서비스품질 지각의 불일치 정도를 통해 제공자의 서비스품질 수준을 측정하는 도구인 SERVQUAL의 질문지는 크게 두 부분으로 구성된다. 22개 항목으로 구성된 고객의 기대 측정 질문, 22개 기대부분의 각 항목에 대응하는 특정 회사에 대한 고객의 지각을 측정하기 위한 질문이다. 5개 서비스 차원을 구성하고 있는 각 문항에 대해서는 먼저 가장 좋은 제공자의 서비스에 대한 기대의 정도를 질문하고 다음으로 현재 대상 기업이 수행하고 있는 서비스 수준에 대한 평가를 질문한다. 고객들의 기대수준과 제공자의 서비스품질 평가에 대한 측정은 '전혀 그렇지 않다(1)'~'정말 그렇다(7)'의 7점 척도를 이용한다.

SERVQUAL 점수는 고객의 기대문항에 대한 응답점수와 기대문항에 상응하는 지각문항에 대한 응답점수 간의 차이로서 계산된다. 각 항목별 SERVQUAL 점수는 다음의 계산식에 의해 산출된다. 한편 각 차원에 대한 가중치를 부여하면 가중 SERVQUAL 점수를 산정할 수 있다. 제공자의 5개 차원 각각에 관한 서비스품질 점수는 각 차원을 구성하는 문항들의 SERVQUAL 점수를 평균하여 구하며, 계산결과 점수가 (−)값을 가질수록 고객의 눈에 비치는 서비스 품질의 문제가 심각한 것이다.

SERVQUAL 점수 = 고객의 지각점수 − 고객의 기대점수

여기서 원래 설문지에서는 기업으로 되어 있는 것을 복지관으로 변경하여 제시하였다. 그리고 1~4번 문항은 유(외)형성이며, 5~9번 문항은 신뢰성, 10~13번 문항은 적응성, 14~17번 문항은 확신성, 18~22번 문항은 공감성(감정이입)을 나타낸다. 그 후 1994년에 이들은 9번을 제외하고 10번을 반응성으로, 19번을 유형성으로 변경하여 사용하였다. 여기서 1988년의 22개 문항을 참고로 제시하였지만, 앞으로 우리나라 사회복지관의 실정에 알맞은 문항과 기준으로 수정하여 활용해야 할 것임을 전제로 한다(박경일, 2002).

[참조] SERVQUAL 설문지

※ 기대평가 항목

1. 우수한 ___복지관은 최신장비를 갖추고 있을 것이다.

   전혀 그렇지 않다 　　　　　　　　보통이다 　　　　　　　　정말 그렇다

   < ①..............②..............③..............④..............⑤..............⑥..............⑦ >
2. 우수한 ___복지관의 시설은 시각적으로 보기에 좋을 것이다.
3. 우수한 ___복지관의 직원은 옷차림과 용모가 단정할 것이다.
4. 우수한 ___복지관은 업무에 적합한 시설과 분위기를 갖출 것이다.
5. 우수한 ___복지관은 정해진 시간 안에 업무처리를 약속하였다면 반드시 지킬 것이다.
6. 고객에게 문제가 생겼을 경우 우수한 ___복지관은 관심을 보이고 해결해 줄 것이다.
7. 우수한 ___복지관은 믿고 의지할 수 있을 것이다.
8. 우수한 ___복지관은 약속한 시간에 서비스를 제공할 것이다.
9. 우수한 ___복지관은 업무기록을 정확하게 유지할 것이다.
10. 우수한 ___복지관은 고객들에게 언제 업무를 처리해 줄 것인지 말해줄 것이다.
11. 우수한 ___복지관의 직원들은 고객에게 즉각적인 서비스를 제공할 것이다.
12. 우수한 ___복지관의 직원들은 항상 자발적으로 고객을 도울 것이다.
13. 우수한 ___복지관의 직원들은 아주 바쁠 때에도, 고객의 요구에 신속하게 대응해야 할 것이다.
14. 고객은 우수한 ___복지관의 직원을 신뢰할 수 있을 것이다.
15. 우수한 ___복지관은 고객이 안심하고 거래하기 위한 안전을 확보할 것이다.
16. 우수한 ___복지관의 직원들은 예의가 바르고 공손할 것이다.
17. 우수한 ___복지관의 직원들은 고객의 질문에 답변할 충분한 지식을 가지고 있을 것이다.
18. 우수한 ___복지관은 고객에게 개별적인 관심을 기울일 것이다.
19. 우수한 ___복지관은 고객이 편리하게 이용할 수 있게 영업시간을 맞출 것이다.
20. 우수한 ___복지관의 직원들은 고객에게 개인적인 관심을 가질 것이다.
21. 우수한 ___복지관은 고객의 이익을 진심으로 생각해 줄 것이다.
22. 우수한 ___복지관의 직원은 고객의 필요를 이해할 것이다.

⑤ 이용자 만족도 평가

이용자 만족도 평가는 일반적으로 프로그램을 종결하면서 프로그램과 서비스에 대한 전체적인 내용을 조사할 때 사용하기도 하며, 혹은 과정평가 시 프로그램의 방향을 수정할 때 사용되기도 한다. 주로 그 내용은 프로그램 참여자들이 서비스에 대하여 만족하고 있는가?, 제공된 서비스 또는 기술들이 실제 욕구충족이나 문제해결에 도움이 되었는가?, 서비스의 개선방향 등이 포함된다. 이 이용자 만족도 평가는 서비스에 대한 클라이언트의 평가만을

초점으로 하기 때문에 프로그램의 직접적인 효과나 영향(impact)에 대해 정확한 자료를 제공하지 않을 수도 있고, 또 다소 편견적인 생각(프로그램의 단점보다는 장점만을 언급)을 제공할 수도 있는 단점이 있을 수도 있다. 여기서는 간단한 서비스 만족도 측정방법을 소개한다.

〈표 14-7〉 서비스 만족도

문 항		전혀 아니다	아니다	잘 모르겠다	그렇다	매우 그렇다
a	원하는 서비스를 제공받았다.	1	2	3	4	5
b	전체적인 서비스가 매우 우수하다고 생각했다.	1	2	3	4	5
c	이 서비스를 다시 이용하고 싶다.	1	2	3	4	5
d	이 기관을 친지나 주위 사람에게 추천하기 쉽다.	1	2	3	4	5
e	고객의 기대치에 부응하기 위해 서비스를 개선할 수도 있다.	1	2	3	4	5

출처 : 서비스 경영 연구회 편역(2002). 서비스 경영. 한경사, p. 523.

⑥ 사회복지공동모금회 목표평가 방법

참고로 사회복지공동모금회 신청사업안내에 나타나는 목표에 대한 평가방법의 예를 살펴보면 다음과 같다.

〈표 14-8〉 목표에 대한 평가방법

성과목표	평가 도구 및 방법	측정시기
아동학대 행위자의 학대 위험요인 감소	• 성과지표 : 학대위험 20% 감소 • 평가도구 : 학대위험도 평가척도 • 평가방법 : 학대행위자 20가정 대상 사전·사후 설문조사	사전(2월), 사후(12월)
아동학대 행위자의 부모양육태도 향상	• 성과지표 : 부모양육태도 20% 향상 • 평가도구 : 부모양육태도검사(PAT) 척도 • 평가방법 : 부모, 가족 구성원 사전·사후 설문조사	사전(4월), 사후(12월)
아동학대 피해가정 가족기능 강화	• 평가주체 : 본 기관 담당자 • 평가방법 : 참여자 20가정 대상으로 구조화된 질문지를 통해 인터뷰 실시	사업 종료 후(12월)

생각해 볼 문제

- 사회복지조직에서 평가의 목적에 대해 생각해 봅시다.
- 사회복지시설 평가의 목적과 원칙을 생각해 봅시다.
- 사회복지관 평가지표의 변화를 살펴봅시다
- 프로그램, 정책, 서비스의 개념들을 비교해 봅시다.
- 프로그램, 평가 시 활용 가능한 기법들은 어떤 것이 있는지 생각해 봅시다.
- 평가지표로서 서비스 질과 고객만족도를 논의해 봅시다.

[참고자료] 2019년도 사회복지공동모금회 배분사업 기준(안)

1. 배분대상

가. 배분대상자

① 사회복지사업 기타 사회복지활동을 행하는 법인·기관·단체 및 시설 (개인신고 시설 포함)

② 사회복지서비스를 필요로 하는 개인

※ 사업별 신청자격은 "사업별 세부사항" 참조

나. 배분제외대상

- 동일한 사업으로 국가·지방자치단체 또는 다른 기관으로부터 지원을 받았거나 받기로 확정된 사업(다만, 모금회 배분분과실행위원회의 심의결과 지원이 필요하다고 인정되는 경우에는 예외로 함)
- 법령상 금지된 행위에 사용되는 비용
- 정치·종교적 목적에 이용될 수 있는 경우
- 수익을 주된 목적으로 하는 사업
- 공직선거법에 위반되는 경우
- 모금회의 제재조치에 따른 배분대상 제외기간에 배분신청한 경우
- 모금회 배분분과실행위원회의 심의결과 배분대상 제외 필요성이 인정되는 사업 또는 비용

2. 배분사업의 종류

구 분	사업내용	배분한도	신청 시기	배분신청서 제출처
신청사업	사회복지 증진을 위하여 자유주제 공모형태로 복지사업을 신청받아 배분하는 사업 [프로그램 사업 및 기능보강사업]	3,000만 원 이하 (※ 지회별로 배분한도 내에서 조정 가능)	2018년 8월	지회

기획사업	모금회가 그 주제를 정하여 배분하는 사업 또는 배분대상자로부터 제안받은 내용 중에서 선정하여 배분하는 시범적이고 전문적인 사업	별도지정	별도 공고	
긴급지원 사업	재난구호 및 긴급구호, 저소득층 응급지원 등 긴급히 지원해야 할 필요가 있는 경우에 배분하는 사업	별도지정	별도 공고	중앙회/ 지회
지정기탁 사업	사회복지 증진을 위하여 기부자가 기부금품의 배분지역·배분대상자 또는 사용용도를 지정한 경우 그 지정취지에 따라 배분하는 사업	별도지정	수시	

※ "신청사업" 중 "기능보강사업"과 "신청사업" 및 "기획사업" 중 "연속사업"의 경우, 지역별로 분리 시행 및 별도 공지할 수 있음

※ "기획사업"과 "긴급지원사업"의 경우 세부사업 시행 공지는 사업의 성격과 내용에 따라 생략할 수 있음

※ "긴급지원사업"의 경우, 개인 대상 배분사업이라도 사회복지사업 기타 사회복지활동을 행하는 법인·기관·단체·시설 및 공공기관을 통해 신청할 수 있음

3. 배분신청

가. 모금회에 배분신청을 하고자 하는 경우에는 배분사업별로 공고된 기일 내에 모금회가 정한 배분신청서류를 제출하여야 함

나. 동일 연도에 시행되는 신청사업, 기획사업을 각각 신청할 수 있음(단, 동일 또는 유사 사업은 중복하여 제출할 수 없음)

다. 동일 법인에서 운영하는 기관의 경우, 사업장의 위치가 다르고 독립회계를 하는 기관·시설은 개별적으로 배분신청이 가능함

라. 배분신청 시 배분사업별로 정한 배분한도액을 초과하여 신청할 수 없으며, 배분사업별로 자부담 원칙을 별도로 정하는 경우 이를 준수하여야 함

마. 모금회는 제출된 사업계획 및 예산의 조정을 요청할 수 있으며, 이 경우 배분신청한 자는 조정된 사업계획과 예산을 반영한 조정사업계획서를 제출하여야 함

4. 심사 기준 및 과정

가. 심사기준

- 기관평가 : 신뢰성, 사업수행능력 등
- 사업평가 : 적합성, 필요성, 적절성 등
- 기타평가 : 일관성, 실현가능성 등

※ 제시된 표준 심사기준은 사업의 특성에 따라 일부 항목이 가감될 수 있음

나. 심사과정 : 예비심사, 서류심사, 면접심사, 현장심사

※ 사업의 특성에 따라 일부 과정을 추가 또는 생략할 수 있음

5. 2017년 이후 사회복지공동모금회 신청사업의 종류는 <성과중심형>, <성과확상형>, <산출중심형>으로 구분하여 사업계획서를 작성하도록 되어 있다. 본 서에서는 <성과중심형>을 중심으로 그 예를 소개한다 <부록>.

CHAPTER 15 사회복지행정의 전망

학습목표

[가치] • 인간의 욕구 다양화, 사회환경의 변화, 클라이언트 중심의 접근, 공유와 복지가치, Adovocacy의 가치를 함양한다.

[지식] • 사회복지행정의 환경변화 특징을 이해한다.
• 환경변화에 따른 사회복지행정의 이슈를 파악한다.
• 4차 산업혁명이 사회복지행정에 끼칠 영향을 이해한다.

[기술] • 복지행정 변화에 따른 복지사의 역할과 기술의 변화를 파악한다. : AI, 빅데이터 분석, 블록체인

사회복지행정은 사회복지서비스를 제공하는 조직을 중심으로 복지정책과 복지서비스를 연결해 주는 가교의 역할을 한다. 그래서 사회복지행정은 때로는 복지정책 수립과 집행에 영향을 미칠 뿐만 아니라 사회복지서비스 제공방식과 그 질을 결정하므로 사회복지행정가는 사회복지조직의 활동에 대한 총체적 책임을 진다고 할 수 있다. 그러므로 사회복지행정이 변화하는 환경에 어떻게 대처하며, 장래의 환경변화를 예측하면서 적절히 대응하는가 하는 것이 행정 자체의 발전은 물론 전체 사회복지의 발전과 서비스이용자의 삶의 질 향상에도 지대한 영향을 미친다. 따라서 사회복지에 있어서 행정의 책임은 막중하다 할 것이다. 이 장에서는 사회복지의 목표 달성과 주민의 삶의 질 향상에 중대한 책임이 있는 사회복지행정이 그를 둘러싸고 있는 환경변화에 어떻게 대처해야 할 것인가를 전망해 보고자 한다.

1. 사회복지행정 환경의 변화

현존하는 모든 제도가 환경의 영향을 받지만 특히 환경변화에 민감할 수밖에 없는 사회복지제도의 특성상 환경의 변화는 사회복지행정에도 지대한 영향을 미친다. 서비스 이용자의 복지욕구 충족에 일차적 목적을 두고 있는 사회복지행정은 환경의 변화에 따라 변화된 이용자의 욕구를 파악·분석하여 그에 대처하기 위해 조직구조를 혁신하고 새로운 프로그램을 개발·시행할 뿐만 아니라 그것을 효과적·효율적으로 관리할 전문성과 경험을 갖춘 행정가를 필요로 한다.

최근 삶의 질(QOL)이 중요시되면서 복지서비스의 발상전환이 요청되고 있다. 이러한 복지서비스의 발상전환이 요청되게 된 이유는 ① 정상화 이념의 확대, ② 이용자 중심의 서비스 제공, ③ 생활상 문제의 다양화와 복잡화 등, ④ 복지이념과 복지니드의 변화, 그리고 ⑤ 공공조직과 비영리 조직은 기업조직들과 동일한 시장을 놓고 경쟁해야만 하는 조직환경의 변화에 따른 위기의식이 증대되고 있기 때문이다.

현재 우리나라 사회복지기관이 당면하고 있는 내·외부 환경변화를 살펴보면 내부 환경으로서 ① 시민단체나 종교단체의 경쟁조직이 증가하고 있으며, ② 재정자원의 제공자는 줄어들고, ③ 프로그램 개발 및 응모를 통한 경쟁의 조장과 비용효율성을 추구하고 있다. 또한 외부환경의 변화를 살펴보면, ① 사회복지기관 평가를 통한 책임성과 투명성의 증진, ② 1급 국가고시를 통한 전문성의 확보, ③ 시설 설치의 신고를 통한 참여의 확대, ④ 프로그램의 특성화를 통한 지역성 중시, ⑤ 지방자치단체의 복지수준 평가, ⑥ 지역복지계획의 수립, ⑦ 수혜자 만족도를 통한 서비스 질의 중시 등이 나타나고 있다(박경일, 2004). 특히 2000년 이후부터 공공부문의 역역에서 보건복지부와 지방자치단체는 ⑧ 사회복지시설 평가와 고객만족도를 조사 공표하고, ⑨ 전담공무원들의 교육훈련과 성과평가를 통한 ⑩ 서비스 질 관리의 추구 등이 강조되고 있는 실정이다(박경일, 2006).

- **책임성, 투명성**–사회복지시설 평가
- **효율성, 효과성**–경쟁조직의 증가, 사회복지시설(프로그램) 평가
- **전문성, 창의성**–사회복지사 1급 국가고시, 우수 프로그램 공모
- **통합성, 연계성**–사회복지사무소, 지역사회복지협의체
- **참여성, 지역성**–시설 설치의 신고제, 프로그램의 특성화
- **서비스 질 중시**–고객만족, 고객감동

한편 Hasenfeld(1996 : 191-202)는 인간봉사조직은 합법성, 클라이언트, 서비스 기술 그리고 자원들과 같은 환경에 높게 의존하고 있으므로 환경의 변화는 사회복지서비스와 그들의 관리에 있어 직접적인 영향을 미친다고 보고 그는 변화하는 복지환경으로서 다음 다섯 가지를 제시하였다.

1) 복지국가의 쇠퇴와 불평등의 증대

복지국가의 쇠퇴는 복지국가의 부담비용을 결정짓는 인구세대의 증가와 같은 인구통계학적 변화와 결부되어 경제성장률의 저조와 국제경쟁과 같은 경제적 압력에 의해서 가중되었다. 또한 복지국가는 사회적 여론을 위협할 우려가 있는 사회적 불평등의 증가로 인해 위태롭게 된다.

이러한 경향으로부터 몇 가지 함축된 의미를 유추해 볼 수 있다.

첫째, 정부가 관리하는 기금에 대한 믿음은 불확실해질 것이며, 일시적인 기증자의 기금에 대한 의존성이 증가할 것이다.

둘째, 정부의 원칙에 의존하고 있는 여러 가지 정책들은 원조가 필요한 클라이언트와 그렇지 않은 클라이언트를 구별해야 한다.

셋째, 서비스는 가진 자와 못 가진 자들을 더욱 분명하게 양분화하고 있다. 즉, 재산이 있는 클라이언트들은 그들에게 공급되는 질 높은 서비스를 찾아낼 수 있는 반면에 가난한 클라이언트들은 그들에게 주어지는 질 낮은 서비스조차도 접근하기가 어렵기 때문이다.

2) 사회복지서비스의 민영화와 상업화

복지국가로의 쇠퇴는 사회복지서비스의 민영화와 상업화 결과를 초래한다. 특히 비영리 부분에서 그러한 경향이 두드러질 것이다(Salamon, 1993). 즉, 공적 서비스에서 자원봉사자나 영리서비스 제공자들에게도 계약이 이루어지는 추세이다. 뿐만 아니라 서비스의 지방분권화로 인하여 조직 혁신, 자조집단이나 지역사회의 풀뿌리 조직 등의 새로운 조직형태를 추구하는 방향으로 옮겨갈 것이다. 이러한 조직들은 정부 지원의 축소가 수반되며, 기관의 정책은 필요로 하는 재원을 증대시키기 위해 그들의 서비스를 파는 상업화를 강요당하게 될 것이다. 또한 사회복지서비스의 민영화는 지역주민과 복지 프로그램의 관계를 바꾸어 놓을 것이다. 특히 그들이 필요로 하는 서비스에 대한 책임의식도 국가에서 지역주민으로 바뀌게 되어 지역주민의 자원을 동원하게 될 것이다.

3) 변화하는 인간의 욕구

또한 경제와 기술의 변화는 인간봉사조직이 직면하는 욕구의 유형과 본질에도 영향을 미칠 것이다. 중요한 두 가지 논점을 정리해 보면 다음과 같다.

첫째, 기술의 발전이다. 특히 의술은 인간의 수명을 연장시키고 훨씬 심각한 무능력 상태에서도 생존이 가능하게 한다. 따라서 서비스는 클라이언트의 각기 다른 욕구와 서비스 질의 향상에 대한 욕구에 부응할 수 있는 서비스를 증대시켜야 한다.

둘째, 제조업 중심의 경제에서 지식과 서비스 중심의 경제로 변화, 즉 경제의 재구조화는 새로운 경제구조로부터 소외되고 있는 계층이 형성되고 있고 그들은 커다란 경제적 궁핍과 빈곤을 경험한다. 왜냐하면 그들은 새로운 경제구조에 융화될 수 있는 기술이 부족하여 적당한 임금을 벌어들일 수가 없기 때문이다. 특히 교육과 훈련에서 한계에 놓여있는 젊은 세대는 남성이든 여성이든 위험에 처해 있다.

4) 민족의 다양화

인간봉사조직도 그 조직을 이끌어 나갈 직원만큼이나 그들의 클라이언트 인구 내에서 상당한 인구통계학적 변화를 겪고 있다. 지난 10년간 비유럽국가로부터의 갑작스러운 이민 증대를 통해 21세기의 인구는 문화적으로 민족적으로 다양해짐을 볼 수 있다.

이는 사회복지서비스와도 밀접한 관련이 있는데, 기존의 사회복지서비스가 종종 가치나 규범, 클라이언트의 기대 등과 충돌하게 되는 것이다. 따라서 이러한 경향은 사회복지서비스 정책의 바탕이 되는 민족·문화적 측면의 재정립을 필요로 한다.

5) 정보혁명

인간봉사조직은 또한 정보기술의 변화에 재빨리 대처해야 한다. 조직들은 그들의 정보를 모으고, 관리하고 보급하는 방법에 있어 적극적으로 대처해 나가야 할 것이다. 즉, 인간봉사조직은 또 다른 사회복지서비스 정보시스템과 연합하여 클라이언트와 서비스에 대한 보다 많은 정보들을 모으고 처리하며 산출하게 되는 막대한 변화를 겪게 될 것이다. 그리고 사회복지서비스 정보의 발달은 빅데이터와 인공지능 기술과 결합하여 많은 이들에게 복지서비스에 더욱 쉽고 통합적으로 접근할 수 있게 할 것이다.

민간부문 사회복지조직의 변화

① 시설복지에서 지역복지로 전환하여 지역사회 자원을 활용하기 위한 노력이 증가
② 공급자 중심에서 클라이언트 중심으로 전환하고, 소비자주권(consumer sovereignty)에 대한 인식이 높아지고 있다.
③ 욕구(need) 충족을 위한 복지에서 수요(demand) 충족을 위한 복지 제공이라는 관점
④ 사회복지조직의 개방화와 투명 운영에 대한 사회의 요구를 수용하고자 노력
⑤ 원조중심에서 자립중심으로의 전환이 강조되고 있으며, 다양한 사회문제 및 클라이언트의 욕구를 충족시키기 위한 창의적인 프로그램 개발의 노력이 증가

⑥ 사회복지서비스 분야에서의 민영화와 경쟁성 강화 노력이 증가되고 있다.
⑦ 사회복지조직의 운영에 있어서 기업경영적 관리기법의 도입, 마케팅의 활성화, 품질관리의 강화, 산출에 대한 강조 등 시장의 경쟁적 구조에 적합한 조직운영이 모색되고 있다.

2. 사회복지행정의 전망

사회복지행정을 둘러싼 환경의 변화는 공공 및 민간 사회복지조직들에게 과거와는 다른 새로운 방식의 효율적이고 효과적인 조직운영을 요청하고 있으며, 아울러 사회복지조직이나 서비스도 이러한 환경변화에 적응하기 위해서는 새로운 패러다임에 입각한 기관관리와 서비스 제공이 요청되고 있다(박경일, 2002). Boehm도 사회복지조직에서의 최근 경향은 시장경제를 지향하는 비중이 높아지고 있으며 이러한 경쟁적인 관계가 점진적으로 중요한 역할을 담당하게 된다고 지적하면서 마케팅 접근방법, 전략적인 계획 및 종합적인 질 관리(TQM)를 사회복지조직이 도입할 것을 권장하고 있다(1996 : 61).

앞으로도 사회복지조직들은 한정된 재원을 효율적으로 사용하기 위해 서비스의 우선순위를 조정하거나 생산성이 낮은 프로그램의 조정, 사용자 부담 등 효율화를 위한 다각적인 방안을 고민할 것이다.

여기서는 Martin(2002 : 55-67)의 사회복지행정의 중요한 경향과 한국 사회복지학계의 사회복지 재설계 방향을 참고하여 여섯 가지로 서술하였다.

1) 경쟁행위의 강화와 민영화의 증대

전통적으로 공공 사회복지기관과 민간 사회복지시설 및 비영리 조직 등의 관계는 상호 협조적 · 보완적 관계였지만 앞으로는 기금모집, 프로그램, 이용자 유치 등에서 경쟁적이 될 것이다. 그리고 신자유주의 기조 위에서 보수적이고 정부의 개입이 최소화될 가능성이 지배적이기 때문에 계약, 보조금, 이용권, 공동생산, 자원봉사자의 적극 활용 등 민영화의 방향을 견지할 것이다.

2) 재구조화의 요청과 마케팅의 활성화

경쟁이 보다 심화되면서 민영화가 지속적으로 진행되는 동시에 정보기술이 획기적으로 발전하게 되면 사회복지조직의 적절한 재구조화는 필수적인 것이 될 것이다. 그리고 전통적인 사회계획이나 욕구사정 같은 방법은 더 이상 통용될 수 없고 클라이언트와 자원제공처의 관심을 유발할 수 있는 프로그램의 개발과 포장, 그리고 그들의 입맛에 맞는 서비스의 제공이 더욱 주요한 관심사가 될 것이다.

3) 기업가적 경영 및 질적 관리의 중시

사회복지제도의 분권화, 민영화가 촉진될수록 중앙정부와 지방자치단체의 기금을 확보하기 위해서는 타 기관의 프로그램과는 차별화되거나 특정 지역사회의 고유한 프로그램 개발이 필요하다. 따라서 보다 새롭고 창조적인 것을 지향하는 기업가적 경영이 더욱 요구될 것이다. 그리고 과거에는 사회복지사가 서비스의 질을 결정하는 접근방법이 사용되어 왔다면 장래에는 서비스 이용자 및 고객이 서비스의 질을 결정하는 품질관리 접근법이 요청될 것이다.

4) 성과에 대한 강조와 전략적 기획의 중시

앞으로 사회복지행정은 과정보다는 그 결과와 성과를 중시하게 될 것이다. 그러므로 성과를 높일 수 있는 과업의 할당과 성과를 측정하는 데 많은 노력이 필요하다. 이것들은 전통적 사회복지행정에서도 이루어진 부분이지만 앞으로는 기관과 프로그램의 존폐가 성과측정의 결과에 좌우된다는 것이다. 또한 사회복지행정은 변화하는 환경과 조직이 처한 상황을 체계적으로 분석하여 외부환경이나 조직상황이 서비스 이용자, 프로그램, 기관 등에 미칠 영향을 면밀히 분석하여 적응할 것은 적응하고, 피할 것은 피하며, 관리할 것은 관리하는 등의 전략적인 대처가 요구될 것이다.

5) 옹호(Advocacy)의 강조와 클라이언트에 대한 강조

일반적으로 사회복지와 노인 이외의 다른 집단(아동, 정신질환자, 장애인과 같은 상처받기 쉬운 인구)에 대한 공격적 옹호는 앞으로는 특히 중요해질 것이다. 그리고 과거 사회복지행정가들은 기관의 욕구와 프로그램에 대해 지나치게 강조해 왔다. 그러나 최근 사회복지행정의 참된 핵심은 클라이언트와 기금에 대한 강조, 서비스 수행활동의 계측가능성, 품질관리, 마케팅, 전략적 기획, 옹호에 대한 강조를 통해, 클라이언트를 올바른 자리(적응, 문제해결, 자립, 자활 등)로 되돌리는 데 있다.

6) 인공지능을 통한 복지행정의 재설계

4차 산업혁명으로 인해 기술변화의 주기가 매우 짧아지고 사회변화의 속도가 엄청나게 빨라질 것이다. 이처럼 급속한 변화에 적응하려면 무엇보다 복지행정은 한층 유연해져야 한다. 현행 사회복지 관련 부서를 소수로 통폐합하고자 하는 압력이 커질 것이다. 단일 부서 내의 하위 업무단위는 필요하다면 수시로 개폐가 가능하도록 개혁되어야 한다. 발달된 인공지능을 활용하여 사회보험 급여율과 기여율을 매번 법 개정을 통해 조정할 필요도 없어지고 관련 법에 자동조절장치로 붙박이로 내장될 수 있다(김상균, 2017). 사례관리와 같은 서비스 패키지 설계도 빅데이터와 인공지능의 도움으로 다양한 경우의 수를 조합하여 관리할 수 있게 될 것이다. 빈곤감소를 위한 현물과 현금급여의 결합이 더 수월해질 것이다. 인공지능에 기반한 가상현실(virtual reality) 실습실과 같은 스마트 교육의 활용으로 실제보다 더 다양한 장면에서의 교육을 할 수 있으며 만성적인 실습기관 및 슈퍼바이저 부족 상태도 경험하지 않을 것이다. 물론 비용 절감을 하면서 충실도 높은 교육을 할 수 있을 것이다. 이를 위해 현금과 현물, 서비스 제공뿐만 아니라 유료와 무료 복지, 강의실 복지교육과 실습교육, 사회사업(social work) 지식과 기술 등이 포괄적으로 결합할 수 있는 유연한(flexible) 복지행정 설계 프로그램을 개발하기 위한 노력이 더욱 빨라질 것이다.

KCERN(창조경제연구회)은 '4차 산업혁명과 스마트 복지 4.0'이라는 주제로 2018년 6월 26일 제48차 공개포럼을 개최하였다. 포럼에서 사회안전망, 일자리 안전망, 혁신의 안전망의 3대 안전망에 4차 산업혁명의 기술을 활용한 복지 4.0 스마트 트랜스 폼이 제안되었다. 그 내용은 아래 그림과 같다.

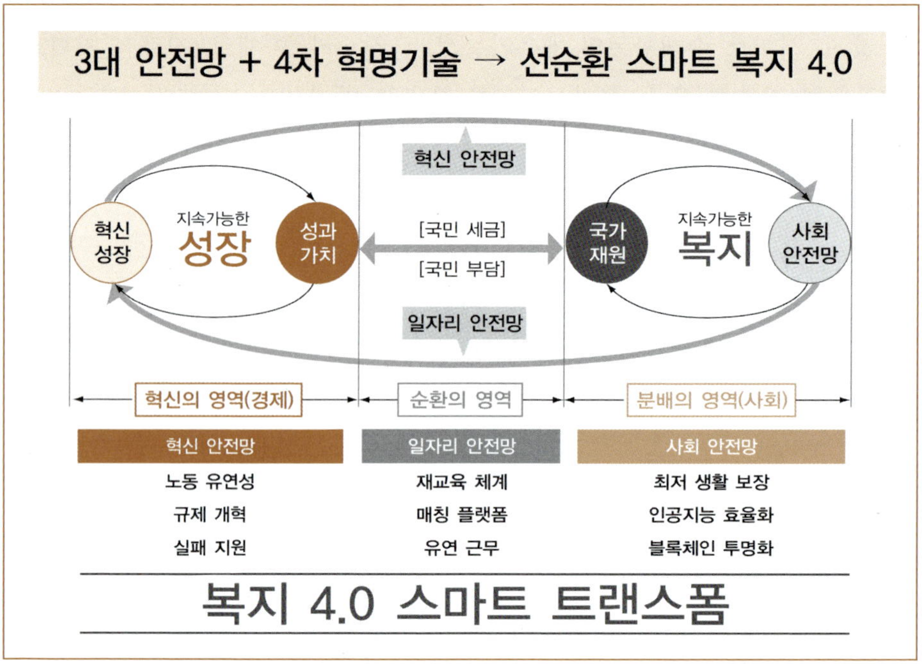

출처 : 파이낸셜뉴스(2018. 6. 26). "KCERN(창조경제연구회), 4차 산업혁명과 스마트 복지 4.0 포럼 개최". http://m.fnnews.com/news/201806261555520564

스마트 복지란?

AI 기반의 스마트 복지 시스템을 구축, 사회적 약자가 겪는 일상의 어려움을 해결하는 돌보미 로봇, 지능형 치매 관리 등을 통해 복지 사각지대 제거 및 차세대 복지 산업의 동반성장

- (노인 · 장애인) 노인 · 장애인의 간병 · 간호와 신체활동을 지원하는 지능형 로봇 개발 · 보급으로 간병부담 완화 및 노동력 손실 방지 지원
- (치매) 사회적 부담이 큰 치매 극복을 위해 원인규명 · 예방 · 조기진단 · 치료 · 돌봄 등에 걸친 체계적이고 종합적인 치매 생활보조 기술혁신 지원

• **(장애아동)** 장애아동과 가족의 일상생활 보조 지원을 위해 로봇 · IoT 기술 등을 활용한 통합 케어서비스 개발 및 확산
• **(취약계층 복지)** 빅데이터 분석을 활용하여 사회취약계층을 발굴·지원하는 "찾아주는 복지 서비스"로 복지사각지대 해소

■ 복지 분야

노인 · 장애인 지원 로봇 개발	노인치매 생활보조 기술혁신	찾아주는 복지서비스 확대
간병간호 · 신체활동 지원 **돌보미 로봇** **신체활동 지원 로봇**	예측 · 조기진단 · 치료 · 돌봄 **치매예측 정확도 18% 개선**	빅데이터 기반 사회취약계층 **상시발굴**
	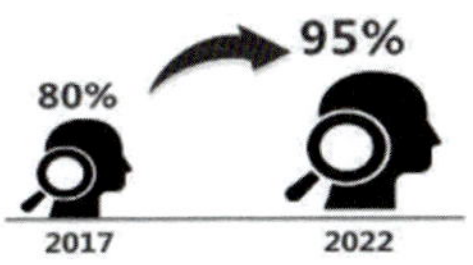	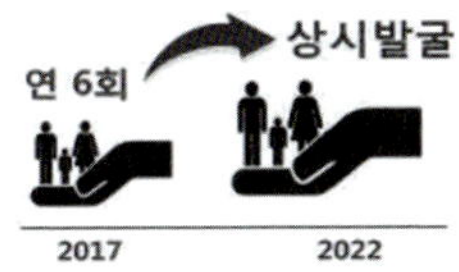

출처 : 관계부처 합동(2017). 혁신성장을 위한 사람중심의 「4차 산업혁명 대응계획」, pp. 25-26, p. 59.

생각해 볼 문제

• 사회복지행정의 환경변화에 대해 생각해 봅시다.
• 2000년대 우리나라 사회복지의 환경변화 특징을 논의해 봅시다.
• 사회복지행정의 이슈에 대해 논의해 봅시다.
• 4차 산업혁명 시대의 사회복지행정의 동향과 전망에 대해 논의해 봅시다.
• 복지환경 변화에 따른 사회복지사의 역할과 자세를 생각해 봅시다.

Social Welfare Administration

부록

프로그램(성과중심형) 배분신청서 표준양식

프로그램(성과중심형) 배분신청서 표준양식

배분신청서

<table>
<tr><td>기 관 명</td><td colspan="4"></td><td>고유번호
(사업자등록
번호)</td><td colspan="2"></td></tr>
<tr><td>사 업 명</td><td colspan="7"><대상 + 목적 + 방법 : 부제></td></tr>
<tr><td rowspan="3">사업
기본 정보</td><td>연차</td><td colspan="6">__① 1년차 __② 2년차 __③ 3년차 __④ 기타(　　)</td></tr>
<tr><td>대상지역</td><td colspan="3"></td><td>사업수행
인력</td><td colspan="2">명</td></tr>
<tr><td>사업기간</td><td colspan="6">년　월　일 ~ 년　월　일 (총　개월)</td></tr>
<tr><td rowspan="2">사업
참여자</td><td>참여자 구분</td><td colspan="6">__① 아동·청소년 __② 노인 __③ 장애인 __④ 여성/ 다문화
__⑤ 위기가정 __⑥ 지역사회 __⑦ 북한/ 해외/ 기타</td></tr>
<tr><td>핵심 참여자</td><td colspan="3"></td><td>인원수</td><td colspan="2">명</td></tr>
<tr><td>사업구분</td><td colspan="7">__① 기초생계 지원 __② 교육/ 자립 지원 __③ 주거/ 환경 개선 __④ 보건/ 의료 지원
__⑤ 심리/ 정서 지원 __⑥ 사회적 돌봄 강화 __⑦ 소통과 참여 확대 __⑧ 문화/ 격차 해소</td></tr>
<tr><td>성과목표</td><td colspan="7">해당 사항이 없을 경우에는 공란으로 표기</td></tr>
<tr><td rowspan="4">주요
사업내용</td><td>세부 사업명</td><td colspan="6">주요 내용</td></tr>
<tr><td></td><td colspan="6"></td></tr>
<tr><td></td><td colspan="6"></td></tr>
<tr><td></td><td colspan="6"></td></tr>
<tr><td>사 업 비</td><td>총 사업비</td><td colspan="2">원</td><td>신청금액</td><td colspan="2">원</td></tr>
<tr><td rowspan="2">신청금액
세부내역</td><td rowspan="2">사업비</td><td>천 원</td><td rowspan="2">인건비</td><td>천 원</td><td rowspan="2">관리
운영비</td><td colspan="2">천 원</td></tr>
<tr><td>%</td><td>%</td><td colspan="2">%</td></tr>
<tr><td rowspan="2">담 당 자</td><td>성명</td><td></td><td>직통전화</td><td></td><td>E-mail</td><td colspan="2">@</td></tr>
<tr><td>직위</td><td></td><td>휴대폰</td><td></td><td>FAX</td><td colspan="2"></td></tr>
</table>

위와 같이 2018년도 사업을 신청합니다.

2017 년　○ 월　○ 일

기관대표자 :　　　　(인)

사회복지공동모금회장 귀하

신청기관 현황

<table>
<tr><td colspan="2">기 관 명</td><td colspan="3"></td><td>대 표 자</td><td colspan="2"></td></tr>
<tr><td colspan="2">고유번호
(사업자등록번호)</td><td colspan="3"></td><td>전화번호</td><td colspan="2"></td></tr>
<tr><td colspan="2">E-mail</td><td colspan="3"></td><td>FAX</td><td colspan="2"></td></tr>
<tr><td colspan="2">홈페이지</td><td colspan="3"></td><td>설립연월일</td><td colspan="2">년 월 일</td></tr>
<tr><td colspan="2">주 소</td><td colspan="6">□□□□□</td></tr>
<tr><td colspan="2" rowspan="2">직원 현황</td><td rowspan="2">총 명
(①+②)</td><td colspan="3">상근(①)</td><td colspan="2">비상근(②)</td></tr>
<tr><td colspan="3">명</td><td colspan="2">명</td></tr>
<tr><td rowspan="2">기관
주요
사업</td><td>구분</td><td colspan="6">__① 노인복지 __② 영유아/ 아동복지 __③ 장애인복지 __④ 노숙인복지
__⑤ 지역복지 __⑥ 정신보건 __⑦ 여성복지 __⑧ 가족복지
__⑨ 청소년복지 __⑩ 다문화지원 __⑪ 북한/ 해외지원 __⑫ 기타( )</td></tr>
<tr><td>내용</td><td colspan="6"></td></tr>
<tr><td rowspan="4">결산</td><td rowspan="2">세입</td><td>총 계</td><td>보조금수입</td><td>전입금</td><td>후원금수입</td><td>사업수입</td><td>기타수입</td></tr>
<tr><td>천 원</td><td>천 원</td><td>천 원</td><td>천 원</td><td>천 원</td><td>천 원</td></tr>
<tr><td rowspan="2">세출</td><td>총 계</td><td>인건비</td><td>관리운영비</td><td>사업비</td><td>재산조성비</td><td>기타지출</td></tr>
<tr><td>천 원</td><td>천 원</td><td>천 원</td><td>천 원</td><td>천 원</td><td>천 원</td></tr>
<tr><td rowspan="4">예산</td><td rowspan="2">세입</td><td>총 계</td><td>보조금수입</td><td>전입금</td><td>후원금수입</td><td>사업수입</td><td>기타수입</td></tr>
<tr><td>천 원</td><td>천 원</td><td>천 원</td><td>천 원</td><td>천 원</td><td>천 원</td></tr>
<tr><td rowspan="2">세출</td><td>총 계</td><td>인건비</td><td>관리운영비</td><td>사업비</td><td>재산조성비</td><td>기타지출</td></tr>
<tr><td>천 원</td><td>천 원</td><td>천 원</td><td>천 원</td><td>천 원</td><td>천 원</td></tr>
<tr><td rowspan="5">운영
법인
또는
단체</td><td>운영주체
성격</td><td colspan="6">__① 사회복지법인 __② 사단법인 __③ 종교법인 __④ 학교법인
__⑤ 재단법인 __⑥ 국가지방자치단체 __⑦ 임의단체 __⑧ 개인(신고)
__⑨ 법인(기타) __⑩ 단체(기타)( ) __⑪ 개인(기타) ( )</td></tr>
<tr><td>법인
(단체)명</td><td colspan="3"></td><td>대표명</td><td colspan="2"></td></tr>
<tr><td>고유번호
(사업자번호)</td><td colspan="3"></td><td>전화번호</td><td colspan="2"></td></tr>
<tr><td>홈페이지</td><td colspan="3"></td><td>설립연월일</td><td colspan="2">년 월 일</td></tr>
<tr><td>주소</td><td colspan="6">□□□□□</td></tr>
</table>

※ 신청기관 조직도, 운영위원회 및 운영법인 이사회 명단은 별첨자료로 첨부 요망

<성과중심형> 사업계획서

1. 사업명 : 대상 목적 방법

• 대상, 목적, 방법과 관련된 정보를 담은 사업명을 적어주십시오[슬로건은 부제(副題)로 병기해 주세요].

2. 사업 내용 및 추진 전략

1) 사업 참여자 모집 전략

(1) 참여 대상 및 인원

핵심 참여자	
주변 참여자	

• 누가 이 사업에 참여합니까?
- **(핵심 참여자)** 성과를 측정하게 되는 대상은 누구이며, 인원은 몇 명입니까? (이 사업에 참여하게 함으로써 누구의 변화를 이끌어 내려고 하는 것입니까?)
- **(주변 참여자)** 성과측정 대상은 아니지만 핵심 참여자의 변화를 이끌어 내는 데 중요한 역할을 하는 사람은 누구이며, 인원은 몇 명입니까?

(2) 참여자 선정 기준

• 어떤 기준을 세워서 참여자를 모집하게 됩니까?

(3) 참여자 모집 방안

• 기준에 적합한 참여자를 어떻게 모집할 예정입니까?

2) 사업 내용 및 사업 집행 전략

• 아래 내용을 모두 포괄하되, 자유롭게 (질문순서에 상관없이) 표현해 주시기 바랍니다.
- 전체 사업을 몇 개의 세부 사업으로 분류한다면 어떻게 구성될 수 있습니까?
- 사업을 어떻게 추진할 것인지에 대하여 세부 사업별 시행방법, 시행 시기 및 횟수, 사업 진행 일정 등 구체적인 정보를 담아서 기술해 주시기 바랍니다.

3) 기관 연계협력 전략

• 위의 사업 집행 전략과 관련하여, 지역사회 내(또는 그 범위를 넘어서) 어떤 기관들과 유기적인 협조관계를 가질 것인지에 대하여 아래 내용을 포함하여 기술해 주시기 바랍니다.
- 협력기관이 세부 사업에서 어떤 역할을 담당하게 되는지, 그때 신청기관의 역할은 무엇인지, 이러한 협력체계는 어떤 절차를 통해 진행되는지 등

3. 예산편성

(단위 : 원)

목	세목	세세목	계	산출근거	예산조달 계획				
					신청 금액	비율 (%)	자부담	비율 (%)	자부담 재원
총 계									
인건비									
	소 계								
사업비									
	소 계								
관리 운영비									
	소 계								

- 사업에 직접 투입되는 비용을 인건비, 사업비, 관리운영비로 구분하여 작성해 주시기 바랍니다.
  - **(인건비)** 해당 사업을 직접적으로 수행하는 인력에게 투입되는 비용
  - **(사업비)** 프로그램 수행에 필요한 직접비용
  - **(관리운영비)** 프로그램의 수행에 필요한 간접비용(사업관리에 필요한 비용)
  - 예산 수립 시 예산편성기준표를 참고하여 주시기 바랍니다.
- 세목은 세부 사업별로 구분하고 단위가 큰 경우 세세목으로 구분하여 작성하시기 바랍니다.
- 산출근거는 실제 단가, 수량, 인원수, 건수, 횟수 등을 구체적으로 기록해 주시기 바랍니다.

4. 문제의식(사업 필요성)

1) 사업 계획 배경

- 왜 이 사업을 기획하게 되었습니까?
  - 귀 기관이 관심을 가지기 전에는 어떤 상태에 있었는지, 인근 다른 지역에도 유사한 상황이 있다면 어떻게 대응하고 있는지에 대해서도 서술해 주시기 바랍니다.

2) 기존 유사 사업과의 차별성

- 기존의 시각이나 접근방식과 다른 점은 무엇입니까?

3) 신청기관의 강점

- 이 사업을 신청기관에서 수행해야 하는 이유에 대해 사전조사 내용, 관련 분야 수행 경험 등을 포함하여 기재해 주시기 바랍니다.

5. 목표 및 평가

1) 산출목표

세부 사업명	산출목표	모니터링 방법

- 성과목표를 달성하기 위해 이끌어 내야 하고 모니터링해야 하는 산출목표는 무엇입니까?

2) 성과목표 및 평가 방법

성과목표	평가 도구 및 방법	측정시기

- **(성과목표)** 성과목표와 관련하여 아래 내용들에 대해 작성해 주시기 바랍니다.
  - 핵심 참여자의 어떤 부분을 어느 수준까지 변화시키는 것입니까?
  - 작성하고자 하는 성과목표가 이후에 기술되는 평가방법을 통해 달성 여부를 알 수 있게 됩니까?
  - (성과라고 강조하고 싶은데) 양적으로 드러내기(수치화하기) 어려운 성과목표가 있다면 무엇입니까?
  - 앞서 기술하신 사업내용과 성과목표를 논리적으로 연결하여 작성해 주십시오.
- **(평가 도구 및 방법/ 측정시기)** 성과목표 달성 여부와 정도를 어떻게 평가하실 건가요?
  - 성과목표 달성 여부와 정도를 판단하기 위해 어떤 성과지표를 설정하실 건가요?
  - 제시된 성과목표에 대한 평가계획(자료수집 방법, 측정시기 등)은 어떠한가요?
  - 수치화하기 어려운 성과목표가 있다면 어떤 평가방법을 통해 변화의 수준과 의미를 드러내실 건가요?

6. 사업 종료 후 지향점

1) 사업 수행으로 인한 기대 효과

- 이 사업이 성공적으로 수행된다면 기대되는 효과는 무엇입니까?

2) 사업 결과의 활용 계획

- 사업의 효과로 나타난 결과를 어떻게 활용할 계획입니까?
- 사업 결과를 통해 유사기관이나 지역사회에 꼭 알리고 싶은 이야기가 있다면 무엇입니까?

참·고·문·헌

강금만(2000). 디지털시대의 기업조직 : 네트워크 조직. LG 주간경제, 제1권 제26호. LG 경제연구원.

강다원(1999). 외식산업 분야에서의 서비스마케팅 전략에 관한 연구. 제주관광대학논문집, 8, 135-156.

강영숙(2003). 정보화가 사회복지조직에 미치는 영향에 관한 연구. 연세사회복지연구, 19, 1-26.

강종수(2007). "사회복지사의 다중몰입(multiple commitment)에 관한 연구－조직 특성과 조직효과성 간의 관계를 중심으로－". 부산대학교 대학원 박사학위논문.

강철희·윤민화(2000). "사회복지사의 임파워먼트에 영향을 미치는 요인에 관한 연구". 한국사회복지학, vol. 41.

강혜규(2011). "공공 사회복지 전달체계 개선을 위한 대안과 전략의 모색". 공공사회복지전달체계 개선을 위한 토론회 자료집. 2011.4.19. 이춘식의원실주최.

강홍구(2001). "조직문화가 조직유효성에 미치는 영향에 관한 연구". 한국사회복지학, Vol. 47, pp. 7-33.

관계부처 합동(2017). 혁신성장을 위한 사람중심의 「4차 산업혁명 대응계획」.

국가청렴위원회(2007). 기업 윤리경영 모델. 국가청렴위원회.

권 호·곽재성·신재은(2016). 민간재원의 참여 확대를 위한 개발사업 크라우드펀딩 접근방식 검토. 국제개발협력연구, 8(3), 139-177.

권진아(2017). 사회복지기관장의 운영전략 유형에 따른 조직성과에 관한 연구. 동국대학교 일반대학원 박사학위논문.

금창호 외(2002). 지방자치단체 성과관리기법의 효율화 방안. 한국지방행정연구원.

김동호(2018). 크라우드 펀딩 활성화에 관한 연구 : 지원제도와 해외·국내 사례를 중심으로. 국제경영리뷰, 18(2), 105-123.

김병식(2000). "사회복지행정의 책임성과 통제에 관한 연구". 한국사회복지행정학, 제2호. 한국사회복지행정학회.

김상균(2017). "인공지능시대를 대비하는 학회의 사회복지 재설계". 「기조강연－한국사회복지 반성과 변혁을 꿈꾸다」. 2017 한국사회복지학회 추계공동학술대회 자료집.

김성한(2001). "사회복지기관 직원의 동기부여 : 소진(Burnout)에 대한 이해를 중심으로". 한국사회복지행정학회 2001년 추계학술대회 및 Workshop, pp. 75-88.

김순기·정순여(2002). "정부조직의 성과관리 : 균형성과표와 성과주의 예산제도의 연계". 서강대학교 경영논총, 13(2).

김안나・박경일(2011). 어린이집 위험요인과 대처방법의 실태분석을 통한 위험관리 방안에 관한 연구. **한국영유아보육학**, 69, 139-166.

김영란(1999). "한국지역사회복지관에서의 총체적품질경영(TQM)의 적용가능성에 관한 시론". **사회복지리뷰**, 제3집.

김영종(1998). **사회복지행정**. 학지사.

김재영・한재민(2017). 크라우드 펀딩에 대한 성공과 실패사례 : 스타트업 NPD 지원을 중심으로. **한국경영정보학회 학술대회논문집**, 12, 257-263.

김주영・이화영・임정수(2016). 어린이집 안전에 대한 보육교사의 인식과 실행 및 개선방안 탐색. **한국보육학회지**, 16(2), 39-56.

김형식 외(2001). **사회복지행정론**. 도서출판 동인.

김희겸(2006). 주민생활지원서비스 행정개편의 정착을 위한 과제. 제1회 공공복지행정포럼.

남기민・최성재(1993). **사회복지행정론**. 나남.

류기형・박경일・손광훈・안영식・장중탁・초의수(2001). 부산시 사회복지관 평가결과와 정책과제. 부산광역시 사회복지관평가단. 부산광역시 사회복지관협회.

문인숙・김미혜(1995). **사회복지기관행정론**(제2판). 도서출판 동인.

박경일 외(2017). **사회복지학강의**. 양서원.

박경일(1997). "아동복지행정과 전달체계". 아산사회복지사업재단. 아동복지편람.

______(2000a). "서비스의 질적 향상을 위한 관리기법으로서 복지QC 활동에 관한 사례연구". **한국사회복지학, 통권 제40호**, pp. 97-130.

______(2001a). "사회복지기관의 TQM 진단평가를 통한 수행방안에 관한 연구". 불교사회복지의 방향과 기관전략 세미나. 대한불교사회복지연구원.

______(2001b). "지역사회복지관 사회복지사의 갈등수준과 갈등원인에 대한 요인분석". 한국사회복지학회 추계학술대회, pp. 246-273.

______(2001c). "사회복지기관 사회복지사의 임파워먼트" 토론문. 한국사회복지행정과 임파워먼트. 한국사회복지행정학회 2001년 추계학술대회 및 Workshop 자료집.

______(2002). "사회복지 프로그램 평가방법 및 기법". 한국사회복지행정학회 2002년 추계 학술대회 및 워크샵.

______(2004). "사회복지기관의 서비스 질 관리". 한국사회복지관협회. 제14회 전국사회복지관세미나. 사회복지환경변화와 사회복지관의 위상정립.

______(2005). 사회복지조직에서 위험관리(Risk Management)의 필요성과 동향. **한국사회복지학회 학술발표대회지**, 3, 401-406.

______(2005). 사회복지행정학 교재를 통해서 본 사회복지행정 교육의 방향-교재 및 관련 저서의 검토를 중심으로-. 한국사회복지행정학회. 2005년 춘계학술대회 전환기의사회복지행정.

______(2006). "지역사회복지관에서 TQM 실행에 관한 사례연구-서비스 질 관리와 고객만족을 중심으로-". 한국사회복지정책학회. 2006 사회복지정책학회 추계학술대회 발표문.

______(2006). 사회복지조직에서 위험관리의 필요성과 대책 및 과제 : 미국과 일본의 위험관리 연구동향을 중심으로. **한국사회복지정책학회**, Vol. 24, pp. 361-383.

______(2007). 사회복지서비스 잔달체계 계획. 부산광역시. 지역사회복지계획.

박경일 · 권진아(2009). "지역사회복지관의 서비스 질 구성 차원에 관한 인식유형 연구 : Q 방법론의 적용". **사회복지정책**, Vol. 36. No.2, pp. 333-357.

박경일 · 권진아 · 김정근(2014). 노인요양시설 요양보호사의 갈등과 돌봄태도가 이직의도에 미치는 영향. **노인복지연구**, 63, 149-173.

박경일 · 김정근 · 권진아 · 윤원미(2012). 노인요양시설 위험관리(Risk Management) 매뉴얼. 부산복지개발원.

박경일 · 김정근 · 박승기(2012). 부산시 노인요양시설 위험사고 실태분석 및 위험관리방안. 부산복지개발원.

박경일 · 윤기혁 · 권진아(2017). **휴먼서비스 조직의 위험관리론**. 양서원.

박경일 · 이상주(2005). "울주군 복지Governance와 민 - 관 - 기업의 파트너십". 지역발전연구. 동국대학교 지역정책연구소.

박경일 · 이재정 · 조수경(2011). 부산시 사회복지전달체계의 이슈와 연계활성화 방안에 관한 연구. 부산복지개발원.

박경일 · 장중탁 · 이명현(2002). "사회복지기관의 TQM 진단평가를 통한 단계별 수행방안에 관한 연구—부산광역시 지역사회복지관을 중심으로". **한국사회복지행정학, 제6호**. 한국사회복지행정학회.

박경일 · 조수경(2011). "지역사회복지관의 BSC성과관리시스템 구축과 수행활동에 관한 사례연구". **한국지역사회복지학**, Vol. 39, pp. 49-73.

박광덕(2014). 사회복지조직의 리더십의 유형과 조직성과 간의 관계분석. 한국행정학회 학술발표논문집, 1259-1292.

박남철(2001). "사회복지관의 ISO 9000 품질시스템 도입적용에 관한 사례연구 - 두송종합사회복지관의 ISO 9001 인증 획득 사례를 중심으로 - ". 불교사회복지의 방향과 기관전략 세미나. 대한불교사회복지연구원.

박서춘(2002). "사회복지관 관장의 리더쉽 유형이 사회복지사의 임파워먼트에 미치는 영향—사회복지사의 인식조사를 중심으로". 부산대학교 대학원 석사학위논문.

박연호 외(1996). **현대조직관리론**. 법문사.

박용치 · 송재석(2006). **최신 행정학 원론**. 경세원.

박원우(1998). **임파워먼트 실천 매뉴얼**. 시그마 미래조직연구서.

박철우(2017). 중소기업의 슈퍼리더십이 경영성과에 미치는 영향 연구. **벤처창업연구**, 12(4), 175-189.

박 훈(2015). 공익연계마케팅(Cause-Related Marketing) 관련 과세제도 연구. 2015년 기획연구 보고서. 아름다운재단 기부문화연구소, 185-219.

배응환(2003). 거버넌스의 실험 : 네트워크 조직의 이론과 실제. 한국행정학보, 37(3), 67-93.

보건복지부(2000; 2005; 2017). 보건복지백서.

_________(2015). 2015년도 지역사회보장협의체 운영안내.

_________(2018). 2018 사회복지법인 관리안내.

_________(2018). 2018 사회복지시설 관리안내.

_________(2018). 2018년 희망복지지원단 업무안내.

_________(2018). 2018년도 사회복지시설평가 평가지표 설명회 자료집.

_________(2018). 희망복지지원단 업무안내, p. 202.

사회보장정보원(2018). 「2018년도 사회복지시설 평가 안내」, p. 2.

서상목 · 최일섭 · 김상균(1988). 사회복지 전달체계의 개선과 전문인력 활용방안. 한국개발연구원.

서울복지재단(2006). 복지시설 종사자 위험관리 매뉴얼.

__________(2009). 2009년 서울시 종합사회복지관 평가 결과보고서.

성규탁(1985). 사회복지행정조직론. 박영사.

_____(1993). 사회복지행정론. 법문사.

성은미 · 인경석 · 박경숙 · 백민희 · 민소영 · 권혜영(2012). 공공복지전달체계 개편연구 －무한돌봄 종합복지센타 시범사업모형개발. 경기복지재단.

손대현 · 안세길(2007). 마케팅믹스 7P's의 IPA를 통한 호텔마케팅 전략방안 : 일본인 · 중국인 호텔투숙객을 중심으로. 관광연구논총, 19(2), 153-175.

송건섭(2005). 공공서비스 성과평가와 측정. 대명.

송영선 · 이희수(2009). 조직문화 유형과 학습조직 수준 및 조직효과성 관계. HRD연구, 11(2), 115-151.

신복기(1984). "사회사업행정의 발달과정에 관한 연구". 사회과학논총, 제3권 제1호, pp. 219-240.

_____(1986). "사회복지 프로그램의 효과적 관리에 관한 연구－Rino J. Patti의 프로그램 발달싸이클에 따른 발달목표와 관리과업을 중심으로－". 사회과학논총, 제5권 제1호, pp. 129-166.

신섭중 · 부성래(1989). 사회복지기관의 재무관리. 대학출판사.

신섭중 · 신복기 · 현외성 · 김경호 · 박경일 · 김익균(1996). 한국사회복지법제개설. 대학출판사.

신철우(1998). 조직행동론. 문영사.

심상용(2017). 사회복지행정론. 학지사.

안세길(2008). 서비스마케팅 믹스의 중요도－성취도 분석(IPA)에 의한 호텔고객의 재구매 의도에 관한 연구. 한양대학교 대학원 박사학위논문.

양동민(2005). 상사의 슈퍼리더십이 부하의 셀프리더십과 성과에 미치는 영향. 전남대학교 대학원 석사학위논문.

양병철(2003). 네트워크 조직 이렇게 구축하라. LG 주간경제, 제5권 제7호. LG 경제연구원.

엄세진(2013). 보육교사의 안전지식과 안전태도, 안전실천과의 관계. 한국영유아보육학, 81, 111-128.

에구치가스히꼬 지음, 조석현 옮김(1999). 리더에겐 뭔가 특별한 것이 있다. 더난출판사.

오준석 · 설원식(2001). 전략경영시대의 경영학. 웅지경영아카데미.

워렌 베니스 지음, 서규환 옮김(1997). 성공한 리더 실패한 리더십. 의암출판.

원석조(2017). 사회복지행정론(4판). 양서원.

유영옥(1997). 행정조직론. 학문사.

윤기혁(2015). 노인요양시설 위험관리시스템 구축 및 적용 성과에 관한 연구 : S노인요양시설 SQI 활동을 중심으로. 부산대학교 대학원 박사학위논문.

윤기혁 · 박경일(2015). 노인요양시설의 위험요인 확인과 분석 및 평가 기법에 관한 사례연구. 한국사회복지행정학, 17(3), 255-283.

윤기혁 · 박경일 · 권진아(2016). 노인요양시설의 위험관리시스템 구축활동에서 액션 플랜의 수립과 실행에 따른 성과와 시사점. 한국콘텐츠학회, 16(11), 308-320.

윤찬영(2000). 21세기 사회복지 분야의 전망과 비전. 한국행정연구, 9(1).

윤태환(2007). 외식기업의 서비스마케팅믹스 성과와 지각된 가치 및 충성도와의 관계. 강원대학교 대학원 박사학위논문.

윤혜미(1991). "사회복지전문요원의 직무만족, 이직의도, Burnout에 관한 연구". 한국사회복지학, Vol. 18, pp. 83-116.

이도영(2004). 자선모금방송의 ARS 모금액에 영향을 미치는 요인에 관한 연구 : KBS 사랑의 리퀘스트를 중심으로. 이화여자대학교 대학원 석사학위논문.

이명현(2000). "신자유주의 복지정책과 사회복지구조의 개혁". 사회복지개발연구, 제7집 제1호.

이명현 · 강대선(2001). "사회복지기관의 관리스타일 진단을 통한 임파워먼트 실현방안". 불교사회복지의 방향과 기관 관리전략 세미나. 대한불교사회복지연구원.

______________(2008). 계약형 사회복지와 권리옹호시스템. 집문당.

______________(2010). 복지서비스 이용자의 권리옹호와 컴플라이언스. 공동체

이미진(2009). 슈퍼리더십이 직무만족 및 혁신행동에 미치는 영향 : 업종과 과업의 조절효과를 중심으로. 서울시립대학교 경영대학원 석사학위논문.

이보열(2010). 슈퍼리더십이 팀 성과에 미치는 영향에 관한 연구 : 문화유형의 조절효과를 고려하여. 전북대학교 경영대학원 석사학위논문.

이유재(1995). 서비스 마케팅. 학현사.

이윤종(1999). 의사결정론. 대광문화사.

이재규 · 김성국 · 권중생(1996). 최신 인적자원관리론. 문영사.

이종권(2009). 슈퍼리더십이 部下의 態度에 미치는 影響에 관한硏究 : 석유화학업체를 중심으로. 울산대학교 경영대학원 석사학위논문.

이진열(2017). 자활기업 상품의 마케팅믹스 요인에 대한 소비자 지각 유형이 소비자 충성도에 미치는 영향. 부산대학교 대학원 박사학위논문.

이진열 · 윤기혁(2018). 생산적 복지기관에 대한 크라우드 펀딩 적용에 관한 연구. 인문사회 21, 9(6), 993-1006.

이창호(1991). **사회복지프로그램 개발 및 평가**. 자광재단.

이학종(1997). **조직행동론**. 박영사.

이현주・유진영・권영혜(2007). 복지전달체계 개편을 위한 행정기능 재조정 방안. 한국보건사회연구원.

장중탁(1998). "사회복지관의 효율적 운영을 위한 정보체계의 성공모형." 부산대학교 대학원 박사학위논문.

전안나(2016). 조직혁신 프로젝트. 2016년 한국사회복지행정학회 춘계학술대회.

전해황・김종명・송낙길・송혜자・이명희・이장희・장정순(2016). **사회복지행정론**. 양서원.

정무성 역(2000). **사회복지프로그램의 기획과 관리**. 나눔의집.

정무성(1998). 사회복지기관의 후원자개발을 위한 마케팅 전략에 관한 연구. **사회복지리뷰**, 3(1), 98-106.

_____(1999). 사회복지조직의 책임성. 사회복지 책임성과 사회복지조직의 변화. 한국사회복지행정학회 추계학술대회자료집.

_____(2011). "사회복지기관 직원의 직무분석." 한국사회복지행정학회 2001년 추계학술대회 자료집. 한국사회복지행정과 임파워먼트, pp. 99-112.

정무성・정진모(2001). **사회복지프로그램 개발과 평가**. 양서원.

정종우・선우덕(1999). **사회복지기관 서비스향상 가이드**. 인간과 복지.

짐 머피 지음, 박대제 역(1997). **업무상의 갈등관리**. 21세기북스.

청이엔(2013). 전시박람회 마케팅믹스가 브랜드자산, 행동의도에 미치는 영향 : 중국 결혼전시박람회 중심으로. 경기대학교 대학원 박사학위논문.

최상미・최재성(2007). 사회복지시설의 보상체계 특성과 정립방향에 대한 탐색적 고찰. **한국사회복지조사연구**, 15. 연세대학교 사회복지연구소, 97-118.

최성재・남기민(2000). **사회복지행정론**. 나남.

_____________(2016). **사회복지행정론**. 나남.

최소연(2015). 조직문화가 조직성과에 미치는 영향력 연구 : 공공 복지조직과 민간 지역사회복지관 비교를 중심으로. 건국대학교 대학원 박사학위논문.

최일섭(1995). "사회복지행정체계의 효율화 방안". 한국적 복지모형의 정립과 정책방향－단기정책연구(I). 한국보건사회연구원.

_____(1999). "21세기 한국, 복지사회로의 도전－민간사회복지 전달체계를 중심으로." 한국사회복지협의회. 계간 사회복지.

최재성(1997). "총체적 품질경영기법(TQM)의 적용가능성에 관한 고찰 : 사회복지조직 관리 및 평가를 위한 새로운 패러다임". **연세사회복지연구**, **제4호**, pp. 233-258.

최재용・한정호・공묘숙・최준철・배옥란(2010). **모든 길은 SNS로 통한다**. 비즈콜라.

최혜진・남미경・손원경(2014). 어린이집 건강과 영양, 안전관리 현황과 과제. **한국보육지원학회지**, **10**, 43-71.

피터 드리커 지음. 현영하 역(1995). **비영리단체의 경영**. 한국경제신문사.

한국보건사회연구원(2006). 2006 국가복지정보시스템 운영현황 및 발전방안. 보건복지부 국가복지정보센터.

_______________(2014). 새로운 사회서비스 재원조달방안 연구.

한국사회복지사협의회(1996). 사회복지사와 슈퍼비젼. 1996년 슈퍼바이저 보수교육교재.

_________________(2010). 사회복지 윤리경영 선도기관 육성사업 3차년도 결과보고대회 자료집.

한국사회복지행정학회(2003). **한국의 사회복지행정**. 학현사.

한국사회복지협의회・보건복지부(2007). 2006 사회복지시설평가－사회복지관, 노인복지시설, 노인복지(회)관. 한국사회복지협의회.

한국직업능력개발원(2016). NCS학습모듈－사회복지조직 인사관리.

한국행정연구원(2005). 정부성과평가 시스템에서의 BSC 모델 활용 방안.

한봉주(2012). 위계적 선형모형(HLM)을 이용한 조직의 조직문화가 구성원의 직무만족과 조직몰입에 미치는 영향 분석 : 분석수준별 접근방법의 비교를 중심으로. **조직과 인사관리연구**, **36**(3), 169-199.

행정자치부(2006). 주민생활지원기능강화계획.

허만형(2004). **사회복지행정론**. 법문사.

황성철 외 공저(2006). **사회복지행정론**. 학현사.

황성철(2001). "임파워먼트 모델과 사회복지조직관리". 한국사회복지행정과 임파워먼트. 한국사회복지행정학회 추계학술대회 자료집.

_____(2005). **사회복지 프로그램 개발과 평가**. 공동체.

황성철・정무성・강철희・최재성(2005). **사회복지행정론**. 학현사.

_________________________(2014). **사회복지행정론**(3판). 학현사.

馬場品雄(1970). 組織行動の心理學. 白桃書房.

小野瀬由一(2008). 介護事業の経營リスクとシステム改善. 同友館.

日本福祉施設士會・福祉QC全國推進委員會 編著(1997). 福祉QC活動ガイドブック.

全國社會福祉施設經營者協議會(2001). 福祉施設におけるリスクマネジメントのあり方 に關する檢討委員會檢討狀況報告(No2).

全國社會福祉協議會・日本福祉施設士會 編著(1991). 福祉QC活動の實際.

川原邦彦(1998). "福祉經營 Q&A". 月刊福祉. 全社協.

川村まさよし 外(2010). 福祉サ-ビスの組織と經營. 久美株式會社.

浦野正男(2018). 社會福祉施設經營管理論. 日本全國社會福祉協議會.

Aldag, R. J., & Brief, A. P.(1981). *Managing Organizational Behavior*. St. Paul, MN : West Publishing.

Atkinson, P. E.(1990). *Creating Cultural Change : The Key to Successful Total Quality Management*. IFS, Bedford.

Baker, Wayne E.(1992). The Network Organization in Theory and Practice. In N. Nohria & R. G. Eccles(ed.), *Networks and Organization : Structure, Form and Action*. Boston : Harvard Business School Press.

Barber, G.(1986). "Correlates of Job Satisfaction Among Human Service Work". *Administration in Social Work*, Vol. 10(1), Spring.

Bendick, M.(1980). "Quality Control in a Federal State Public Assistance Program". *Social Work Administration*, *4*(1). Haworth Press.

Blake, R. R., & Mouton, J. S.(1984). *The Managerial Grid Ⅲ*. 3rd ed. Houston, Texas : Gulf Pub.

Blanchard, K. H., Zigarmi, P., & Zigarmi, D.(1985). *Leadership and The One Minute Manager*. New York : William Morrow.

Blank, W., Weitzel, J. R., & Green, S. G.(1986). Situational Leadership Theory : A test of underlying assumptions. *Proceedings of the Academy of Management*, 384.

Booms, B. H., & Bitner, M. J.(1981). Marketing Stategies and Organization Structures for Service Firms. In. J. Donnelly and W. R. George(eds.), *Marketing of services : Conference on Services Marketing*. Chicago : American Marketing Association, 47-51.

Broms, H., & Gahmberg, H.(1983). "Communication to Self in Organizations and Cultures". *Administrative Science Quarterly*, Vol. 28.

Bruce, L. G.(1980). *Social Program Administration the Implementation of Social Policy*. New Jersey : Prentice-Hall.

Brudney, J. L.(1990). *Fostering Volunteer Programs in the Public Sector*. San Francisco : Jossey-Bass Publishers.

Burtch, G., A. Ghose, & S. Wattal(2012). Crowdfunding : Tapping into the Wisdom (and Wealth) of Crowds authored by Gordon Burtch. Temple University, Anindya Ghose, New York University, and Sunil Wattal, Temple University.

Cameron, K. S., & Quinn, R. E.(1999). *Diagnosing and changing organizational culture : Based on the competing values framework readings*. MA : Addison Wesley.

Carew, D. K., Parisi-Carew, E., & Blanchard, K. L.(1986). Group Development and Situational Leadership : A model for managing groups. *Training and Development Journal*, *40*(6).

Christian, W. P., & Hannah, G. T.(1983). *Effective Management in Human Services*. Englewood Cliffs, New Jersey : Prentice-Hall, Inc.

Cowell, D.(1984). *The Marketing of Service*. William Heinemann Ltd, 63-64.

Cox, E. O., & Parsons, R. J.(1994). *Empowerment Oriented Social Work Practice with the Elderly*. California : Cole Publishing Company.

Dansereau, F., Yammarino, F. J., Markham, S., Alutto, J. A., Newman, J., Dumas, M., Nachman, S. A., Naughton, T. J., Kim, K., Al-Kelabi, S., Lee, S., & Keller, T.(1995). *Individualized Leadership : A new multiple-level approach*. Leadership Quarterly.

Denison, D. R., & Spreitzer, G. M.(1991). Organizational culture and organizational development: A competing values approach. *Research in Organization Change and Development*, 5(1), 1-21.

Donovan, F., & Jackson, A. C.(1991). *Managing Human Service Organization*. Sydney : Prentice Hall.

Edward, R. L., & Yankey, J. A.(Ed.)(1991). *Skill for Effective Human Services Management*. NASW Press.

Fernandez, C. F., & Vecchio, R. P.(1997). "Situational Leadership Theory Revisited : A test of an across-jobs perspective". *Leadership Quarterly*, 8.

Freed, A. O.(1982). "Leadership With an Agency and Leadership in the Profession". *Social Casework*, Vol. 63, January.

Garvin, D. A.(1987). "Competing on the Eight Dimensions of Quality". *Havard Business Review*, 6.

Gate, B. L.(1980). *Social Program Administration the Implementation & Social Policy*. New Jersey : Prentice-Hall. Inc.

Gilbert N., & Specht, H.(1986). *Dimensions of Social Welfare Policy*. New Jersy : Prentice- Hall.

Ginsberg, Leon(1995). "Concepts of New Management". In *New management in human services*. 2nd ed. edited by Leon Ginsberg & Paul R. Keys. Washington DC : NASW Press, pp. 1-37.

Goldsmith, Seth B.(2005). Health Care Management. compliance, consumerism, and accountability in the 21st century. London : Jones and barelett.

Gopal, K. Kanji(1995). *Total Quality Management*. Chapman & Hll : London.

Graeff, C. L.(1997). "Evolution of Situational Leadership Theory : A Critical Review". *Leadership Quarterly*, 8, pp. 153-170.

Graham, P.(1995). *Mary Porker Follett-Prophet of Management*. Harvard Business School Press.

Gunther, John, & Hawkins, Frank(1996). *Total Quality Management in Human Service Organizations*. New York : Springer.

______________________(1999). *Making TQM Work : Quality Tools For Human Service Organization*. New York : Springer Publishing Company.

Hammer, Michael(1990). "Reenginneering Work : Don't Automate : Obliterate". *Harvard Business Review*, July-Aug, pp. 104-112.

Handy, C.(1978). *Gods of Management*. Souvenir Press.

Harwick, B. T., & Russell, M.(1993). "Quality Criteria for Public Service : A Working Model". *International Journal of Service Industry Manage*.

Hasenfeld, Y.(1985). 성규탁 역. **사회복지행정조직론**. 한국사회개발연구원.

__________(1992). *Human Services as Complex Organizations*. Newbury Park, London : Sage.

Haung, Chih-Chung D.(1999). "The Impacts of Information Technology on Organizational Effectiveness in Human Service Organization," unpublished Ph.D dissertion. The University of Texas at Austin.

Hersey, P., Blanchard, K. H., & Johnson, D. E.(1988; 1996). *Management of Organization Behavior : Utilizing Human Resource*. 6th ed. Englewood Cliffs, NJ : Prentice-Hall.

Hofstede(1995). 차재호・나은영 역. **세계의 문화와 조직**. 학지사.

Howard, M. Carisle(1979). *Management Essentials, Concepts and Applications*. Chicago : Science Research Associates, Inc.

J. 데이빗슨 프레임(1999). 양기영・한경수 역. **프로젝트관리**. 도서출판 한언.

Jayratne, S., & Chess, W. A.(1984). "Job Satisfaction, Burnout, and Turnover : A National Study". *Social Work*, Vol. 24, pp. 448-453.

Jehn K.(1994). Enhancing Effectiveness : An Investigation and Disadvantages of Value Based Intragroup Conflict. *International Journal of Conflict Management*, July.

Kaplan Robert S., & P. Norton David(2000). *The Strategy-Focused Organization : How Balanced Scorecard Companies Thrive in the New Business Enviornment*. Boston : Havard Business School Publishing Corporation.

Karl, J. M., John, T. B., & Margaret, T. M.(2003). A proposed models of the descriptors of service process. *The Journal of Service Marketing*, *17*(6/7), 621-636.

Kettner, P. M., Moroney, R. M., & Martin, L. L.(1999). *Designing and Managing Programs*. 2th ed. Copyright, SAGE Publication, Inc. California, USA.

Key, Paul R.(1995a). "Quality Management". In *Encyclopedia of Social Work*. 19th ed. edited by Editorial Board. Washington DC : NASW Press, pp. 2019-2025.

Kotler, Philip(1980). *Principles of Marketing*. NJ : Prentice-Hall, Inc.

Kreitner, R., & A. Kinicki(1989). *Organizational Behavior*. Homewood, Illinois : Irwin.

Lewis, J. A., Lewis, M. D., Packard, T., & Souflee, F. S. Jr.(2001). *Management of Human Service Programs*. Belmont : Wadsworth Com.

Lloyd, R.(2005). "The role of NGO self-regulation in increasing stakeholder accountability". London, One World Trust.

Manz, C. C., & Sims, H. P. Jr.(1989). *Super Leadership : Leading Others to Lead Themselves*. New York : Berkley Books.

Marc, L. Miringoff(1985). 성규탁 역. **사회복지행정론**. 한국사회개발연구원.

March, James. G., & Herbert, A. Simon(1938). *Organizations*. New York : John Willey & Sons.

Martin, Lawrence L.(1993). *Total Quality Management in Human Service Organization*. Newbury Park, CA : SAGE Publications.

Myron, E.(1990). *Human Services Management : Analysis and Application*. 2nd ed. Belmont, CA : Wadsworth Publishing Co.

NASW, 이문국 외 역(1999). 사회복지대백과사전 1권. 나눔의집.

National Association of Social Workers(1996). NASW Code of Ethics. Washington, DC : Author.

Neil, A. Cohen, & Gary, B. Rhodes(1977). "Social Work Supervision : A View Toward Leadership Style and Jop Orientation in Education and Practice". *Administration in Social Work*, *1*, pp. 289-290.

Neugeborn, B.(1985). *Organization, Policy and Practice in the Human Service*. New York : Longman.

Norris, W. R., & Vecchio, R. P.(1992). Situational Leadership Theory : A replication. *Group & Organization Management*, *17*, pp. 331-342.

Ouchi, W.(1981). *Theory Z*. Mass : Addison-Wesley.

Parasuraman, A., Berry, L. L., & Zeithaml, V. A.(1991). "Refinement and Reassessment of the SERVQUAL Scale". *Journal of Retailing*, 67(4).

Parasuraman, A., Valarie A. Zeithaml, & Lemnard L. Berry(1988). "SERVQUAL : A Multi- item Scale for Measuring Perceptions of Service Quality". *Journal of Marketing*, pp. 12-40.

Patti, R. J.(1983). *Social Welfare Administration : managing social programs in a development context*. New Jersey : Prentice-hall.

__________(2000). *The Handbook of Social Welfare Management*. Thousand Oak : Sage Publications.

Patti, R. J.(Ed.)(2000). *The Handbook of Social Welfare Management*. Sage Publications, Inc.

Patton, M. Q.(1986). *Utilization-Focused Evaluation*. 2nd ed. Beverly Hills, CA : Sage Publication.

Paul Ables, & Michael J. Murphy(1981). *Administration in the Human Services*. Englewood Cliffs, NJ : Prentice Hall, Inc.

Pearce, C. L., & Conger, J. A.(2003). All those years ago : the historical underpinnings of shared leadership, in Pearce, C. L., & Conger, J. A.(Eds.), *Shared Leadership : Reframing the Hows and Whys of Leadership*. Thousand Oaks, CA : Sage.

Peters, T. J., & Waterman, R. H., J.(1982). *In Search of Execellence*. New York : Harper & Row.

Posavac, E. J., & Carey, R. G.(1980). *Program Evaluation*. Englwood Cliffs : Prentice Hall.

Powell, W. W.(1990). neither Market or Hierarchy : Network Forms of Organization. In G. Thompson, J. Frances, R. Levacic & J. Mitchell(ed.), 1991. *Markets, Hierarchies and Networks : The Coordination of Social Life*. London : SAGE Publications.

Quinn, R. E., & McGrath, M. R.(1985). The transformation of organizational cultures : A competing values perspective. *Organizational Culture*, 315-334.

Quinn, R. E., & Rohrbaugh, J.(1983). "A Spatial Model of Effectiveness Criteria: Toward a Competing Values Approach to Organizational Analysis". *Management Science*, *29*(3), pp. 363-377.

Rapp, Charles A., & Poertner, John(1992). *Social Administration : A Client-Centered Approach*. N Y : Longman.

Reamer, F. G.(1989). "Liability Issues in Social Work Supervision". *Social Work*, *34*, 445-448.

Rex, A. Skidmore(1993). 문인숙 · 김미혜 역. **사회복지기관행정론**. 도서출판 동인.

______________(1995). *Social Work Administration*. Englewood Cliffs, NJ : Prentice Hall, Inc.

Robert, Anthony, & Regina, Herzlinger(1984). *Management Control in Nonprofit Organization*. Homewood : Richard D. Irwin.

Rutman, L.(1984). *Evaluation Research Methods : A Basic Guide*. 2nd ed. Beverly Hills, CA : Sage Publication.

Sauber, S. R.(1983). *The Human Service Delivery System : mental health · criminal justice social welfare · education · health service*. New York : Columbia University Press.

Schein, Edgar H.(1983). "Role of Founder in Creating Organizational Culture". *Organizational Dynamics*.

Senge, P.(1990). *The fifth Discipline : the Art and Practice of Learning Organition*. New York : Doubleday Currency.

Shah, J., & Ali, B.(2012). Super-leadership : An approach to maximize idea generation and creative potential for creative culture. *African Journal of Business Management*, *6*(1), 388-401.

Sims H., & Manz C.(1996). *Companies of Heroes : Unleashing the power of Self-Leadership*. New York : Wiley.

Steers, R. M., & Black, J. S.(1994). *Organizational Behavior*. 5th ed. New York : Harper Collins.

Thomas, D. Lynch, & Todd, J. Dicker(1998). *Handbook of Organization Theory and Management*. New York : Marcel Dekker, Inc.

Thomas, K. W.(1992). Conflict and Negotiation in Organization. In M. D. Dunnetteand & L. M. Hough(Eds.), *Handbook of Industrial and Organizational Psychology*. 2nd ed. vol. 3, Palo Alyo, CA : Consulting Psychologists Press.

Trecker, H. B.(1977). *Social Work Administrstion : Principles and Practice*. New York : Association Press.

Trecker, H. B.(1982). 장인협 편역. **사회복지행정**. 한국사회개발연구원.

U. S. Office of Management and Budget(1978). "Zero Base Budgeting". printed in Albert C. Hyde & Jay M.Shafritz(Eds.), *Government Budgeting : Theory, process, politics*. Moore Publishing Co.

Vecchio, R. P.(1987). Situational Leadership Theory : An Examination of a Prescriptive Theory. *Journal of Applied Psychology*, *72*(3).

Walter, P. Christian, & Gerald, T. Hannah(1983). *Effective Management in Human Service*. Prentice Hall Inc.

Weihrich, H., & Koontz, H.(1993). 김세영 역. **경영관리**. 범한서적주식회사.

Weiner, M. E.(1990). *Human Services Management : Analysis and Application*. 2nd ed. San Francisco, CA : Wadworth.

York, Reginald O.(1982). *Human Service Planning : Concepts, Tool, and Methods*. Chapel Hill, NC : The University of North Carolina Press.

Zeithaml, V. A., & Bitner, M. J.(1996). *Services Marketing*. New York : McGraw-Hill, Inc.

Zwick, Charles, J.(1968). "Budgeting for Federal Responsibility". *The Annals of the American Academy of Political and Social Science*, September.

신문기사

연합뉴스(2018. 1. 28). 서울시 '우수 사회복지법인 인증제' 첫 도입… 6곳 선정.

YTN News(2018. 8. 28). 서울시 사회복지시설 인증제도 도입.

사이트

행정안전부. www.mois.go.kr

사회보장정보원. http://www.ssis.or.kr/index.do

http://www.e-welfare.go.kr/wp/index.jsp

https://www.swd.gov.hk/en/index/site_ngo/page_serviceper/sub_serviceper/id_servicequa/

찾·아·보·기

인 명

내 용

저/자/약/력

■ **신 복 기** (bkshin@pusan.ac.kr)
부산대학교 사회복지학과 명예 교수
한국사회복지법제개설(공저), 1999
사회복지프로그램의 경제적 평가방법(공저), 2006
성공적 노화를 위한 노인교육프로그램의 효과성 연구(공동), 2006 외 다수

■ **박 경 일** (pki@dongguk.ac.kr)
동국대학교 사회복지학과 교수
사회복지학강의(공저), 2001, 2010, 2017
사회복지정책론, 2007, 2015
사회복지프로그램 개발과 평가, 2016
휴먼서비스조직의 위험관리, 2017
복지QC활동에 관한 사례 연구, 2000
사회복지조직에서 위험관리의 필요성과 대책 및 과제, 2006
지역사회복지관에서 TQM 실행에 관한 사례연구, 2006
지역사회복지관의 BSC성과관리시스템 구축과 수행활동에 관한 사례연구, 2011 외 다수

■ **이 명 현** (lh948@knu.ac.kr)
경북대학교 사회복지학부 교수
복지국가와 기본소득, 2014
권리옹호와 성년후견, 2015
비교사회복지 – 실천성 · 과학성 · 국제비교, 2018
기초생활보장수급자의 의사결정 지원 유형분석과 평가, 2018 외 다수

저/자/약/력

■ **윤 기 혁**(akqj1111@hanmail.net)
동명대학교 사회복지학과 조교수
휴먼서비스조직에서의 위험관리(공저), 2017
노인요양시설 위험관리시스템 모형 구축 및 적용 성과에 관한 연구, 2015
한·일 노인학대 관련 법률에 대한 비교 연구, 2016
국내 노인요양시설의 노인학대 판례 분석 연구, 2017
국내 어린이집의 아동학대 판례 분석 연구 : 정서적 학대 유형, 쟁점사항 및 예방대책을 중심으로, 2018
사회복지관 사회복지사의 서비스 질 결정요인에 관한 연구, 2018
생산적 복지기관에 대한 크라우드 펀딩 적용에 관한 연구, 2018 외 다수

■ **권 진 아**(kja2623@hanmail.net)
동국대학교 사회복지학 박사
사회복지프로그램 개발과 평가(공저), 2016
휴먼서비스조직에서의 위험관리(공저), 2017
노인요양시설 위험관리 매뉴얼, 2012
노인주·야간보호센터 이용자의 서비스 질 선호 유형에 관한 인식 연구 – Q방법론을 적용한 PZB의 서비스 질 구성차원을 중심으로 –, 2012
노인요양시설 요양보호사의 갈등과 돌봄태도가 이직의도에 미치는 영향 – 직무스트레스 매개 효과를 중심으로, 2014
노인요양시설의 위험관리시스템 구축활동에서 액션플랜의 수립과 실행에 따른 성과와 시사점, 2016
선진기업복지제도 도입지원사업의 경제적 효과성 연구, 2017 외 다수

사회복지행정론

|공저자| 신복기 · 박경일 · 이명현 · 윤기혁 · 권진아

|1판 1쇄| 발행 2019년 3월 15일
|1판 2쇄| 발행 2020년 2월 20일
|1판 3쇄| 발행 2020년 8월 3일
|1판 4쇄| 발행 2021년 2월 5일
|1판 5쇄| 발행 2021년 7월 15일
|1판 6쇄| 발행 2022년 2월 25일
|1판 7쇄| 발행 2023년 1월 30일
|1판 8쇄| 발행 2024년 2월 26일
|1판 9쇄| 발행 2024년 7월 30일

|발행인| 김 동 훈
|발행처| 공 동 체

|주소| 경기도 고양시 일산동구 호수로 358-39
동문타워 I 905호(백석동)
|전화| 031) 814-3000(대표)
|팩스| 031) 814-3100
|홈페이지| http://www.compub.co.kr
|전자우편| compub@naver.com
|출판등록| 2005년 10월 6일
|등록번호| 제396-2005-36호

|ISBN| 979-11-6105-426-1
정가 21,000원

memo

memo